# 엇갈린 신학들의 풍경

정승태 지음

하기서원

"누가 철학과 헛된 속임수로 너희를 사로잡을까 주의하라."
- 골로새서 2:8 -

## 엇갈린 신학들의 풍경

2010년 5월 31일 인쇄
2010년 5월 31일 발행

저　자 **｜ 정승태**
발행인 **｜ 도한호**
발행처 **｜ 침례신학대학교출판부〈하기서원〉**
　　　　305-358 대전광역시 유성구 하기동 산 14
　　　　Tel. 042-828-3255, 3257 • Fax. 042-828-3256

인쇄처 **｜ 도서출판 이화**
　　　　300-150 대전광역시 동구 정동 31-1번지 신영빌딩 2층
　　　　Tel. 042-255-9707~8 • Fax. 042-255-9709

ISBN 978-89-93630-16-9　93230

정가 22,000원

※ 무단복제나 전재를 금합니다.
※ 잘못 만들어진 책은 바꾸어 드립니다.

# ▮ 들어가면서 ▮

 신학들은 동시대의 지배적인 문화에 어떻게 반응할까. 그들은 어떤 '화두'에 매달려 교회와 신앙을 끌어안으려고 몸부림쳤을까. 기독교 역사에서 수없이 많은 신학자들이 번민하며 고민한 그들의 신학적 화두들이 오늘날 우리의 삶에 어떤 의미로 받아들여지고 해석되는 걸까. 숱한 번민의 날들을 통해 동시대의 교회와 사회에 던져진 신학자들의 화두가 동시대와 다음 시대에 왜 엇갈린 평가를 만들어내는 걸가. 어떤 신학은 흠집을 들추기보다는 정통과 규범의 신학으로 후대까지 전해내려 오는가 하면, 어떤 신학은 창의적이고도 독창적인 내용을 가지고 있음에도 불구하고 평생을 신학의 이단으로 정죄되는 걸까. 또는 어떤 신학은 과분한 대우를 한 몸에 받으면서 모든 시대의 규범적인 신학의 잣대로 평가되지만, 반면에 어떤 신학은 신학의 주류에서 파면되어 쓰라린 아픈 신학으로 잊혀지는 걸까.

신학들은 분명 그 시대의 아프고 슬픈 고통을 안고 어떤 중요한 메시지를 던진다. 신학들을 통해 던져진 메시지들은 다양하고도 독특하다. 하지만 그 신학들은 나름의 타당한 이유를 가지고 있다. 이 이유들이 다른 신학들과 상충적인 갈등들을 빚는다. 정통의 제도권에서 어떤 신학은 일탈의 쓴맛을 보기도 하고, 어떤 신학은 뜻하지 않게 행운의 신학으로 인정받기도 한다. 한마디로 신학들의 풍경은 다채로운 색상으로 이 세상에 수를 놓는다. 거기에는 어떤 획일적인 풍경을 기대할 수 없다. 모든 것이 구별되고 모든 것이 다르다. 어쩌면 신학의 본질이 그러한 다채로운 색채를 만드는 것이 신학의 특성이 아닐까. 이 책은 다양한 신학들의 풍경을 관조하려고 한다. 동일한 내용이면 식상한 법이기 때문에 엇갈린 신학들이 그 풍경을 구경하는 사람들에게 흥미를 자아내는 하나의 방식이다. 그 풍경에 대한 평가들이 신학을 공부하는 사람들의 권리이고 몫이긴 해도, 이 책에서 다양한 신학들과 신학자들을 발원시키는 그들의 주장과 그 시대의 세상을 함께 신학의 무대에 끌어내고자 했다. 따라서 이 책에서는 크게 세 가지 목적을 염두에 두면서 썼다.

  첫째, 이 책은 신학들이 서로 엇갈림에 의해서 자신의 목소리를 갖는다는 것을 보여주려 한다. 엇갈림이란 화두는 어쩌면 갈등적 부조화와 불행을 연상할지 모른다. 하지만 참으로 아이러니한 것은 신학은 인간들에 의해 만들어진 엇갈림이지 신학 그 자체의 엇갈림은 아닐지 모른다. 때로는 이 엇갈림이 신학을 역동적으로 형성하기 때문이다. 신학들은 엇갈린 풍경을 펼쳐 보이지만, 서로 다른 접근과 입장을 드러내고 자신의 고유한 목소리를 말함으로써 신학을 더 다채롭고도 풍요롭게 만들어간다. 자신들의 방식들을 선택하여 엮어가는 신학들이 더 아름답게 보인다. 그 선택된 길은 누구의 이야기가 아닌 자신들의 이야기이며, 자신들을 위한 진리다. 비록 다른 길을 응시하기를 거부하기 때문에 다른 신학들을 응시하는 일이 일종의 비극이고 엇갈림으로 느끼게 된다. 그럼에도 불구하고 그들의 선택들이 신학을 매우 다양한 색채로 만든다는 것은 어쩌면 옳은 이야기다. 그런 이유에서 이 책은 신학의 엇갈림이 절대적 진리에 의해서 양분되는 것이 아니라 시각의 차이성에 의해서 양분된다는 것을 긍정하고 있다.

둘째, 이 책은 신학이 진리가 아니라 진리에 대한 표현이라는 것을 보여주고자 한다. 이 책은 단언한다. '신학은 진리가 아니다.' '신학은 진리의 표현양태다.' 칼빈주의 신학, 알미니우스 신학, 청교도 신학, 신-죽음의 신학,

희망의 신학 등 다양한 신학들은 하나 같이 신학의 본문, 즉 하나님에 관한 탐구에 헌신한다. 이 하나님에 관한 탐구를 규정하는 신학들은 하나님의 진리를 어떻게 하든 나타내려고 애쓰는 것이지 스스로 진리라고 말하지 않는다. 간단히 말해, 신학은 진리를 표현하려는 도구이고 수단으로 활용된다. 따라서 어느 누구도 그 특정한 신학이 절대적이고도 무오하다고 말할 수 없고 말해서도 안 된다. 우리는 그렇게 용맹스럽게 단언하는 사람을 만날 수 없을지 모른다. 아마 있다면, 그는 분명 상식에서 벗어난 광기의 사람인지 모른다. 역으로 말해, 이단적 시비에 걸려들 위험이 있는 신학조차도 완전히 틀린 신학 혹은 나쁜 신학이라고 매도되어서도 안 된다. 신학이 참이라고 말하는 것은 신학이 거짓이라고 말하는 것과 동일하게 적용될 수 있다. 참과 거짓의 명확한 경계를 짓는 신학은 존재하지 않기 때문이다. 그래서 이 책은 그 사실을 단언한다. 우리가 알듯이, 참과 거짓의 경계를 정하는 일은 언제나 위험하다. 아니, 우리는 그렇게 경계 지어서는 안 된다. 신학은 진리가 아니기에 진리를 규정하는 일은 피해야 한다. 말하자면 우리는 진리의 증언자이지 진리의 판단자가 아니라는 것이다. 따라서 우리는 하나님에 대한 학문으로서의 신학이 그것 자체만으로도 시대의 문화와 교회에 의미를 지니는 것으로 만족하고 감사하여야 할 것이다.

셋째, 이 책에서 보여주는 신학들의 풍경은 인간의 언어로 하나님의 모습을 표현하고자 한다. 여러 신학들은 우리 자신의 내면적 성찰을 통해서 하나님 앞에 선 인간을 발견하게 하고, 따라서 겸손하게 하며 주어진 삶의 여정과 그들의 탐구에서 하나님은 새로운 모습과 의미로 반응하고 드러나는 정감어린 마을 풍경을 연상시킨다. 하나님은 다양한 마을에 들어서면서 다른 모습으로 화육하는 신비스러운 존재다. 어떤 마을에서는 매우 불의에 찬 얼굴로 잔뜩 화가 난 모습으로 나타나는가 하면, 다른 마을에서는 다정다감한 모습으로 나타나기도 한다. 신학마을의 풍경은 저마다 다른 모습이다. 그러한 풍경이 우리로 식상하지 않게 생동감을 더해 준다. 한 가지 분명한 사실은 그 마을의 성격이 신학의 성격을 결정짓는 것처럼 보인다. 비록 신학마을이 그들의 좁은 이해의 지평이나 한정된 언어로 둘러싸여 있더라도 누구도 흉내 낼 수 없는 독특한 맛과 향으로 우리들을 매혹한다. 결국 신학마을은 신학자라는 사람들의 사유적 활동이면서도 반성적인 성찰이다. 그 활동과 성찰은 하나라도 하나님 앞에서 쓸모없거나 무가치하다고 내버려지지 않는다. 때로는 지나치리만큼 극단적인 표현으로 세상의 문화와 교회 신앙에 대들기도 하지만, 우리가 그들의 실천적이고 성찰적인 행동들을 찬찬히 들여다보면, 전혀 이해 못할 바가 아니다. 그들은 하나님을 사랑하고 그의 피조물인 세상과 문화를 사랑하는 표현이기 때문이다.

신학의 논쟁에 들어가기 전에 우리는 이런 생각을 한 번쯤 해보면 어떨까 싶다. 그것은 시대의 신학이 옳고 그름이라는 법칙에 의해 판단하려는 시도가 과연 옳은가의 문제다. 이 책은 그것이 오히려 비극이라는 사실을 보여주려고 했다. 거듭 말하지만, 우리는 진리의 판단자가 아니라 진리의 증언자다. 신학의 엇갈린 비극은 소소한 의사소통의 부재에서 오거나 아니면 이미 그들의 차이를 외면하면서부터 생겨나기 때문이다. 신학의 옳고 그름의 법칙은 누가 설정하고, 어느 신학이 다른 신학보다 낫다고 규정하는 것이 사실상 명확하지 않다. 저 신학보다 이 신학이 더 정당하다는 전제는 무엇인가. 어쩌면 그 시대가 시대의 신학을 통해서 하나님을 선포하고 그의 음성을 드러내는 것은 아닐까. 그럼에도 불구하고, 우리는 신학을 보편적 옳고 그름의 기준으로 예단하는 우를 범하며 신학을 억압하고 있지 않은가. 그 시대의 목소리, 그것이 신학마을에서 흔하고 흔한 풍경이 아닐까. 이런 이유에서 우리는 신학을 하나님에 대한 사랑의 표현으로 이해할 수 있다. 신학은 저마다 하나님의 새로운 모습을 드러내려는 한 폭의 동양화와 같다. 매주일 새로운 설교를 듣는 것처럼 신학은 시대와 문화 그리고 정치에 따라 하나님의 사랑에 대한 표현을 달리한다. 독재적인 상황에서 신학은 시대의 정의를 위해 선동적인 하나님의 긴급한 모습을 드러내고, 낭만적이고 문화적인 시대에서는 신학이 그분의 색다른 모습으로 사람들 곁에 다가간다. 전쟁의 폐허 속에 하나님은 성경의 절대권위를 부르짖는 모습으로 나타나는가 하면, 종교의 상실 시대에 하나님은 인간들의 상처를 싸매는 하나님의 모습으로 나타난다. 그러므로 신학들은 차이성과 다양성을 통하여 시대의 문화와 세상 그리고 교회와 소통하려는 하나님의 존재를 드러내는 풍경이 아닐까 싶다.

끝으로 이 책을 정리하고 펴내는데 여러 분들의 도움이 있었다. 이 지면을 통해서 감사의 말을 전하고 싶다. 새로운 강의와 제출할 논문을 준비하느라 분주함에도 시간을 내어 이 글을 읽어준 임형모 박사님에게 고마움을 전한다. 늘 곁에 있으면서 학문의 동역자로 그가 있다는 것만으로도 언제나 고맙고 행복하다. 현재 몸이 불편해져서 군복무를 쉬는 중에 필자의 연구실에 와서 많은 분량의 글들을 읽어준 남승민 형제에게 고마운 마음을 전한다. 그리고 책의 모양새와 표지를 위해 조언과 힘을 써준 출판부 부장이신 조학래 교수님과 이정훈 편집장님에게 감사를 드린다. 아울러 출판부를 통해 여러 권의 책을 출판하였음에도 불구하고 학문적 발전을 위해 출판을 고무하시고 흔쾌히 허락해 주신 도한호 총장님께 감사의 말씀을 드린다. 모쪼록 흥미롭고 행복한 신학들의 풍경이 이 책을 읽는 모든 분들의 마음 깊은 곳으로 펼쳐지길 진심으로 바란다.

2010년 5월
하기동네 연구실에서
저자 **정 승 태**

## 목차 / 엇갈린 신학들의 풍경

■ 들어가면서 / 3

### 제 1 장  펠라기우스 신학과 어거스틴 신학의 논쟁 ············ 15
펠라기우스 신학 ············································································ 19
어거스틴 신학 ················································································ 38
나가는 말 ······················································································· 54

### 제 2 장  칼빈주의 신학과 알미니우스 신학의 논쟁 ············ 61
칼빈주의 신학 ················································································ 65
알미니우스 신학 ············································································ 86
나가는 말 ······················································································· 104

### 제 3 장  청교도 신학과 초월주의 신학의 논쟁 ··················· 107
청교도 신학 ···················································································· 111
초월주의 신학 ················································································ 133
나가는 말 ······················································································· 153

### 제 4 장  자유주의 신학과 신정통주의 신학의 논쟁 ············ 157
자유주의 신학 ················································································ 162
신정통주의 신학 ············································································ 181
나가는 말 ······················································································· 204

### 제 5 장  해방신학과 신복음주의 신학의 논쟁 ·············· 209
해방신학 ················································ 213
신복음주의 신학 ········································ 232
나가는 말 ··············································· 251

### 제 6 장  신-죽음의 신학과 희망의 신학 논쟁 ·············· 257
신-죽음의 신학 ········································· 261
희망의 신학 ············································· 288
나가는 말 ··············································· 307

### 제 7 장  사회복음주의 신학과 복음주의 신학의 논쟁 ·············· 311
사회복음주의 신학 ······································ 315
복음주의 신학 ·········································· 332
나가는 말 ··············································· 357

### 제 8 장  수정주의 신학과 후기자유주의 신학의 논쟁 ·············· 361
수정주의 신학 ·········································· 365
후기자유주의 신학 ······································ 384
나가는 말 ··············································· 400

**목차** / 엇갈린 신학들의 풍경

**제 9 장   해체주의 신학과 재구성주의 신학의 논쟁** ·············· **405**
  해체주의 신학 ················································ 409
  재구성주의 신학 ·············································· 426
  나가는 말 ···················································· 446

**제 10 장   생태신학과 성공신학의 논쟁** ························ **451**
  생태신학 ···················································· 456
  성공신학 ···················································· 475
  나가는 말 ···················································· 492

**제 11 장   정치신학과 문화신학의 논쟁** ························ **497**
  정치신학 ···················································· 501
  문화신학 ···················································· 521
  나가는 말 ···················································· 544

**제 12 장   페미니즘 신학과 페미니즘 영성신학의 논쟁** ··········· **547**
  페미니즘 신학 ··············································· 551
  페미니즘 영성신학 ··········································· 571
  나가는 말 ··················································· 586

■ **나가면서 · 591**

# 1 펠라기우스 신학과 어거스틴 신학의 논쟁

"나의 주님! 내 양심 그 자체의 티 없음에 의해서라기보다는 주님의 은총에 희망을 두고 평안한 마음으로 매일매일 살아감을 고백하나이다."
— **어거스틴**

"그리스도인은 칭의(justification)가 요구하는 주장을 행하는 사람이다."
— **펠라기우스**

# 제1장
## 펠라기우스 신학과 어거스틴 신학의 논쟁

**5세기의** 로마와 유럽 사회는 하나님의 은총과 인간의 의지에 관한 열띤 논쟁으로 심한 몸살을 앓고 있었다. 신학적으로 하나님의 은총과 인간의 의지에 관한 문제는 서로 양립할 수 없는 것으로 인식되었기 때문이다. 상호 의존하는 모습보다는 상대방에 대립각의 양날을 세우는 모습으로 비춰진 이 논쟁에서 온화하고도 정갈한 대화의 분위기는 전혀 찾아볼 수 없었다. 사정이 그러하다보니, 5세기의 신학의 풍경은 진리라는 이름하에 상대방에 손가락질을 마다하지 않았던 풍경임을 짐작할 수 있다. 이는 마치 상대자가 거세되어야 정통이 생존할 수 있다는 식이었다. 그런 이유인지는 모르지만, 당대의 신학자들은 상대의 비정통성의 문제를 폭로하고 비난과 비방을 서슴지 않았다. 이 진풍경의 배경에는 펠라기우스(Pelagius)와 어거스틴(Augustine)

이 있었다. 깔끔한 외모와 학자적 풍채에서 뿜어져 나오는 펠라기우스의 지성적 이미지는 당대의 지성인들을 매료시켰던 반면에, 투박하면서도 여유로운 외모를 지닌 어거스틴은 강한 제도적 규율과 규범을 제공하여 교회의 사제들에게 추앙되는 인물이었다. 항시 그렇듯이, 시대의 걸출한 인물들은 그들의 추종자들을 만든다. 그들의 추종자들은 그들의 모델을 삼고 있는 영웅들보다 더 가파르고 다급한 언성으로 시대의 진리와 교리를 전달한다. 그 같은 방식이 사람들을 규합하는 일종의 생존전략으로 설정된다. 그래서 펠라기우스와 어거스틴의 추종자들은 신학적 논쟁에서 엇갈린 진리를 주장하고, 고성과 삿대질로 진흙탕 싸움의 교회사를 엮어간다. 신학의 풍경은 이런 점에서 아쉽고도 서글프다.

5세기 시대에 펠라기우스와 어거스틴의 신학적 화두는 무엇인가. 가장 날카롭고도 예민한 논쟁의 장을 만들었던 그들의 화두는 단순하고도 명료했다. 그것은 다름 아닌 '칭의에 관한 교리'였다. 칭의의 교리는 죄의 본성을 가지고 태어난 인간이 어떻게 거룩하신 하나님과 올바른 관계를 맺는가에 관한 문제였는데, 표면적으로 '칭의'에 관한 교리는 죄인인 인간이 의로우신 하나님께 받아들여지기 위해서는 무엇을 하여야 하는가의 문제였기에, 그다지 심각한 언쟁을 야기할 것처럼 보이지 않았다.

그럼에도 불구하고 그들은 교리의 내용을 매우 복잡하고도 어려운 문제로 얽히고설킨 논쟁으로 내몰았다. 5세기의 신학은 그 판결에서 어거스틴에게 손을 들어주었다. 그 결과 펠라기우스의 신학은 정통의 시비에서 비정통적 신학이나 이단적 교리로 규정되었다. 우리가 추측하건대 정통의 시비의 결과로 패배자의 말로인 것처럼 펠라기우스주의 신학에게 몰아세우는 경멸적인 언사는 가히 짐작할 수 있었을 것이다. 그래서 펠라기안이란 용어는 매우 경멸적이고도 모욕적인 의미로 사용되었다고 한다. 당시의 기록에 의하면 '펠라기안'이란 용어는 "인간의 능력을 지나치게 의지하고 하나님의 은혜를 충분히 신뢰하지 않았다"는 의미로 사용되었기 때문이다. 우리가 잘 알듯이, 이 판정은 418년에 있었던 칼타고 공의회(Council of Carthago)와 529년에 있었던 제2차 오렌지 공의회(Second Council of Orange)에서 비정통으로 확정되었다.

## 펠라기우스 신학

당대의 신학적 분위기는 어거스틴과 펠라기우스의 이분법적 교리적 논쟁에서 동시대의 판결을 매우 정당하다고 보았다. 하지만 이단으로 정죄되는 과정에서 어떤 일이 일어났는지는 그다지 흥미의 대상이 아닌 듯싶다. 우리가 신학들의 엇갈림에 관심을 갖는다면, 어떤 방식으로 그들의 정통시비가 형성되고 전개되었는지를 응시해 보아야 한다. 현시대의 관점에서 과거의 시대를 응시하는 일은 당시의 판결을 뒤집을 수 있거나 또 다른 문제를 능히 제기할지 모르기 때문이다. 간단히 언급하자면, 당대의 이단적 규정에 대한 판정은 논란의 여지가 있다. 따라서 정통과 비정통의 엇갈림은 신학을 공부하는 사람들에게 무엇보다 중요하며 그것들을 살펴보고 분석함으로써 신학의 풍경들이 한층 의미를 제공하지 않을까 싶다. 그리고 그러한 풍경들을 살펴보는 일은 어쩌면 우리의 몫이자 권리인지 모른다.

## 합리주의 신학을 추구한 사람, 펠라기우스

펠라기우스의 신학과 추종자들의 행위는 잔인하리만치 용서받을 수도 묵과될 수도 없었다. 그들은 이단자였다. 이단이란 용어 사용에서 오는 불편함을 느끼지 않은 사람들은 펠라기우스(Pelagius, 354?~420/440?)가 하나님의 은총을 부인하거나 위배했다고 믿었다. 어거스틴의 주요한 논문인 『공로와 죄의 용서에 관하여』에서 펠라기우스와 그의 추종자들에 대한 생각이 당시 어떠했는지를 읽을 수 있다. 그들에 대한 정죄는 대단히 엄중하고도 신랄한 어조로 힐책되었다.

> … 사람은 하나님의 은총에 의한 선행과 성령의 선물 없이도 자유의지 하나만으로 주님의 훈계를 실행하기에 충분하다고 말하는 것은 하나도 빠뜨림 없이 저주를 받아 마땅하며, 모든 저주스러운 비난과 함께 경계되어야 한다. 이렇게 주장하는 사람들은 내적으로 하나님의 은총으로부터 멀어져 있으며, 사도께서 말씀하신 유대인처럼 하나님의 의에 대해서는 전혀 알지 못하고서 자신들의 의를 세우기를 바라는 사람들이기 때문에 하나님의 의에는 절대로 굴복하지 않는 사람들이다.[1]

이렇게 해서 펠라기우스주의자들은 하나님의 은총을 부인하는 신앙의 이단자들로 규정되고 결국에는 저주의 심판을 받아 마땅한 사람들이라고 여기게 되었다.[2] 고전 연구가이자 성 데이비드대학의 교수였던 리즈(B. R. Rees)의 연구는 당시의 상황을 소상히 전하고 있다. 펠라기우스의 이단에 대한 정죄는 충분한 성찰의 결과에 의해서라기보다는 아무런 의식 없이 전해 내려온 것이었다. 리즈는 이렇게 말한다. "5세기 제롬과 어거스틴 이후로 신학자들은 동일한 이름으로 펠라기우스주의 운동을 바라봄으로써 일괄적으로 이단으로 간주해 버렸고, 따라서 펠라기우스를 이단이라는 이름의 시원자(eponymous founder)로 취급했다."3) 펠라기우스의 논쟁에서 처음에는 서방교회가 "이교의 시조"로서 정죄하였고, 후에 동방교회에 의해서 확정되었다. 이것이 431년 에베소 공의회(the Council of Ephesus)에서 펠라기우스에 대한 단죄가 결정되었는데, 그 해 이 공의회는 펠라기우스를 정죄하기 전에 이미 네스토리우스파를 단죄한 곳으로도 유명하다.4) 하지만 유니온 신학교의 교회사 교수인 필립 샤프에 따르면, 이 공의회는 "사전에 면밀한 조사를 거치지 않았고, 그 사상이 단지 네스토리우스주의와 관련되었다는 점 때문에 곁가지로 단죄되었을 뿐이다."5)

다른 신학자들과는 달리 펠라기우스에 관한 전기적 배경정보는 잘 알려져 있지 않다. 또한 그의 연구도 거의 전무한 상태다. 특히 그의 출생과 죽음에 대한 기록은 보존되지 않았다. 그에 대한 기록은 여러 곳에 단편적으로 흩어져 있다. 그렇지만 그에 대한 한 가지 분명한 언급은 펠라기우스가 매우 합리적인 인물이었다는 것이다. 그는 영국에서 350년이 조금 지나서 출생했고, 아마도 이집트로 보이는 지중해 동부(the East Mediterranean)에 인접해 있는 도시들 중 한 곳에서 418년 이후에 죽었다고 알려져 있다. 제롬은 펠라기우스를 스코투스(Scotus), 즉 아일랜드 사람으로 언급했다. 어거스틴, 폴 오로시우스, 아퀴

테인의 프라스페르 티로와 마리우스 메르카토르와 같은 동시대의 사람들의 경우에는 펠라기우스를 브리토(Brito), 브리또(Britto), 브리테니쿠스(Britannicus) 혹은 브리태누스(Britannus) 사람으로 말하고 있다. 그래서 대부분의 사람들은 펠라기우스가 로마제국의 먼 변방 속주였던 영국 브리타니아 태생이었을 것으로 추정했다.

펠라기우스의 배경은 다른 신학자들과는 달리 다소 좋은 가문이었을 것으로 여겼다. 리즈에 따르면, "펠라기우스는 훌륭한 가문에서 성장했고, 팔레스타인의 제롬과 스페인 사제였던 폴 오로시우스로부터 고전 문헌과 철학의 충분한 교육을 받았다. 게다가 그는 480년 초 로마에 도착한 후에 교부들 가운데서 폭넓은 독서로 어느 정도 알려지게 되었다."[6] 사람들 사이에서는 펠라기우스가 로마로 오기 전에 골(Gaul)이나 팔레스타인에서 몇 년을 보냈다고 말하기도 하지만, 사실적 증거가 희박해 보인다. 펠라기우스는 최초의 경력으로 법률에 관한 일을 했던 것으로 보인다. 펠라기우스의 또 다른 연구학자인 에반스(R. F. Evans)에 따르면, 393년 혹은 394년경에 조비니안(Jovinian)에 대한 그의 공격을 비판했던 한 수도사(monk)가 "법을 무시하고 교회에 그의 관심을 일으켰다."[7] 이것은 제롬의 진술에 근거한 것인데, 바로 이 수도사가 우리의 관심을 부추기는 펠라기우스라는 사람이다. 하지만 펠라기우스는 아마도 형식적인 면에서 신앙 공동체에 결코 속하지 않은 인물로 받아들여진다. 왜냐하면 그는 매우 금욕적인 삶의 방식을 강조했기 때문이다. 이것이 금욕적인 삶의 방식을 의심 없이 받아들였던 견지에서 그를 "수도사라는 직함"으로 부를 수 있었을 것이다. 오로시우스와 교황 조시무스는 나중에 그를 단순히 "평신도"(layman)라고 불렀다. 이런 점에서 펠라기우스는 결코 안수를 받은 적이 없었던 것으로 보인다.8)

펠라기우스에 대한 기록은 흥미롭게도 역사 철학자 콜링우드(R. G. Collingwood)의 "영국의 5세기 역사"에서도 발견되는데, 그의 생생한 문장을 빌려서 표현하자면, 펠라기우스는 "세련되고 교양이 있는 평신도이며… 딱히 뭐라 말하기는 힘들어도 우아한 인품을 지녔으며, 그가 가는 곳마다 사랑과 존경을 받았을 뿐만 아니라 조용하면서도 웃음을 띤 수줍어하는 사람이었다."9) 아마도 콜링우드만큼 펠라기우스에 관해 세세하게 기술한 역사가는 없었다. 매우 상세하게 표현된 그의 인품은 사람들에게 호감을 주는 인상이었던 것이 분명했다. 콜링우드와 매한가지로 펠라기우스의 전문 신학자인 데오드르 브룬(Theodore De Bruyn)도 콜링우드의 표현을 뒷받침하고 있다. 브룬은 이렇게 말한다. "펠라기우스의 글들과 편지들은 그가 탁월한 교육을 받았다는 것을 증명하고 있다."10)

이렇듯, 영국의 가장 초기의 신학자로 간주되고 있는 펠라기우스는 아타나시우스가 갈리아에 전파한 열렬한 수도주의에 영향을 받았을 것이라고 추정하고 있다. 로마를 선진 문명권이라 믿고 유학을 가서 로마 그리스도인이 되었던 펠라기우스는 로마의 타락한 도덕성을 목격하고 상당한 문화적 충격에 휩싸였다. 그는 신앙이 모든 문제를 쉽게 해결해주는 데서 그 원인이 있다고 나름대로 진단했다. 그의 생각은 하나님에게 지나치게 의존하는 태도에서 도덕적인 문제가 경시되는 신앙이 필연적으로 야기하게 된다는 것이었다. 하지만 펠라기우스는 인간이 하나님께 너무 지나치게 의존하는 경향을 버리고 자신의 의지에 따라 도덕적으로 생활하면서 올바른 하나님의 뜻을 찾아 간다면 문제를 쉽사리 해결될 수 있다고 여긴 듯하다.

만일 우리가 펠라기우스를 신앙의 이론적 측면에서 접근한다면, 우리는 분명히 그를 이해하는데 실패할지 모른다. 하지만 만일 우리가 그를 신앙의 실천적인 측면에서 접근한다면, 우리는 그를 올바로 이해할 수 있을 것이다. 리즈가 『펠라기우스의 서신들과 그의 추종자들』(The Letters of Pelagius and his Followers)에서 지적한 펠라기우스의 가르침의 주된 강조점은 그리스도인의 생활에 관해서, 구원과 침례에 관해서 그리고 최후의 심판에 관한 것이었다. 이 가르침은 사실 이론적인 것보다는 실천적인 것이었다. 이는 펠라기우스가 다른 어떤 모습보다도 일종의 "도덕 개혁자"(moral reformer)였기 때문이다.[11] 그는 "자기 자신의 도덕적 가르침의 원칙들을 변론하려는 시도를 통해서 신학적 논쟁에 휩싸이고 얽히게 되었다."[12] 그런데 문제는 그의 생각이 펠라기우스 혼자만의 생각이 아니었고, 당대의 지성인들 가운데 팽배해 있는 생각이었다. 그들은 신앙에 대한 유사한 불만을 이미 표출하고 있었기 때문에 그리스도인의 모본적인 삶의 행동에 대한 중요성을 강조했다. 그래서 펠라기우스의 생각이 난세의 양심적 지식인들과 더불어 매우 큰 반향을 불러 일으켰을 것으로 보인다. 사제가 아닌 수도사이면서 평신도 신학자였던 펠라기우스는 하나님이 인간에게 무조건적인 신앙을 요구한 게 아니라 선택의 여지를 주었다고 확신함으로써 신앙이란 앎과 행함, 즉 지행합일(知行合一)의 근본적인 신학적 체계의 구도가 잡혔고, 그 후로 그의 모든 신학적 내용이 그 같은 방향으로 급선회하게 되었다고 보인다.

## 인간의 의지는 하나님의 선물이다

펠라기우스는 동시대의 신학에 대해 매우 비판적인 입장을 가지고 있었다. 당시의 신학은 인간의 무분별한 타락으로 인해 도덕적으로 많은 문제를 야기했기 때문이다. 특히 펠라기우스는 이 도덕적인 문제의 근원이 원죄 교리(doctrine of original sin)에서 비롯되었다고 믿었다. 구체적으로 그가 염두에 둔 것은 어거스틴의 원죄설이었고, 그것에 대한 부정이자 비판이었다. 405년경 펠라기우스가 로마에 도착했을 때, 그는 어거스틴의 『고백론』의 문장에 큰 충격을 받는다. 그 문장은 이렇다. "나의 바라는 바 모든 희망은 당신의 넘치는 은총 안에 거하는 것이요, 다만 그것만이 나의 희망입니다. 당신이 명령하시는 바요, 당신이 바라시는 바를 명령하소서. 당신은 우리에게 성욕을 절제하도록 명령하셨으나, 실제로 하나님께서 할 수 있도록 해주시지 않으면 아무도 그것을 절제할 수 있는 자가 없다는 것을 내가 알았습니다. 이런 것까지도 당신의 은총임을 아는 것이 지혜임을 깨달았습니다."[13] 펠라기우스는 어거스틴의 죄에 대한 인식에 문제가 있다고 느꼈고, 실제로 그리스도인들이 도덕적으로 문란한 생활을 하고 있다는 사실을 목격하고 그의 신앙적 엄격성이 한층 더 강화되었다고 보인다. 만일 하나님이 우리에게 성욕과 같은 것에서 절제의 은사를 주지 않는다면, 우리는 절제할 수 없다는 것은 매우 위험할 뿐만 아니라 죄의 필연성을 부추길 수 있다고 여긴 듯하다.

기존의 인간본성은 태어나면서 죄의 성품을 가진다.

죄의 성품은 자신의 잘못이라기보다는 아담의 불순종의 죄로 기인한다. 한 사람의 불순종은 인류 전체에게 죄인으로 태어나게 했다. 그래서 기존의 인간본성은 원죄(original sin)를 가르친다. 다시 말해, 인간인 아담의 죄로 인해서 그의 모든 후손들에게 죄와 사망이 수반된다는 것이 지배적 담론이었다. 하지만 펠라기우스의 생각은 달랐다. 그래서 그의 신학은 기존의 인간본성에 대한 신학에 동조할 수 없었다. 펠라기우스는 원죄가 도덕적으로 문제가 있는 교리라고 생각했기 때문에 죄가 도덕적 타락의 원인이었다고 주장했다. 펠라기우스에 따르면, 죄란 인간이 자신의 의지에 따라 하나님의 뜻을 저버리고 저지르는 행위다. 인간이 의지만 강하면, 죄를 짓지 않을 수 있다는 것이다. 만일 우리가 전통적인 견해를 허용한다고 하면, 이 세계는 도덕적으로 타락해 갈 수밖에 없다. 거꾸로 말하면 그것은 곧 죄에서 벗어나는 일이 인간의 의지에 의존되었다는 이야기다. 그러므로 죄란 의지의 선택에 따른 결과다.[14]

이런 이유에서 펠라기우스의 신학은 갓 태어난 유아라고 할지라도 구원이 필요하다는 당시의 신학적 사유를 어불성설이라고 비판한다. 펠라기우스의 관찰에 의하면, 당대의 신학은 만일 원죄가 없다면 갓난아기에게 세례를 줄 필요가 없어질 수 있다고 가르쳤다. 왜냐하면 아이는 나중에 장성하여 자발적으로 침례를 받을 수 있을 뿐만 아니라 선한 길을 자신의 의지에 따라서 선택할 수 있기 때문이다. 즉 침례는 누구의 강요에 의해서 순종하는 것이 아니라 자신의 의지에 의해서 순종하는 행위다. 따라서 "유아라고 할지라도 구원을 위해서는 세례가 필요하다"는 어거스틴의 중심적 교리는 펠라기우스에 의해 거부되었다. 펠라기우스의 거부는 당연히 교회와 당시의 신학자들에게 적잖이 요동의 파장을 느끼게 했음이 분명하다. 필립 샤프는 이 문제로 펠라기우스가 "한 번 이상 자신의 오류로써 세상을 격동시켰던"[15] 사람이었다고 평가했다.

그에 대한 이단정죄는 제3차 에큐메니컬 공의회에서 이루어졌는데, 앞서 언급했듯이, 사전에 충분한 검토와 조사가 이루어지지 않은 채로 이루어진 그의 이단정죄는 단지 그의 사상이 네스토리우스주의와 관련되었다는 것 때문이었다.[16] 신학적 사상이나 체계가 신학자의 개인의 성향과 경험에서 비롯되고 그것을 어느 정도 반영하듯이, 펠라기우스의 경우도 예외는 아니다. 필립 샤프에 따르면, "펠라기우스는 심지가 곧은 수사로서 내면의 갈등을 겪어본 일이 없이 차분히 발전해 가는 방식으로 율법적 경전을 닦았다. 그것은 죄의 깊이도 은혜의 높이도 경험해 보지 못한 경전이었다."[17] 이는 그의 삶이 성실하였음을 말한다. 어느 정도 맞는 말인지 모른다. 하지만 펠라기우스는 합리적인 사람이었다. 그래서 우리가 그를 합리적 사유에서 본다면 쉽게 이해될 수 있지 않을까 싶다.

## 신학은 합리적이고 논리적인 담론이다

펠라기우스의 신학은 매우 합리적이고 논리적인 사유에서 출발한다. 우선 그의 아담의 죄에 대한 논의에서 신학적 논쟁을 위한 합리적인 논리성이 두드러지게 돋보인다. 아담이 죄를 짓지 않았다고 해도 죽었을 것이라는 펠라기우스의 주장은 인간의 사망이 자연스러운 인간본성에 기인하기 때문이라고 답한다. 말하자면, 인간의 죽음이란 필연적이라는 것이다. 또한 펠라기우스는 아담의 불순종이 신체적 죽음까지 포함하고 있다는 어거스틴의 반박이 이성적인 사유에서 맞지 않다고 생각한 듯하다. 그의 논리적 사유를 찬찬히 들여다본다면, 펠라기우스가 어거스틴의 반박이 논리적이고 합리적이지 않다는 이유는 다음과 같다. (1) 만일 어거스틴의 주장대로 아담의 죄가 죄를 범하지도 않은 사람에게 유전된다면, 그리스도의 의도 동일하게 그리스도를 믿지 않는 사람에게 유전되어야 마땅하다고 보았다. 즉 그리스도의 의가 그리스도를 믿지 않는 사람에게 유전되지 않으면서 아담의 죄가 모든 사람에게 유전되었다고 말하는 것은 합당하다고 볼 수 없다는 것이다. (2) 만일 어거스틴의 주장대로 세례가 죄를 씻어 준다면, 세례를 받은 사람들의 자녀들은 죄로부터 벗어나 있어야 한다고 말해야 한다. 이미 세례를 통해 죄의 용서함을 받은 사람들은 그의 자녀들도 죄가 없어야 논리적으로 옳은 이야기라는 것이다. 이런 점에서 볼 때, 펠라기우스는 신학을 합리적 전통에서 신학적 교리의 적합성에 관해 논쟁했다고 보인다.18)

한번은 펠라기우스가 로마로 여행을 하는 중에 카일레스티우스(Caelestius)를 만나게 된다. 이 만남에서 카일레스티우스는 펠라기우스의 논리적이고도 합리적인 성향에 매료되어 그를 따르는 추종자가 되었다. 그런데 카일레스티우스는 성격자체가 아주 대담하고도 공격적인 사람이었을 뿐만 아니라 신학적으로 훈련을 받은 사람이었다. 그래서 그는 당대의 신학적 논쟁에 충분히 끼어들 수 있을 정도로 탄탄한 이론적 기반을 다졌던 지성적인 사람이었다.19) 말하자면, 펠라기우스는 자신의 신학적 논쟁에 동참할 각오를 한 든든한 지원군을 얻은 셈이 되었다.

펠라기우스는 카일레스티우스 외에도 또 한명의 지원군을 얻게 되는데, 그가 바로 이탈리아 출신의 에클라눔의 율리안(Julian of Eclanum)이었다. 율리안은 이탈리아의 아풀리아(Apulia)에서 출생했고, 그의 아버지는 이탈리아의 감독이었다. 흥미로운 사실은 그의 가족이 히포의 어거스틴과 아주 친밀한 관계를 유지하고 있었다는 것이다. 아무튼 이렇게 하여 5세기경에 펠라기우스주의라는 새로운 신학적 사조가 급속히 번져나가면서 새로운 신학적 조류를 형성하게 되었다. 당시의 신학은 원죄와 침례가 기독교 교리의 중심이었음을 말하고 있는데, 펠라기우스주의는 그 중 원죄에 대한 교리적이고도 신학적인 문제를 공략함으로써 당대의 신학적 허점과 오류를 비판했다. 펠라기우스 신학의 근본적인 쟁점은 이렇다. 하나님의 은총이 없이 인간은 자신의 자유로운 의지로 하나님의 뜻을 찾고 따를 수만 있다면, 교회가 무슨 소용이 있고, 신앙의 행위가 무슨 소용이 있을까. 이러한 쟁점의 파문은 교회로 하여금 다급하게 만들었다. 밀라노 칙령으로 탄력을 받아 파죽지세로 교세가 뻗어나가고 있는 판에 호되게 브레이크가 걸린 셈이었다. 누군가 주교들 가운데 입심 좋은 사람이 나타나 저 불경스럽고도 뻔뻔스러운 펠라기우스주의를 격파해 주기를 바라고 있었다. 시대의 난세는 항상 새로운 위인이나 지도자를 등단시킨다고 했던가. 대량 실점의 위기에 처한 교회의 구원투수로 나선 사람이 등장했는데, 그가 다름 아닌 히포의 어거스틴(Augustine of Hippo, 354~430)이었다. 그의 등판은 신학적 위기의 교회를 구원하는데 성공했고, 이러한 승리가 그의 등판 이후 약 1천년 동안이나 지속되었다. 얼마나 놀라운 일인가. 그로 인해 기독교의 신학은 새로운 형태로 정립되고 빛나는 구원투수로서의 명망을 어거스틴이 얻었다.

이런 점에서 펠라기우스주의 신학에 대해 재평가가 이루어져야 하지 않을까. 이단으로 단죄된 펠라기우스주의 신학에 대한 평가는 온전하고 정당한가. 그의 신학적 사유는 우리의 신앙과는 아무런 괴리감이 없는가. 펠라기우스주의 신학에 대한 비판은 크게 두 가지다. 첫째로는 인류와 원죄와의 관계에서 신체적인 죽음은 아담의 죄의 결과가 아니라 본래적인 필연성에 기인한다는 주장에 대한 비판이었다.[20] 이것은 펠라기우스가 논리적인 의미에서 그 사안을 보았고, 죄의 속죄함을 필요로 하는 구원이나 중생의 교리적 차원에서 보지는 않았다는 것이다. 구원의 필요성은 죄의 인식과 고백에서 가장 필수적이기 때문이다. 만일 우리가 우리의 죄를 자복하거나 고백하지 않는다면, 우리는 구원에 이룰 수 없다. 그것은 기독교 신앙의 오래된 전통일 뿐만 아니라 성서적 근거가 되고 있다. 이러한 맥락에서 앞으로 우리가 살펴보게 될 어거스틴주의자들이 펠라기우스주의의 이 문제에 비난조로 공략하였고, 따라서 갓 태어난 유아가 아담으로부터 내려온 원죄를 전혀 물려받지 않으며 중생의 샘에서 속

죄함을 받는다고 주장하는 펠라기우스주의자들을 정죄했다.21)

둘째로는 펠라기우스주의가 주장하는 은총의 성격에 비판적이었다.22) 펠라기우스주의자들은 은총이 오로지 과거의 죄를 사면해 주는데 효력이 있을 뿐이며 앞으로 지을 죄를 피하는데 도움을 주지 못한다고 여겼다. 이러한 주장에는 분명히 어거스틴주의자들의 관점에서 문제가 될 수밖에 없었다. 왜냐하면 은총은 과거와 현재 그리고 미래의 모든 행위를 포함하는 용서이기 때문이다. 이런 이유에서 그들은 펠라기우스주의의 은총에 대한 사유에 정면으로 도전하고 저주했다. 저주란 말은 매우 섬뜩하고도 잔인한 용어다. 하지만 감정적 동요를 전혀 느끼지 않고 사용하는 그들의 방식은 마치 최선의 공격이 최선의 방어라는 인상을 심어준다. 어쩌면 이 같은 방식이 정통을 보존하고 지키려는 의도였을지 모른다. 은총이 없더라도 우리가 행할 수 있었던 그 일들을 더욱 쉽게 행할 수 있도록 도움을 준다는 펠라기우스주의의 주장에는 분명 문제가 있다. 왜냐하면 그것이 어거스틴의 신학적 사상에 대한 비판이 잘못되었다기보다는 오히려 은총이 내포하고 있는 은혜로움과 감사함에 대한 깊은 의미를 희석시킬 수 있기 때문이다. 은총은 가뭄에 찾아온 비처럼 모든 인간에게 절실하고도 필요한 것이다.

그런데 펠라기우스가 간과한 것처럼, 하나님의 은총은 교리의 논쟁에 선행한다.[23] 종종 우리의 강한 의지가 하나님의 은총에 장애가 된다는 것을 배운다. 하나님의 은총은 선물이다. 허물과 죄로 인해 죽을 수밖에 없는 우리는 우리의 선한 의지와는 상관없는 결과를 생산해 내지 않는가. 하나님의 은총은 어쩌면 우리 자신의 의지를 내려놓음으로써 얻어지는 귀중한 선물이다. 펠라기우스가 염려한 것과는 전혀 다르게 이 하나님의 은총은 우리로 하여금 더욱 겸손하고 진솔하게 하지 않을까. 이런 이유에서 펠라기우스주의는 은총을 신앙적 실천의 삶을 밋밋하게 만들지 않았을까 싶다.

## 신앙은 고정화되고 개념화에 저항한다

신앙은 고정되거나 개념화된 지식의 틀 속에 가두지 않는다. 신앙은 실천이다. 우리의 행동에 의해서 얻어지는 것이 신앙이다. 신학의 역사는 인류의 우주적인 죄악에 관한 펠라기우스의 엄격한 도덕주의에 대해 비판적인 입장이었다. 실제로 도덕주의자는 열매와 실행이 없는 죄의 고백에 관한 신앙 태도를 나무란다. 그것이 사회나 국가의 근간을 뒤흔드는 것이라고 여긴다. 도덕적 행실은 우리의 기독교적 삶의 가치를 더욱 값지게 한다. 그런데 어거스틴주의자들은 펠라기우스주의자들의 이러한 나무람에 못마땅한 것처럼 보인다. 말하자면, 어거스틴주의자들은 사도들로부터 가르침을 받은 죄의 고백이 그들의 겸손의 소치였고, 주의 기도에서 '우리에게 죄지은 자를 사하여 주옵시고'라고 말했던 것은 성도들이 자신들을 위해서라기보다는 자신들과 교제하고 있는 죄인들을 위한 것이었기 때문이다. 그럼에도 불구하고, 펠라기우스주의자들이 이러한 신앙을 저주했으며, 성도들이 이 말을 사용하는 것이 진정한 겸손에서라고 말하는 자들을 저주했던 것에 대해 어거스틴주의자들은 상당히 못마땅하게 여긴 것이다. 로버트 A. 퍼터슨과 마이클 D. 윌리엄스가 밝히고 있듯이, "펠라기스주의가 신적 은총에 관해서는 매우 위험스러운 평가를 절하시키고 있고, 고유한 인간의 능력에 대해서는 과도하게 낙관적 이미지를 제공했다."[24] 따라서 펠라기우스의 기존 신학에 대한 비판이 도덕적 차원에서 이루어졌다는 점에서는 높이 평가할 수 있다. 하지만 지나치면 과한 법, 그의 주장이 오히려 사변적 교리의 논쟁에 휩싸이면서 기독교를 경직된 도덕주의로 몰아갈 위험과 낙관주의적인 인간의 능력을 너무 과대평가한 점에서 비판을 받고 있다.

그러면 펠라기우스의 공적은 없는가. 펠라기우스 신학이 단지 이단으로 정죄되었다고 우리가 아무런 개념 없이 내동댕이쳐도 되는 신학인가. 언제나 그렇듯이, 신학의 논쟁은 승자의 진리다. 하지만 그에 대한 올바른 사유는 우리 시대에 절실하게 요청되는 부분이 없진 않다. 그것은 하나님의 은총에 대한 오용을 경고하는 펠라기우스의 단언적 주장이다. 하나님의 은총을 오용하는 일은 비도덕적 삶을 정당화시킬 수 없다는 것이다. 이것이 펠라기우스의 주장이자 우리 시대에 던지는 화두다. 어느 시대를 막론하고 정당한 지지를 받을 수 있는 화두는 사회 부패나 비도덕적 비리의 온상이 종종 기독교인들에 의해서 자행되는 경우에 대한 자기 성찰이다. 이미 우리 사회는 기독교인의 비도덕적 행동을 정당화하는 기준치를 넘어선지 오래다. 사회적으로 성공한 기독교인들은 십자가 신학이나 도덕 신학보다는 성공 신학이나 번영 신학을 옹호함으로써 물질적 풍요로움이 하나님의 은총의 근거로 삼는다. 그래서 정치인, 대통령, 검찰총장 등 다양한 직종에 종사하는 사람들이 그리스도인이라는 이름으로 그들의 번영과 성공을 하나님의 은총으로 간증하지만, 그들의 비도덕적인 행위들이 세상의 빛과 소금의 역할을 가로막고 있는 현사회의 실상을 응시하지 못한다. 그런 점에서 펠라기우스의 도덕적 신학은 어쩌면 어느 시대보다 더 절실하고도 간절히 요청되고 있는 신학이 아닐까. "하나님이 거룩하니 너희들도 거룩하라."

# 어거스틴 신학

신학의 논쟁은 하나의 영웅을 만들어내는 전초전이다. 어거스틴이 바로 이런 정황에서 배출된 인물이다. '펠라기안 논쟁'(Pelagian controversy)으로 명성을 얻은 신학자 어거스틴Aurelius Augustine, 354-430)은 그의 작품들이 대체로 반펠라기안 저술들로 불러지는 이유가 이런 사실을 반영한다. 이는 이단들을 배격하고 기존의 신학이나 신앙을 변호하려는 목적으로 지어졌기 때문이다. 대부분 그의 작품들은 이러한 맥락에서 읽지 않으면 5세기의 신학적 풍경을 이해하지 못할 뿐만 아니라 그다지 흥미를 느끼지 못할 것이다. 따라서 우리는 어거스틴의 신학을 5세기의 분위기에서 살펴보고자 한다.

### 은총을 갈구한 시대의 방탕아, 어거스틴

어거스틴이 살았던 시대는 순수한 의미에서 로마제국의 마지막 수십 년간에 해당한다. 그가 죽은 430년에는 이미 게르만의 야만족인 반달족이 북아프리카 해안의 도시인 히포(Hippo)를 포위하고 있었다. 354년 11월 13일 히포에서 그리 멀지 않은 로마제국의 지방 소도시 타가스테의 평범한 가정에서 어거스틴은 로마시민으로 출생했다. 아버지는 평범한 관리로서 로마 후기의 다신교를 민고 있었으며 어머니는 독실한 기독교인이었다. 그는 학교를 졸업한 후 370년부터 373년까지 카르타고에서 수사학을 공부했고, 그 결과 수사학 선생이 되었고, 또 그 직종으로 자신의 삶을 꾸려가려고 했다. 어거스틴은 고대 로마의 수사학자이면서 철학자 키케로의 글에 크게 감명을 받아 철학으로 연구의 방향을 선회했다. 상대적으로 그가 익히 들어온 성경이라는 책은 그에게 지적으로 별 의미가 없다고 여겼다. 당시의 철학적 사유에는 이 세계에 존재하는 악의 문제가 주된 사유의 담론이었고, 그것을 해결하기 위해서 그는 마니교의 종교 공동체에 가담했다. 이 종교의 극단적인 이원론적 세계관이 9년간이라는 오랜 세월 그의 사유를 지배한 원인이 되기도 했다.[25]

공명심이 컸다고 알려진 어거스틴은 곧 로마로 갔다가 얼마 후 당시 황제가 거처하고 있던 밀라노를 방문한다. 이는 그가 수사학 선생으로 청빙되었기 때문이다. 그는 귀족계급이 아니었기 때문에 커다란 세속적 성공을 꿈꾸었던 사람이었다고 알려졌다. 수사학자였던 그는 로마에 머무를 때 잠시 동안 신플라톤 아카데메이아의 회의주의자들과 교류하기도 했다. 그의 흥미로운 『고백론』에서 그가 진리를 향한 열정에 불타올랐다고 고백한 것을 보면, 그가 언제나 새로운 학문에 개방적이었음을 엿보게 된다. 학문에 대한 그의 열정은 현실적 악의 문제에 신학적 의미를 가미함으로써 한층 성숙한 교리적 체계를 발전시켰다. 특히 그에 의하면, 악이란 원래 존재하지 않는다고 믿었다. 악이란 다름 아닌 비존재이고 이 비존재 속으로 하나님이 흘러 넘쳐 세계를 창조하였으며, 이 세계는 물질이 가장 많이 존재하고 정신이 가장 적게 존재하는 그곳에서 가장 불완전하다는 것이다. 우리는 어거스틴이 이 신플라톤주의의 이론을 그대로 답습하고 있다는 것을 배우게 된다.[26]

인생은 항시 전환점이 있다. 그 전환점이 스승을 만난다든가 아니면 신비한 체험을 한다든가 하는 일종의 삶의 사건인데, 어거스틴의 전환점은 마니교에서 기독교로 개종한 사건이었다. 당시 밀라노의 황제의 궁정에서 수사학 선생으로 있을 때, 어거스틴은 밀라노 주교 암브로시우스(Aurelius Ambrosius, 340-397)의 설교를 우연히 듣게 된다. 그는 암브로시우스의 설교에 담긴 철학적이고도 수사학적 깊이에 커다란 감명을 받게 되고, 성서에 대한 알레고리적 해석을 이해하게 된다. 이것도 아마 수사학과 관련된 공부의 연장선상에서 들었을지 모른다. 아무튼 어거스틴은 그의 설교를 통해서 30살의 나이에 기독교로 개종하고, 387년 부활절 전날 34살의 나이로 암부로시우스에게 자신의 아들 아데오타투스(Adeodatus)와 가장 가까운 친구 알리피우스(Alypius)와 함께 침례를 받았다.

그 후 어거스틴은 밀라노를 떠나 그의 출생지로 향했고, 여행 중에 그의 모친 모니카가 오스티아에서 삶을 마감했다는 소식을 들었다. 391년 어거스틴은 히포로 가서 강제로 사제직에 안수되면서 오늘날 우리가 말하는 히포의 어거스틴이라는 호칭을 얻었다. 그곳에서 교구 전체를 책임지게 되고, 서북 아프리카 지역 최초의 수도원을 창설했는데, 사제 훈련학교로 운영되었다.

개종의 체험은 어거스틴에게 무한자나 절대자를 인식하고자 하는 의지, 즉 하나님을 향한 사랑이 하나님에 대한 인식 자체와 하나가 되는 사건이었다. 그에게 있어서 신앙은 확증이다. "인식하기 위해서 믿으라"는 것과 "믿기 위해서 인식하라"는 것은 서로 동일한 말로 이해한 어거스틴은 신앙과 이성은 서로 배격하지 않는다고 생각했다. 이 같은 개종 체험을 통해 어거스틴은 신적인 것이 인간의 삶에 항상 작용하고 있다는 것을 깨닫는다. 그것은 사랑을 추구하는 영혼에게 주어지는 은총과 같았다. 성장기에서는 유복하지 않았지만, 장성한 후에 유복한 삶을 살 수 있었던 것도 하나님의 은총이며, 그 덕분에 그가 깊은 사유에 몰두할 수 있었던 여유로움도 하나님의 은총이었다. 그리고 그가 이교도 철학을 배웠던 것도 하나님의 은총이었다. 모든 것이 다 하나님의 은총이었다. 그가 고백하기를 삶은 자신의 노력과 의지와는 상관

없이 하나님에 의해 부어지는 은총의 삶이었다.

우리는 어거스틴의 생애에서 보여준 두 가지 큰 영향력을 배울 수 있다. 하나는 기독교 신앙의 변증에 대한 그의 열정을 배울 수 있고, 다른 하나는 자신의 삶 자체를 사유의 중심으로 삼았다는 것을 배울 수 있다. 기독교 신앙을 위한 변증은 사유의 깊이에서 발견되는 은혜다. 한마디로 신앙을 위한 그의 변증은 부단히 책을 읽고 사유의 깊이에서 흘러넘친다는 것을 느끼게 한다. 다른 이단들의 교리에 반박하고 자신의 신앙을 지킬 수 있는 일은 맹목적 답이나 묵인으로 대체하는 것이 아니라 진리의 열정으로 그것에 대한 탐구를 통해서만 가능한 것이다. 이런 점에서 어거스틴의 생애는 학문적이면서도 신앙적인 영역을 섭렵했다고 보인다. 자신의 삶에서 신학적 사유를 발전시킨 어거스틴은 시간 속에서 살아온 삶의 역사적 시간을 『고백론』을 통해서 표현했고, 5세기 초엽부터 로마가 멸망의 위기에 처하자 413년부터 쓰기 시작하여 13년에 걸쳐 완성한 『하나님의 도성』(Citius Dei)을 이 세계 속에 역사하시는 하나님의 역사로 표현했다. 어거스틴이 자신의 작품들을 통해서 보여주고자 했던 것은 인간의 전적인 부패, 하나님의 불가항력적인 은총, 하나님에 대한 전적인 의존 그리고 하나님의 절대적인 통치의 불변성 등이었다. 이것이 그의 신학을 규정하는 중요한 내용들이다.

## 은총은 하나님의 고귀한 선물이다

흔히 어거스틴의 신학을 은총의 신학이라고 한다. 하나님의 은총은 숨 막히는 도시의 밤하늘을 수놓은 별들과 같다. 칠흑 같은 밤하늘에 총총히 박힌 무수한 별들은 하나님의 은총으로 제각기 자신들의 영광과 아름다움을 드러낸다. 이것은 경직되고 엄격한 도덕주의의 펠라기우스 신학과 차별된 의미를 보여준다. 펠라기우스 신학은 인간의 자유로 알 수 없는 밤하늘의 별들을 연결하고 작업하는 천문학자와 같고, 따라서 그것의 신학은 인간의 자유로운 선택이 바로 하나님의 은총으로 여겼다. 그에게 인간이 자유롭게 선택하고 삶을 도덕적으로 결정하며 살아가는 이 삶이야말로 하나님의 은총이 아니면 뭐겠는가. 이와는 달리, 어거스틴은 자기 스스로 무엇을 결정하고 살아가는 것 자체가 아름다움을 만들어내는 삶의 과정으로 보지 않는다. 인간은 원래부터 타락된 존재이기 때문이다. 하나님의 은총이 없이 우리는 아무것도 아니다. 오직 그분의 은총만이 우리의 삶을 지탱하고 의미 있게 한다. 어거스틴은 이렇게 고백한다. "내 마음 속 깊은 곳의 의지여, 내가 어떠한 목적으로 이런 일을 하는지 확실히 밝혀주소서…. 나로 하여금 주님 안에서 행복하게 하시려고 내 지난날의 악한 일들을 용서하고 덮어주셨나이다…. 그리하여 더 이상 절망의 잠 속에서 자기의 무능을 탄식하는 일이 없이, 주의 자비로우신 사랑과 그 은총의 감미로움 속에서 눈을 뜨게 하소서."27)

창세기 3장에 대한 어거스틴의 해석에서 그것은 인간의 타락을 보여주고, 그리고 그것은 순결한 상태에서 창조되었던 인간의 본성이 전적으로 타락되었다는 사실을 지적한다. 인간은 하나님의 의도와 의지와는 다르게 행함으로 타락하게 된다. 우리가 알듯이, 하나님은 모든 것을 선하게 창조하셨다. 그의 선함은 창조의 질서 속에 그대로 진입했다. 하지만 인간의 타락은 그의 선함에 부합하지 않은 창조질서를 만들고 말았다. 결과적으로 어거스틴은 모든 인간이 태어나는 순간부터 죄로 오염된 상태라고 주장함으로써 그의 신학은 타락을 인간이 선택한 행위로서가 아니라 이미 인간이 죄를 가진 본성으로 태어난다는 것을 강조한다. 이것은 죄를 생득적인 인간본성으로 묘사된 인간이 더 이상 스스로 구원할 수 없는 절망적 상황 속에 있다는 것을 말한다. 이러한 상황에서는 내부의 어떤 것에 의해 변화될 수 없고, 또 변화가 일어날 수도 없다. 인간의 상황은 그야말로 절망이자 딜레마다. 이 상황에서 외부의 간섭이 절실히 요청된다. 그래서 어거스틴은 하나님의 외적인 개입이나 간섭의 개념을 그의 신학에 도입한다. 그가 요청한 이 개념이 이른바 하나님의 은총이다.

'은총의 박사'라는 말을 들을 정도로 하나님의 은총을 강조하는 어거스틴은 하나님이 자원해서 인간의 죄와 그것의 굴레를 끊으심으로써 아무런 공로나 가치가 없는 인간들에게 은혜의 선물을 베푸신다고 가르쳤다. 은총! 절망에 빠져 허우적거리는 우리가 얼마나 갈망하고 희망하는 말인가. 우리의 공로나 값에 따라 은총을 베푼다면, 누군들 그의 은총을 받을 수 있을까. 하나님의 은총은 공짜다. 값없이 주어지는 선물이다. 그래서 구원이란 하나님의 선물로 주어지는 것이란다. 이 얼마나 놀라운 것인가. 게다가 하나님의 은총이 한량없다고 하지 않는가. 어린 시절부터 방탕한 생활이 빚은 죄의식을 떨칠 수 있는 유일한 기회가 하나님의 은총 외에 그 어떠한 것이 어거스틴에게 위안과 평안함을 제공할 수 있었을까. 인간인 우리가 성취할 수 있는 것이 아니기에 그래서 그것이 더 소중하다. 따라서 하나님으로부터 시작하여 하나님에게서 끝을 맺는 은총은 그것을 체득하는 우리에게 주어지는 '저항할 수 없는' 선물이었다. 그래서 그는 이렇게 표현한다. "주님께서는 나의 죄를 얼음과 같이 녹여 주셨나니, 그것은 주님의 은혜요 주님의 은총임을 압니다. 또한 내가 그 밖의 많은 악한 행동을 하지 않은 것도 모두 주님의 덕분입니다."28)

## 신앙은 하나님의 절대주권을 인정하는 행위다

어거스틴의 신학은 신적 주권의 신학이다. 모든 근원은 하나님이시다. 하나님은 세상의 모든 사물을 그의 힘에 의해서 통치하시고 주관하시는 능력의 주님이시다. 모든 사물이 그에게서 나서 그에게로 돌아간다. 이 하나님의 능력을 어거스틴은 신학적으로 예정이라 부른다. 하나님의 예정에 대한 어거스틴의 분석에 의하면, 하나님은 인간들이 구원할 수 있는 능력이 없기 때문에, 그들을 자신의 임의대로 구원하신다는 것이다. 그들이 행한 그 어떤 것도 구원에 값할 만한 것은 없다. 하지만 성경은 하나님의 은총이 모든 사람에게 미치는 것이 아님을 가르친다. 세상에는 순한 양뿐만 아니라 고집 센 염소도 존재하는 것과 같다. 어떤 사람은 영원한 불에 던져질 것이고, 어떤 사람은 영생의 천국에 영원히 보내질 것이다. 하나님은 어떤 사람들이 구원받고 구원받지 못하는지를 알고 있으며 결정한다. 그가 하나님이시기에 그것이 가능하다. 어거스틴은 이 구원의 선택에 관한 결정을 하나님의 예정에 의해서 성취하신다고 주장한다. 우리가 알듯이, 예정에 관한 교리는 하나님의 주권에 관한 교리다. 이러한 교리가 우리에게 가르치는 것은 사람들의 성격이나 성질이 나빠서가 아니라, 죄의 결과 때문이라는 것이다.

그런데 펠라기우스는 신학의 도덕적 견해를 강조하거나 심화시키는 차원에서 어거스틴의 하나님의 주권적 의미를 오역하고 말았다. 그래서 그는 어거스틴의 예정의 교리를 과소평가하고, 하나님의 은총을 구원을 성취하기 위해 인간이 필요로 하는 십계명이나 그리스도의 도덕적 모범과 같은 것들로 해석하고 말았다. 종합해 보면, 펠라기우스의 신학은 공로에 의한 구원을 강조하는 실천의 신학 혹은 행위의 신학이기 때문에 펠라기우스가 어거스틴의 『고백론』을 읽었을 때 얼마나 충격이었을까를 짐작하게 한다. 교회사는 펠라기우스가 이 책을 읽었을 때 엄청난 낙심으로 읽었다고 한다. 이는 로마 기독교인들의 낮은 도덕적 기준, 그리고 기독교인들이 자신들의 결함이나 실수에 대해 성찰하지 않는 것에 대한 실망이었을 것이다. 펠라기우스의 반응은 어거스틴이 그의 삶을 개혁할 수 없었고 근본적으로 그의 죄에 대해 아무것도 할 수 없다고 고백함으로써 자신의 삶을 정당화한 것에 대한 놀라움과 낙담 그 자체였을 것이다. 하나님은 우리의 죄에 대한 책임을 물으신다. 하지만 우리가 죄를 멈출 수 있는 힘을 갖지 못한다면 그것은 결코 정당화될 수 없다.

비록 우리가 하나님의 도움이 절대적으로 필요하긴 하지만, 우리 자신이 보다 나은 사람이 되도록 노력해야 한다. 이를테면 하나님은 스스로 돕는 자를 돕는다고 할 수 있다. 하지만 어거스틴은 죄에 빠져 탐닉하고 그것으로부터 빠져나오고자 하는 의지조차도 부족한 자신의 경험 때문에 펠라기우스의 이러한 비판이 그다지 마음에 와닿지 않았다. 그래서 어거스틴은 이렇게 고백한다. "의지 자체가 자유롭게 죄를 지은 후에는 우리는 그 필연성 속으로 던져져서 출발점으로부터 그 필연성 속으로 하강한다."[29] 그러므로 인간이 구원을 얻으려면 무엇인가를 해야 하고, 따라서 하나님의 피조물인 인간들이 구원의 조건들을 충족시켜야 한다는 펠라기우스의 비판은 언필칭 성동격서(聲東擊西)다. 공갈은 동쪽에다 치고 주먹질은 서쪽에다 하는 것과 같다.

## 영성은 삶의 내적인 평안이다

어거스틴은 영성을 "삼위일체의 내적 생활"로 정의한다. 삼위일체의 내적 생활이란 구원의 징표로서 우리의 삶에 구원의 행위로 나타나는 것을 말한다.[30] 학문적으로 훈련을 받은 그였지만, 그것이 삶을 행복으로 이끈다고 믿지 않았다. 그가 경험한 삶은 영성의 길로 인도하였다. 이런 점에서 어거스틴과 펠라기우스의 신학들은 두 신학자의 극명하게 다른 그들의 삶의 경험이다. 그들의 삶은 그들의 신학을 결정하고 만드는 법이다. 그런데 신학은 어디까지나 신학이다. 신학은 신이 아니며 신앙도 아니다. 그것은 우리가 숭배하고 의지해야 하는 절대적 하나님이 아니다. 하나님은 우상을 파괴한다. 결국 우리가 생각하는 신학은 신학자의 삶과 그것의 경험에서 형성된 그 무엇이다. 아무리 뛰어난 신학적 교리와 체계라 할지라도 그것을 주장하는 신학자가 절대적이지 않다. 한 신학자의 삶을 이해하면, 그의 신학을 이해하기 마련이다. 이런 점에서 펠라기우스와 어거스틴의 신학도 예외적이지 않다. 우리는 이렇게 생각해 보자. 만일 어떤 신학자가 살아온 삶이 매우 도덕적일 뿐만 아니라 윤리적인 삶으로 일관된 삶을 살았다고 한다면, 그의 신학은 어떤 형태로 반영될까. 역으로 어떤 신학자가 자신의 살아온 삶이 매우 험난하고 윤리적으로 도덕적으로 하나님의 기준에 맞지 않고 방탕한 삶으로 살았다고 한다면, 그의 신학은 어떤 형태로 반영될까. 펠라기우스와 어거스틴의 신학적 논쟁을 그들의 삶에 대한 반영에서 살펴본다면 별다른 놀라움을 느끼지 않을지 모른다.

  펠라기우스가 매우 심지가 올곧고 도덕적이고도 윤리적으로 완벽에 가까운 삶을 살아왔던 것과는 달리, 어거스틴은 그의 『고백론』에서 소상하게 숱한 실수들과 잘못들을 고백한다. 그는 욕정이 너무 강한 나머지 여자와 10년 동안 동거하면서 살아온 삶, 아들의 방탕한 생활을 개선할 수 있으리라는 희망에서 13세 소녀와 결혼할 것을 권하는 어머니 모니카의 간청, 결국 너무 어려서 결혼을 기다리지만 참을 수 없어 다른 여자를 얻고야 마는 자신의 죄성을 고백한다. 이 같은 어거스틴의 고백은 비정상적일 뿐만 아니라 사이코에 가까운 삶이라고 여겨진다. 그의 고백을 들으면 어찌 이러한 펠라기우스의 판결을 못마땅하다고 말할 수 있을까. 온전한 삶과 자신의 의지대로 노력하려고 한 펠라기우스로서는 당연한 게 아닌가.

이처럼 어거스틴은 삶의 예리한 격동과 격심한 갈등을 숱하게 경험하고 이로 인해 죄의 경험에서 용서함을 받는 하나님의 은혜가 누구보다 고맙고 감사하게 느껴졌을 것이다. 인간은 자신의 부족함을 느끼고 자기 자신보다 더 위대한 대상, 즉 행복과 기쁨 그리고 평화를 가져다 줄 수 있는 하나님이라는 대상을 잡으려고 손을 뻗치는 법이다. 어거스틴은 결국 이런 고백을 할 수밖에 없었다. 나는 아무것도 할 수 없습니다. 이 죄의 몸에서 그리고 이 사망의 몸에서 나를 구원할 수 있는 분은 오로지 하나님 한 분외에는 그 누구도 없습니다. 그가 철저히 의식한 것은 이러한 나를 구원한 분의 은혜는 평생을 두고 갚아도 다 갚을 수 없는 귀한 은혜가 아닌가. 이것이 어거스틴이 그런 삶을 살아왔기에 그렇게 말할 수밖에 없지 않는가. 어거스틴에게는 분명 고백하는 자의 평안함과 용서받은 자의 기쁨이 있었다. 그가 죄 용서함을 받은 기쁨과 그로 인해 얻는 하나님의 평안함은 누구도 이해할 수 없을 것이다. 말하자면 어거스틴의 궁극적 삶의 목표는 "자기-중심"이나 "자기-관심"이 아니다. 평생 그가 이루고자 한 것은 하나님의 형상으로 닮아가는 것이었다. 그의 영성은 지극히 하나님 중심의 영성이다. 하나님으로부터 소외되는 것을 그는 교만으로 보았다.31) 펠라기우스는 이것을 이해하지 못했다. 즉 그는 어거스틴이 추구하는 내면적 성화의 과정으로서 하나님의 형상(imago dei)을 회복하고자 하는 것을 간과했다. 인간이 죄를 밥 먹듯 마음대로 지어도 된다는 무언의 용납이나 허용의 의도가 어거스틴의 의도가 아니었다. 그가 영성의 전통에서 인간의 유한성과 불가항력의 본성이 얼마나 하나님의 형상에 도달하기가 어려운 것인지를 보여주려 했던 것이다. 따라서 그의 사상이 지금의 신학적 흐름으로 형성된 것을 생각하면, 그의 신학은 너무나 명백하고도 간명했다고 보인다.32)

정말로 어거스틴의 삶은 인간의 유한성과 불가항력의 본성을 여실히 드러낸 삶이었다. 어거스틴의 삶은 매우 화려하고도 다채롭다. 그리스어와 라틴어에 열심을 내었고, 노는 데도 남부럽지 않을 정도의 열정을 지닌 아이, 친구들의 우정을 위해 함께 절도에 동참하는 의리파 소년, 연극을 배우려고 노력한 청년, 게다가 키케로의 『호프텐시우스』에 매료되어 철학에 눈을 뜨기도 하고, 마음의 위안과 세상의 악들을 해결해 보고자 돈키호테적 열정으로 마니교에 입교할 정도의 열성적 신앙을 보이기도 한 어거스틴이 아닌가. 뿐만 아니라 웅변술을 배우고 또 그것으로 생계를 유지하려고 계획을 세운 순수한 청년의 상을 보이며, 점성술에 빠져 남의 말을 듣지 않는 황소고집의 자아를 가졌지만, 하나의 목표를 세우면 열중하는 청년 어거스틴이었다. 한 번은 학문에 너무 열중한 나머지 그의 폐가 약해져서 깊은 호흡을 하기가 어려운 상태가 되기도 했다. 어디 그 뿐인가. 당대의 지성의 목표인 신플라톤주의에서 지성을 맛보기도 하지 않았나. 어거스틴은 마치 사도 바울처럼 당대의 모든 학문을 섭렵할 정도로 대단히 빼어난 인물이었고, 아마도 세속적 직업을 가졌어도 그다지 실패할 위인은 되지 않았을 것이다. 부자가 아닌 아버지의 도움으로 교육을 받은 어거스틴은 자기 스스로 고백하기를, "내가 명예로운 학문이라고 일컬어지는 법학을 공부한 것도 법정투쟁에서 두각을 드러낼 목적이었습니다. 나는 그 방면에 뛰어난 자가 되려고 했습니다. 거기에서는 기막히게 사람을 속일수록 더욱 칭찬을 받았습니다…. 나는 이미 수사학 학교에서 수석을 차지했습니다. 그래서 기쁨으로 우쭐하여 허영심으로 들떠 있었습니다."33) 더 무엇을 말하랴. 이만 하면 그가 살아온 삶이 하나님을 떠나 산 삶의 모습을 그대로 절실하게 보여주지 않는가.

본래 사람은 여러 가지 일을 해본 후에 한 가지에 삶의 열정을 불태우는 법이라 했던가. 이런 그가 주님께 사로잡힌바 되어 모든 것을 포기하고 하나님 한 분만으로 만족하며 살겠다고 다짐했다. 400년경에 쓰인 그의 『고백론』에서 그가 하나님의 형상을 회복하고자 다음과 같이 기도하는 모습에서 그의 신학은 인간의 내면적 영성을 추구하는 신학이었음을 배우게 된다.

> 나는 무엇이며 어떤 존재인가요? 나의 행동에서 무엇이 악이었나요? 행동이 아니라면, 그러면 말에서 무엇이 악이었나요? 말이 아니라면, 나의 의도에서 무엇이 악이었나요? 그런데 주님, '주님은 선량하시고 자비가 깊으셔서' 오른손으로 내 죽음 상태의 깊이를 가늠하시고, 부패의 흠통을 빼내셨나이다. 이리하여 나는 자신이 원하는 대상을 전혀 바라지 않고, 주님이 원하시는 대상을 바라게 되었나이다. 그러나 이렇게 오랜 세월동안 내 자유의지는 어디

에 있었는지요? 그 자유의지는 더할 나위 없이 깊이 잠길 은밀한 곳으로부터 단숨에 부름을 받았나이다. 나는 내 목을 주님의 헐렁한 멍에에 연결하였으며, 내 어깨를 당신의 가벼운 짐에 맡겼나이다. '나의 구주이시며 나의 속죄주이신' 예수 그리스도여, 어리석은 감미로움을 제거하는 것이 갑자기 내게 감미로움이 되었습니다. 내가 일찍이 잃어버릴까 두려워했던 나의 소유물들을 버리는 일이 이제는 도리어 기쁨이 되었나이다. 실제로 그러한 것들을 나로부터 던져버리신 분은 바로 진실하시며 최고의 감미로움이신 주님이십니다. 주님께서는 그 모든 것을 나로부터 내던져 버리시고 그 대신 주님 자신이 들어 오셨나이다.34)

# 나가는 말

어거스틴과 펠라기우스의 신학적 논쟁의 성격을 요약하면서 우리는 이 장을 마무리해야 할 것 같다. 5세기에 가장 치열하게 부대끼며 논쟁했던 하나님의 은총과 인간의 의지는 그 시대의 신학 풍경을 엿보게 했다. 이 풍경은 훗날 종교개혁의 발흥기에 하나님의 주권이라는 담론으로 다시 복원되어 신학의 중요한 주제가 된다. 이것은 신학적 논쟁에서 하나님의 은총과 인간의 자유의지가 얼마나 중요한 논쟁이라는 점을 명시하기 때문이다. 그러면 하나님의 은총과 인간의 자유의지는 서로 모순적이지 않고 상호 보완적이며 신앙의 성숙을 위해 필요한 조건들로 이해할 수는 없을까. 어림짐작에 기대자면, 한 신학의 진영은 펠라기우스와 그의 신학을 정죄해 온 근본적인 이유가 하나님의 은총을 약화시킨다고 우려했고, 반면에 다른 신학의 진영은 하나님의 은총을 너무 강화시킨다면, 인간의 윤리성의 측면이 오히려 약화될 수 있다고 우려했다. 이 양자의 신학적 논쟁에서 하나님의 은총과 인간의 의지의 역할이 둘 다 소중하다고 믿으며 없어서는 안 될 요소들이다. 지금 우리의 우려는 어거스틴의 신학에서 밀려난 펠라기우스의 신학을 어느 정도 회복할 수 있는가에 있다. 이는 우리 시대의 상황이 펠라기우스의 신학적 담론을 요청하고 있기 때문이다.

만일 펠라기우스의 주장처럼 인간의 윤리적인 측면이 그리스도인의 삶의 한 조건으로 강조되지 않는다면, 세상의 빛이요 소금으로서의 역할을 감당해야 할 그리스도인의 삶은 하나님의 은총을 가리는 결과가 될지 모른다. 이 시대는 지금 윤리적 행동에 근거된 신앙의 실천을 요청하고 있다. 종종 우리는 신학의 정통을 주장하면서 윤리성이 결여된 기독교 교리는 얼마나 세상에 영향을 미칠 수 있을까를 생각한다. 오늘날 한국교회는 한계에 도달한 듯하다. 하나님의 은총에 대한 깊은 이해나 체험은 윤리성이 없는 피상적 열정과 감성으로 퇴색되었고, 전도나 교회성장의 기치는 높이 평가되지만 양심적 수준이나 도덕적 가치가 퇴조되고 있는 상황이다. 이런 상황에서 하나님의 은총이 값싸고 무의미한 보석으로 변질되는 건 아닐까. 어쩌면 기독교 교리의 힘은 하나님의 은총을 경험한 사람의 새로운 윤리적 거점에서 찾아야 하지 않을까. 하나님의 은총과 인간의 노력은 전투적 실천신학의 현장에서 보자면 펠라기우스와 그의 신학에 패배를 선언했던 신학적 사건이었다. 하지만 펠라기우스의 신학은 제도적 교회의 아성에서의 패배이지 사회변혁과 개혁에서의 패배는 아니다. 힘의 긴장 속에 흡수되어버린 펠라기우스의 신학은 이런 식으로 신학의 담론과 역사에서 새로운 교훈을 찾으면 어떨까. 우리 시대는 펠라기우스의 신학을 용인함으로써 사회개혁이 신앙의 힘으로 가능하지 않을까.

신학이 정치적이라고 하는 말은 우연이 아니다. 정통과 비정통은 누가 판결하는가. 하나님의 주권과 인간의 자유는 누가 판결하는가의 문제를 여전히 남겨둔 사건으로 기록될 것이다. 하나님의 은총을 외치면서 다른 사유와 관점을 정죄하는 행위는 정당한 것인가. 우리는 그저 하나님의 은총을 필요로 하는 부족하고도 연약한 존재다. 파스칼이 말한 대로 우리는 "연약한 갈대"와 같다. 바람만 불어도 고개를 돌리는 우리가 아닌가. 자연의 재앙에 풍비박산이 나고야 마는 연약한 존재가 아닌가. 우리는 정통이든 비정통이든 하나님의 은총으로 사는 존재다. 한없이 낮은 존재, 약한 존재, 도덕적으로 완전해지려고 노력해도 되지 않은 존재인 우리에게 하나님의 은총은 무엇과도 바꿀 수 없다. 어거스틴이 말하듯이, 은총이란 본성상 하나님으로부터 오는 도우심이자 협력이다. 우리는 하나님의 도우심이 필요한 존재다. 그분의 은총이 없으면 우리의 삶은 너무 맥없어진다. 그런데 그 은총은 우리가 우리의 자유로운 의지의 활동으로 삶을 계획하고 설계하는 모든 세간사에 개입되는 은총이어야 한다. 인간의 자유로운 의지의 행위를 망각한 하나님의 은총은 절반의 은총이다. 그러므로 우리가 우리의 자유로운 의지의 행위에서 나타나는 하나님의 은총을 기대하고 사는 것이야말로 온전한 은총이다. 부디 우리는 늘 어거스틴의 신학과 펠라기우스의 신학을 넘어서는 노력으로 신앙의 새로운 영성을 회복하는 것이 필요하지 않을까 싶다.

    게다가 펠라기우스 신학과 어거스틴 신학에서 우리는 신앙의 경험이 획일화되지 않는다는 것을 배워야 한다. 회심의 경험조차도 사람에 따라 차이가 있음을 우리는 안다. 어거스틴의 회심 경험은 다른 사람들과 달리 하나님의 행동이 너무나 압도적이어서 실제로 저항할 수 없는 것이었다. 반면에 펠라기우스의 회심은 그의 삶에서 중요하게 언급되지 않음으로서 하나님의 행동이 그에게 매우 압도적이거나 저항할 수 없는 은총으로서 이해될 수 없을 것 같다. 오히려 그에게는 하나님의 명령에 순종하는 행동이 중요하게 여겼다고 보인다. 나가면서 우리가 한 가지 생각해 보자. 그것은 하나님의 은총에 관한 것이다. 하나님의 은총은 그것을 경험한 자만이 갖는 특권이다. 은총은 죄의 고백에서 오는 하나님의 선물이다. 어거스틴이 고백하듯이, "주님, 당신께서는 '의로운 사람을 축복하시옵니다'만, 그의 앞에서 '주님은 경건치 못한 자를 의롭다' 하시나이다."[35] 은총은 우리가 지은 죄로 인해 우리 자신을 혐오하고 있고, 우리로부터는 어떠한 기쁨을 찾을 수 없는 자의 고백이며, 그 고백으로 해서 찾아오는 평안과 기쁨의 선물이다. 어거스틴은 이렇게 고백하고 있다. "나의 고백은 육신의 언어나 음성에 의한 고백이 아닙니다. 영혼의 언어와 반성의 부르짖음에 의한 고백이오며, 주님을 향한 고백은, 내가 나 자신을 혐오하고 있음을 뜻할 뿐입니다. 그러나 내가 경건할 때 주님을 향한 고백은 경건을 나 자신의 공로라고 생각하지 않음을 뜻합니다."[36] 그러므로 은총은 은총을 베풀어 주신 분의 사랑을 느끼는 신앙이다. 그럼에도 불구하고, 이 은총은 죄를 용서하는 하나님의 사랑이지 타인을 정죄하라는 심판의 잣대는 아니지 않는가. 펠라기우스는 정통적으로 선포된 기독교 교리를 부인하였을까. 그렇지 않다. 오히려 어거스틴이 교리에 대한 확고함으로 인해 성서적 의미와는 다르게 선포하지 않았을까. 근본적으로 도덕주의자였던 펠라기우스는 당신의 신앙풍조와 관습에 대한 예언자적 육성으로 사람들을 일깨우고자 했던 것은 아닐까.

# 2 칼빈주의 신학과 알미니우스 신학의 논쟁

"정죄는 하나님의 의지에 순종하지 않을 때에 온다."
— 존 칼빈

"정죄는 정의에 따라야 하고, 정의로부터 온다."
— 야곱 알미니우스

# 제 2 장
# 칼빈주의 신학과 알미니우스 신학의 논쟁

15세기의 신학은 5세기의 신학과 많이 닮아 있다. 그 까닭은 하나님의 주권과 인간의 책임에 관한 교리를 문제의 화두로 삼고 있기 때문이다. 이 시대는 하나님의 주권과 인간의 자유의 신학적 문제가 서로 양립할 수 없는 논리적인 문제로 생각한 것처럼 보인다. 한편에서는 인간이 살아가는 궁극적인 목적이 하나님의 절대주권에 순응하면서 살아가는 것이 가장 중요하다고 믿었다. 다른 한편에서는 인간은 자신의 자유의지에 의한 삶의 선택을 통해서 하나님을 경외하고 살아가는 것이 가장 중요하다고 믿었다. 그래서 교리에 대한 신념이나 확신은 15세기의 엇갈린 신학들의 풍경을 관망할 수 있었다. 15세기의 신학을 주도한 인물들은 종종 신학의 영웅으로 비쳐지는 칼빈과 그의 적수인 알미니우스다. 그들은 동시대의 사람들과 교회들에게 신학의 선택을 강요하는 분위기였다. 영국 태생의 캐나다 신학자 제임스 패커가 적절히 말하듯이, "칼빈주의와 알미니우스주의는 반테제에 맞추어 정의되어 있었고, 기독교인이라고 한다면, 누구라도 둘 중 어느 하나를 선택하고 그 신학적 입장에 서야한다는 사실은 부득이 피할 수 없는 현실이었다."[1] 이처럼 칼빈주의와 알미니우스의 신학들은 서로 배타적이었고, 그 같은 정황에서 신학적 논쟁이 형성되어졌다고 보인다. 간단히 말해, 알미니우스주의로 살아간다는 것은 칼빈주의자가 아니라고 고백하는 신앙의 행위를 의미하고, 반대로 칼빈주의로 살아간다는 것은 알미니우스주의가 아니라고 고백하는 신앙의 행위다. 따라서 하나님과 돈이라는 두 주인을 섬길 수 없듯이, 사람들은 칼빈주의와 알미니우스주의를 똑같이 사랑할 수도 비판할 수도 없었다.[2] 그 시대의 이러한 분위기가 매우 우둔하고도 어리석게 보였다고 말할지 몰라도, 우리 시대의 신학적 풍경도 크게 달라진 것 같지 않다. 신앙의 진리가 그가 선택한 교리적 추종에 의해서 형성되기 일쑤이기 때문이다. 이처럼 우리는 종종 신학의 교리적 선택으로 진리를 믿는다고 여기는지 모른다.

2장에서 칼빈주의 신학과 알미니우스의 상반된 신학들은 신학에 대한 진지한 논의와 대화를 목적으로 이끌어진 것이라기보다는 어쩌면 정치적 힘의 논리로 촉발된 신학논쟁이 아니었을까 싶다. 사정이 이러다보니, 힘의 논리는 종종 신학의 정통을 규정하고 통제하는 잣대의 기능으로 작용한다. 서로 다른 입장과 상대의 가치에 대한 존중은 어느 곳에서도 찾아볼 수 없었다. 그들의 차이가 당연하면서도 자연스러운 현상임에도 불구하고, 그들의 신학들은 누가 얼마나 많이 동시대의 힘을 가지는가에 따라 크게 좌우되었다. 우리가 눈이 밝은 사람이라면, 칼빈주의와 알미니우스주의에 목숨을 거는 행위는 지극히 우둔하고도 어리석은 행위임을 알 수 있을지 모른다. 하지만 우리는 여전히 진리의 논리에 따라 움직이지 않고, 힘의 논리에 따라 움직인다. 현시대의 순환적 우둔함과 어리석음을 피하기 위해서라도, 우리는 칼빈주의와 알미니우스주의를 분석하고 이해해볼 필요가 있다. 따라서 이 장에서는 우리가 칼빈주의와 알미니우스주의를 통해서 신학의 다양성이 무엇이며, 신학의 담론이 신앙의 행위에 어떻게 영향을 미치는지를 살펴보고자 한다.

## 칼빈주의 신학

칼빈은 루터 이후에 제네바라는 도시를 중심으로 활동한 종교개혁가다. 교회의 부패성에 민감하게 반응한 종교 개혁가들은 성서에 언급된 그대로 하나님의 말씀을 믿고 따르자는 구호를 외쳤다. 1440년에 활판인쇄술을 만들었던 구텐베르크가 최초로 출판한 책이 성서라는 사실은 이미 성서 보급과 성서 연구를 가능하게 만들었다. 이런 시대의 정황에서 칼빈은 성서에 대한 철저한 지식과 주석을 통해서 그의 신학을 전개했다고 보인다. 교회의 위대한 교리체계들은 칼빈의 노력으로 상당히 논리적으로 발전되거나 체계화되었지만, 여전히 성서가 모든 이들에게 열려져 있다는 점에서 다양한 주석의 해석과 교리에 대한 상반된 주장들이 쟁점화될 가능성이 있었다. 칼빈주의는 이런 흐름에서 어느 주석과 주해가 더 논리적이며 합리적인지 혹은 더 성서적인지의 논의를 통해서 나타났다.

## 하나님을 너무나 사랑한 사람, 존 칼빈

그리스도인이란 흔히 하나님을 사랑하는 사람이라고 한다. 비록 하나님을 사랑하는 방식에는 차이가 있을지라도, 하나님을 사랑하는 일은 얄팍한 사랑에서 깊은 사랑에 이르기까지 그분에 대한 사랑의 정도가 다양하다. 존 칼빈(John Calvin, 1509~1564)은 아마도 그 시대에 가장 하나님을 사랑했고, 그분을 이야기하는 것을 주저하지 않았으며, 그분의 이야기라면 자신의 목숨이라도 바칠 각오로 하나님께 헌신하며 살았던 인물이었다. 모든 삶의 목표는 마치 사랑하는 사람을 더 이해하려고 하듯이 하나님을 더 깊이 알려는 것이었다. 다음의 표현은 그가 얼마나 하나님을 사랑하였는지를 보여준다.

> 하나님을 인식하는 사람은 만물이 그의 지배하에 있음을 알고, 그가 만물의 안내자요 보호자이심을 믿기 때문에 전적으로 그를 신뢰하게 된다. 그러한 사람은 하나님께서 모든 축복의 창시자이심을 알고 있기 때문에, 고통스러울 때나 궁핍할 때에는 즉시 하나님께 나아가서 그의 보호를 구하며, 그의 도우심을 기대하게 된다. 그는 하나님의 선하심과 자비로우심을 알고 있으므로, 그를 완전히 신뢰할 뿐만 아니라, 또한 하나님은 사랑으로 자신의 모든 재난에 대한 구제책을 마련해 주신다는 것을 조금도 의심하지 않는다. 그는 하나님을 주요 아버지로 인정하기 때문에, 모든 일에서 하나님의 권위에 복종하며, 그의 위엄을 경외하며, 그의 영광을 나타내기를 힘쓰며, 또한 그의 계명에 순종하는 것이 옳다고 생각한다.3)

존 칼빈은 원래부터 천성이 "타고난 수줍음과 소심함"4)을 지녔다. 이런 탓이었을까. 칼빈의 성품이 루터나 츠빙글리에 비해 그다지 매력적인 모습은 아니었다. 그에겐 유머나 재치를 찾아볼 수 없었다. 하지만 그는 매우 엄격하고도 철저한 삶의 태도로 어떠한 일에도 타협을 몰랐다. 그의 엄격한 성격은 마치 스토아주의적 신앙 분위기를 자아내는 외형적 모습이었다. 그런 그가 동시대의 교회 모습을 이전과는 완전히 다른 이미지로 바꾸어 놓았다는 것은 놀라운 일이다. 아마도 이 일에 대해서는 어느 누구도 부정할 수 없을 듯하다.

칼빈은 1509년 7월 10일 프랑스 북부 피카르디 지방 누아용(Noyon)에서 태어났다. 그의 아버지 제라르 칼빈(Gerald Calvin)은 딱딱하고 엄격한 사람으로서 누아용 주교의 비서이면서 시의 재정관으로서 일했다. 그의 어머니는 캉부레 출신의 잔 르프랑(Jean Lefranc)이었다. 그의 어머니는 칼빈이 매우 어렸을 때 세상을 떠났다. 그의 어머니에 대해서는 알려진 것이 별로 없었고, 칼빈 역시 그의 어머니에 대한 언급이 없었다. 오직 그가 언급한 그의 어머니에 대한 기억은 매우 경건한 신앙의 그리스도인이라는 것뿐이었다. 우리는 칼빈의 생애에서 흥미로운 하나를 발견한다. 그것은 칼빈이 아이들을 위한 아워스캠프에서 생긴 일이었다. 캠프가 마칠 무렵에 그의 어머니가 칼빈을 집으로 데려가기 위해 왔는데, 그의 어머니 르프랑은 칼빈을 포옹하고 입맞추어주는 대신, 성 앤(Saint Anne)의 마리아 유물에다 입을 맞추었다. 이러한 행동은 어린 칼빈의 마음에 신앙심이 깊으신 어머니로 기억하지만, 동시에 어머니의 사랑을 필요로 했던 숨겨진 자신을 드러내기도 한다. 종교개혁연구가이면서 아펠둠대학의 교회사와 교회법 교수인 헤르칸 셀데르후이스(Herman J. Seldehuis)가 쓴 칼빈의 어린 시절의 한 사건은 우리의 마음을 짠하게 한다. 그는 이렇게 기록한다. "어머니와의 최초의 입맞춤은 1515년에 죽은 어머니의 시체였다."5) 가정에 대한 칼빈의 기억은 어쩌면 그다지 정감이 넘치거나 서로를 감싸는 포근한 분위기는 아니었던 것 같다. 그리고 그의 아버지는 어머니가 돌아간 후에 재혼하였고, 재정적인 부정에 연루된 적이 있을 뿐만 아니라 이단의 혐의를 받아 교회에서 파문을 당하기도 했다. 이런 사실을 미루어 짐작해 보면, 칼빈에게 가정이란 오순도순하고 정감이 넘치는 곳은 아니었을 것이다.6)

칼빈에게는 여섯 형제들이 있었는데, 두 형제는 어려서 죽었고 나머지 둘은 성직자 교육을 받았다. 특히 칼빈의 형인 샤를 칼빈은 1518년에 대성당의 지도 신부가 되었다. 하지만 그도 아버지와 마찬가지로 이단의 혐의를 받아 1531년에 파문당했다. 칼빈의 동생인 앙투안은 칼빈을 따라 제네바로 왔고 그곳에서 서점을 경영했다. 앙투안 칼빈은 세 번이나 결혼했고, 피난민의 딸이었던 그의 두 번째 부인과는 부인의 간통 혐의로 이혼의 아픔이 컸다. 칼빈의 아버지는 칼빈을 성직자로 만들려는 욕심이 있었지만, 교회와의 좋지 않은 관계로 법률사가 될 것을 종용했다. 칼빈은 그의 아버지의 말대로 법을 공부하면서 지내기도 했다. 삶의 경험이 그의 성격을 결정한다고 했던가. 칼빈의 살아온 삶의 경험은 그의 신학을 형성하는데 아마도 결정적이지 않았을까 싶다.

칼빈은 파리로 와서 삼촌 집에 기거했다. 그곳에서 대학교육을 위한 준비과정으로 마르슈 학교에 입학을 했다. 칼빈은 인문주의 교육이 강한 마르슈 학교의 교육과정을 마쳤다. 칼빈은 에라스무스와 라블레가 다닌 적이 있었던 몽테귀대학에 입학했다. 이 대학은 그에게 토론술을 가르침으로서 그 자신에게 신앙의 변증을 위한 기초가 되었다. 당시 이 대학은 철학과 신학 모두가 유명론의 영향을 받고 있었다. 중세 신학자 둔스 스코투스(Duns Scotus)의 영향을 받은 교수들이 이 대학에서 대부분 가르치고 있었다. 법철학 공부는 그의 판단력을 날카롭게 해주었고 인간본성에 대한 지식을 확장시켰다. 게다가 그의 법철학 공부는 교회를 조직하고 관할하는데 실제적으로 더 많은 유익을 가져다 주었다. 하지만 그것은 동시에 그에게 율법주의적인 경향과 지나치게 논리적인 특징을 가중시켰다.[7]

1532년은 칼빈의 인생에서 하나의 중요한 전기를 맞이

한 해였다. 이는 그가 종교개혁 운동을 받아들이고, 가난하고 박해받는 한 분파와 운명을 같이하려고 마음을 결정했기 때문이다. 종교개혁은 지식층에게는 피할 수 없는 크나큰 영향이었다. 이러한 영향은 칼빈을 가톨릭에서 개신교로 회심하게 한 결정적인 계기가 되었다. 가톨릭의 종교적 관습이나 미신으로부터 복음적 신앙으로의 변화와 스콜라주의적 전통으로부터 성경적 단순성으로의 변화가 감지되고 있을 때, 칼빈은 누구의 도움이나 설득이 없이 "하나님께서 자신을 변화시켜 주셨다"고 고백했다. 오래도록 칼빈은 로마 가톨릭의 기계적이고도 형식적인 방법들에 대한 회의와 자기의 내면적 죄와 죄의식에 더욱 깊이 내몰리면서 개신교로 전향하여 하나님에게 구원을 요청하게 되었다. 그야말로 그에게는 큰 변화였다.

칼빈은 회심 후 4년 뒤인 1536년 제네바에서 장로들과 의회에 의해 만장일치로 목사와 신학교사로 선출되는 행운을 얻었다. 교회 회중에 의한 이러한 선출방식은 초대교회의 방식으로 매우 중요했다. 왜냐하면 그들은 회중의 소리를 하나님의 소리로 이해했기 때문이었을 것이다. 프랑스의 중산층 가정에서 자란 칼빈은 파리에서 학교를 다녔고, 당시에 유행하던 프랑스 인문주의자들의 모임에 참여하여 학식을 쌓았다. 어느 순간에 왜 그가 프로테스탄트가 되었는데, 그 이유가 무엇인지는 그다지 알려지지 않았다. 하지만 그의 회심에 대한 체험이 누구보다 강렬했으며, 그것이 그의 삶을 전적으로 변화시킨 것은 사실이었다. 인생을 통해서 그가 진정 두려워한 것은 하나님으로부터 버림받는 일이라고 생각했다. 만일에 우리가 하나님을 부인하면, 우리의 삶은 버려져 산산이 부서진다는 것이다. 이러한 생각이 그의 신학적 모토가 되었고, 하나님은 그에게 삶의 지혜이자 지식의 근본이 되었다. 특히 그의 『기독교 강요』에서 칼빈은 "참되고 건전한 지혜는 하나님에 대한 지식과 우리 자신에 대한 지식이라는 두 부분으로 이루어져 있다"고 믿었다.8) 만일 우리가 하나님에 대해 무지하면, 그건 우리 자신을 모른다는 것이며, 그리고 우리 자신에 대해 무지하면, 그건 하나님을 모르는 것이다. 아무튼 칼빈은 무수히 많은 어려움과 고난의 길을 걸어간 신학자다. 하지만 그는 이 모든 것들을 하나님의 섭리 속에서 이해하고 해석하려 들었다. 셀더휴이스는 이렇게 표현하고 있다. "삶은 장애물 경기다. 삶의 어느 곳에든 위험한 것들이 놓여 있고, 그리고 우리의 길에 수없이 많은 장애물들을 놓으신 하나님 자신은 어떻게 우리가 그러한 장애물들을 극복하는지를 지켜보신다. 이것이 바로 칼빈의 삶과 하나님에 대한 견해다."9)

## 신학은 하나님의 영광을 위한 학문이다

칼빈은 신학을 "하나님을 존귀케 하려는 열정"으로 정의한다. 인간의 궁극적인 목적이 자신을 위해 사는 삶이 아니라 하나님의 영광을 위해 사는 삶이라고 생각했기 때문이다. 칼빈의 신학적 사유는 매우 간명하다. 따라서 하나님을 연구하는 참되고 궁극적인 목적은 하나님의 영광을 위해서다. 그에겐 더함도 덜함도 없다. 단 하나, 그것은 하나님의 영광이다. 그것은 신학의 목적이자 삶의 지향이다. 하나님의 영광은 인간이 살아가는 존재 이유다. 우리가 하나님의 영광을 위해 살아야 하는 근본적인 이유는 크게 두 가지다.

하나는 하나님은 부패하고 무능한 인간을 구해주셨기 때문이다. 칼빈은 인간을 낙관적인 면에서 이해하지 않는다. 그에게 인간은 완전히 부패하고 무기력으로 방치에 놓은 상태의 타락한 존재다. 타락한 인간은 "비참한 노예의 신분"이다. 그는 이렇게 표현한다. "인간을 갈대와 비교하는 것조차도, 그것은 너무 과대평가하는 것이다."[10] 따라서 칼빈은 인간을 전적인 타락의 상태로 놓음으로써 상대적으로 '하나님의 무조건적인 사랑'과 '하나님의 불가항력적인 은총'을 드러내는 전략을 보여준다. 구원과 정죄는 '창세전에' 오로지 하나님의 자유로운 결정에 달려 있는 '무조건적인 사랑'에 근거되어 있고, 따라서 중생은 전적으로 하나님의 역사이며, 인간인 우리는 단지 은총이 주어질 때에 거부할 수 없는 존재다. 말하자면, 하나님의 은총은 불가항력적이다. 누구도 거부할 수없는 은총이다. 그런데 그 은총의 조건은 하나님에 의해 우리에게 주어질 때에만 가능하다는 것이다. 칼빈은 "인간을 머리부터 발끝까지 어느 부분도 죄를 면할 수 없을 만큼 홍수처럼 지배되어 있다"고 믿는다.11) 그런 인간을 구원해 주시고 불가항력적인 은총을 베풀어주신 그 하나님을 우리는 사랑할 수밖에 없다. 그러므로 인간의 궁극적인 목적은 만물의 주님이신 하나님께 영광을 돌려야 한다. 하지만 인간은 그것을 보지 못한다. 우리는 우리의 삶을 하락하게 내버려두면서 하나님을 거부하고 하나님의 자리를 대신할 어떤 것을 고안하고 만들어낸다. 인간의 마음은 우상 공장과 같다. 다시 말하자면, 인간들은 "자신의 헛소리를 경배하고 숭배한다."12)

다른 하나는 하나님은 세계를 통치하는 절대적인 기준이기 때문이다. 이것은 신학이 입법적 관점에서 이해해야 한다는 것을 의미한다. 칼빈은 교황이든 이단이든 어떠한 분파를 용인하지 않는다. 칼빈과 마찬가지로 유럽과 미국에서의 그의 초기 추종자들도 대부분 종교적인 관용을 용인하지 않는다. 종교적 관용은 전염성이 강한 위험성이 있다고 보았기 때문이다. 이런 점에서 칼빈은 종교적 관용에 대해서는 대체로 혐오했다. 어쩌면 칼빈주의는 하나님만을 두려워하고 다른 어떤 것도 두려워하지 않았다는 신앙을 보여주려 한다. 그런데 우리가 알듯이, 입법주의적 관점이 사물을 옳고 그름이라는 분명한 잣대에서 저울질 하게 한다.13) 이것이 바로 하나님께서 세계를 통치하는 방식이다. 따라서 칼빈의 사상에서는 다른 어떤 신학보다 하나님의 심판 개념이 현저히 눈에 띠는 이유다. 그는 다소 긴 문장으로 다음과 같이 말하고 있다.

> 하나님께서는 인류 사회를 다스리실 때, 섭리를 잘 조절하셔서 무수한 방법으로 모든 사람에게 인자와 은혜를 베푸시지만, 그러나 명백하고 일상적인 지시에 따라, 경건한 자에게는 관대하심을, 악하고 죄를 범한 자에게는 엄격하심을 선언하신다. 왜냐하면 하나님께서 흉악한 행위에 대하여 보복하신다는 것은 조금도 의심할 여지가 없기 때문이다. 그래서 하나님은 자신이 무죄자의 보호자요 변호자이시며, 선한 사람들을 축복하셔서 그들의 생활이 번창하게 하시며, 그들의 궁핍함을 도우시며, 그들의 고통을 덜어 주시며, 그들을 재난에서 벗어나게 하시며, 그리고 이 모든 일에서 그들을 구원하시는 분이심을 명백하게 보여 주신다. 실로 하나님께서는 자주 사

> 악한 자와 행악자가 일시 벌을 받지 않은 채 날뛰도록 허용하시며… 불경한 자들의 불법과 악의로 압박까지 받게 하신다.14)

칼빈주의 신학은 하나님만이 위대하고 인간은 오로지 그림자에 불과하다는 것을 강조했다. 그런 점에서 "하나님에 대한 두려움은 도덕적인 자기절제의 기반이며, 자기 절제는 참된 자유의 기반이 된다."15)

## 신앙은 하나님의 절대주권을 인정하는 행동이다

하나님의 절대주권을 믿는 신앙은 칼빈주의의 트렌드다. 이 세계의 통치를 인정하고 고백하는 행위의 근거인 하나님의 절대주권은 세계에 대한 하나님의 통치 방식을 의미한다. 구체적으로 말하면, 하나님의 절대주권은 '무조건적 선택'의 행위다. 선택은 칼빈주의의 교리에서 중요한 어휘다. 하지만 이 선택교리는 두 가지 이유에서 가치를 지닌다. 하나는 그것이 성서적이라는 것 때문이고, 다른 하나는 그것이 "예정"(predestination)과 연관된 것 때문이다.

우선 하나님의 선택적 행위가 지극히 성서적이라는 것을 살펴보자. 비록 선택교리가 신약성경에서 그 근거를 찾고 있지만, 구약성경은 하나님의 선택이 무조건적인 행위라는 것을 보여준다. 예컨대 아브라함의 선택(창 12: 1-3; 15:1, 6), 야곱의 선택(창 25:21-23), 이스라엘 민족의 선택(신 4:37; 7:6-8; 10:14-15; 14:2) 등은 하나님의 자유로운 선택의 행위들이다. 신약성경의 경우에는 구약성경보다 더 하나님의 자유로운 선택의 행위에 대한 놀라운 예증을 제시해 주고 있다. 특히 공관복음에 나타난 하나님의 선택들(마 24:22-24, 31; 막 13:20-22; 26-27), 요한복음서에 나타난 하나님의 선택들(요 6:35-45; 10:26-30; 15:14-19; 17:2, 6, 9-10, 24), 사도행전에서의 하나님의 선택들(행 13:48; 18:9-10), 바울서신에서의 하나님의 선택들(롬 8:28-30; 9:6-24; 엡 1:4-5, 11), 그리고 요한계시록에서의 하나님의 선택들(계 3:5; 17:8; 20:12, 15; 21:27) 등을 들 수 있다. 선택에 관한 칼빈주의적 견해가 지극히 성서적 근거에서 비롯되었다고 할지라도, 알미니우스주의는 칼빈주의적 선택의 의미가 "독단적" 혹은 "임의적"으로 설명하고 있다고 비판한다. 윌리의 비판은 정당한데, 그에 의하면, "칼빈주의의 선택교리는 하나님의 사랑을 어둡게 만들고, 또 그러한 방식을 주장하는 것보다 더 슬프게 하는 것은 없다. 본성과 경향으로서의 사랑하심과 그것의 자애로우심의 독단적 선택사이에서 타협할 수 없는 반테제가 분명히 존재하고 있다."16) 이 같은 비판에 대해 칼빈주의적 전통의 신학자들인 로버트 피터슨과 마이클 윌리엄스가 쓴 『왜 나는 알미니안이 아닌가』(Why I am not an Arminian)에서 하나님의 선택은 "예견된 믿음에 근거된 것이 아니라 그의 자유로운 은총에 근거된 것"이라고 논박한다.17) 그들에 의하면, "모든 사람은 그의 분노를 받을 만하다. 그의 은혜를 받을 사람은 아무도 없다. 하나님은 받을 자격이 전혀 없는 죄인들을 구원하시는 은총을 베풀고자 자유롭게 선택하신다. 그것을 독단적이라고 말할 수 없다. 성경은 선택이 하나님의 사랑과 의지의 결과라는 것을 가르치고 있다. 그의 은혜로우신 선택은 궁극적으로 우리의 이성을 초월하지만, 독단적 선택이 아니다."18)

예정교리는 어떤가. 선택의 다른 이름인 이 예정교리는 하나님의 절대주권을 전제로 한다. 예정이란 하나님이 무조건적으로 선택하는 행위다. 우리가 구원받기 위해서 어떤 행위를 한다거나 공로로 구원받는다는 것을 일체 부정한다. 미래의 예지를 포함한 모든 사물의 사건은 전적으로 하나님이 결정한다. 그런 의미에서 칼빈주의의 예정론은 무조건적인 하나님의 절대주권이라고 보인다. 예정론의 본질은 철저하게 그리스도 안에 있는 하나님의 은총을 통하여 구원받을 사람과 그 은총에 참여하지 못하는, 말하자면, 구원받지 못하는 사람에 관한 교리이다. 어원적으로 이 예정이란 말은 '앞서' 혹은 '이전'

이라는 'pre'와 '목적지'나 '행선지'라는 'destination'으로 결합된 합성어다. 즉 'predestination'은 하나님이 일어날 미래의 사건인 종착점을 미리 결정한다는 것이다. 따라서 예정교리는 하나님의 영원하신 제정이나 결정에 관한 교리로 이해된다. 이것으로써 하나님은 무엇이든지 모든 사람에게 일어날 사건들을 자신이 원하는 방식이나 의지대로 결정한다. 칼빈은 이렇게 표현하고 있다. "모든 사물은 동일한 조건으로 창조된 것은 아니다. 어떤 사람은 영생으로 예정되었고 어떤 사람은 영원한 파멸로 예정되었다. 각자는 이 둘 중의 한 편으로 선택되거나 결정되었다. 즉 어떤 사람은 생명으로 예정되었고, 어떤 사람은 멸망으로 예정되었다."[19] 칼빈의 표현은 분명하다. 하나님의 영원불변하신 계획과 목적으로써 단 일회적으로 구원에 용납될 사람과 파멸로 저주 받을 사람들을 미리 결정했다는 것이다.

그런데 칼빈이 선택을 받은 사람에 관한 한 이 계획이 사람의 공로와는 전혀 상관없이 다만 하나님의 넓으신 은총에 의거한다고 보았다. 하지만 저주를 받은 자들에게는 의롭고 공평하고 심원한 심판으로써 생명의 문이 닫히고 말았다고 했다. 여기에서 예정 받은 사람에게 소명을 선택의 증거로 생각하는 칼빈은 의인을 그들이 영광에 도달할 때까지 선택을 나타내는 것이 또 하나의 증거라고 주장한다.[20] 이것이 칼빈의 이중예정이다. 앞서 언급했던 것처럼, 바울이 "우리가 그리스도 안에서 세상이 시작되기 전에 택함을 받았다"(엡 1:4)고 말한 것과 "하나님이 야곱은 사랑하시고 에서는 미워했다는 말을 인용해서 두 계급의 사람이 있다"(롬 9:11-13)는 사실을 강조한 것 그리고 이사야 53장 1절에 있는 말씀으로 예정교리는 넉넉하게 증명할 수 있다고 보았다. 칼빈에 의하면 예정론이나 이중 예정론은 성서에서 가장 정당한 교리로 이해되었다.[21]

## 교회는 하나님의 말씀을 선포하는 곳간이다

16세기의 종교개혁자 가운데서 스트라스부르의 부쳐(Martin Bucer)를 제외하고는 칼빈만큼 교회에 관심을 둔 사람은 없었다. 교회는 그의 신학의 중심이었다. 신학은 교회를 떠나 생각할 수 없었다. 신학은 반드시 교회를 위한 봉사의 기능을 감당하여야 한다. 이는 교회가 단순히 사람들의 모임이 아니라 택함을 받은 사람들의 모임이기 때문이다. 따라서 칼빈은 교회를 통하여 신학의 의미를 찾는다.[22]

로마 가톨릭의 교회제도에 익숙해 있었던 칼빈은 교회질서에 대한 로마 가톨릭의 모델을 거부하면서 개신교의 교회모델을 제시한다. 그에 의하면, 교회는 '신앙인의 공동체'일 뿐만 아니라 하나님께서 그의 택한 백성을 위하여 제정하신 기구이자 제도라고 확신한다. 이것은 하나님의 주권을 강조하는 칼빈이 하나님에 대한 믿음을 고백하는 신앙의 주체인 사람에 역점을 두는 '신앙인의 공동체'의 개념이라기보다는 하나님이 주체가 되며 사람들에게 신앙하도록 말씀을 주시고, 그리고 그의 백성을 다스리시고 보존하시기 위하여 제정하신 기구로서의 교회 개념을 의미한다. 따라서 칼빈은 철저하고도 엄격하게 하나님 중심이요, 말씀 중심에서 교회를 이해한다.[23] 말하자면, 교회는 하나님의 말씀이 기초다. 어느 누구도 교회의 머리가 되지 못한다. 세상에서 권력을 가진 사람이라도, 심지어 가톨릭의 교황이라도, 사람인 그들이 교회의 머리가 되어서는 안 된다. 이는 그리스도가 교회의 머리이기 때문이다. 교회에 대한 칼빈은 생각은 매우 단호하다.

> 온 세계가 한 군주의 지배하에 포섭되는 것이 유익하다는 전연 어리석은 가톨릭교회의 생각을 옳다고 가정하더라도, 교회 조직에서도 같은 일이 있어야 한다는 것을 나는 인정하지 않겠다. 교회에서는 그리스도께서 유일한 머리이시며, 우리는 모두 그의 지배 하에서 그가 제정하신 질서와 조직에 따라 서로 연합된다. 교회에 머리가 없을 수 없다는 구실로

세계 교회 위에 한 사람을 앉히려고 하는 그들은 그리스도를 현저히 모욕한다. 교회의 머리는 그리스도이시기 때문이다.24)

그러면 교회는 무엇인가. 그는 두 가지 의미로 정의한다. 첫째, 성도들의 공동체인 교회는 어머니와 같은 공동체다. 칼빈이 표현하듯이, "모든 경건한 자들의 어머니인 진정한 교회: 우리는 이 교회와 연합되어야 한다." 그러면서 그는 "모든 경건한 자들(거룩한 무리들)의 어머니"라고 규정하고 있다. 교회를 "성도들의 어머니" 또는 "거룩한 무리들의 어머니"라고 부르는 것은, "이 어머니가 우리를 잉태하고 낳으며 젖을 먹여 기르고 우리가 이 육신을 벗고 천사같이 될 때가지(마 22:30) 보호 지도해 주지 않는다면 우리는 생명으로 들어갈 길이 없기 때문이다"라고 칼빈은 강조하였다.25) 교회로 들어오는 것은 어머니의 품속으로 들어오는 것과 같다. 즉 하나님께서는 이 교회의 품속으로 자녀들을 모으시기를 기뻐하셨는데, 이는 그들이 유아와 어린 아이로 있는 동안에 교회의 도움과 봉사로 양육 받을 뿐 아니라 어머니와 같은 교회의 보호와 지도를 받아 성인이 되고, 드디어는 믿음의 목적지에 도달하게 하시려는 것이다. "하나님이 짝지어 주신 것을 사람이 나누지 못하므로"(막 10:9) 하나님이 아버지가 되는 사람에게는 교회가 어머니가 되어야 한다. 그리고 어거스틴의 영향을 받은 그는 자기의 택한 백성의 아버지이신 하나님은 어머니인 교회를 학교로 삼아 양육하여 온전케 하며 그리스도의 형상을 본받아 영화롭게 하신다고 확신한다.26)

둘째, 성도들의 공동체인 교회는 그리스도의 몸이다. 하나님께서는 이 직책을 목회자들에게 위탁하시고 직책을 수행할 수 있는 은혜를 베푸셔서 그들을 통해서 선물을 교회에 분배하시며, 그의 이 제도 안에 성령의 능력을 나타내심으로써 친히 임재 하신다는 것을 어느 정도 보이심으로 그 제도가 허망한 것이나 무익한 것이 되지 않도록 하신다. 성도들의 갱신은 이렇게 이루어지고 그리스도의 몸은 이렇게 세워지며(엡 4:12), 이렇게 우리는 범사에 머리이신 그에게까지 자라며(엡 4:15) 서로 함께 자라는 것이다. 칼빈에게 있어서 교회는 정적인 기구가 아니라 살아 움직이는 역동적인 유기체로서, 피차에 봉사와 도움을 주는 공동체이다. 그리고 교회가 그리스도의 몸이라고 하는 사상은 그리스도만이 교회의 주가 되신다는 사실을 매우 분명하게 보여준다. 어떤 개인이나 단체도 교회를 지배할 수 없으며, 그리스도만이 교회의 통치자가 되시며 머리가 되신다는 것이다.27)

이처럼 칼빈주의란 교회 신학의 또 다른 표현이다. 교

회를 사랑하는 칼빈의 마음은 아름답다. 순수한 상태로 교회를 유지시키려는 그의 태도에서 우리는 그가 교회를 사랑하는 마음을 읽을 수 있다. 교회는 징표를 통해서 드러난다. 그가 말하기를 하나님의 말씀이 순수하게 선포되어 하나님의 말씀을 듣는 곳, 그리고 그리스도께서 제정하신 대로 성례가 시행되는 곳, 거기에 하나님의 교회가 존재한다(엡 2:20). 왜냐하면 "두 세 사람이 내 이름으로 모인 곳에는 나도 그들 중에 있느니라"(마 18:26)고 한 그리스도의 약속이 깨어질 수 없기 때문이라고 하였다. 칼빈은 우리가 세상으로부터 분리되지 않는 한 구원을 기대할 수 없다고 선언하고 교회 안에 있는 자와 밖에 있는 자들을 분리해주는, 이른바 교회와 세상 간의 구분의 표지가 중요하다고 믿었다. 여기에서 세상과의 분리를 강조하는 교회는 사랑의 결합으로 건강한 믿음을 보존하는 곳이 된다. 그런 까닭에 교회는 사람들이 하나님의 거룩하고 특별한 백성이 될 수 있도록 세상의 오염으로부터 분리되는 영역이다.[28] 그러므로 참된 교회의 징표, 곧 말씀의 전파와 성례의 시행은 보다 넓은 구조에서 이해되어야 한다. 다시 말하면 그리스도를 주로 시인한다는 관점에서 이해되어야 한다는 것이다. 참된 교회는 말씀과 성례에서 그리스도가 인정되고 주로 높이 들리움을 받는 곳에 그리스도의 교회가 존재하는 것이다. "하나님의 교회가 모든 부패한 종파들과 구별되는 것은, 그것이 주의 말씀에만 귀를 기울이고, 주의 명령에 의해서만 지도받기를 원할 때 그렇게 된다"고 칼빈은 강조했다.29) 하지만 교회의 일꾼들이 말씀을 선포하고 성례를 집행함에 있어서 어떤 과오가 끼어들 수 있으나 이로 인하여 우리가 교회와의 교통에서 떨어져 나가서는 안 된다. 비록 그리스도 교회는 거룩하지만(엡 5:26), 교회에는 선한사람과 악한사람 사람들이 섞여 존재하고 있고(마 13:47-58), 어떤 경우에는 참을 수 없을 정도로 죄악의 전염병이 교회 안에서 창궐한다. 그렇지만 말씀 선포와 성례집행이 거부되지 아니하고 계속되는 한 거기에는 교회가 존재하고 있는 것이다. 교회는 매일 진보하면서도 아직 완전하지 않다는 의미에서 거룩하다. 그런 이유에서 교회가 불순하다는 이유만으로 교회를 버리고 새로운 교회를 세워서는 안 된다. 즉 교회를 분리시킴으로써 그것의 통일성을 깨뜨려서는 안 된다는 것이다.30) 따라서 칼빈은 교회를 훼방하거나 방해하는 모든 세력에 대해서는 매우 엄정했으며, 교회의 규율이 허락하는 한에서 교회를 지키려는 그의 노력은 높이 평가해도 지나치지 않을 것이다.

# 알미니우스 신학

칼빈주의의 영향은 네덜란드와 영국으로 건너가 예정에 관한 논쟁을 야기했다. 특히 베자와 고마루스에 의해서 네덜란드는 다소 엄격한 형태의 칼빈주의를 받아들이고 있었다. 네덜란드의 칼빈주의는 크게 두 가지의 학파로 나뉘었는데, 하나는 타락 후 예정론과 다른 하나는 타락 전 예정론이었는데, 타락 후 예정론은 하나님의 영원한 섭리를 시간 속에서 발생한 인간의 타락에 맞추어서 조정하는 반면에, 타락 전 예정은 선택과 유기의 섭리가 창조의 섭리를 선행하기 때문에 인간은 아직 창조되지 않았고, 그래서 타락하지도 않았다는데 초점을 맞추었다. 이 같은 논쟁은 단지 네덜란드 교회의 개혁파 전체에게 영향을 미치게 되었고, 어떤 방식으로든 알미니우스는 이 논쟁에 관하여 자신의 입장을 피력해야만 했다. 보다 관용적이고 자유로운 르네상스 인문주의자들로부터 직접적인 영향을 받았던 알미니우스는 암스테르담에서 목사가 된 후에 로마서 7장 14절을 나름대로 주석을 하다가 당시의 선배목사였던 플란키우스의 진노를 사게 되었다. 알미니우스가 그 본문이 가르치는 것은 중생한 사람이 아니라 중생치 못한 사람이 율법의 요구와 그 요구를 충족시킬 수 없는 무능력 사이에서 고뇌를 겪는 것이라고 주장했기 때문이다. 이것이 칼빈주의와의 논쟁이 촉발된 시작이었다. 이런 주석에서 알미니우스는 칼빈이 주장했던 타락 전 예정설을 양심적으로 거부함으로써 칼빈주의에 대항하는 신학자로 기억되었다.

## 신앙의 책임을 강조한 신학자, 야콥 알미니우스

야콥 알미니우스(Jacob Arminius)는 1560년에 유트레히트(Utrecht) 지방에서 아주 가까운 시골마을인 네덜란드의 오드와터(Oudewater)에서 태어났다. '칼 만드는 사람'이었던 아버지는 알미니우스가 유아 때에 세상을 떠났다. 아버지의 부재는 한 가정의 고통스러운 미래를 예측하듯이 알미니우스의 가정도 매우 힘든 시기를 보내야 했다. 이로 인해 누이와 남동생과 함께 그는 과부가 된 어머니와 가정의 생계를 위해 집을 떠나게 되었다. 어려운 시기에 누군가의 도움은 삶의 여정에 크나큰 힘이 되기도 하고, 암울한 환경을 바꾸는 경우가 있다. 알미니우스의 암울한 환경을 밝은 환경으로 바꾼 사람이 있었는데, 그가 유트레히트 지방에서 가장 경건하고 학식이 풍부하고도 명망이 있는 목사 데오도르 아에미리우스(Theodore Aemilius)였다. 아에미리우스 목사는 알미니우스의 가정 상황과 환경을 누구보다 잘 알고 있었고, 알미니우스의 교육에 전적인 책임을 지고 그를 교육시켰다. 어린 나이임에도 불구하고 공부 외에 다른 어떤 돌파구가 없었던 알미니우스는 라틴어와 헬라어와 함께 신학을 배우는 일에 전념했다.[31]

15세의 어린 나이에 알미니우스는 1575년에 처음으로 창설된 라이덴의 네덜란드대학에 입학했다. 라이덴대학에서 6년의 세월을 보냈던 알미니우스는 칼빈의 제자 데오도르 베자(Deodore Beza)가 가르치고 있었던 제네바로 가기로 결심을 굳혔다. 이는 당시의 지배적인 신학 사조가 칼빈주의였기 때문이다. 제네바에서 알미니우스는 베자를 만나 그로부터 칼빈의 예정론을 배우게 된다. 알미니우스는 1588년에 안수를 받고, 암스테르담에서 15년 동안 목회에 전념한다. 그러던 중에 알미니우스는 라이덴대학의 교수로 제의를 받고, 목회자에서 교수의 삶으로 전환한다. 공부에 남다른 관심을 드러내었던 알미니우스는 1603년에 『하나님의 성품』(The Nature of God)이라는 논문으로 라이덴대학에서 박사학위를 받았다. 후에 이 논문의 제목을 중심으로 그는 많은 논문을 발전시키고 집필하는데 헌신하였다. 그의 논문에서 추측해 볼 수 있듯이, 그의 주된 관심은 언제나 '하나님의 성품'이었다. 하나님의 성품 중에도 하나님의 은총과 예정의 교리와 결부된 신학적 사유에 대한 의미가 대체로 부각되었다.

불행하게도 알미니우스는 신학적 주류에서 정통의 주류로 인정받지 못했다. 어쩌면 신학은 정치적인지 모른다. 신학담론의 정통성은 정치적 판도와 숫자의 크기에 따라 좌우되기도 한다. 알미니우스의 신학담론이 비난받은 것은 그것의 논의가 이단성을 가졌다기보다는 당시의 지배적인 담론에 저항했기 때문이다. 진리가 진리라는 이유만으로 선망의 대상이 된다면 그것은 세상을 몰라도 한참 모르는 것이다. 세상은 우리가 생각하는 것만큼 순수하지 않다. 닳고 닳은 것이 세상의 이치다. 무엇에 저항한다는 행위는 그만큼의 위험이 깔려 있다. 알미니우스가 아마도 그런 상황이었는지 모른다. 그의 신학은 당대의 지배담론 신학인 칼빈주의에 저항했다. 예상한대로 그의 저항은 위험하고도 나쁜 신학으로 판명되었다. 신학은 내용으로 그 중요성을 인정받지 않을 수 있다. 그것을 평가하는 것은 개인의 몫인지 모른다. 그 시대의 신학자들은 알미니우스를 꾸중하듯 나무랐다. 이러한 나무람은 어느 쪽이 더 힘이 있는가를 관찰하는 하이에나 근성을 가진 신학자들에 의해서 더 강한 어조로 비판되었다. 문제의 발단은 이런 신학자들이 문제다. 어디를 가나 견문발검(見蚊拔劍)하는 신학자들이 있기 마련이다. 말하자면 그들은 모기를 보고 칼을 뽑는 부류의 신학자들이기 때문이다. 이런 신학자들의 행태는 급기야 알미니우스가 매우 위험한 인물일 뿐만 아니라 기독교 신앙을 위협하는 인물이라고 소문을 낸다. 오늘날 신학계에서 환장하고 미칠만한 일들이 종종 벌어지듯이 그의 시대에도 예외는 아닌 듯하다.[32]

알미니우스의 대처가 미흡했을까. 지울 수 없는 알미니우스의 오점은 아리스토텔레스의 철학을 기본골격으로 하여 신학담론에 임했다는 것이다. 그런데 알고 보면, 알미니우스만 그랬나. 어거스틴이나 아퀴나스는 그러지 않았나. 왜 그만 문제 삼는 걸까. 평가에 대한 형평성 문제가 재기될만하지 않는가. 누구하나 목소리를 내지 않았다. 신학의 논쟁이 원래 그렇다. 사람을 통제하는 방법은 하나다. 그것은 색깔논쟁으로 몰아가면 된다. 그 사람은 자유주의자야! 그 사람은 정치꾼이야! 한마디만 내 뱉어도 된다. 그를 비방하는 딱 한 문장의 선전 문구를 고안하면 그건 벌써 이기는 게임이다. 그리고 그러한 문구가 전국에 퍼져나가는 방식은 식은 죽 먹기다. 돈을 들여 신문에 광고까지 낼 필요가 있었을까. 지방회나 노회에 가서 다른 친구들에게 말하면 한 신학자에 대한 소문은 일파만파로 퍼진다. 알미니우스 신학은 아마도 이런 풍경이 아니었을까.

알미니우스는 하나님을 사랑한 목회자이면서도 신학자다. 그의 목회 경험이 신학의 사유를 형성했다. 그가 목회 기간에 행한 설교는 신약성경의 로마서만을 고집하면서 설교했다고 한다. 로마서의 연구와 설교에서 그가 말하는 하나님은 은혜로우신 하나님이었다. 하나님의 은혜는 형언할 수 없고 한량없으신 은총이다. 말하자면, 하나님의 은혜는 우리 모두를 구원하시는 사랑이다. 예수 그리스도의 죽으심은 하나님의 은혜의 징표다. 예수 그리스도의 죽으심은 선택받은 사람만을 위해서 죽으신 것이 아니라 모든 사람을 위해 죽으셨다. 그의 학식이나 외모가 어떠하든 그리스도는 모든 사람을 위해 돌아가셨다. 우리 모두는 하나님의 은혜를 받을 수 있는 사람들이다. 우리를 위한 하나님의 선물이기 때문에 우리는 하나님의 은총을 경험할 수 있다. 이런 점에서 알미니우스는 하나님의 은혜에는 어떤 신의 선행적 결정이 존재하지 않는다고 믿었다. 만일 신의 선행적 결정이 설정되었다면, 하나님의 은혜는 인간을 구속하려는 것 외에는 다른 의미가 없다는 것이다. 그런데 모든 사람에게 주어진 하나님의 은혜는 그것을 받아들이는 사람에게 효력이 있다. 누구에게나 주어지는 하나님의 선물은 그것을 누리는 자의 몫이다. 받아들이는 것 자체는 이미 인간은 자유의지를 가지고 있기 때문에 그것이 가능하다고 믿었던 알미니우스의 신학이 종국에서는 칼빈의 '전적 타락'에 반대하는 항변이 되고 말았고, 그의 말로는 쓸쓸하고도 서글펐다.

하나님의 은총은 모든 사람에게 주어지는 선물이다

알미니우스는 엄격한 칼빈주의자인 데오도르 베자(Theodore Beza, 1519~1605)의 추종자였고, 그들로부터 신적 예정에 관한 강의를 들으면서 신학적 사유가 형성되었다. 당시 유럽은 전체적으로 종교개혁이 마무리되는 단계에 접어들고 있었고, 종교개혁과 관련된 교리가 거의 체계화될 시기였다. 알미니우스는 15세기에 공동생활 형제단에 의해서 설립된 성 제롬 학교에서 초기 교육을 받았으며, 오렌지의 윌리엄에 의해 창설된 라이덴대학(Leiden University)에서 공부한 후, 1603년 라이덴대학의 교수가 되면서 당시 동료교수인 프란시스쿠스 고마루스(Franciscus Gomrus, 1563~1641)와 윌리엄 퍼킨스(William Pekins, 1558~1602)와의 예정론에 관한 신학적 논쟁에 휘말렸다.33) 1610년 알미니우스의 견해에 동의하는 목회자들에 의해서 이른바 '항변서'(The Remonstrance)를 통해서 알미니우스의 신학사상이 칼빈주의 신학에 가장 적대적이고도 경쟁적인 동시대의 신학으로 인식되었다. 철저한 칼빈주의로 시작했던 알미니우스는 예정론에 관한 강의를 들으면서 양심의 고뇌적 기간을 경험한다. 이른바 양심고백과 같은 신앙적 고백은 네덜란드 신앙고백(1561년), 하이델베르크 교리문답(1562년), 벨기에 신앙고백(1561

년)의 개정을 요구하기에 이른다. 이런 시대적 정황에서 서구 기독교의 지속적인 신학 문제들 중 예정론은 신학들의 엇갈림을 주도하게 된다.

예정론이란 뭔가. 그것은 신지식의 중심적 교리다. 하나님에 대한 성격이 신지식의 교리를 규정하는데 결정적인 요소가 예정이다. 앞서 언급했듯이, 하나님에 대한 탐구는 '타락 전 예정'과 '타락 후 예정'이라는 교리논쟁에 불을 짚었다. 알미니우스는 '타락 전 예정'(supralapsarianism)과 '타락 후 예정'(infralapsarianism)을 동시에 비판한다. 타락 전 예정은 신적 예정의 작정 순서에 관한 교리로서 어느 누구도 "영원하고 불변하는 작정"을 변경하거나 바꿀 수 없다는 입장인데, 알미니우스는 이러한 문제에서 인간의 자유가 배제되었다는 점을 밝힌다.[34] 그에 따르면, 하나님의 작정은 실제 인간의 어떤 일에 제한을 받지 않기 때문에 처음부터 하나님의 예정에 의해 결정되었다는 것이 문제가 된다는 것이다. 반대로 타락 후 예정은 어떤가. 이 교리는 일종의 수정주의 예정이라 부르는데, 하나님의 작정에서 조건이 제시되었다는 견해다. 이 견해는 죄로 인한 인간의 타락을 치유하기 위해 하나님이 십자가를 통해 그리스도의 죽음을 작정했다는 것이다. 하지만 알미니우스는 칼빈주의의 신적 작정이 무조건적이고 결정적인 성향이라고 비판한다. 따라서 그는 윌리엄 퍼킨스에게 보내는 서신에서 하나님의 작정의 문제를 밝히고 있다.

> 작정은 능력에 관한 것이 아니라 구원과 저주의 행위에 관한 것이다…. 자비는 단지 불쌍한 인간과 죄인을 위해 필요한 것이며, 그리고 저주의 목적이 저주의 어떠한 필연성을 권유하는 것이 아니다. 그러나 만일 하나님이 인간을 창조하시고 통제하시기 위한 작정이라면, 인간은 죄를 지을 밖에 없을 것이다.35)

이처럼 알미니우스는 그리스도가 오직 선택받은 자만을 위하여 죽었다는 교리에 반대하고, 대신에 복음주의적 전통에서 그리스도가 모든 인류를 위하여 죽으셨다고 확신한다. 인간이 하나님의 은혜를 떠나서는 아무런 선한 일도 할 수 없다고 주장하는 점에서 칼빈주의와 일치하지만, 칼빈주의의 거절할 수 없는 혹은 불가항력적인 하나님의 은혜(irresistible grace of God)에 대해서는 반대한다. 그에 의하면, 은혜는 거절될 수도 있으며, 인간이 한번 받은 은혜는 잃어버릴 수도 있다는 것이다. 만일 은혜의 교리가 조건적이거나 강제적인 비자율적인 권한이라면 그건 더 이상 은혜가 아니다. 참된 은혜는 그 은혜를 인정하는 자에게만 효력이 있는 법이다. 만일 은혜가 죄인인 인간에 대한 하나님의 사랑이며, 하나님이 피조물의 세계 창조와 구속 속에 있는 인간존재들과 자신과의 의사소통 혹은 구속 안에 있는 인간존재들과 자신과의 의사소통하려는 방식이라면, 하나님의 은혜는 강압성에 내포된 불가항력적인 의미로 받아들일 수밖에 없기 때문이다.36)

알미니우스는 은혜를 "모든 선의 시작이자 지속이며 그리고 최종적인 것"으로 이해한다. "하나님의 은혜는 죄인인 인간에게 관심을 갖는 행위다." 은혜는 인간의 죄를 전제로 하며, 죄인을 향하신 하나님의 사랑에 대한 표현이다. 따라서 은혜는 인간의 죄와 죄의 영향들을 처리하시는 하나님의 뜻이다. 하나님의 정의는 십자가를 통하여 아들을 죽음으로 인도하심으로 영원한 죽음과 죄로부터 그를 믿고 회개하는 자를 해방하시고 구원하시려는 그의 사랑의 행위다. 따라서 그는 인간의 죄의 상태에서 "자유의지가 상처받고 불구가 되고 허약해지고 뒤틀리고 약해질 뿐만 아니라 감금되고 파괴되고 잃어버린바 되었다"고 시인한다. 그럼에도 불구하고 인간은 하나님의 은혜 없이는 아무것도 이룰 수 없으며, 그리고 이러한 은혜의 선물들이 없다면, 인간은 구원받지 못할 것이라고 이해한다. 알미니우스의 신학은 칼빈주의와 같이 인간의 전적인 타락을 긍정하지만, 하나님의 '선행적 은혜'(prevenient grace)를 더 강조하기 위해 말하고 있다. 따라서 그는 하나님이 부패한 본성을 지닌 모든 인간들을 위해 믿음, 소망, 사랑과 같은 은혜로운 선물을 주셨다고 믿는다. 이 구원을 베푸시는 하나님의 은혜의 행위가 알미니우스에게는 하나님의 정의다.

## 신앙은 인간의 책임을 인식하는 행동이다

자유의지는 하나님의 주권과 양립할 수 없는 개념이다. 이것은 하나님이 인간의 모든 행위나 사건을 통제하고 지배한다면, 인간은 자유롭지 못하다는 논리적 모순을 야기한다. 인간이 자유하다는 전제는 이미 하나님이 인간에게 자유를 허용하셨다는 의미로 받아들여야 한다. 비록 칼빈주의에 대한 알미니우스의 비판이 이러한 관점에서 이탈하고 있을지라도, 알미니우스주의는 여전히 하나님의 예정이 하나님의 은혜를 보여주기 위한 선택으로 이해한다. 만일 그렇게 이해한다면, 인간의 자유는 하나님의 자유에 대한 책임을 수행하려는 인간의 행위로 이해될 수 있다. 이것이 알미니우스 신학의 중심적 의도다. 다시 말해, 알미니우스 신학은 인간의 자유를 하나님의 은혜에 대한 인간의 책임을 강조하려는데 있다.

알미니우스는 아리스토텔레스와 아퀴나스의 사상에 크게 의존하고 있다. 그에 의하면, 인간이 가지고 있는 의지는 이성적 속성이다. 이는 의지가 지성의 근거를 결정하기 때문이다. 그러면 인간에게 의지가 주어진 이유는 무얼까. 그것은 선을 지향하는 것을 목표로 한다. 즉 인간의 의지는 부동자가 아니라 알려진 대상에 따라 움직이는 역동적인 의미다. 이런 근거에서 알미니우스는 그의 신학에 자유의지 개념을 도입한다. 그에 의하면, (1) 명령하는 자의 통제로부터의 자유, (2) 상관의 통치로부터의 자유, (3) 필연성으로부터의 자유, (4) 죄와 그 지배로부터의 자유, 그리고 (5) 고통으로부터의 자유다. (1)와 (2)는 하나님의 고유한 권한에만 적용될 수 있는데, 하나님이 전적으로 독립되어 있는 행위의 완전한 자유를 가지고 있기 때문이다. (3)와 (4)는 인간에게 속한 자유의 개념이다. 그리고 (5)는 타락 이전의 사람에게만 적용된다. 그런데 (4)의 필연성으로부터의 자유는 인간의지의 본질로서 인간행위의 자유를 말한다. 그가 주장하려는 것은 인간이 필연성으로부터의 자유가 없다면, 인간의 의지는 참된 자유라고 볼 수 없다는 것이다.[37]

우리가 염두에 두어야 하는 부분은 이것이다. 알미니우스의 신학이 하나님의 주권을 경시하거나 배제하려는 것이 아니라 하나님의 은혜에 대한 책임을 강조하는 신학이라는 것이다. 칼빈주의의 예정론에 대한 알미니우스의 비판은 이런 맥락에서 읽어야 한다. 만일 우리가 미래의 행위가 미리 결정되었다면, 우리의 신앙은 실천적 열의가 상실될 수 있다는 것을 알미니우스는 염려했다. 그래서 알미니우스는 이렇게 단언한다. "선행을 위한 열의와 신중한 관심을 억누르고 기도하려는 열의를 없애며… 또한 가장 유익한 두려움과 떨림, 즉 우리는 우리의 마음으로 우리 자신의 구원을 이루어내도록 명령을 받았다는 것을 모두 제거할지 모른다."[38]

특히 알미니우스는 자유에 관한 두 가지 의미를 덧붙여 설명한다. 하나는 자유란 자의성의 또 다른 표현으로 사용한다. 자의성이란 도덕적 자유를 염두에 두고 있다. 이것은 자유에 대한 책임이 하나님에게 있지 않고, 우리 자신에게 있다는 것이다. 그러므로 자유란 책임적 인간을 염두에 둔 알미니우스의 의도로 보인다. 하나님의 주권이 절대적인 경우에만 그가 자유롭다. 그가 절대적인 주권을 행사할 수 없다면, 하나님은 자유로운 존재가 아니다. 역설적으로 칼빈이 예정의 체계에 조건을 설정하지 않을 경우에 하나님의 주권이 더 절대적일 수 있다. 이런 이유에서 알미니우스가 하나님의 주권이 조건적이지 않다면, 자신과 사물이 더 자유롭게 될 수 있다는 것이다.[39] 자유의 다른 하나는 자유가 믿음의 선택적 행위를 전제로 한다. 한 사람이 자유하다는 것은 그가 일정한 행위를 할 수 있다는 것을 의미한다. 이것은 믿음을 갖는 행위에서 더욱 그렇다. 신앙을 갖는다는 것은 이미 외부의 어떤 강압이나 강제에 의해서 가지는 것이 아니라 자신이 그것을 선택하고 결정하기 때문이다. 알미니우스는 그의 "사적 담론"에서 이 사실을 강조하여 주장한다. "믿음은 하나님의 요구이지만, 믿는 자가 그 요구에 응답하고 반응할 때 믿어지는 행위다."40) 그러므로 그가 인간의 자유를 강조한 것은 믿음의 필연성을 강조하기 위함인데, 그는 이렇게 밝히고 있다. "하나님은 구원을 위해 그리스도와 하나님 자신을 믿는 믿음의 필연성을 결정하였다. 그것에 따라서 믿음은 하나님과 그리스도에 대한 인간의 필연적인 임무를 수행하도록 규정하였다."41)

## 하나님에 대한 사랑이 과하면 그건 우상이다

기독교 역사에서 어느 누구도 칼빈만큼이나 하나님을 진실하고도 뜨겁게 사랑한 사람이 있었을까. 그런데 하나님을 사랑하고 모든 것에서 하나님의 영광을 위해 살았고 추구했던 신학자 칼빈의 태도가 오히려 그의 잘못을 비판하기보다는 그것을 덮어버리는 우를 범한 것은 아니었을까. 말하자면 칼빈에 대한 과도한 찬사는 과장되어 마치 신학자의 위상을 신격화한 것은 아니었을까. 1886년에 로버트 루이스 스티븐슨이 쓴 "지킬박사와 하이드씨"에 나오는 이야기처럼, 칼빈주의 신학은 늘 '지킬'칼빈을 과도하게 숭배하고 사랑하지만 '하이드'칼빈의 모습에서는 노출하기를 꺼려한다. 칼빈 시대의 신학은 여전히 정치적 움직임이 활발했지만 신학적으로는 매우 혼돈의 시대였다. 가톨릭과 프로테스탄트를 막론하고 기존의 신앙적 실천이나 가르침에 저해되는 사람들을 이단자로 규정하고 처형하는 것이 이상하지 않으리만큼 자연스러운 것이었다. 하지만 인문주의의 영향인지는 모르나 당시의 여론은 신앙적인 문제에 연루된 완고한 이단을 처형하는 것에 대한 반발에 부딪치고 있었다. 그런데 교회 안에 일어나는 이 외부의 여론을 잠재운 사람은 다름 아닌 칼빈 자신이었다. 칼빈은 그의 수제자인 데오도르 베자(Theodore Beza)에 의해 제안된 책을 출간하여 이러한 여론을 잠재웠는데, 우리는 처형당한 사람들에 대한 칼빈의 주장을 아무런 고통스러운 느낌이나 분노의 감정을 억제하고 읽을 수 있을지 의문이다.

> 이단자와 신성 모독자를 처형하는 것이 부당하다고 주장하는 자들은 알면서도 자신해서 그들과 같은 죄를 범하는 것이다. 이것은 인간의 권위에 따라 이루어진 것이 아니다. 자신의 교회를 위해 영구적인 규범을 말씀하시고 정하시는 이는 하나님이시다. 우리의 마음을 부드럽게 하는 모든 인간적인 감정들을 그가 소멸시키고, 형제들, 친척들 그리고 친구

들 사이의 온정과 호의적인 감정을 그치라고 명하시는 것, 다시 말해 우리의 거룩한 열망을 아무것이라도 막지 못하도록 그가 인간의 본성을 거의 박탈하시는 것은 무익한 일이 아니다. 하나님이 자신의 명예를 사취 당하셨다는 것을 우리로 하여금 알도록 하기 위해서가 아니라면, 그리고 그에게 드려야 할 합당한 신앙심이 다른 모든 인간적인 의무보다 우선되어야 하는 것이 아니라면, 그리고 그의 영광이 주장될 때 인간성이 우리 기억에서 거의 지워져야 하는 것이 아니라면 왜 그렇게 무자비하고 가혹한 처벌이 요청되었겠는가?42)

분명히 칼빈은 이단을 처형할 권리와 의무를 가져야 한다는 입장을 고수했고, 실제로 그의 주장으로 인해 많은 사람들이 이단의 죄명 아래 형장의 이슬로 사라졌다. 우리가 신뢰하고 믿고 있는 신학이 정말로 순수하거나 중립적인가의 의문을 떨쳐버릴 수 있을까. 우리가 순수한 것인지 아니면 신학자들이 악한 것인지 그것을 판단할 능력이 부족한지 모른다. 하지만 항상 신학은 하나님에 대한 이야기이지만, 하나님의 뜻이 사람을 판단하고 예단하며 그리고 정죄하는 풍경을 보여준다. 그래서 하나님의 영광을 위한다는 신학자의 고백적 수사는 신학의 진리라는 명분 아래에 무고한 사람들을 해친다.

이 장을 마무리하면서 우리는 예정교리를 다시 생각하면서 마치려고 한다. 예정교리는 분명히 15세기의 신학적 화두였고, 그것에 대한 주장은 나름의 정당성을 시대는 보증했다. 그리고 동시대의 예정교리가 그들에게 위안과 행복을 가져다준 것만은 사실인 듯하다. 하나님이 우리를 선택했고, 우리의 삶을 보장한다고 하지 않는가. 하지만 그 시대의 사람들은 예정교리가 매우 무섭고도 난해한 교리로 여겼다. 누가 구원을 받았는지 누가 버림을 받았는지에 대한 관심이 그렇게 만드는 것 같다. 만일 이 예정교리가 사람들을 불안하게 한다면 그것은 원래의 의도와는 정반대의 효과를 야기할지 모른다. 예정교리는 누가 예정을 받았는지 그렇지 않은지의 판단을 위해 만들어진 교리가 아니기 때문이다. 다른 교리들과 마찬가지로 예정교리란 하나님의 주권을 가르치는 교리로서 우리에게 유익을 주기 위함이지 그것을 가지고 다른 사람들을 판단하기 위해 고안된 것이 아니기 때문이다. 간단히 말하자면, 예정교리는 시간의 의미를 제시하는 교리다. 태초에서 시작되는 것이 예정교리로 여기는 것으로 생각하는 사람들이 많지만 실상은 예정교리를 현재의 시점에서 생각하여야 한다. 예수 그리스도 안에서 우리를 택하신 것은 하나님이 우리를 사랑한다고 믿는 것이다. 창조주이시고 생명과 죽음을 주관하는 우주의 통치자는 보잘 것 없고 나약한 우리를 사랑한다는 것이 얼마나 우리의 마음에 기쁨과 평안을 제공하겠는가. 그 사실을 알려주는 교리가 예정론이다. 우리 모두는 하나님을 사랑하고 현재의 주어진 삶에 최선을 다하는 그리스도인이 되어야 한다. 그러므로 우리는 모든 것을 하나님의 영광을 위해 살아야 한다는 칼빈의 말은 우리 시대에 가장 필요한 말인지 모른다.

알미니우스는 칼빈이 교회를 사랑하는 마음에서도 권징에 더 많은 강세를 두면서 성도들을 옥죄는 사람으로 생각했을 수 있다. 교회 내에서의 권징은 바람직하긴 하지만 교회의 존재를 위해 필수적인지는 의심이 든다. 그럼에도 불구하고 교회가 권징에 의해 자신의 과오를 시정할 권한이 없다면 교회의 존재이유가 없다고 주장했던 칼빈주의는 알미니우스의 견해에서 그것이 오히려 더 우상적이고도 율법적일 수 있다고 판단된다.[43] 권징의 문제에 있어 칼빈의 이론을 정면으로 반박하고 논박한 것은 분리파 입장의 가장 격렬한 대변인이었던 헨리 배로(Henry Barrow)였다. 자기의 사상 때문에 처형을 기다리고 있던 군함의 감옥에서 쓴 글에서 배로는 칼빈이 "자기가 본 것들과 자기가 살았던 시대에 있어 하나님의 유익한 종"이었음을 기꺼이 인정했다. 하지만 칼빈은 "유황재의 연기 자욱한 용광로에서 갓 벗어났기 때문에 시온의 완전한 아름다움을 볼 수도, 그것에 도달할 수도 없었다"고 배로는 지적했다. 그리고 배로는 재침례파를 반박하고 "제네바에서 자신의 성급하고 무질서한 사역들을 변호"하기 위한 열심에서 칼빈이 성경을 왜곡하고 자신의 추종자들을 속였다고 비판했다. 여기서 "성급하고 무질서한 사역"이란 표현은 제네바 도시를 개신교로 개종시키려는 칼빈의 방법을 두고 한 말이다. 이처럼 알미니우스의 신학은 아무리 훌륭한 신학도 사람을 처형하고 엄격한 형벌을 통해서 신앙을 유지하고자 한다면, 그것은 우상의 일종이라고 생각한 듯하다. 이는 인간의 자유로운 신앙은 확정된 교리와 엄격한 교회 규율을 도외시했기 때문이다.

## 나가는 말

칼빈주의와 알미니우스주의의 신학 논쟁은 시대의 배경에서 불가피한 논쟁이었다. 그들은 신앙을 확고하게 하기 위해서 반드시 표준적 교리를 요구했다. 교리의 표준은 신앙의 지표에서 명확한 방향을 조준하고 그것에 따라 행하게 하는 유익한 면이 있다. 만일 그러한 표준적 교리가 설정되지 않는다면, 사람들은 신앙의 방종이나 타락으로 나태할지 모른다. 그런데 15세기의 논쟁이 지금의 신학적 흐름에서 보자면, 매우 어리석은 행동들일 수 있다. 교리의 표준화는 흑과 백의 논리적 성향에 치우치기 때문에 상호 배타적 논리가 지배한다는 것을 배우게 된다. 말하자면, 그들은 하나님의 은혜와 영광을 말하면서도 다른 입장의 신앙인에게는 배타적이었다. 이러한 배타적 논리는 상당히 아이러니 그 자체가 아닐 수 없었다.

자신의 주견이 없는 신학자들, 책임에서 벗어나고 싶어 하는 신학자들이 일종의 도피처로서, 유예된 결정의 명분으로서 항상 내세우는 '하나님의 주권'의 모델은 신앙의 가치를 알고 살아가는 사람들에게 식상함을 느끼게 한다. 그들의 '하나님의 주권' 모델은 울림의 깊이가 있지만, 신앙의 실천에서 명료하지 못하기 때문이다. 로버트 피터슨과 마이클 윌리엄스가 잘 지적하듯이, 이러한 논쟁은 "거짓-선택 오류"(the false-choice fallacy)라고 부를 수 있다. 이것은 "누군가가 한 입장을 참이라고 논증할 때, 그 논쟁은 모든 반대 주장의 암시적인 부정을 포함한다."[44] 어떤 사람이 칼빈주의가 참이라고 주장할 경우에 그 주장은 이미 상대나 경쟁의 입장인 알미니우스주의가 틀렸다고 주장해야 한다. 반대로 알미니우스주의가 참이라고 한다면, 이는 이미 칼빈주의가 틀렸다는 것을 주장해야 한다. 누가 옳았고, 누가 틀렸는지의 판단은 하나님만이 하실 수 있다. 15세기의 신학 풍경은 하나님보다 교리의 표준화를 세우려는 것으로 엇갈린 신학들을 만들어 내었다. 21세기의 상황에서 보자면, 교리는 표준화할 수 없는 성격이다. 만일 교리를 표준화한다면, 그것은 진리의 성격을 규정한다고 생각할 것이다. 그런 이유에서 교리는 진리가 아니라 진리를 표현하고 설명하는 수단에 불과하다. 하지만 교리가 진리를 대체할 수 없다고 하더라도 우리는 신앙의 표준적 규범이 성서적이어야 한다는 그 시대의 신학적 화두는 여전히 유효한 것처럼 보인다. 따라서 우리는 항상 성경의 진리를 위한 증언자로서의 책무를 다하면서 하나님의 영광을 위해서 살아야 하지 않을까 싶다. Soli Deo Gloria!

# 3 청교도 신학과 초월주의 신학의 논쟁

"다른 그리스도인들보다 더 겸손해질 수 없다는 생각을 나는 참을 수 없다."
— 조나단 에드워즈

"영혼은 인과의 법칙 말고는 다른 암호를 꺼내놓고 우리가 읽어내기를 바라지 않는다."
— 랄프 왈도 에머슨

# 제 3 장
# 청교도 신학과 초월주의 신학의 논쟁

**18세기는** 코페르니쿠스 이론을 바탕으로 새로운 우주론에 대한 논의가 활발해 졌고, 그로 인해 사람들이 신세계에 대한 탐험으로 보다 넓은 세계에 대한 동경이 싹트고 있었다. 무엇보다 과학의 발전은 좁은 환경과 지엽적 영역을 벗어나 새로운 세계로의 진입을 가능하게 했다. 다른 세계에 대한 열망은 영국과 유럽에서 종교적 탄압을 견디지 못하고 종교적 자유를 희구하는 사람들에게 순수한 신앙을 회복하려는 운동을 가능하게 만들었다. 그래서 그런지는 모르나 세상은 전통의 신앙을 고수하려는 사람과 그것을 바꾸려는 사람으로 자연스럽게 양분되었다. 그것을 고수하려는 사람은 신앙의 순수한 가치에 의미를 두었고, 그것을 바꾸려는 사람은 전통 신앙의 진부함에 불만스러움을 표출했다. 전자는 세상 풍조와 문화에 타협하지 않으려고 애쓰지만, 후자는 세상 문화의 가치에 걸맞은 타협을 제시했다. 어느 누가 옳은 것인가의 문제는 그다지 중요하지 않았다. 그들의 문제는 그들이 추구하는 궁극적인 삶의 목표에 있었고 그 목표에 따라 다른 삶의 행동양식을 추구했다. 이 같은 목표와 행동양식을 자세히 들여다보면, 거기에는 신앙관이라는 것이 결정적이었다. 따라서 그들의 양분된 생각들은 신학의 형성과 주장에 크게 영향을 미쳤다.

우리는 전통의 순수한 신앙을 고수하려는 사람을 청교도라고 부르고, 그것의 가치에 저항하는 사람들을 초월주의라 부른다. 청교도들은 세상의 풍조에 밀려 복음의 순수성을 잃어버릴까 노심초사했다. 그들은 신앙의 궁극적 이상에 따라서 그것을 삶에 적용하고 실천했다. 그들이 갈망했던 신앙의 이상은 하나님을 사랑하고 경외하는 것이었고, 그것이 그들을 위한 지고한 가치이자 목표였다. 이와는 달리, 초월주의자들은 아무리 훌륭한 신앙을 가진다고 해도 세상과 분리할 수 없음을 인식하고, 세상에 자신의 삶을 스스로 해결하는 자율적이고도 자력적인 능력을 주된 가치로 삼았다. 예수 그리스도가 이 땅에 오신 목적 자체도 세상으로부터 등을 지고 사는 것이 아니라 세상 속으로 오신 성육신의 의미를 발견하여야 한다고 믿었다. 세상의 빛과 세상의 소금으로서 복음의 사명자로서 살아야 하는 궁극적인 목표는 스스로 행하고 활동하는 능동적 신앙인이었다. 따라서 이 시대의 신학은 삶의 현장에서 구체화되는 신앙의 삶에서 빚어진 내용으로 신학적 화두를 설정하는 풍경이었다.

## 청교도 신학

청교도 신학은 미국의 건국이야기와 맞물려 있다. 18세기 영국의 식민지에 두 유형의 혁명이 일어났는데, 하나는 1776년 정치혁명이었고 다른 하나는 "대각성운동"이었다. 정치혁명의 배후에는 신앙의 자유에 토대를 두고 있긴 했어도 그것만이 전부는 아니었다. 미국의 식민지들이 판에 박힌 기성 교회의 관행을 거부하고 자신들에게 직접 다가와 호소하는 메시지에 반응했을 때, 형식적이고 관습적인 종교적 행위를 거부하는 것은 개인적인 신앙의 체험에 의해서 가능하다는 것을 알고 그것을 사모한 운동이 전개되기 시작했다. 그래서 노트르담대학의 역사학 교수인 조지 마즈던(George Marsden)이 독특하게 표현하듯이, 이 대각성운동이야말로 일종의 "영적혁명"이었다.[1] 이 영적혁명의 선봉장은 예일대학 출신의 조나단 에드워즈였다. 칼빈주의 전통에서 신학의 발전을 모색했던 에드워즈는 청교도 신앙을 통해서 창조주 하나님을 미국의 문화 속에 뿌리 내리는데 지대한 공헌을 했다. 에드워즈의 신학은 미국에 오랜 부흥의 전통을 세우는데 실질적으로 큰 역할을 감당했다. 그리고 그는 신학의 새로운 운동을 통해서도 학문적 성과를 인정받은 신학자였다.

## 하나님 중심의 통합된 삶을 추구한 사람, 에드워즈

청교도의 역사는 조나단 에드워즈(Jonathan Edwards, 1703~1758)라는 신학자요 부흥사에 의해서 출발한다. 칼빈주의 신학을 계승한 청교도 신학의 후예인 그는 1703년 코네티컷에서 태어났다. 그는 예일대학에 입학하여 1720년에 졸업하였다. 당시 대학은 오늘날의 공부와는 사뭇 다른 형태를 띠었는데, 신앙 전통을 계승하는 신학적 공부였다. 하지만 신학이라 해봐야 당시에는 청교도 신앙을 학습하는 풍경이었을 것이다. 하버드대학과 마찬가지로 예일대학의 경우에도 기독교 교리나 신앙을 가르치는 것이 고작이었다. 백스터의 기록에 따르면, "모든 학생들은 그리스도의 말씀이 마음속에 풍성하도록 매일 홀로 성경을 읽어야 한다…. 모든 학생은 하나님의 거룩한 이름과 성품을 망령되이 부르거나 말씀과 규례와 거룩한 주일을 어겨서는 안 된다. 거룩한 예배를 드리기 위해서 조심스럽게 공적인 예배에 참여해야 한다…. 모든 학부 학생들은 홀에서 공개적으로 설교문을 암송해야 한다. 또한 대학원 학생도 그렇게 해야 한다. 매주일 저녁 기도회에서 검사를 받아야 한다."2)

1723년에 석사학위를 받았던 에드워즈는 2년간 예일 대학교 교수로 지냈다. 1727년에 결혼을 해서 그는 무려 11명의 자녀를 낳았다. 조부 솔로몬 스토다드의 뒤를 이어 에드워즈는 1729년에서 1750년까지 매사추세츠의 가장 유명한 노샘프턴 교회의 목사로 청빙되었다. 이 기간 동안 그는 대각성 운동에 적극적으로 동참하게 되면서 청교도 신학의 흐름에 지대한 영향을 미쳤다고 보인다. 그의 인생에서 충격적인 사건은 23년 동안 시무한 노샘프턴 교회에서 해임된 사건이었는데, 해임된 근본적인 이유는 성만찬에 참여하는 교인들의 수준을 높이는 문제 때문이었다. 대각성 운동의 결과로서 세상과 타협하여 사는 사람들, 말하자면 성령의 체험 속에 산다는 것은 우리의 목적, 의도, 욕구 등을 버리는 것이고, 따라서 성령의 열매를 맺지 못한 자들은 성만찬에 참여하는 것을 제한했다. 말하자면 청교도의 정신이 시대정신과 맞물려 서서히 교회 안에서 세속적인 사유가 들어오기 시작했고, 그런 이유에서 청교도의 순수한 정신과 신앙이 사라지는 것에 대한 우려감의 표현이었을 것이다. 18세기 초

뉴잉글랜드 교회들은 세속적 물결에 신앙을 양보하거나 타협하는 풍경을 연상시켰다.

> 엄청난 변화가 뉴잉글랜드 교회에 일어났다. 규율은 해이해지고, 교회는 희미하며, 설교는 힘이 없고 감동이 없었다. 설교 전문원고가 설교노트를 대신했다. 그래서 설교자들은 눈과 손가락을 원고에 고정시키고 원고를 읽는데 몰두했다. 청년들은 뻔뻔스러워졌고, 장년들은 졸았다. 그리고 나머지는 농장과 거리, 그리고 가정과 들판에 대한 공상으로 빠져들었다.[3]

모든 회중은 신앙의 의무조항을 실천해야 하지만, 세속적 물결이 교회 안으로 들어옴으로써 경건함과 거룩함은 사라지고 말씀을 사모하는 마음과 말씀의 능력이 사라지는 위기감이 고조되었다. 게다가 목회자의 의식적 예배 인도와 맥 빠진 설교는 이미 순수한 신앙의 역동적 열성을 앗아갔다.

이러한 시대적 조류는 에드워즈의 목회 사역에 한 차례 폭풍처럼 악재를 뿌리고 지나갔다. 세속의 시대적 풍조에 저항하는 에드워즈는 성만찬 참여자격의 기준을 강화하고 성화의 삶을 강조하면서 교회 안에서 문제가 일어났다. 에드워즈의 할아버지 솔로몬 스토다드는 주님의 만찬이 회심케 하는 예식이 되도록 했는데, 회심한 자들이 아니었지만 수치스러운 생활을 하지 않는 사람이라면 모두 참여하도록 권장했다. 에드워즈는 과거에 할아버지가 행한 관례를 용인하며 따랐다.4) 하지만 칼빈주의의 후예인 에드워즈는 비교적 개방적인 이 관행에 불편함을 더 이상 속일 수 없을 정도로 괴로워했고, 결과적으로 성만찬 참여자격 요건을 높임으로써 교회 내분의 원인으로 작용되었다. 에드워즈는 이렇게 고백했다. "이 일은 신앙의 유익만이 아니라 자신의 명예와 장래성과 나의 생존 자체가 관련되어 있었습니다."5) 종국에는 성만찬 참여의 문제가 에드워즈의 목회에 하나의 걸림돌이 되면서, 결국 목사에 대한 해임 안건이 상정되었다. 성만찬에 참여할 수 있는 여성교인 회원들을 제외한 투표에서 그는 210대 18표라는 매우 참담하고도 굴욕적인 결과를 얻었다. 아이러니하게도 청교도의 정신이 살아 있다는 노샘프턴 교회에서 이러한 일이 발생했다는 것은 미래의 타협될 신앙의 방향을 예측할 수 있는 지표가 되었다.

이러한 목사와 교인들 사이에서 일어난 불협화음과 잡음은 어쩌면 예견된 일이었는지 모른다. 1744년에 청소년들의 비신앙적 행위에 대한 교회의 권징 문제가 있었다. 당시 몇몇 청소년들이 출산을 위한 책을 서로 돌려보고 있다는 정보가 에드워즈 목사의 귀에 들어왔다. 그 책에는 여성의 신체 해부도가 들어 있고, 그것을 본 청소들은 외설적인 대화를 주고받았다. 담임목사인 에드워즈는 즉각 조사 위원회를 구성할 것을 제안하고 교회는 그 제안을 수락했다. 그 사건에 연루된 청소년들은 모두 22명이었는데, 그들의 이름 옆에 목격자와 범행자를 구분하기 위해 표시해 두었다. 그런데 문제는 교회 앞에서 그 명단을 공개할 때에 부주의였는지 아니면 잊어버리고 그랬는지 에드워즈는 양자의 구별 없이 모두 호명해 버렸다. 말하자면 목격자들을 용의자들과 함께 도매급으로 넘겨 버린 셈이 되었다. 이로 인해 목격자들의 부모들과 친지 가족들은 목사에 대한 불쾌감과 반감을 가지게 되었다. 에드워즈 회고록을 정리한 드와이트는 이때에 이미 에드워즈의 해임을 위한 기초가 마련되었다고 보았다.[6]

해임 결정이 내려진 8일 후, 에드워즈는 23년이란 정들고 추억의 세월을 보내고 희생하며 목회한 노샘프턴 교회에서 고별설교를 통해 그토록 열정적으로 자신을 따랐던 회중에게 공식적인 작별을 고하고, 청교도 정신의 산실이었던 교회를 떠난다. 이 때 그의 나이가 한창 복음을 위해 일할 나이인 46세였다. 그의 고별설교는 에드워즈 연구가들에게 매우 감동적이고도 청교도의 삶을 확인할 수 있는 것으로 평가받고 있다. 에드워즈의 고별 설교는 그의 인격에 대한 생생한 인상을 심어준다. 에드워즈는 고통과 슬픔의 심연에 깊이 빠져 있었음에도 누구를 비난하거나 고발했다는 흔적이 없었다. 마지막 순간까지도 그의 마음속에 있는 가장 중요한 것은 자기 자신의 필요보다는 교인들의 필요를 채워 주는 것이었다. 그는 이렇게 당부했다. "이제 이 세상에서는 서로 헤어지나… 마지막 날 우리의 만남 이후에는 헤어지지 않기를 바랍니다."7) 에드워즈의 고별설교는 수년 전에 교인들에게 말한 것을 은연중에 실천했기 때문에 오히려 빛을 발한 설교였다.

한때 아름다웠던 연인관계가 깨지면 비참하듯이, 에드워즈의 해임 결정은 그의 지지자들이 약 5마일 정도 떨어진 곳에 에드워즈를 기념하는 『에드워즈 교회』를 세워 교회가 분리되었다. 졸지에 해임으로 에드워즈는 아내와 자녀들과 함께 대가족의 생계 위협을 느끼면서 새 부임지를 찾을 때까지 1년 더 노샘프던에 머물러야만 했다. 그에게는 친구들로부터 받는 사랑의 봉투 외에는 정규적인 수입이 없었다. 결국 에드워즈는 노샘프턴의 서쪽 40마일 정도 떨어진 작은 변방 마을인 매사추세츠 스톡브리지에 있는 작은 교회의 목사로 청빙을 받으면서 동시에 인디언들을 위한 선교사로 채용되었다. 유배지나 다름없었던 그곳에서 에드워즈는 자신의 삶을 다시 추스르는 기회를 만들면서 뉴잉글랜드 노샘프턴의 사역과는 비교할 수 없을 만큼 자유로운 시간이 그에게 주어졌다. 이 무렵에 삶에서 가장 생산적인 글들, 이를테면 『의지의 자유』, 『원죄론』, 『하나님의 천지창조 목적』, 『참된 미덕의 본질』 등의 글들을 썼다. 그리고 이 시기에 에드워즈는 1758년 지금의 프린스턴대학교의 전신인 뉴저지의 새로운 대학의 총장으로 청빙을 받았다. 불행히도 그가 총장직을 수락한지 한 달 만인 1758년 3월 22일 천연두로 인해 사망하고 말았다.[8] 그가 임종하기 직전에 에드워즈는 다음과 같은 말을 남겼다. "하나님을 신뢰하십시오. 당신들은 두려워할 필요가 없습니다."

## 청교도는 신앙의 자유를 갈망하는 사람이다

청교도의 역사적 배경은 "하나님을 사랑하고 경외하며 섬기며 사는 인생!" 그것을 꿈꾸며 신세계를 향해 출발하는데서 시작한다. 이것이 아마도 청교도를 가장 정확히 정의한 문장일 것이다. 청교도는 원래 라틴어 푸리타니(Puritani)에서 유래한다. 이 말은 세속의 오염으로부터 격리된 거룩한 양심의 소유자들을 지칭하기 위해 사용되었다. 그들은 초대교회로부터 물려받은 사도적 순결과 거룩한 양심을 지키기 위해 세속으로부터 격리되기를 염원했다. 그들이 신앙에서 희망하는 것은 단 하나의 소원, 하나님의 마음에 합하는 사람으로 살아가는 것이었다.

역사적으로 17세기 영국교회와 가톨릭에 반대하고 교회를 정화하고 개혁하여 '참된 교회'를 이룩하려는 움직임이 청교도라는 이름으로 발전되었다. 1559년경 당시의 여왕이었던 엘리자베스 시대에 가톨릭교회와 거의 동일한 영국 국교회의 부패에 개혁하려는 움직임이 확산되면서 신앙의 억압과 부자유스러움에 저항하는 사건으로 확장되었는데, 이 와중에 그 같은 저항 움직임이 결국에는 신앙의 자유를 찾아 본국을 떠나기로 결심한 사람들을 갖게 만들었다. 본토 아비 집을 떠나는 아브라함과 같은 심정으로 그들은 1620년 9월 메이플라워호에 그들의 몸과 생명을 실었다. 남자 41명과 그 가족들은 좁은 배에서 66일간 항해 끝에 그 해 12월 26일에 항구에 안착했다. 그들이 도착한 곳은 미국의 매사추세츠 주인 플리머스였다. 그들의 감격은 신앙의 자유를 위해 함께 가자고 설득한 지도자 윌리엄 브래드포드(William Bradford)의 기도에서 발견된다. "우리로 하여금 이곳으로 인도하시고 이 아름다운 항구와 평화로운 땅에 정착하도록 도와주신 하늘의 하나님의 축복에 무릎 꿇고 기도드립니다."

하지만 이 황홀한 기쁨도 잠시, 그 해 겨울은 너무나 그들에게 혹독했다. 추위와 배고픔과 질병은 그들의 절반을 땅 속에 묻을 수밖에 없었고, 초대 지도자 존 카버

(John Carver)도 이 혹독한 시련을 견디지 못해 결국 죽고 말았다. 이 후 30년 이상 청교도의 지도자로 지냈던 그의 후계자 윌리엄 브래드포드가 그의 뒤를 계승하면서 영국에서 가져왔던 씨앗들과 인디언들로부터 얻었던 콩과 옥수수의 씨앗들을 그곳에 심었다. 굶주린 사람만이 음식의 귀중함을 안다고 했던가. 그 해 가을, 그들은 첫 수확을 했고, 인디언을 초청하여 수확의 귀중함에 대한 감사예배를 드리게 되었는데, 이것이 곧 추수감사절의 기원이었다. 그 후 청교도들은 1621년 행운의 의미를 가진 '행운'(Fortune)이라는 배를 타고 32명이 이주했고 1623년 '앤과 작은 제임스'(Anne and little James)라는 배를 타고 100여명의 이주민이 새로 정착하게 되었다. 1630년에는 1000여명의 청교도 이민자들이 매사추세츠의 베이회사의 지원으로 미국에 도착하게 되었다. 그들은 미국의 최초의 도시인 오늘의 보스턴을 건설했고 그곳에 하버드대학교를 설립했다. 그 후에는 영국에서 10년 동안 1만 8천명이 이주하는 대이민의 역사가 진행되었는데, 이것이 미국을 청교도의 역사라고 말하는 이유다. 이처럼 미국의 문화적이고도 종교적인 풍토에서 싹튼 청교도는 신학적으로 많은 근거를 제공했다. 미국의 문화와 종교는 청교도 정신에 기초되어 있다. 따라서 미국 사회를 이해하는 길은 청교도의 사상과 분리하여 생각할 수 없다. 그야

말로 미국은 청교도의 진원지다. 예를 들어 미국의 대학은 성(聖)과 속(俗), 즉 성스러움과 세속함의 역사인데, 그것은 대학의 총장에 따라서 언제나 성과 속의 엇갈림의 화두를 던지는 것에서도 짐작할 수 있을 정도다. 비근한 예로 하버드대학교의 최초의 여성총장인 드루 파우스트(Drew Faust)가 2007년 10월 12일에 행한 연설에서도 그 한 예를 찾을 수 있다. "하버드대학의 상징인 방패에 새겨진 '진리'(Veritas)는 원래 견고한 청교도 신앙의 진리인 하나님의 계시의 절대성을 추구하려는 계획이었다." 이처럼 미국 대학의 배경에는 이미 청교도의 정신이 스며있다고 해도 틀린 말은 아니다. 그리고 이러한 배경에는 훼손된 청교도의 정신을 되살리려는 움직임이 항상 세계에 도전하고 있음을 엿보게 된다.

청교도 신학은 신학이라기보다는 신앙의 순수함을 보존하고 지키는데 목적을 가지고 있는지 모른다. 어쩌면 청교도 신앙은 얄팍하고도 피상적인 복음주의나 교회성장주의에 대항하는 신학으로 이해될지 모른다. 교회가 수적으로 발전을 이루었지만, 복음에 대한 깊이나 체험보다는 교회의 성장주의나 맹신적인 열심주의로 퇴조된 오늘의 교회는 청교도 신앙의 입장에서 보자면 문제가 심각할 정도가 아니라 중증의 질병으로 치유가 시급한 상황에 도달한 듯하다. 복음에 의한 개인변화와 사회변화는 한계에 부딪쳤고, 시민들의 양심적 수준은 윤리의 표준에서 매우 낮은 단계에 와 있다. 이런 면에서 청교도 신앙은 지금의 현실에서 더 절실히 요구되는 신앙이 아닌가 싶다. 고려신학대학원의 양낙흥이 청교도를 적절히 표현하듯이, "교회사상에서 가장 신앙 좋은 사람들이…청교도들이었다. 그들은 정말 어린 아이처럼 성경을 믿었고 하나님을 경외했고 진지하게 구원을 추구했으며 헌신적이고 순수하게 하나님을 섬겼다."9)

## 내적 부흥을 기대하는 성화는 신앙의 목표다

청교도 신학은 누가 어떤 방식으로 보는가에 따라 다르다. 하지만 조나단 에드워즈의 청교도 신학은 성화를 추구하는 삶이다. 성화는 구원받은 자들이 추구하는 기본적이고도 가장 중요한 생활이다. 한마디로 말하자면, 청교도 신학은 경건한 생활을 기본모토로 받아들이고 그것을 삶에 적용하고 헌신하는 신학이다. 에드워즈가 추구하는 것은 성화였다. "저는 저의 타락과 실패에 대항하여 싸우는 일을 조금도 늦추거나 포기하지 않을 것을 결심합니다." 하지만 거룩한 삶을 원하는 성화의 교리는 도덕적 실천이나 자의적인 노력을 의미하지는 않는다. 거룩한 삶이란 구원받은 사람들로부터 자연스럽게 나오는 실천적 행동이다. 그는 이렇게 말한다. "거룩을 추구하는 것은 더 이상 도덕주의자가 추구하는 자의적인 노력이 아니다. 오히려 그것은 예수 그리스도 안에서 새로운 피조물로 만드신 하나님의 사랑에 대한 반응이다."10) 게다가 에드워즈는 자신의 성화의 삶을 위해 "결의문"을 썼다. 그 가운데 에드워즈는 다음과 같은 결심을 선포하고 있다. "저는 주님의 최후 나팔 소리가 울리기까지는 한 시간이 채 남지 않았다할지라도, 제가 꺼리는 것은 어떠한 것이라도 행치 않기로 결심합니다."

에드워드는 대각성이 한창 진행 중일 때, 구원받은 회심자들이 그렇게 많았는데, 왜 신앙에서 타락하는지에 대해 의문이 들었다. 그는 이렇게 말한다. "왜 그처럼 많은 꽃송이들이 아무런 영속적인 열매를 맺지 못했는가." 에드워즈에 따르면, 제1차 대각성의 기간을 "봄에 개화한 꽃망울"에다 비유된 부흥은 열매를 맺지 못하고 아침 이슬처럼 사라져 버렸다. 그래서 에드워즈는 "꽃의 아름다운 색깔과 냄새가 아니라 그 후에 오는 잘 익은 열매"에 관심을 돌려야 한다고 강조했다. 조나단 에드워드의 연구가인 양낙홍에 의하면, 에드워즈가 평생 가장 깊은 관심의 주제가 바로 회심 이후에 오는 신앙의 속성이었다.11) 회심자들이 교회 앞에서 대단한 고백을 해서 성도 중의 성도로 받아들여졌던 사람들이 탈락해 버리는 일이 흔하게 되었다. 이것이 그의 유명한 작품인『종교적 정서』(Religious Affections)를 썼던 이유였다.

에드워즈는 진정한 신앙을 "거룩한 정서"로 정의한다. 거룩한 정서는 "영혼의 성향과 의지의 보다 왕성하고 감지할 수 있는 활동"이다.12) 다소 애매하고 복잡한 인간의 본성을 언급하는 그는 인간의 의지와 성향과 유사하지만 그것보다 폭넓은 의미로 정서(affection)를 신앙의 본질적 요소로 보았다. 전통적으로 인간의 본성은 지성, 감정, 의지의 세 가지 요소로 구성되었다고 믿었는데, 에드워즈는 인간의 본성을 지성과 감정으로만 보았다. 지성은 인식하고 사유하는 기능으로서 사물을 분별하고 바라보며 판단할 수 있는 활동이다. 반면에 감정은 지각하고 사유하는 기능으로서 마음이나 의지의 성향이다.13)

에드워즈는 참된 신앙이 무엇인지 아닌지의 판단에 대해서도 언급했다. 특히 그는 참된 신앙이 아닌지에 대한 판단의 근거를 제공하지 못하는 열두 가지의 표지들로 열거한다. 첫째, 신앙적 감정의 강도가 판단의 근거가 되지 않는다. 사랑과 미움 그리고 기쁨과 같은 신앙의 감정들이 있어야 하지만, 그것이 반드시 참된 신앙의 판단의 근거는 아니다. 둘째, 몸의 격렬한 반응이 판단의 근거가 되지 않는다. 집회 중에 일부 성도들이 경련을 일으키거나 신체적 반응을 보일 수 있다. 그러한 현상들이 신앙의 감정에 영향을 미치는 증거이긴 해도 그것이 반드시 판단의 근거로 삼아서는 안 된다. 셋째, 신앙과 신학에 대한 관심이 판단의 근거가 되지 않는다. 종종 신앙적 정서를 가진 사람들이 신앙에 대해 매우 유창하고도 신학적인 언어로 표현한다고 해서 그것이 반드시 참된 신앙이라고 판단할 수 없다. 넷째, 감정들이 참된 신앙을 판단하는 근거를 제시하지 않는다. 회심한 사람들이 자신들이 고안한 방식이나 내용이 아니지만 그것을 말하는 사람들이 반드시 참된 신앙을 판단하는 근거라고 말할 수 없다. 다섯째, 성경이 갑자기 떠오르는 현상이 참된 신앙을 가졌다고 판단할 수 없다. 성경의 말씀을 암송하고 마음속에 기억하는 것은 좋지만, 그것이 갑자기 떠오른다고 해서 그가 거룩하고 영적인 사람이라고 판단해서는 안 된다. 여섯째, 사랑의 피상적 표현이 신앙을 판단하는 근거로 제시되어서는 안 된다. 사람들이 체험하는 감정에서 사랑이 나타나는 것 자체는 고무적이긴 해도, 그것이 반드시 구원에 이르는 감정이라고 판단할 수 없다. 일곱 번째, 감정의 정도가 참된 신앙과 거짓 신앙을 구별하지 않는다. 사람들이 여러 신앙적인 정서나 감정을 체험하는 것은 사실이다. 하지만 그러한 것들이 참된 신앙이라고 결정하는 충분한 근거는 되지 않는다. 여덟 번째, 감정의 체험 순서가 신앙의 진실성을 판단하지 않는다.

양심의 각성과 죄에 대한 회개가 있은 후에 위로와 기쁨이 반드시 온다는 것은 사실이 아니다. 마치 회심의 순서에서 참된 신앙과 거짓 신앙으로 판단하는 것 자체가 문제가 있다. 아홉 번째, 종교적 행위와 의무의 실천이 참된 신앙의 표징이 될 수 없다. 사람들이 성경읽기, 기도, 찬양, 설교 등과 같은 신앙의 외형적인 것이 필요하긴 하지만, 반드시 그 같은 외형적인 신앙의 실천이 참된 신앙과 거짓 신앙을 구분하지는 않는다. 열 번째, 찬송을 열심히 부르는 것이 참된 신앙을 가지고 있다고 판단하지 못한다. 하나님을 찬양하고 영광을 돌리는 것은 감정의 본질이다. 하지만 그것으로 참된 신앙의 본질이 무엇인지를 판단하는 것은 명백한 오류다. 열한 번째, 자신의 구원을 확신하는 행동이 참된 신앙과 거짓신앙을 구별하는 근거는 될 수 없다. 구원받은 사람들은 어떤 신앙적 감정을 가지고 그것을 확신하는 것은 옳다. 하지만 그러한 감정에 의해 바른 신앙인지 잘못된 신앙인지를 판단하는 근거로 삼는다는 것은 매우 위험하다. 열두 번째, 타인에 의한 구원의 확신은 참된 신앙과 거짓된 신앙을 구별하는 근거는 아니다. 영적인 사람이나 훌륭한 목회자가 사람이 구원을 받았다고 확신 있게 말하지 못한다. 어느 누구도 참된 신앙을 가진 사람과 그렇지 않은 사람을 변별하는 능력의 영을 받은 사람은 없기 때문이다.[14]

그렇다면, 진정으로 구원받고 거룩한 정서나 감정을 가진 사람을 분명히 변별하는 징표는 없는가. 에드워즈는 그의 『종교적 감정』 제3부에서 그것을 구분하는 징표들을 제시한다. 첫 번째 징표는 성령의 내주다. 영적인 감정과 육적인 감정을 구분하는 가장 중요한 것은 성령의 내주이기 때문이다. 두 번째의 징표는 하나님의 하나님 되심에 대한 인식이다. 참된 신앙은 하나님이 하신 일들에 대한 감사에 있지, 자신의 능력을 드러내는 것은 아니기 때문이다. 세 번째의 징표는 하나님의 아름다우심에 대한 인식이다. 참으로 거룩한 감정들은 주로 하나님의 역사와 능력에서 도덕적인 탁월성을 사랑하고 인식하는 감정이기 때문에 그분의 아름다우심을 사랑하는 것이 참된 신앙의 원천이 되는 것이다. 네 번째의 징표는 하나님을 아는 지식이다. 거룩한 감정은 단지 감정적이고 정서적인 영역에 의해서만 구분되는 것이 아니라 지성적인 영역에 의해서도 가능하다. 하나님을 우리가 인식하고 이해하는 지성적 영역에서 하나님을 하나님으로 인정하게 한다. 다섯 번째의 징표는 진리에 대한 깊은 확신이다. 참된 신앙은 하나님의 일들에 대해 합리적인 방식으로 확증되어야 그것이 참된 신앙에 이르는 길이다. 여섯 번째의 징표는 참된 겸손이다. 참되고 은혜로운 신앙은 자신을 더욱더 겸손하게 만든다. 주님을 알면 알수록 인간은 자신이 전적으로 무능하고 벌레만도 못한 피조물인 인간이라는 자각이 생겨난다는 것이다. 일곱 번째의 징표는 성품의 변화다. 참된 신앙은 사람의 본성을 변화시킨다. 만일 우리가 이전의 관습이나 행동을 그대로 행한다면, 우리는 회심하지 못한 사람들이다. 회심의 역사를 경험했다고 해서 그가 참된 신앙을 가졌다고 말할 수 없기 때문에, 우리는 그의 본성이 어떻게 변화되었는가를 확인해야 한다. 여덟 번째의 징표는 그리스도의 성품을 닮아감이다. 앞의 징표와 마찬가지로 구원받고 회심한 사람은 그리스도께서 보여주신 사랑, 희락, 화평, 온유, 양선, 자비, 절제, 용서와 같은 마음으로 변화되어지는 사람이다. 아홉 번째의 징표는 하나님을 두려워함이다. 이것은 자신의 구원을 두렵고 떨림으로 완성하기 때문에 하나님을 두려워하고 경외하여야 한다. 열 번째의 징표는 신앙의 균형이다. 하나님을 사랑하면 이웃을 동시에 사랑하는 것처럼 참된 신앙은 아름다움과 대칭을 이루는 생활을 말한다. 열한 번째의 징표는 영적 요구와 갈망이다. 회심한 후에 구원받은 사람은 항상 과거의 체험에 안주하지 않고 하나님을 향한 영적인 욕구가 강해진다. 열두 번째의 징표는 행위로 나타나는 신앙이다. 이것은 참된 신앙은 기독교적 실천에 의해서 구별된다는 것이다.[15]

이처럼 에드워즈는 참된 신앙의 감정과 거짓된 신앙의

감정을 확실하게 구별하고자 제시하는 것이 아니며, 그렇다고 누가 참된 신앙의 고백자이고 그렇지 않는가를 밝히려는 의도로 말하는 것이 아니다. 그가 염두에 둔 것은 참된 신앙이란 언제나 구원받은 감격이나 과거의 체험에 천착하지 않고 내적인 성화의 그리스도인으로 살아가야 하고, 단순히 광란적인 행위로 나타나는 일시적인 현상이 아니라는 사실을 말하고자 했다. 그러므로 에드워즈의 신학은 회심의 한 체험만으로는 충분하지 않으며, 과거의 회심 체험이 현재에도 성령의 역사로 거룩하게 살아가는 삶이어야 한다는 것을 강조했다.

## 하나님의 섭리는 그분의 신실한 약속에 의해 보장된다

성난 파도를 만나서 불안하고 두려운 사람들은 현실의 불안과 미래의 두려움으로 인해 새로운 평안의 안식으로서 하나님의 섭리를 믿는다. 그들의 삶은 우물가에 조용히 앉아 잔잔한 수면에 자신의 영상을 물끄러미 내려다보는 한가한 삶이 아니다. 고단한 삶의 현실에서 탈출하는 일종의 돌파구를 갈구하는 것이 그들의 현실이자 삶이다. 청교도 신학은 이러한 현실적 상황에서 나왔다. 그래서 청교도 신학은 하나님의 섭리를 믿고 그리고 믿어야 한다. 하나님의 주권을 가장 중요하게 여긴 청교도 신학은 신적 섭리의 교리를 배제하는 이해되지 않는 신학이다. 그러면 하나님의 섭리를 믿는 신앙은 뭔가. 크게 두 가지 의미가 있다. 하나는 하나님의 주권을 믿는 신앙이 하나님의 섭리를 받아들이는 신앙으로 이해된다. 청교도 신학은 영원 전부터 모든 것을 계획하시고, 시간 속에서 그 계획을 따라 만물을 창조하시고 다스리시는 섭리의 하나님을 믿는다는 것이다. 따라서 청교도 신학은 우주의 섭리가 우연적인 법칙에 의해서 움직여지는 것이 아니라 하나님의 절대 주권 아래에서 움직여진다는 것을 받아들인다. 하나님의 섭리는 종말론적 사건에 의미를 부여하는 것과는 다르다. 종말론적 사건은 미래에 일어날 일에 초점을 맞추고 살아가지만, 하나님의 섭리는 지금 현실적 삶에서 하나님의 뜻을 찾아 살아가는 삶의 방식을 말한다. 다른 하나는 하나님의 주권을 믿는 신앙이 하나님의 약속을 믿는 신앙으로 이해하는 것이다. 하나님의 주권은 그의 영원하신 계획에 따라 움직인다는 것을 전제로 하기 때문에 영원과 시간에서 이루어지는 구원의 역사와 그것의 성취를 "언약" 혹은 "약속"이라는 개념으로 이해한다. 따라서 하나님의 주권을 믿는 신앙은 하나님의 언약을 믿는 신앙이다.

그러면 청교도 정신은 시대정신인가, 아니면 복음의 정신인가. 에드워즈는 영원히 우리가 지켜야 할 복음의 정신으로 이해한다. 청교도 정신은 세속주의에 반대함으로서 그것의 정당성을 찾고 위안을 얻는다. 한마디로 청교도 정신이란 하나님의 주권을 허용하는 정신이다. 우리의 삶에서 하나님을 배제한 결정은 무효다. 아무리 훌륭한 결정을 했어도 그리고 그로 인해 성공적이었다고 해도, 그것은 아무것도 아니다. 에드워즈는 청교도 정신을 가지고 있는 것이 무한히 영광스러운 하나님을 직접적으로 또는 직관적으로 이해하는 것과 동일시했던 것 같다. 우리의 자연은 모든 것이 하나님의 주권 아래에 놓여있다. 자연의 아름다운 조화를 통해서 인간은 하나님의 축복하심과 그의 섭리를 인식하게 된다. 청교도 정신이란 하나님은 위대하시고, 경이로우심을 긍정하는 신앙정신을 의미한다. 에드워드는 이렇게 설교했다. "하나님의 존재, 하나님이 하고 계시는 일 그리고 하나님의 사랑을 받아들이고 인정하는 까닭은 단지 하나님이 하나님이시기 때문이다." 우리는 하나님의 영광을 위해서 살아야 한다. 우리 자신의 욕구와 목적을 위해 살아서는 안 된다. 만일 우리가 우리 자신을 위해 살았다면, 우리가 할 수 있는 일은 회개하는 일이다. "인간은 본질적으로 자신을 과도하게 높이려는 경향이 있다. 인간은 자신에게서 행복을 기대해야 하는 것처럼 자신의 능력과 선을 의지한다. 인간은 진정한 행복을 찾을 수 있는 하나님과 그분의 영과는 거리가 먼 즐거움들을 좋아하는 경향이 있다. 그러나 이 교리는 우리로 하여금 하나님만을 높이도록 가르치는 것이어야 한다."16)

그런데 이 하나님의 섭리를 믿는 신앙은 실천적 행위를 통해서 가능하다. 신앙의 실천적 요소는 청교도 신학의 주요 내용이다. 청교도의 신앙에 대한 결과는 성도들의 열매를 통해서 인식된다. 열광주의에 대한 곡해, 성령의 은사에 대한 오해 등 성령의 역사에 대한 증거를 논하는 문제에서 신학적 문제를 들여다 볼 수 있는데, 에드워즈는 성령의 역사가 성경의 뒷받침 없이 주관적인 충동에 의한 행위가 아님을 밝히면서 그것의 열매가 성령의 역사를 증명한다고 믿었다. 에드워즈는 다음과 같이 기술하고 있다.

> 하나님의 성령이 임하시는 시간에 신앙고백자들은 마치 봄철의 꽃들과 같다. 그때는 나무 위에 무성한 꽃들이 많이 피어있다. 이 꽃들은 모두 예쁘고 열매를 맺을 듯이 보인다. 그러나 아직도 그 중의 많은 꽃들이 아무런 열매도 못 맺고 있다…. 우리는 꽃의 아름다운 색깔이나 향기가 아니라, 후에 나타나는 성숙한 열매로 판단해야 한다.17)

결국 청교도 신학은 영적 대각성이라는 거대한 신학적

화두를 가지고 세속화되어가는 시대에 맞섰다. 청교도 신학은 회심과 칭의 그리고 성화의 삼중적 변증학을 가르쳤는데, 이러한 교리들은 구원이 인간의 회개와 믿음에 대한 촉구를 통해 성취된다는 것을 특징으로 한다. 따라서 그들은 성령의 능력을 의지해서 회개하고 예수를 믿는 것에 대해 전파하기를 게을리 해서는 안 된다고 생각했다. 그런데 청교도 신학은 이 회심의 신앙을 통해서 칭의에 도달한다고 주장한다. 청교도는 예수를 믿는 자들에게 주어지는 그리스도의 성취된 의를 강조했다. 한 마디로 그들은 그리스도의 구속을 통해 이루어진 의가 믿는 자에게 선물로 주어진다는 것을 굳게 믿었다. 이런 면에서 그들의 신앙은 그리스도의 성취된 의를 믿음으로 받았던 이신칭의의 신앙이라고 보인다. 그러므로 청교도 신학은 그리스도인의 삶에서 자신의 의를 포기하고 오직 그리스도의 의만을 강조함으로써 어거스틴과 칼빈의 신학 전통을 계승하는 신학으로 이해될 수 있다고 보인다.

## 초월주의 신학

19세기가 들어서자 청교도의 열성적인 부흥신학의 풍경은 서서히 쇠퇴하기 시작했다. 그것의 원인은 크게 두 가지로 추정되는데, 그 중 하나가 부흥운동의 광신현상이었다. 에드워즈가 대각성의 부흥의 불길이 일어나고 있었을 때 부흥에 수반되는 부작용들이 지나친 열광주의로 비이성적인 신앙으로 나타났다. 찰스 촌시와 새뮤얼 쿠퍼와 같은 설교자들은 이 광란적 행위의 종교가 교회의 평판을 떨어뜨리고 심지어 사회의 질서를 흔들어 놓을 수 있다고 염려했다.18) 그들은 "검은 연대"(Black Regiment)를 형성하면서 당시의 청교도들의 열광주의나 부흥신학의 광신주의에 대항하고 비판했다. 청교도가 쇠퇴하는 또 다른 하나는 칼빈주의의 청교도적 신앙에서 알미니우스주의 신앙과 유니테리언주의의 출현이었다. 뉴잉글랜드 알미니우스주의자들은 그들 스스로 "자유주의 그리스도인"(liberal Christians)이라 불렀는데, "유니테리언"(Unitarian)이라는 이름을 받아들여 합리주의 신앙의 형태를 강조했다.19) 그들은 합리주의의 형태로 조나단 에드워즈와 조지 휫필드와 같은 대각성 주도의 신앙에 저항했다. 놀라운 일은 아니지만, 미국의 신앙은 합리주의 전통의 신앙이 서서히 자리 잡기 시작했다. 그리고 이 시기에 유니테리언주의 신학을 계승하는 초월주의라는 새로운 신학의 형태가 등장했다. 초월주의 신학은 신학이라기보다는 일종의 신앙운동의 성격이라고 보는 것이 옳다.20) 이 신앙운동은 예수의 삶과 신약성서에 근거한 도덕적 영감이나 가르침을 따른다. 하지만 예수를 하나님의 아들로 이해하는 것보다는 그분의 모본적 삶을 신앙의 길잡이로 이해한다. 초월주의가 청교도 신학으로부터 분리하게 된 결정적인 계기가 앤도버 신학원(Andover Theological Seminary)의 설립으로 표면화되었고, 하버드대학에서 신학을 배운 사람들이 1836년 콩코드(Concord) 지역에서 초월주의 클럽(The Transcendental Club)이라는 새로운 모임을 결성했다. 원래 이 말은 칸트의 철학에 근거를 두고 있지만, 칸트가 말하는 것과는 다르게 사용되었다. 칸트의 초월주의는 선험주의에 강조를 둔 반면에 이 클럽에서 말하는 초월주의는 마음의 신학에 대한 관심이었다.

이 클럽의 목적은 크게 두 가지였다. 하나는 영국화로부터의 독립이었다. 말하자면, 이 초월주의는 청교도들이 설교와 생활에서 영국의 것을 그대로 답습하거나 환원하려고 했던 것을 미국화로 전환하거나 개혁하려는 시도였다. 즉 미국의 토착화 신학과 같다. 다른 하나는 마음의 신학에 대한 새로운 것을 추구하려는 시도였다. 전통이나 권위에 의존하지 않고 영혼에서 원초적인 의미를 발견하고자 했다. 하버드대학에서 신학을 공부한 랄프 왈도 에머슨은 초월주의의 사상을 신앙에 접목했다. 초월주의 사상은 자연에 영혼을 채색함으로써 세계의 심미적 향유를 제공하는 하나님의 주권보다는 인간의 주권에 대한 사상이었다. 이런 면에서 초월주의 신학은 그 어감에 있어서 신학적이라기보다는 자연주의적이다. 신학이란 항시 시대의 성숙을 꿈꾸고 희망한다. 성숙된 시대는 신뢰하는 하나님과 종교라는 개념을 해체하는 것처럼 보인다. 일종의 개인적 활동을 강조하는 신앙운동으로 이해된 초월주의 신학은 청교도 신앙의 무의미한 공허함에 반발하면서 현실적 세계에서의 복음의 가치를 회복하려는 움직임이었다.

## 자유와 문화의 기독교를 추구한 신학자, 에머슨

랄프 왈도 에머슨(Ralph Waldo Emerson, 1803~1882)은 미국의 신학자이면서 철학자로서 "미국의 내면적 신앙의 사도"로 간주된다.[21] 시적인 언어로 글들을 표현하기를 좋아하는 에머슨은 1803년 5월 25일 매사추세츠의 보스턴에서 태어났다. 그의 가정은 뉴잉글랜드의 목회자 가정으로서 아버지는 유니테리언 신앙을 고수하는 보스턴 제일교회의 목사였다. 불행하게도 에머슨이 8살 때에 그의 부친이 돌아가셨다. 아버지를 여읜 에머슨의 가족들은 매우 빈곤하면서도 고단한 생활고에 시달려야만 했다. 가족을 위해 그의 어머니는 어려운 가계를 꾸려나갈 수밖에 없었다. 이러한 어려운 환경에도 불구하고, 그의 어머니는 마치 한국의 장한 어머니들처럼 생활이 어려워도 자녀들을 교육시켜야 한다는 일념으로 모든 자녀들을 대학에 보냈다. 어린 시절 에머슨은 건강으로 고통을 당했는데, 중병을 두 번이나 앓았다. 그의 누이와 동생은 일찍이 병으로 생을 마감했다.[22]

랄프 왈도 에머슨은 1818년 하버드대학에 입학하였다. 그의 학교 성적은 그다지 두각을 나타내지 못했던 것 같다. 반면에 그의 형제들인 윌리엄, 에드워드 그리고 찰스 에머슨은 공부를 잘하여 학업성적이 뛰어났다. 랄프 왈도 에머슨은 졸업을 할 때 59명 중에 겨우 30등을 했다고 전해진다. 그는 졸업 후에 형이 근무하는 학교에 들어가서 교편을 잡았지만, 오래가지 않았다. 그는 1829년에 하버드대학을 졸업함과 동시에 즉시 보스턴에 있는 제이교회에서 안수를 받고 부목사로 섬겼다. 이 시기에 그는 엘렌 터커(Ellen Tucker)와 결혼을 하게 된다. 하지만 부목사로서의 그의 삶 역시 그다지 오래가지 않았다. 어떤 이의 평범한 생활은 가끔씩 극적인 환경으로 전환되는 경우가 있는데, 에머슨이 그 경우였다. 1832년 그의 아내 엘렌 터커가 폐결핵으로 그만 세상을 떠나게 되었다. 부인을 잃은 슬픔으로 고독 속에서 지내고 있던 그는 목회자로서의 직업에 대한 회의와 의문을 품게 되었다. 이것이 그가 자신의 교회에서 베푸는 성만찬에 어떠한 성스러운 의미와 뜻을 부여할 수 없다는 결론에 이르면서 자신의 모든 목회자의 길을 포기하고 만다. 폴 볼러가 적고 있듯이, 에머슨은 "좋은 목사가 되려고 목사직을 떠났다."23)

목회자로서의 길을 포기하는 그 때에 에머슨은 신인동형동설의 신학적 개념인 하나님에 대한 불만을 가지고 있을 때였기 때문에 기존 신학에 대해 매우 혼란스러워 하면서도 비판적인 태도를 보였다. 1838년 뉴잉글랜드의 유니테리언 신학의 산실이었던 하버드대학교 신학원에서 그가 행한 "새로운 견해"의 연설에서 이 사실을 증명한다.

> 나에게 유신론의 설명을 요구하고 내가 표현했던 신의 비인격성이 황량하고 무섭다고 생각하는 우회적인 젊은이들에게 나는 어떻게 대답해야 하는가? 나는 내 의식을 탐구할 때 하나님이 인격을 가진 한 사람이라고 말하는 것이 진리가 아니라고 말하리라. 오히려 그 반대일 것이다. 나는 하나님을 안 사람이라고 말하는 데에는 신성모독을 범하는 것이라고 느낀다.24)

비록 에머슨이 목회자의 길을 포기하긴 했어도 설교자로서 포기한 것은 아니었다. 수년 동안 그는 쉬지 않고 설교를 행했다. 1832년 12월에 예술의 도시로 알려진 이탈리아를 방문한다. 다시 그는 이탈리아에서 영국으로 건너가는데, 그곳에서 당시 명성이 있던 코울리지와 워즈워드, 그리고 당시에 무명이었던 토마스 카알라일을 만난다. 특히 카알라일로부터 그는 깊은 감명을 받게 되고 한평생 절친한 우정을 가지게 된다. 1833년에 그는 다시 보스턴으로 돌아온다. 그는 다소 건강을 회복하게 되었고, 아내의 죽음으로 받은 연금을 받아서 생활을 꾸려나갔다. 그는 목회자의 길을 포기했지만, 설교의 요청이 있을 때마다 교회를 다니면서 설교를 하기도 하였다. 당시 1830년대에는 문화 강연회가 마치 유행처럼 번지기 시작한 시기였는데, 이 시기에 에머슨도 설교단이나 강연장에 나타나 이일을 하게 되었다.

1835년 에머슨은 리디아 잭슨(Lydia Jackson)과 재혼을 하였고, 슬하에 네 자녀를 두었다. 하지만 그는 1842년에 사랑하는 아들을 잃었다. 그의 아들을 잃은 슬픔을 달래기 위해서 그가 집필한 『경험론』이 출간되었다. 당시 다니엘 웹스터(Daniel Webster)라는 저명한 저널리스트는 노예제도를 지지하는 연설을 하여 미국인들을 선동하였다. 이 일에 에머슨은 강연을 할 때 마다 노예제도폐지를 주장하였다. 모든 인간은 직관을 가지고 있기 때문에 인간이 다른 인간을 지배한다는 것을 옳지 않다는 것이었다. 1882년 4월, 79세의 일기로 에머슨은 폐렴으로 조용히 숨을 거두었다. 평생 자연을 사랑한 목사이면서도 사상가인 에머슨은 그가 그렇게 원하던 자연으로 돌아갔다.

## 하나님은 우리 스스로를 인생의 경영자로 창조했다

에머슨은 하나님을 "정신 속에서 형성되어질 수 있는 성품의 가장 고결한 개념"으로 정의한다.[25] 전통적으로 하나님은 인격적 존재로 인식되었다. 하지만 에머슨은 하나님을 완전성으로 이끌어가는 개인의 영혼과 같다고 믿었다. 개별적인 영혼은 큰 영혼인 하나님의 일부분이다. 자연은 하나님의 "해설자"이며 "화신"이다. 하나님의 영혼이 영혼들의 파편들에 나타나는 방편이다. 이들 파편적인 영혼에게 자연의 몫은 하나님을 그들의 더 큰 자아로서 드러낸다.

우리는 누구나 태어날 때까지는 하나의 불가능한 존재다. 우리가 무엇을 할지, 어떤 삶을 경영할지 미지에 있다. 하지만 이 불가능은 우리가 어떤 성공을 확인하기 전까지만 유효하다. 신앙의 열정은 이 사실을 부추긴다. 에머슨이 적절히 표현하듯이, "신앙에 대한 열정도 결국 우리 것이나 우리가 할 일이라고는 아무것도 없으며, 모든 것이 하나님에게 속한다." 하지만 이 신앙의 열정은 "하나님의 은총에 의해 우리가 불가능하게 보이는 모든 일들을 행하도록 기꺼이 우리의 의지에 맡겨진다."[26] 인생의 결과는 미리 예측하거나 미리 계산할 수 없다. 우리의 인생에는 성공의 길만이 있는 것이 아니라 실수의 길들도 있다. 사람은 누구나 실수를 한다. 우리는 많은 일을 계획하고 다른 사람들을 보조원으로 끌어들이기도 한다. 사람들과 말다툼을 벌이기도 하고, 터무니없는 실수를 하기도 한다. 그런데 이상하게도 이를 통해서 우리는 무엇인가를 이룬다. 우리 인생의 경영은 하나님의 은총에 의해 우리에게 맡겨졌다.[27]

에머슨은 자신의 소책자인 『자연』에서 개인주의와 자연주의를 수정하고자 했다. 비록 그가 모든 인간들이 자기 신뢰적이긴 해도 자기실현의 결과에 대한 자신의 믿음과 결합하고 있다. 자기 발전은 자신의 부분적 동일성을 하나님의 영혼에 점진적으로 드러낸다. 그에게 있어서 진정한 개인성을 이기심으로 해석하지 않는다. 구원된 인간은 하나의 집합적 전체의 일부이기 때문이다. 에머슨이 말하듯이, "마음 좁은 이기주의"는 사라져야 할 것으로 본다. 보편적 존재의 흐름은 사람들을 통해 순환될 것이다. 우리는 "하나님의 본질적인 일부분"이기 때문에 남을 탓하거나 막연한 희망에 삶을 내 맡기지 않는다. 주어진 삶은 하나님이 우리 스스로 경영하기를 원하신다. 그래서 에머슨은 훌륭한 젊은이들이 인생을 경멸하는 것을 경멸한다.[28] 우리의 인생은 건전하고 알찬 행복 그 자체다. 이 인생에서 자신의 영혼 속에 나타난 아름다움을 보지 못한다면, 그는 분명히 이기적인 사람이다. 그래서 에머슨은 이렇게 말한다. "위대한 선물은 분석에 의해서 얻어지는 것이 아니다. 모든 행복은 삶이라는 큰 길 위에 놓여 있다. 우리들의 삶의 중심부는 온대지대이다. 우리는 공기가 희박하고 한랭한 순수 기하학과 무생물학의 세계에로 걸어 올라갈 수도 있으며, 깊은 감각의 영역으로 내려갈 수도 있다…. 그러므로 모든 행복은 삶이라는 큰 길 위에 있다."[29] 구원을 이야기하면서 에머슨은 사람들로 하여금 자신들을 보다 큰 자아의 양상들로 상상하라고 요청한다. 문제는 인간의 자각이다. "시각의 축은 사물의 축과 일치하지 않으며, 그래서 그들은 투명하지 않고 불투명하게 나타난다."[30]

세계를 어떻게 볼 것인가. 에머슨에게 이 물음은 매우 자명하다. 개인들은 하나님과의 통일에 이르기 위해 내적인 소질, 내적인 영혼을 끌어내어야 한다. 그는 이렇게 말한다. "영혼의 구원에 의해 부활하게 된다." 이 순간적인 내적 흐름을 일으키는 힘은 시간이나 공간에 존재하지 않는다. 그것은 자신의 내적인 진면목에 관심을 갖기만 하면 모든 사람에게 열려져 있는 것이다. 그러므로 하나님은 우리의 과업을 성취하고 우리 자신을 증언하기 위해 자연을 창조한 것이 아니라 오히려 자연이 스스로의 존재를 드러냄으로써 자신을 계시하신다. 하나님은 인간을 위해서 마련한 그의 위치, 시대를 같이 하는 사람들의 사회, 그리고 사건의 연관성을 받아들이도록 하신다. 하나님은 인간에게 모든 것을 맡겨 스스로 하도록 원하신다. 인간은 자기의 일에 온 정성을 다 쏟고 최선을 다할 때 그는 마음의 행복과 평온을 얻는다. 그에 의하면, "구원은 주어지는 것이 아니다. 최선을 다하지 않은 행동을 시도한다면, 그의 소질은 그를 등지게 될 것이고, 그에게 도움을 주는 시선도 없을 것이며, 발명과 희망도 없게 될 것이다."[31]

자신의 책임을 망각한 청교도의 신앙에 매우 적대적이었던 에머슨은 『자기 신뢰』에서 이렇게 말한다. "하나의 그릇된 기도는 우리의 뉘우침이다. 불만은 자기 신뢰의 결여이자 의지박약이다. 뉘우침으로써 천지지변의 수난자를 도울 수만 있다면 얼마든지 뉘우치도록 해라. 그러나 도움이 되지 못한다면, 그대 자신의 일에 충실함으로써 그 불행에 대한 보상을 시작하라."[32] 에머슨은 『자신감』에서 당시의 신학적 사조가 하나님의 심판을 현세에 이루어지는 것이 아니라 마지막 종말에 이루어질 것이라는 당시의 신학적 사유에 그다지 흥미를 느끼지 못했을 뿐만 아니라 좋아하지도 않았다. 당시 사람들은 많은 경우에 나쁜 사람은 성공하고 착한 사람은 비참해진다고 믿었기 때문이다. 이 불만스러운 생각은 이성적으로 판단하든, 성서적으로 판단하든, 보상이 다음 세상에 가서 이루어질 것이라는 견해였다. 이에 대해 에머슨은 이러한 사상이 오히려 현재의 삶을 더욱 비참하게 할 가능성이 있기 때문에 매우 위험한 것으로 간주했다. 에머슨이 말하듯이, "비밀이란 결국 밝혀진다. 죄를 지으면 벌을 받고, 선행을 하면 그에 따른 보상을 받으며, 모든 잘못은 시정된다. 조용하고 확실하게 모든 행위는 스스로 보상을 받는다."33) 그러므로 그는 이렇게 단언한다. "하나님에게 언제나 환영을 받는 사람은 스스로 돕는 사람이다."34) 하나님은 스스로 책임적으로 주어진 삶을 사는 사람에게는 모든 것이 열려져 있고, 모든 명예가 부여된다. 하나님에 대한 의무와 인간의 책임은 동격이다. 서로 분리되지 않는 하나님에 대한 의무는 인간의 책임을 자각하는 것이다. 간단히 요약하자면, 하나님은 인간의 결정된 운명에 저항하도록 도우신다. 그것이 하나님의 의지다. 하나님의 의지는 너무나 간명하다. 하나님의 의지는 "요행의 수레바퀴를 쇠사슬에 묶지 않는다." 우리가 믿어야 하는 것은 요행이 아니라 우리의 인생을 스스로 경영하여 보상을 받아야 한다. 그가 결론적으로 이렇게 표현한다. "그대에게 평화를 가져다 줄 수 있는 것은 오직 그대뿐이다. 그에게 평화를 가져다주는 것은 원칙으로 얻은 승리 외에 아무것도 없다."35) 이처럼 에머슨은 부도덕에 대한 전통적인 기독교의 견해를 비판하면서 보상의 원칙을 강조했다고 보인다. 이승의 부정은 저승에서 보상되지 않는다. 사후에 오는 보답과 처벌을 믿는 것은 매우 어리석은 일이다. 그러므로 그는 착한 사람이 이 세상에서 보상을 받아야 한다는 지극히 인간적인 믿음을 보여주려고 했다.

## 하나님은 형용어를 사랑하신다

에머슨의 신학은 자연과 분리할 수 없다. 자연은 하나님의 은총을 감지하고, 하나님의 숨결을 느끼는 공간이다. 이 공간은 인간의 영혼을 위해 준비주신 하나님의 섭리다. 이 자연을 통해서 인간은 무한한 하나님의 솜씨와 능력을 찬양한다. 에머슨은 그의 『자연론』에서 우주를 '자연'과 '영혼'으로 구분한다. 그런데 이 영혼은 자연과 동일한 의미로 사용된다. 이 자연 속에 하나님의 모습이 현현되고 느껴지는 곳이다. 자연을 통해서 우리는 하나님을 자각하고 그분의 관심을 느낀다. 자연 속에서 신성이 흘러넘친다. 그가 말하듯이, "우주의 존재의 흐름이 내 몸 속에서 맴돌고, 나는 신의 중요한 부분이 된다."36) 그는 매우 시적인 언어로 다음과 같이 표현하고 있다.

도시의 거리에 서서 밤하늘을 우러러 볼 때 별들은 얼마나 아름다운가! 만일 별들이 천년마다 하룻밤에만 나타난다면 사람들은 별을 얼마나 믿고 우러러 볼 것인가! 그리고 수많은 세대에 걸쳐 모습을 드러냈던 신의 도시인 밤의 기억을 새롭게 하였으리라! 그러나 밤이면 밤마다 아름다움의 사절들은 그 모습을 드러내고 타이르는 듯한 미소로 우주를 밝게 비추고 있다.37)

이 자연의 풍경은 언제나 "정신의 빛깔을 띤 옷차림"이다. 자연은 "언제나 축제일의 나들이옷으로 치장을 하는 것이 아니라 요정의 흥겨운 잔치를 위하듯 향기를 내뿜고 찬연히 빛났던 어제의 그 모습 그대로이지만 오늘에는 우수의 감상에 뒤덮여 있기도 한다."38) 이런 점에서 에머슨은 자연을 "종교적인 정감"이라고 말한다.39) 이를테면 자연과 종교가 일종의 동맹적 관계다. 자연의 모든 화려함과 풍성함 그리고 아름다움에 의해 하나님의 모습은 채색된다. 그에 의하면, 예언자, 다윗, 이사야 그리고 예수가 이 자연을 통해서 종교적인 정감을 느꼈고 윤리적인 사람이 되었다.40) 자연의 과정 속에 도덕적인 법칙이 존재한다. 도덕적인 법칙이란 자연의 중심이다. 이 법칙이 모든 실체와 모든 관계 그리고 모든 과정의 중요한 부분을 구성하고 있다. 그러므로 자연은 "말없는 복음"

이다.41)

그에게 자연은 여전히 청교도적인 사유가 그 바탕에 깔려 있다. 땅과 추수와 같은 자연의 은총은 그에게 중요했다. 그가 표현하듯이, "겨와 밀, 잡초와 식물, 해충, 비, 벌레, 해 등은 제각기 봄철에 처음으로 가는 밭고랑으로부터 흰 눈이 온 들판을 덮는 겨울철의 마지막 건초더미에 이르기까지 성스러운 상징이다."42) 양식에 대한 소중함을 지닌 신세계의 이민자들에게 자연은 너무나 고마운 것이다. 그야말로 자연은 성스러운 것이고 거룩한 것이다. 이 자연은 그들을 보호하며, 자연을 떠나서는 인간의 영혼을 생각할 수 없기 때문에 자연은 영혼과 동일시되는 것이다. 오늘날의 생태계 보존과 같은 의미가 아니라 그들의 경험에서 나온 자연은 그래서 고마움 그 자체다. 우리의 신앙은 이 자연의 고마움에서 시작하여야 한다.

이런 맥락에서 초월주의자들은 그들의 주된 재능인 설교와 유려한 웅변을 발휘한다. 새로운 설교의 창안은 사람들에게 새로운 감흥과 더불어 실천적 행위로 옮기게 한다. 이것은 당시의 청교도들의 설교에 대한 불만에서 비롯되었다고 보인다. 당시 청교도들의 설교는 힘이 없었고, 그들의 영성은 사라졌다. 사람들은 더 이상 죄의 뉘우침을 원하지 않았다. 변하는 세속도시는 그들의 옛 신앙으로 돌아가지 못하는 걸림돌이었다. 그들이 강단에서 외치는 것은 뻔하였다. 간단히 말해 그들의 종래 설교 방식이 맘에 들지 않았다. 이러한 상황에서 에머슨의 에세이와 강단의 설교들은 청중들의 마음을 사로잡았다. 말 잘하는 사람이 성공하는걸까. 아마도 에머슨을 두고 한 말은 아닐까. 초월주의자들은 언어의 구사가 뛰어났다. 구술과 저술에서 청교도 설교자들을 앞질렀다. 누구도 모방하지 못했을 뿐만 아니라 독창적이었다. 성경의 말씀은 새로운 문학이라는 장르를 통해서 전달되었다. 부르스 커클릭은 그의 『미국철학사, 1720~2000』에서 이 사실을 지지한다. "종종 원래 강의였던 에세이는 설교자의 경험에서 나온 것으로 초월주의자들이 숙달한 설교양식을 닮았다. 문학적 훈련으로서의 에세이 역시 19세기 보스턴 상류계의 대화 클럽의 덕을 보았다. 유일교파(유니테리언) 설교는 설교 주제의 영역을 넓혀갔고 초월주의자들은 유일교도들이 멈춘 곳에서 시작했다. 초월주의자들의 저작은 정통 교리와 이단적 가설 모두를 신뢰하지 않았다. 저작은 고상한 진리를 미적으로 표현했다. 초월주의는 문학적 취향과 뉴잉글랜드 담론의 하나님 중심적 틀을 결합하였다."[43] 이처럼 그들은 문학이 영적인 진리를 가장 잘 표현해 준다고 믿었다. 그들은 영적 언어의 의미를 상징적 측면에서 강조했다. 체계적 사고에 대한 경시풍조가 에머슨에 의해서 주도되었다고 비판을 받았지만, 강의와 같은 설교는 당시의 신학적 쟁점이었던 미학의 발전으로 이끌었다는 평을 받고 있다. 사람들은 이성의 추론에 의해서가 아니라 설득에 의해서 그들을 신앙의 실천으로 이끌어야 한다.

## 세상의 중심에 너 홀로 서라

찰스 테일러가 적고 있듯이, 에머슨은 기독교적이거나 유신론적인 것을 포기하고도 영적인 존재로 살아갈 수 있다고 가르친다.[44] 신앙의 진정한 힘은 자기 자신을 신뢰하고 긍정하는데 있다. 미국의 중요한 정신적 뿌리 중 하나라고 평가받고 있는 그의 생각은 "세상의 중심에 너 홀로 서라"를 이야기한다. 자신에 대한 믿음, 그것이 가장 신앙적이다. 하나님을 믿는다면, 그것은 자신을 믿는 것이다. 자신을 믿는 것은 자신의 교만과 오만을 드러내는 것을 말하지 않는다. 오히려 그것은 우리가 자신의 절대적인 확신을 은연중에 드러내고 책임을 다해 일하며 자신을 다스리는 것을 말한다. 간단히 말하자면, 인간은 하나님이 주신 삶의 책임을 위해 자신을 믿는 것이다. 이러한 생각의 배후에는 청교도 신앙이 너무 하나님에 의존함으로써 자신의 존재감이나 자신감을 상실할 뿐만 아니라 주어진 삶에 대한 해이와 삶의 개척에 대한 무감각에서 헤어나지 못했다는 자의식이 깔려 있다. 신앙이란 우리가 너무나 쉽게 지나칠 수 있는 자신의 목소리에 귀 기울이고, 스스로가 원하는 자신만의 일을 부여하는 하나님의 음성에 경청하는 행위다. 그렇게 '나'에게 집중할 때 우리는 좀 더 성장한 자신을 발견할 수 있으며, 인생의 성공이 자신으로부터 비롯된다는 것을 깨닫게 될 것이다.

에머슨은 그의 책, 『자기 신뢰』(Self-Reliance)에서 세상을 살며 서서히 깨닫게 되는 진리와 본질에 대한 이야기를 전한다. 그의 짧고도 간결한 문장은 우리에게 던지는 화두가 때론 인정하고 싶지 않았던 진실이지만 어쩔 수 없이 고개를 끄덕이게 만드는 혜안으로 가득하다. 그는 시종일관 말한다. "자신을 믿고, 홀라 서라"고. "나의 가치를 결정하는 건 '나'뿐, 자신을 믿고, 홀로 서라!" 그러면 하나님은 스스로 도우신다. 하나님은 그의 피조물들이 스스로 자존감과 신뢰를 찾고 증대하는 일을 함께 하신다.[45]

'흔들리지 않고 피는 꽃이 어디 있으랴'라는 어느 시가 있다. 삶은 모두에게 단 한 번뿐이기에 매 순간이 새롭고 낯설 수밖에 없다. 앞으로 발을 내디딜수록 확신은 사라지고 누군가의 분명하고 흔들림 없는 말을 찾는다. 그러나 우리의 삶은 나 자신의 성찰과 행동, 즉 원인과 결과라는 연결고리로 결정지어지고 확고해지는 것이다. 다른 사람들의 평가와 의견, 충고로 변화되고 나아가는 것은 아니다. 에머슨은 말한다. "'질투는 무지이고 모방은 파멸'이다. 광활한 우주는 좋은 것들로 가득 차 있지만 자기 몫으로 주어진 땅에서 직접 밭을 가는 수고를 하지 않고는 옥수수 낱알 하나도 얻을 수 없다."[46] 즉 참된 나로 존재하기 위해, 그리고 나아가 창조하는 인간이 되기 위해 우리는 내 안의 목소리에 귀 기울여야 한다는 것이다. 타인의 시선을 의식하지 않는 어린아이와 같이 말이다. 아이가 어른이 되는 것은 자신을 향한 타인의 박수와 칭찬을 의식한 다음부터이다. 자의식을 깨달은 후 사람은 사고의 감옥에 갇히게 된다. 사회와 오랜 관습은 그 틀을 지키기 위해 그 안에 속한 구성원들의 자유와 문화를 포기하게 한다. 그들은 우리의 자유 의지, 자기 신뢰를 흔들고 새로운 발상과 창조를 좋아하지 않는다. 하지만 에머슨은 말한다. 자신을 믿고 자신만의 일을 하라고, 지금 당장 행동을 하라고 채찍질한다.[47] 그렇게 앞으로 나아갈 때 어느 누구라도 우리를 흔들 수 있는 자는 없다. 그러므로 나 자신의 내면의 소리에 귀 기울이고 그것을 행동으로 옮기는 것은 자신을 신뢰하는 힘이 얼마나 강하느냐에 따라 결정되며, 그 모든 해답은 내 안에 있다고 말한다. 그는 열성적인 연사의 언동으로 우리를 충동한다.

사람들에게 아무것도 구하지 말라. 그러면 끝없는 변천 가운데 유일하게 확고한 기둥인 그대는 즉시 그대를 에워싸고 있는 모든 것을 떠받치는 기둥이 될 것이다. 힘이란 타고난 것이고, 선을 그 자신 밖의 다른 곳에서 구하려고 하기 때문에 약해지는 것을 알며, 또한 주저 없이 자기 생각에 자신을 몰두함으로써 지각할 수 있는 사람이라면, 그 즉시 그는 자신의 굳건한 위치에 서서 사지를 마음대로 움직이고 기적을 행할 수 있다. 이는 마치 제 발로 딛고 서는 사람이 머리를 땅에 박고 서는 사람보다 더 강한 것과 같은 이치이다.[48]

우리는 삶의 현실과 분리하지 않는 것이 신앙이라 배웠다. 에머슨이 그러한 의미에서 신앙을 말한다는 점에서나 자신을 사랑하는 마음이 신앙의 근본이다. 나의 삶을 비관하는 것도 충만하게 하는 것도 모두 나에게 달렸다. 삶의 방치하는 것에는 그 어떤 핑계도 있을 수 없다. 내 안에 확고한 신념과 자기 자신을 믿는 신뢰만 있다면 사회나 관습, 세상의 목소리에 흔들릴지언정 꺾이지 않고 곧게 나아갈 수 있다. 그것이 바로 에머슨이 우리의 삶에 건네준 신앙의 지혜로운 선물이자 하나님의 뜻이다.

# 나가는 말

 청교도가 미국 최초의 이민 공동체라는 것에서 공동체의 변화 과정에서 경험하는 일련의 반응들이 나타났다. 이른바 '미국화'(Americanization)의 갈등이 나타나면서 청교도들 가운데 두 반응이 극적으로 나타났는데, 하나는 영국에서 물려받은 신앙을 그대로 전수하는 쪽으로 나타났고, 다른 하나는 영국화를 벗어버리고 미국의 자주성을 회복하자는 쪽으로 나타났다. 전자는 조나단 에드워즈라는 사람에 의해서 주도되었고, 후자는 랄프 왈드 에머슨이라는 사람에 의해서 주도되었다. 에드워즈는 뉴헤이븐의 예일대학 출신이고, 에머슨은 케임브리지의 하버드대학 출신이다. 그들이 공부한 학풍이 어떤 방식으로 영향을 미쳤는지는 모르나 그들은 그들의 신학적 흐름이 어느 정도 신학적 사유에 반응이 되었다는 것은 부인하기 어려울 것 같다. 간결하게 말하자면, 청교도는 옛 신앙을 고수하는 쪽이냐 아니면 세속적 의미로 신앙을 변혁할 것이냐의 문제로 인해 기로에 처해 있었다. 청교도들의 설교에서도 이러한 사실을 추측할 수 있는데, 잘 알려진 유명한 "옷차림의 교만"과 같은 설교에서 초창기 뉴잉글랜드 청교도들의 대표적인 옷차림인 소박한 치마에 대한 복장을 강조하고 화려한 부의 과시로 유행하는 옷은 교만의 상징이라고 설교했다. 청교도들은 현대적인 스타일이나 문화의 세속성에 반대하는 입장을 분명히 한다. 하지만 세속문화의 흐름에 저항하지 않는 사람들은 세속의 의미를 하나님의 축복으로 이해한다. 청교도의 문제는 다음과 같다. 조지 마즈던은 그의 『조나단 에드워즈와 그의 시대』에서 청교도의 문제를 지적하고 있다. "뉴잉글랜드 사람들(청교도들)은 정치적·종교적 권력이 남의 손에 있을 때에는 예민하게 하나님이 주신 '권리'를 주장했다. 그러나 막상 자신들이 통치권을 쥐게 되자, 아랫사람은 하나님이 정하신 권위에 기꺼이 복종해야 한다는 믿음을 내세웠다."[49] 신앙의 순수성은 항시 이중성의 위험이 도사리고 있다. 신앙은 순수하여야 하지만, 그것은 자신의 이익을 위해서다. 원래 종교개혁이 군주와 국가에 대한 충성을 표현하여 시작된 것 때문이 아닌가 싶다.

하지만 청교도 신학은 성화의 내면적 요소에 너무 지나친 나머지 성도들의 거룩한 생활에 대한 기준을 설정하면서 문제가 생기게 되었다. 하나의 교회를 통제하기 위해서는 성경에 근거를 둔 성화의 규정들이 필요했고, 그러한 것들이 강단을 통해서 알려져야만 했다. 문제는 그것의 규정을 억압하는 데서 문제가 발생한다. 예를 들자면, 성만찬의 참여요건이나 주일성수, 약혼한 자녀들의 '번들링'(bundling)의 관행과 같은 것들이다. 특히 뉴잉글랜드에는 약혼한 자녀들이 옷을 벗지 않은 채 잠자리를 같이 하도록 부모가 허락해 주는 '번들링'이라는 관행이 있었다. 원래는 성관계를 막는 것이었지만, 늘 그 의도대로 이루어지지 않았기 때문에 "여성의 가슴을 만지고 이성이 한 침대에 눕는 부끄럽고 음란한 습관"은 영적인 성숙의 걸림돌로 여겨졌다. 그러다 보니깐 세심한 규약까지 만들어서 사람들을 옥죄어 매는 것이 일종의 청교도 신앙으로 받아들이는 모순을 낳게 되었다. 이것이 내면적인 성화에 치중하고 있다는 인상을 받게 한다. 그러다 보니 자연스럽게 문제가 되는 것은 합리적인 신학의 논의가 결여되어 있다는 것이다. 만일 신학이 이성적 논의가 결여된다면, 남는 것은 무얼까. 그곳에는 감정과 열광의 측면만이 부각되지 않을까 싶다.

우리는 에머슨의 초월주의 신학을 무신앙주의로 오해해서는 안 된다. 그는 철저하게 교회주의에서 헤어 나오지 못하는 것에 대해서는 질타한 설교자이지만, 무신앙을 찬양하거나 고무시킨 일은 없다. 그는 설교를 통해서 종교적 신앙심을 되살리려고 했다. 그러한 중심은 미국이 종교성이 메말라 있었고, 종교의 형식적이고 관습적인 것에서 해방하려는 것이었다. 그가 의도한 것은 쇠잔하고 쇠약해지는 회의주의, 물질주의 그리고 무신론에서 찾았다. 에머슨의 1838년 연설의 호전성은 신학에 대한 그의 당혹감에서 결정되었다. 연설자체는 목회자들의 "위대하고 영속하는" 소임에 대해 말하고 있다. 에머슨의 초기 초월주의가 목회자들이 청중들에게 느끼는 종교를 확신할 수 있게 하도록 설계되었다. 에머슨의 초월주의 신학은 종교를 품위 있고 세련된 도덕감각으로 받아들일 것을 선호했다. 변화는 도시 세계에 적응한다. 뉴잉글랜드는 전통적으로 목회를 이타적이고도 문예적인 충동을 지닌 사람들에 대한 소명으로 장려했다. 에머슨의 초월주의는 어쩌면 전통적인 영성이 생기를 잃으면서 나타난 도덕적 책임감을 강조하는 신학의 일종으로 나타난 운동으로 이해해 본다. 분명히 초월주의는 종교가 상징과 느낌의 문제라는 새롭고 아방가르드적인 문화에 기여했다고 보인다. 하지만 에머슨의 초월주의 신학은 40년 이상 제도화된 신학 속으로 더 이상 스며드는 데는 어려운 부분이 있었다. 이는 심미적 느낌만이 삶의 전부로 말하기에는 거북스럽기 때문이 아닐까 싶다.

# 4 자유주의 신학과 신정통주의 신학의 논쟁

"종교의 본질은 사유나 행위가 아니라 직관과 감정이다."
— 프레드리히 슐라이어마허

"하나님과의 평화는 인간에 대한 인간의 올바른 질서다."
— 칼 바르트

# 제4장
# 자유주의 신학과 신정통주의 신학의 논쟁

**서구유럽의** 근대적 상황은 종교개혁에 의한 프로테스탄트 교회들의 분열과 르네상스의 출현으로 인간에 대한 새로운 관점이 명시적으로 부각되었다. 중세시대와 종교개혁시대에 제한된 인간이해가 어느 시대보다 더 배격되는 듯한 분위기를 자아내었다. 이는 아마도 이성의 등장이 사람들로 하여금 이 세계에서 자유로운 존재로 자각되었기 때문이다. 따라서 하나님 중심으로 이해된 이전의 인간과는 판이하게 달랐다. 그로인해 인간은 누구에 의해서도 간섭이나 통제를 거부하는 이른바 자기 원인적이면서도 독립적인 존재로 생각하게 되었다. 사정이 이러하다보니, 신학 안에서도 세속문화와 방식에 동조하거나 편승하려는 움직임이 감지되고 있었다. 18세기와 19세기의 독일신학이 이 같은 분위기에 휩싸인 것처럼 보였다.

특히 독일신학은, 니버가 적절히 밝히듯이, '문화가 그리스도를 해석하여야 한다'는 것과 '그리스도가 문화를 해석하여야 한다'는 것으로 내홍을 경험하고 있었다.[1] 문화가 그리스도를 해석하여야 한다는 신학은 할레대학의 실천신학자이면서 해석학자 프리드리히 슐라이어마허, 본대학의 조직신학자 알브레히트 리츨, 그리고 베를린대학의 교회사학자 아돌프 폰 하르낙, 이른바 자유주의 신학자들에 의해서 주도되었다. 그들은 기독교 신앙과 신학을 모던적 지식과 입장 그리고 가치에 비추어 재구성되어야 한다고 주장했다. 자유주의 신학자들은 '자유주의 개신교' 혹은 '문화 개신교'를 그 시대의 문화에 따라 하나의 운동으로 이끌어갔다. 따라서 자유주의 신학은 "교회와 세상, 사회법과 복음, 은혜의 작용과 인간의 노력, 구원의 윤리와 사회적 보존 또는 진보의 윤리 등과의 사이에서 그렇게 큰 긴장을 느끼지 않고 있었다."[2]

이와는 달리 그리스도가 문화를 해석해야 한다는 신학도 만만치 않았는데, 자유주의 신학의 한계를 목격한 스위스 바젤의 신학자 칼 바르트는 자유주의 신학에 정면으로 맞서 하나님의 말씀에 대한 회복운동을 강조했다. 우리는 그의 신학을 신정통주의 신학이라고 부른다. 이는 말씀에 근거된 신학을 회복하자는 의미에서였다. 무엇보다도 바르트는 자유주의 신학을 두 주인을 섬기는 신학이라고 신랄하게 비판하면서 말씀신학을 세우려고 했다. 말하자면, 자유주의 신학은 신앙을 현대 문화에 비추어서 재구성하는 문제가 매우 위험할 뿐만 아니라 기독교의 본질을 흔들고, 그 결과 기독교 신앙이 단순히 문화규범으로 변질될 수 있다는 것에 대한 염려였다.[3]

사실 개인적 자유와 자의적인 결단에 대한 환경을 제한했던 시대와는 달리, 르네상스 출현은 인간에 대한 이해뿐만 아니라 삶의 방식과 심지어 신학의 방식에서도 많은 변화를 야기했던 것은 아주 고무적이었다. 그래서 개인 스스로의 자유로운 의지의 활동에 대한 단절의 방식을 취할 수밖에 없었던 인간은 더 이상 무의미하게 되었다. 인간에 대한 이해가 중심적인 사유를 바꾸어 놓았기 때문에 분명히 사람들에게 자유에 대한 갈망을 추구하는 동시대의 자유사상은 전통의 신학과는 차별되는 시각을 요구하고 있었다. 따라서 자유주의 신학은 그런 시대의 조류에 편승하기보다는 시대의 문화와 지성으로부터 동떨어진 것을 회복하는 신학으로 움직였다고 보인다. 하지만 동시대의 징조에 민감한 신학자들이 제시한 자유사상에 근거한 신학적 탐구는 신학의 본질을 다시 추구해야 한다는 신정통주의 신학의 입장에서는 하나의 걸림돌이었다. 이 같은 분위기에서, 그 시대의 신학적 논쟁은 서로 엇갈린 풍경을 보여주면서 문화로 신학을 재구성하려는 입장과 계시로 신학을 재구성하려는 입장으로 나뉘게 되었다고 보인다. 간단히 말하자면, 자유주의 신학은 시대 조류에 예민하여야 한다는 입장이었고, 신정통주의 신학은 신학의 본래의 목적과 본질을 회복하자는 입장이었다. 이 장에서 우리는 자유주의 신학을 대변하는 프리드리히 슐라이어마허의 신학과 신정통주의적 신학을 대변하는 칼 바르트의 신학을 살펴보고자 한다.

## 자유주의 신학

자유주의 신학은 사람들의 자율과 자유가 제한되고 신학이 하나님의 절대적 주권이나 통치의 방향에 대한 쏠림현상을 비판했다. 낭만주의의 유산을 물려받은 자유주의 신학은 기독교가 야만의 종교나 멸시받는 신앙처럼 불신앙의 형식으로 끝나길 원치 않았고, 기독교 신앙이 납득할 수 있는 형식이라는 것을 주장했다. 무엇보다도 자유주의 신학은 하나님의 말씀에서 시작하는 종교개혁의 복음주의 신학방법도 아니고, 그렇다고 신조에서 시작하는 18세기 프로테스탄트의 정통주의의 방식도 아니었다. 자유주의 신학이 받아들인 방식은 대체로 인간의 자의식에서 출발하여 신-의식(God-consciousness)에 이르는 주관적 경험의 방식으로 전개되었다. 이 방식은 당대의 근대 철학적 사유와 긴밀하게 공유하고 있다고 보이는데, 특히 칸트의 아프리오리 개념에 근거된 방식을 수용하고 있는 듯했다.4)

## 하나님을 느끼고자 원했던 신학자, 프리드리히 슐라이어마허

프리드리히 슐라이어마허(Friederich Ernst-Daniel Schleiermacher, 1768~1834)는 1768년 브레슬라우(Breslau)에서 구세군 사관의 아들로 태어났다. 어려서부터 그는 모라비안의 신앙 전통에서 영향을 받으며 성장했다. 독일 킬대학의 교수인 마르틴 레데커에 따르면, 슐라이어마허가 모라비안 학교에 입학 한 후에 세 가지 중요한 신앙의 기본요소를 배웠다고 한다. 예수에 대한 헌신, 공동체에서 친구들과 함께 신학을 연구하는 일 그리고 경건주의 교육이었다.5) 하지만 젊은 사람이 흔히 가지는 체제에 대한 불만과 비판적 의식은 슐라이어마허에게도 있었는데, 모라비안 신학교육은 수영과 스케이팅, 카드놀이, 바둑 그리고 장기에 이르기까지 모든 것이 악한 것으로 간주하여 금지되었기 때문이다. 마치 금욕주의적 격리주의는 슐라이어마허의 자유로운 삶에 하나의 걸림돌과 같았다. 이 같은 삶의 방식에서 탈피하는 돌파구를 그는 모라비안 학교에서 할레대학(University of Halle)으로 옮기는 것이라고 생각해서, 1787년에 실제로 할레대학에 입학을 하고야 말았다. 할레대학에서 슐라이어마허는 플라톤을 처음 접하게 되었다. 화이트헤드가 말하듯이, 플라톤이 서구철학의 각주라고 한다면, 철학은 그에게 새로운 통찰을 제공하는 학문으로 여겼을 것이다. 그는 할레대학에서 두 분의 교수로부터 깊은 영향을 받게 되는데, 하나는 희랍철학과 칸트철학의 권위자였던 에베르하르트로부터 칸트의 철학을, 그리고 문헌학과 언어철학의 젊은 교수였던 어거스틴 볼프로부터의 해석학이었다. 2년 뒤에 슐라이어마허는 드로센 마을에 있는 아주 조그마한 교회의 목회직을 수락했다. 이 일을 결정한 것은 학문을 계속할 수 있는 시간적 여유 때문이었다. 이곳에서 칸트의 영향을 받은 젊은 목회자는 종교의 문제보다는 윤리의 문제에 집중했다.

한때 슐라이어마허는 모든 걸 포기하고 하나님 한분만으로 만족하면서 살고자 했다. 하지만 그는 인생에서 뜻하지 않는 중병에 시달린다. 젊은 청춘들이 흔히 심하게 앓는 사랑의 중병이었다. 그가 앓는 사랑의 중병은 평범하고도 흔해 빠진 연애 이야기가 아니라, 동료 친구 목사의 아내를 흠모한 사랑 이야기다. 1799년에 슐라이어마허에게 찾아온 엘레오노르 그루노우(Eleonore Grunow)와의 만남이었다. 이 이야기는 베를린 목사와 불행하게 결혼한 여자인 그루노우를 사랑한 이야기다. 시대의 흐름에서 보자면, 그건 분명 문제가 스캔들로 야단을 치고 법석을 떨만한 사건이다. 왜냐하면 이 사건은 로맨틱한 사랑의 이야기가 아니라 비윤리적인 이야기로 충분히 회자될 수 있었기 때문이다.6) 슐라이어마허와 그루노우는 비밀로 "약혼한 사이"라고 여겼을 정도로 결혼을 생각했던 것 같다.7) 그루노우는 이혼을 결심하고 수속을 밟고 있는 중에 마음의 변화가 생겨 남편에게 다시 돌아감으로서 이혼을 포기했다. 그와 그루노우와의 사랑은 약 6년간이나 지속되었지만, 절망과 낙담으로 종언을 고했다. 레데커는 그루노우의 모습을 상세하게 묘사했다. "그 여인은 낭만주의 여인의 전형적인 모습인 넓은 교양과 많은 재주가 있는 사람이 아니었다. 감상성, 과민증 그리고 지적인 쾌활성과 같은 것은 그 여인에게 낯선 것이었다. 그 여인은 아름답지도 않았다. 그 여인은 키가 크고 호리호리하고 무표정한 여인이었다."8) 하지만 그녀의 이런 모습에도 불구하고 슐라이어마허는 그녀의 풍부한 감정과 탁월한 대화를 사랑했다고 한다.

어쩌면 슐라이어마허는 사회와 교회로부터 지탄의 대상이 될까 마음조리며 살았을지도 모른다. 사회와 교회의 오래된 윤리는 그를 받아들이기에는 시기적으로 앞섰다. 그에 대한 비판은 한마디로 외도다. 하지만 그는 오히려 당당하려고 애썼다. 왜 사람들은 사랑이 없이 결혼하여 사는 걸까. 슐라이어마허는 이해할 수 없었다. 의무만 있고 사랑이 없는 결혼은 정당한 걸까. 그것이 윤리적으로 무슨 죄를 짓는 걸까. 왜 인간들은 결혼의 규칙을 만들어서 가정의 울타리에 옭아매는 걸까. 걷잡을 수 없는 생각들이 꼬리에 꼬리를 물고 매일 밤 슐라이어마허의 마음을 고통스러우리만치 멍들게 했을지 모른다. 마침내 그가 도달한 결론은 하나였다. 그것은 이전까지의 모든 윤리가 잘못된 것이라고. 즉 사랑이 없는 도덕과 윤리는 아무런 효력을 발휘하지 않는다는 결론이었다. 그에게는 청년의 순수함과 애틋함이 묻어났다. 만일 우리가 젊은 사람이라면 그를 두둔할만했을 것이다. 유부녀를 사랑한 슐라이어마허이지만 사랑의 마음이 우선적이었기에 그를 나무랄 수 없었을 것이다. 하지만 사회는 그야말로 잔인하고도 잔혹했다. 이 현실 앞에 그는 누이를 방문하고 나서 곧 발틱 해안 근처에 있는 포메라니아 지방의 시골 도시인 스톨프에서 목회를 위해 자신의 고향을 떠났다. 그런데 아무런 신경을 쓰고 싶지 않은 마음으로 이곳에 왔지만, 오히려 성가시고 지극히 가치 없는 일로 분주함으로서 그는 목회일로 여가를 즐길 수 없는 처지가 되었다.

  6년이 흘렀을까. 그에겐 어떤 내적인 변화가 일어났다.

그것은 이대로 살아가서는 안 될 것 같다는 생각의 변화였다. 여기저기 수소문 한 끝에 슐라이어마허는 대학에서 일자리를 구하고 싶었다. 그래도 사회의 지성인이 아닌가. 그런데 우연의 일치일까. 그에게 길이 열렸다. 베를린대학이 창설된다는 것을 알았고, 그는 베를린대학 창립에 참여하고 이 대학의 신학교수가 되었다. 인생은 종종 희망하는 자에게 길이 열린다고 했던가. 아마도 그에게도 행운이라는 게 존재했는가 보다. 그는 신학교육을 네 가지로 규정하였는데, 주석신학, 역사신학, 교리신학, 실천신학이었다. 1810년 9월에 슐라이어마허는 베를린대학의 신학부 초대학장에 임명되었다. 그는 행정력을 인정을 받아 1815-1816에 총장으로 취임하였다. 하지만 50세가 되면서 학자로서 사명에 충실하기 위해 모든 행정직을 사임하였다. 이후 그의 작품들은 『기독교 신앙』, 『신학연구 사전』, 『신학연구 방법론』, 『성탄 축제』와 같은 작품들 외에 수많은 작은 글들을 발표하면서 시대를 창조해 나가고 있었다.

그의 삶에서 하나의 독특한 것은 그의 결혼이었다. 1809년 5월, 슐라이어마허는 그의 친구인 군종 목사 폰 빌리히의 미망인인 폰 뮐렌펠스(nee von Muhlenfels)와 결혼했다. 이때가 슐라이어마허가 삼위일체 대성당의 설교가로 임명되었을 때였다. 빌리히가 1807년에 장티푸스로 죽었을 때, 뮐렌펠스가 19살이었다. 서로의 나이 차이가 매우 컸지만, 어려서 양친을 잃은 어린 신부는 슐라이어마허를 아버지처럼 따랐기 때문에 별 어려움이 없이 결혼 생활을 유지했다고 한다.[9] 1834년 급성 폐렴으로 슐라이어마허는 66세의 일기로 세상을 떠났다. 그의 장례식은 독일의 위대한 정치가이자 독일제국 총리였던 비스마르크의 견신례로 거행되었다.[10] 슐라이어마허의 윤리 사상으로 박사학위를 받은 딜타이가 적절히 표현했듯이, 슐라이어마허는 어느 누구보다도 "자신의 깊은 내면의 세계를 자각하는 인물"이다.

## 신학은 인간의 자의식에 대한 반성이다

아서 러브조이는 『존재의 대연쇄』에서 슐라이어마허가 사유의 "획일성"을 악으로 규정한다고 적고 있다.[11] 획일적인 사고란 뭔가. 그것은 단하나의 방식만을 허용하는 사유다. 획일적 사유는 학문성을 부정하고 정해진 하나의 답을 변증하는 방식이다. 그래서 획일적 사유는 시대의 범죄자다. 그것이 학문이든 삶의 방식이든 획일성을 피하는 것이 인간의 제일 중요한 임무로 여겼다. 획일성을 포기하면 남는 것은 뭘까. 그건 다원성이다. 이 다원적 사고는 학문의 개방성 및 과학을 신뢰하게 만들었다. 과학, 철학, 문학, 예술 그리고 역사와 같은 다양한 학문들과 연계하면서 자유주의 신학은 태동하게 되었는데, 학문으로서 신학은 과학적이고 역사적인 방법론과 합리적인 기준 및 비판적 탐구에 걸맞은 방식으로 전개되었다. 동시대의 징표는 부정할 수 없었고, 따라서 자유주의 신학은 근대의 사유에 영향을 받고 있었다. 중세의 획일적인 사유의 방식을 포기하는 자유주의 신학은 역사 비평적 방식을 받아들여 성경의 내용을 다양하게 이해하고자 접근하였다. 자유주의 신학 방법이 철저히 근대적 세계관에서 파생되었다는 것은 옳다. 하지만 인간의 합리적인 사유의 방식을 전적으로 받아들였다는 것을 의미하지는 않는다. 왜냐하면 18세기에 합리적 정통신학은 몰락되고 있었기 때문이다.

당시 정통신학의 한 유형은 이신론(deism)이 가장 지배적인 세계관으로서 합리주의적 종교를 표방하고, 이른바 자연종교로 인식되었다. 하지만 슐라이어마허는 이 자연종교를 더 이상 기독교 신앙으로 인식할 수 없는 상황을 감지하고 있었다.[12] 따라서 슐라이어마허는 신학의 한 방법으로 자연종교에서 말하는 이성의 합리적인 방식을 거부하고, 오히려 '인간의 자의식에서 출발하는 하나님에 대한 직접적 의식'의 방식을 수용했다. 이것이 직관의 개념이었다. 따라서 슐라이어마허는 간명하게 표현한다.

"모든 직관은 직관되는 존재가 직관하는 존재에 끼치는 영향으로부터 출발하여, 직관하는 존재의 본성에 따라 받아들여지고 종합되며 파악되는, 직관되는 존재의 근원적이고 독립적인 행위로부터 출발한다."[13] 다시 말해, 직관의 방식은 인간의 내면의 방식으로서 자의식을 더욱 강하게 하는 방식이다. 이 자의식이란 위로부터의 방식이 아니라 아래로부터의 방식인데, 하나님의 절대적인 계시의 방식도 아니며 그렇다고 초자연적인 이신론의 방식도 아니다. 이것은 순수하게 인간의 내적인 경험을 근거로 하고 있다. 그런 이유에서 슐라이어마허는 인간경험을 신학의 한 방법으로 사용함으로써 '아래로부터의 신학'을 주장했다고 보인다. 스탠리 그렌츠와 로저 올슨은 『20세기의 신학』에서 이 사실을 분명히 밝히고 있다 "슐라이어마허는—종교라고 하는 것이 진정한 인간에게 필연적으로 있게 마련인 어떤 경험에 뿌리를 두고 있는 것이며, 심지어는 그것과 동일하다는 것을 보여주기 위하여—인간의 경험에 기초하는 신학을 시도하려고 했다. 그래서 그는 인간을 희생시키고 하나님만을 높이는 것이 아니라, 양자 모두를 어떤 고유한 방법으로 묶을 수 있도록 기독교 교리의 재편을 시도하였다."[14]

게다가 슐라이어마허는 이 사유의 방식을 종교에도 적용한다. 그에 의하면, 종교는 절대적이라기보다는 상대적이다. 기독교의 중요한 사유 중 하나가 종교를 불신앙으로 보고, 기독교를 종교들 중의 한 종교로 보지 않으려는 것이라면, 자유주의 신학은 다른 종교의 양태를 수용하고, 다원적인 의미에서 타종교에 대해 그다지 불편해 하지 않은 듯하다. 이는 모든 종교들이 상대적이기 때문이다. 슐라이어마허는 "여러 종교들에 대하여"라는 다섯 번째 강연에서 이렇게 표현한다. "나는 종교의 다원성과 그 규정적 다양성을 필연적이고 불가피한 것으로 전제했다."[15] 학문의 다원성과 개방성을 배운 자유주의 신학자들은 아마도 종교에 대한 이러한 태도야말로 최소한의 겸허함으로 여겼던 것 같다. 본래 학문이란 독단성과 맹목성을 배격한다. 따라서 자유주의 신학은 학문을 규정하는 사유의 방식을 자연스럽게 받아들인 것으로 보인다. 이러한 태도에서 자유주의 신학은 실제로 "궁극적인 실재에 대한 인식론적 불확실성"에 근거되어 있다고 여기고, 종교와 신앙의 본질은 동일하며, 어느 하나가 다른 하나보다 낫다는 근거가 없다고 생각한다. 자유주의 신학에 의하면, 종교란 문화적이고 인간 실존에서 유래하기 때문에 절대적 기준은 있을 수가 없으며, 단지 서로 다른 차이에서만 인식될 수밖에 없다는 것이다. 이렇게 하여, 슐라이어마허는 종교의 획일성을 배제하고 다원성을 인정하게 되었다.[16]

신앙은 하나님에 대한 경건한 직관이며 느낌이다

슐라이어마허는 종교를 "절대의존의 감정"으로 정의한다. 여기서 종교란 협의적인 의미에서 우리의 신앙을 가리킨다. 우리가 믿고 의지하는 하나님은 형이상학적 존재가 아니다. 형이상학적 존재는 우리의 감정과 정서에 아무런 의미나 가치를 제공하지 않는 분이다. 아마도 그가 염두에 둔 형이상학적 존재는 헤겔의 정신과 같은 존재였다. 우리가 알듯이, 계몽주의의 신은 이신론의 형태로써 가장 지배적이고 널리 퍼져 있는 신에 대한 이해였다. 말하자면, 철학자의 엄밀한 논리적인 방식에서 신을 추론하거나 탐구한다는 것은 우리의 하나님을 인식할 수 없으며, 그리고 비록 그러한 방식으로 하나님을 인식했다고 해도, 그 하나님은 우리가 매일의 삶에서 의지하고 신뢰하는 하나님이 아닐 수 있다. 이런 이유에서 슐라이어마허는 이 같은 이신론적 신을 거부하고 반면에 신을 인간의 내면에서 느끼고 맛보아야 하는 존재여야 한다고 주장한다.[17]

이런 근거에서 슐라이어마허는 자연종교와 이성종교에 대립하는 계시종교를 내세운다. 계시종교는 그리스도와 기독교의 관계를 가장 타당하게 설명하는 구조로 인식하기 때문이다. 그는 이렇게 말한다. "계시의 본래적 의미는 신의 직접적인 표현"이며, 계시는 "사실이나 인간의 영혼 가운데 뿌리박은 사상"이다.18) 따라서 슐라이어마허는 "모든 계시는… 직접적인 표현으로서 초인간적인 의미를 갖는다."19)

무엇보다도 슐라이어마허는 "종교의 본질에 대하여"라는 강연에서 신앙이란 지식이나 행위가 아니며, 형이상학이나 도덕 혹은 이 둘의 합성물도 아니라고 주장했다. 그의 『기독교 신앙』에서도 "경건자체는 지식이나 행위가 아니라 감정의 경향과 규정성이다"라고 주장했다.20) 그런데 감정은 매우 모호하고 복잡한 경험의 체계다. 간단히 말해, 감정이란 자의식이다. 이것은 감정이 타인에 의해 경험된 내용이 아니라 자기 스스로 인식하고 느끼는 감정이라는 것을 의미한다. 따라서 슐라이어마허는 신앙을 "우주의 영원하고 이상적인 내용과 본질에 대한 직관이며 느낌"21)으로 규정한다. 이것을 슐라이어마허는 "경건"이라고 부른다. 매너리즘에 빠져 있는 현대인의 신앙, 습관적으로 참석하는 예배출석, 마지못해 교회의 문화적 테두리에서 맴도는 우리는 내적인 어떠한 경건을 체험하지 않는다면, 그리스도인이라고 부를 수 있을까. 세계 속에 계신 하나님은 우리가 감지하고 느껴야 하는 존재이기 때문이다. 이런 이유에서 슐라이어마허의 신학은 당시에 유행하던 초자연주의를 싫어하고 비판한다. 이 세상 위에 혹은 너머에 존재하는 하나님은 우리의 신앙과는 아무런 연관이 없고 또한 무의미하다. 슐라이어마허가 『종교론』에서 이렇게 적고 있다. "신앙은 관념을 형성하는 동안 보편을 부정한다."[22] 말하자면, 하나님은 인간의 내면에서 경험되어지는 존재로, 그리고 신비한 계시의 사건을 느끼는 존재라는 것이다. 만일 우리가 이런 마음을 느끼지 못한다면, 우리의 신앙은 그가 말하듯이, "조용한 헌신적 기쁨과 향유"는 사라지고 말 것이다.[23]

이처럼 신학은 강조의 정도에 따라서 신학의 성격을 규정하는 경우가 흔히 있는데, 자유주의 신학이 바로 그러한 경우다. 자유주의 신학은 신의 초월성(divine transcendence)보다는 신의 내재성(divine immanence)을 강조한다. 만일 우리가 신의 초월성을 강조하면, 신의 내면성은 상대적으로 제한된다. 신의 내면성은 인간의 사유와 경험에 관심을 갖는 의미다. 이런 이유에서 자유주의 신학은 신앙의 내면적인 요소로서 신의 내재성에 관심을 갖기 시작하였다. 원래 그렇지 않은가. 신앙은 인간의 실존적인 경험에서 출발하는 내면적인 종교여야 하며, 신의 본질도 이러한 내면에서만 인식되어야 한다. 그렇게 본다면, 신학은 내면의 세계를 적절히 표현할 수 있게 된다. 슐라이어마허는 내면에서 표출되는 신앙의 느낌을 다음과 같이 아름답게 표현하고 있다.

> 종교는 내면으로부터 생겨나야 한다. 신적인 삶은 연하고 섬세한 식물과 같아서, 그 꽃은 에워싸인 꽃봉오리 안에서 결실을 한다. 여러분이 말려서 보존할 수 있는 거룩한 직관과 감정은 저 비밀스런 행위를 좇아 열리지만 금방 다시금 떨어져 버리는 아름다운 꽃받침과 꽃부리이다. 내적인 삶의 충만으로부터 늘 다시금 새롭게 충동되는 것이 직관과 감정인 것이다.[24]

인간의 직관적 자의식에 의해 이해된 하나님이 신앙의 의미를 한층 깊게 하고 풍부하게 하는 것은 사실임에도 불구하고, 여전히 슐라이어마허의 하나님은 자의식에서 규정되는 존재이기에 하나님의 주관적인 모습에서 초월할 수 없을 것 같다는 생각이 든다. 그의 『기독교 신앙』에서 언급한 내용은 매우 주관적인 자의식에서 규정된 하나님을 표현하고 있는 것처럼 보이는데, 슐라이어마허는 다음과 같이 표현하고 있다.

> 경건한 감정 속에 있는 함께 규정하는 존재, 즉 최고 존재인 하나님이 외적인 방식으로 항상 주어져 있지 않으며 주어질 수도 없고 오로지 내적으로만 존재한다면, 그것이 어떻게 한 순간에는 주어질 수 있고 다른 순간에는 그럴 수 없는지 파악될 수 없다. 왜냐하면 한 순간에는 일어나다가 다른 순간에는

일어나지 않는 특정한 개별 작용을 통해서는 최고 존재가 우리에게 현존할 수 없기 때문이다. 그 이유는 내적이고 시간적인 모든 작용도 시간적인 원인으로 환원되어야 하기 때문이다. 오히려 최고 존재는 선천적으로 간주되어야 하며 항상 함께 숨 쉬는 것으로 간주되어야 한다.25)

위의 표현을 미루어 짐작하건데, 감각적 자의식에 의해서 규정되지도 체험되지도 않는 하나님은 우리가 인식할 수 없는 하나님이라고 말할 수 있다. 그리고 그렇게 말하는 것이 틀린 말은 아니다. 하지만 자의식에서 파악된 하나님을 우리가 믿는 최고 존재자이신 하나님이고, 기독교 유신론의 하나님이라고 말하는 것은 또 다른 의미일 수 있다. 따라서 우리는 임마누엘 칸트가 언급한 선험적으로 존재하는 신이 자의식에 의해서 규정된다는 것 자체가 어쩌면 문제를 야기할 수 있지 않을까 싶다.

## 영성이란 세계의 모든 것을 사랑하는 감정이다

자유주의 신학은 미래의 낙관주의라는 시대적 환경에 의해서 영향을 받은 것 같다. 시대적 영향은 피하기 어려운 상황이고, 그것이 신학의 한 사조에 지대한 흐름을 주도한다. 자유주의 신학은 매우 낭만적이고 합리적인 전통과 더불어 성장했다. 흔히 그 시대의 분위기가 신학의 분위기를 결정하듯이, 낭만적인 시대의 분위기는 자유주의 신학을 지나치게 흥분하게 만들었다. 미래가 열려 있을 뿐만 아니라 미래의 약속을 모두 보장받은 것처럼 낙관적인 분위기는 사람들의 의식 속에 자리하고 있었던 것 같다. 말하자면 그 시대의 사람들은 인간과 마찬가지로 미래가 밝아 보였고 그러한 방향으로 현재에서 미래로 흘러가리라고 예상했다. 러브조이는 이렇게 말했다. 그 시대는 "논리적으로 적합한 세계"다.26)

어느 시대이든 동시대는 시대의 세계관에 의해서 결정된다. 그렇다면, 우리는 낭만주의 시대가 인식론의 세계관에서 어떤 사회보다 안정되고 체계적인 세계, 즉 논리적인 세계라는 것을 부정하기기가 어렵다. 아무리 훌륭한 세계를 천명해도, 한 시대의 세계관을 허무는 것은 쉬운 법이다. 그 방식은 다름 아닌 세계전쟁이다. 전쟁은 인간의 낙관적인 사유를 파괴했다. 질서로 약속받았던 합리주의 사회는 더 이상 약속의 나라가 아니었다. 따라서 낭만적인 사유는 시대의 평화를 유지하기 전까지만 유효했다. 전쟁은 세계를 파멸로 이끄는 것뿐만 아니라 동시대의 세계에 대한 사유를 파멸시키고 말았다. 세계 제1차 대전이라는 사건은 자유주의 신학의 낙관론을 무효화했다. 게다가 사람들은 미래에 대해 불안해하고 두려운 가운데 미래를 기대하게 되었다. 따라서 사람들은 새로운 인간의 실존적 상황으로 몰아가는 하나의 신학에 대한 희망을 포기해야만 했다.

그러면 낙관주의적 견해에서 슐라이어마허가 추구한 것은 뭘까. 그것은 다름 아닌 세계를 아름답게 느끼려는 것이다. 이 아름다움의 세계를 느끼는 것은 인간의 감정에서만 가능하다. 그에 의하면 감정이란 인간의 경험의 토대를 이루고 있으며 정신의 고유한 행위다. 우리가 알듯이, 인간에 대한 믿음은 자유주의 신학을 형성한 가장 중요한 주제였다. 즉 인간의 경험은 아래로부터의 온 신학을 형성한 자료로 활용되었다. 구체적으로 말하자면, 경험은 하나님을 구성하고 세계를 이해하는 하나의 창이자 자원이다. 특히 낭만주의의 영향을 받은 슐라이어마허는 하나님에 대한 인간의 감정을 강조했고, 이 감정에서 영성을 이해하는 방식이었다. 베를린대학 신학부의 초대학장이었던 슐라이어마허는 자신의 『독백록』에서 이렇게 표현했다. "모든 사람은 하나하나가 그 나름대로 독특한 요소의 결합으로 인간성을 예증할 수 있도록 인간성은 모든 점에서 표현되도록 해야 하며 그리고 무한한 충만 속에서 그 자궁으로부터 나올 수 있는 모든 것은 실재하게 된다는 것이 내게는 명백해졌다."[27] 구체적으로 그가 말하는 인간성은 내면의 정서적 느낌이며 그 느낌은 기쁨이자 축제다. 여기에서 하나님으로부터의 인간을 이해하는 세계가 아니라 인간에서부터 하나님을 이해하는 세계다. 그런 이유에서 인간성을 말살하려는 일은 매우 위험하고도 잔인하다. 신학에 대한 슐라이어마허의 공헌은 바로 여기에서 빛을 발산한다. 그가 시도한 것은 세계와 그 세계 가운데 있는 모든 존재들이 아름답다는 것을 느끼게 하는 것이다. 그 세계의 모든 존재들은 하나님과 함께 사는 고결한 삶에 대한 확신에서 나온다.

1806년에 쓴 『성탄 축제』에서 슐라이어마허는 영성을 인류의 보다 높은 자기의식으로 보았다. 말하자면, 그것은 자기에서 세계를 바라보는 의식이다. 그런데 자기의식은 인식으로 이해되는 것이 아니라 감정으로 이해된다. 그런 맥락에서 슐라이어마허는 성탄을 세상을 바라보는 상징적인 기쁨의 근원이며 인간성의 완성으로 해석한다.28) 성탄의 이야기는 우리의 삶의 이야기다. 성탄의 이야기는 경건의 본질에 관한 이야기요 세계를 바라보는 우리의 이야기다. 그 이야기에서 인간은 내면의 기쁨을 경험한다. 그것이 영성이다. 영성이란 "교회에서 성스러운 불이 보존되어 있지 않으며 공허한 말과 말라비틀어진 종교의식으로 이루어진 차가운 의례"가 아니다.29) 영성은 "우리가 마음 가운데서 심연의 근거와 새롭고 맑은 생명의 한없는 힘을 의식하는 것, 우리가 이 생명의 첫

맹아에서 동시에 최고로 아름다운 개화와 그 최고의 완전을 직관하는 것이다."30) 따라서 영성이란 "축제의 본질"이다.31) 슐라이어마허가 자신의 시대를 통해서 우리에게 교훈하고자 하는 이야기는 다름 아닌 세계를 사랑하고 그 안에서 작용하는 모든 존재들을 향유하는 직관의 영성이었다. 그 내면적 직관이 감정이자 경건이며, 그것이 곧 영성이다. 슐라이어마허는 『성탄 축제』 4장 "성탄의 의미"에서 이렇게 글을 맺고 있다.

> 오늘 나에게는 모든 사람이 어린이이며 그래서 이들이 너무나 사랑스러워요. 진지한 주름살이 펴지며, 셈과 염려가 이마에 아무 흔적도 남기지 않으며, 눈은 살아서 빛납니다. 이것은 모든 사람 가운데 현존하는 아름다움과 우아함에 대한 예감입니다…. 나는 기쁘고 즐거운 눈으로 모든 것을 바라보며 깊은 상처까지 살핍니다. 그리스도가 교회 이외에 신부를 갖지 않았으며 친구 이외에 아이들을 갖지 않았고 성전과 세상 이외에 집을 갖지 않았음에도 하늘의 사랑과 기쁨으로 가득 찬 가슴을 가졌던 것 같이, 나는 이것들을 추구하기 위해 태어난 것 같아요.
> 나는 밤새껏 여러 곳을 돌아다니면서 모든 사소한 일과 놀이에 진심으로 참여했으며 모든 것을 사랑했고 모든 것에 호의를 보였어요. 이것은 내가 세상을 애무한 긴 입맞춤이었어요. 이제 나의 기쁨은 여

러분과 함께 하는 마지막 입맞춤이어야 합니다.32)

# 신정통주의 신학

한 세대는 가고 한 세대는 오듯이 어떤 신학도 영원한 권좌를 유지하지 못한다. 슐라이어마허와 그 시대의 자유주의는 동시대에 나름의 효력을 지녔지만, 다음 세대의 신학에게 끝내 권좌를 내어주었다. 자유주의 신학은 인간미가 넘치고 해석의 다양한 풍경들과 함께 신정통주의 신학자들에게 신학적 유산과 자료를 넘겨주면서 산뒷자락에 걸린 저녁노을처럼 쓸쓸히 퇴장하고 말았다. 많은 신학자들은 과거의 유산을 현재에 재현하긴 하지만, 더 이상 찬란한 신학으로서의 효력을 믿지 않았다.

신정통주의 신학은 자유주의 신학을 일종의 위기로 진단한다. 불로냐대학의 기호학 교수 움베르토 에코의 표현처럼, 어느 학문이든 자신의 정당성을 주장하기 위해서는 기존의 것을 위기로 단죄하는 법이다. 여기서 위기라 함은 "병의 위험"을 알린다. 이 병은 신학의 본래 목적인 하나님과 하나님의 말씀을 소홀히 여기고, 인간의 능력을 낙관적으로 여기면서 발생한 질병이었다. 자유주의 신학에서는 하나님의 말씀이 인간의 사유를 결정하는 것이 아니라, 오히려 인간의 사유가 신학을 만들어내었기 때문이다. 그러다 보니, 자유주의 신학이 자연스럽게 주관적이고도 자의적일 수밖에 없다는 혹독한 비판으로 인해 서서히 몰락해 가고 있었다. 즉 하나님의 말씀이 인간적인 사고에 의해서 생명의 말씀으로 효력을 발휘하지 못했다는 것이다. 시대의 신학은 칼 바르트, 에밀 브루너 그리고 루돌프 볼트만과 같은 신학자들을 통해서 새 술은 새 부대에 담아야 한다는 목소리를 높였다. 그들의 신학적 연구가 이른바 '신정통주의'(neoorthodox)라는 신학을 신학적 무대에 등단시켰다. 우리는 칼 바르트의 신학을 선택적으로 살펴보면서 동시대의 신학적 풍경을 엿보고자 한다.

## 하나님의 말씀에 순종한 신학자, 칼 바르트

칼 바르트(Karl Barth, 1886~1968)는 자유주의 신학에 대한 비평을 통해서 자신의 신학을 정립한다. 그는 1886년 스위스 바젤에서 태어났다. 베른, 베를린, 튀빙겐, 마르부르크대학에서 신학을 공부한 후에 스위스 개혁교회의 목사가 되었다. 그의 학문적 배경은 자유주의 신학의 영향을 직접적으로 받았다. 바르트는 스위스의 작은 공업도시인 자펜빌(Safenwil)에서 목회를 시작했다. 그는 젊었다. 젊음이란 패기와 열정을 무기로 한다. 젊다는 것은 무서울 게 없는 용감 그 자체였을 것이다. 그런데 그가 용감하고 패기 넘치는 열정은 젊음에서 왔다기보다는 하나님의 말씀에 대한 확신에서 왔다. 하나님의 말씀에 대한 바르트의 사랑은 하나님의 주권을 강조하지 않았던 기존의 신학적 사유에 불만을 가지고 있었다. 자펜빌에서 목회를 하는 동안 바르트는 『로마서 강해』(The Epistle to the Romans)를 집필했고, 이 책은 1919년에 출판되었다. 장로회신학대학의 교수인 김명용이 적절히 지적하듯이, "바르트의 『로마서 강해』는 인간의 힘으로 세상을 이길 수 없다는 것을 전 세계에 알리는 경종을 울린 저술이었다."33) 하나님의 말씀으로 돌아가야 한다는 바르트의 생각은 일반 신앙인들로부터 큰 호응을 얻었다. 왜냐하면 신앙의 근거지인 교회는 그리스도가 기초를 이루어야 하는데, 사람의 느낌이나 경건한 감정 혹은 교회를 경건한 사회 정도로 여겼던 자유주의 신학자들의 설교에 식상함과 고루함으로 느꼈기 때문이다. 바르트는 이렇게 표현했다. "자유주의 신앙은 신앙에 앞서는 인간학의 전제 위에 있다. 여기서는 인간만이 남아 있고, 인간만이 주격이고, 그리스도는 객어가 된다."34) 특히 바르트가 염두에 둔 슐라이어마허의 신앙은 하나님의 신앙에 상대주의로 전락시켰다는 것이다.

바르트는 슐라이어마허가 1806년에 쓴 『성탄 축제』의 글을 문제 삼았다.35) 이 글은 당시 독일의 중산 계급의 크리스마스 파티의 모습이었다. 그리스도의 탄생을 축하하기 위해 함께 모인 그들이 행하는 짓거리를 알리기 위해서 바르트는 그것이 신앙의 참된 모습이 아니라 일종의 사교모임으로 전락하는 교회의 위기감을 느낀 것이다. 오늘 우리도 예수 그리스도의 탄생을 축하하는 캐럴 송과 함께 그리스도의 모습은 온데간데없고 오로지 인간의 축하와 술자리 그리고 희망찬 새해에 대한 기대감을 가진 가족과 친구들이 모여 선물을 교환하는 흥겨운 파티의 일종으로 전락하지 않았는가. 신앙의 모습이 상실된 이런 모습에서 한탄하고 맘 아파하듯이 바르트 역시 그랬을 거다. 바르트의 눈에 비친 이런 모습이야말로 세속화된 모습이었고, 비신앙적이었음에 분명했다. 개혁주의 신앙 전통에서 그가 취할 수 있는 그의 비판은 정당했다.

바르트는 베른대학교 신학부 교수이면서 보수주의자였던 아버지 프리츠 바르트(Fritz Barth)의 말씀을 거역하지 못했다. 베른대학에서 바르트를 가르친 신학자들이 자유주의 신학자들이었음에도 불구하고 그가 자유주의를 비판한 것은 자유주의 신학의 문제라기보다는 자신의 전통을 더욱 소중히 여겼기 때문이었으리라. 한때는 할레대학과 같은 보수주의적 성향의 신학에서 배우기를 원했던 아버지의 뜻을 거역하고 베른대학에서 자유주의 신학을 배울 정도로 패기가 있었다. 그는 1906년 당대의 내놓으라 하는 카프탄, 궁켈, 하르낙과 같은 저명한 교수들 밑에서 공부했다. 하지만 아버지의 뜻을 더 이상 거절하지 못하고 튀빙겐대학의 보수주의 신학자 슐라터로부터 가르침을 받았다. 그럼에도 그는 늘 자유주의를 신봉했다. 누굴 원망하겠는가. 한번 배운 신학이 그리 쉽게 바뀌겠는가. 만일 바르트가 강단의 신학자로 소명을 받았다면, 그의 신학이 바뀌었을까. 그럴 가능성은 희박하다. 그가 강단의 신학자로 부름을 받은 것이 아니라 그가 목양의 목회자로 부름을 받았기에 그가 새로운 형태의 신학을 필요로 했던 것 같다. 그는 목회자로서 부담을 가진 것이 설교였다. 신학이란 연구하면 될 일이지만, 목회란 다양한 사람들, 그들의 고민과 번민, 노동에 지친 그들의 모습에서 목회의 일이 장난이 아니란 걸 깨닫게 되었다. 누가 이걸 가르쳐 줄 수 있었겠는가. 이른 새벽에 누군가로부터 전화를 받는다면, 교인들 중 누군가가 어려운 일을 당했을 것이라는 가슴 철렁한 생각에 수화기를 드는 목회자의 심정을 어느 신학자가 이해할 수 있을까. 교통사고로 실려 가는 성도들의 맘 아파하는 그 모습에 잠을 설치고 병원으로 뛰어가는 목회자의 삶을 누가 이해할 수 있을까. 교인들도 목회자로부터 위안이 필요하지만 목회자 자신도 위안이 필요하지 않았을까. 그 위안은 어디서 오는 걸까. 인간의 경험, 알고 보면 그게 별거 아니란 것을 깨닫게 되면서, 바르트는 이 모든 것의 위안과 해결은 다름 아닌 하나님의 말씀에서 온다는 사실을 깨달았다. 이것이 그에게 너무나 소중하였다. 마치 코페르니쿠스의 과학혁명과도 비견되었을지 모른다. 누가 우릴 위로해 주겠는가. 하나님 외에는 누구도 없지 않을까. 그렇다. 하나님이 우릴 위로해 주신다. 하나님이 우리의 치유자다. 하나님의 말씀이 우리에게 풍랑의 선박으로 우리로 평안의 항해를 약속해 주고 안심시켜 준다. "여호와는 나의 목자시니 내게 부족함이 없으리로다. 그가 나를 푸른 초장에 누이시며 쉴만한 물가로 나를 인도하시는도다." 그렇다. 병동에서, 사회에서, 탄광의 노동 현장에서 우리를 위로하시는 분은 하나님이시다. 그가 우리의 위로자다. 그분의 말씀이 힘이고 희망의 원천이다.

1913년에 바르트는 바이올린 연주자였던 넬리 호프만(Nelly Hoffmann)과 결혼했고, 프란치스카라는 딸과 마르쿠스, 크리스토프, 마티아스, 한스 야콥이라는 네 명의 아들을 두었다. 이 중 셋째 아들 마티아스는 1941년 6월에 등산 중에 추락사하였고, 맏아들 마르쿠스는 신학을 공부한 신학도로서 아버지의 저술에 영향을 미치기도 했다고 한다. 바르트의 모차르트 사랑은 많이 알려진 이야기다. 그는 단순한 음악애호가 정도가 아니라 신학적 차원에서 음악을 사랑하고 연구할 정도였다. 그가 모차르트 음악을 사랑한 이유는 모차르트 음악에서 하나님의 사랑과 은총을 더 깊이 느낄 수 있기 때문이었다. 모차르트의 음악에 대한 사랑과 더불어 바르트는 칼빈의 신학을 사랑했다고 한다. 하나님의 영광을 위한 신학을 모토로 삼은 칼빈은 분명히 바르트의 가슴 속에 살아 있었다.

바르트는 괴팅겐대학, 뮌스터대학, 본대학의 신학교수가 되었다. 아돌프 히틀러의 통치가 시작되면서 교회들의 박해와 힘든 시기는 예상되었다. 고백교회의 핵심적인 지도자였던 바르트는 히틀러의 독재에 항거하려고 결심하였다. 히틀러의 독재는 교회 내의 추종세력을 통해서 이른바 '기독교 연맹'을 결성하고 히틀러에 대한 충성을 맹세하고, 수장으로서는 루트비히 뮐러가 임명되었다. 기독교 연맹은 히틀러의 신격화하기 위해 소위 영도자에 대한 신학적 근거를 수립하여야 한다는 주장과 다른 하나는 교회가 국가를 위해 존재하여야 한다는 주장을 내세웠다. 이에 대항하는 신학 성명서로서 바르트는 1934년에 "바르멘 선언"(Barmen Declaration)의 초안을 잡았다. 이 초안을 토대로 니이묄러(Niemoller) 등이 포함된 위원들의 수정을 거쳐서 공포된 것이다. 바르멘 선언은 개혁주의 교회, 루터주의 교회, 유니온 교회에서 126명의 대표와 18개의 지방교회에서 모였다. 그들은 교회가 설교의 원천으로 하나님의 말씀 밖에 또는 그것과 평행해서 다른 사건이나 인물들이나 그리고 진리를 하나님의 계시처럼 인정하는 일은 거짓이라고 선언했다. 다음 해인 1935년 바르트는 히틀러 정권에 의해 본대학 교수직을 잃었다. 직접적인 이유는 분명했다. 바르트는 교수들이 강의할 때에 나치식 경례를 하고 시작해야 한다는 명령을 거부했기 때문이다. 이 일로 바르트는 스위스로 돌아가 1962년 은퇴할 때까지 바젤대학의 교수로 있었다. 이 시기에 20세기의 "신학대전"이라 불리는 『교회 교의학』의 대부분을 집필했다. 바르트의 생애에 하나의 오점은 그가 공산주의를 비판하지 않은 것이었다. 1945년 이후 세계는 동서간의 냉전이 본격화되기 시작했는데 민주주의와 사회주의 국가로 양분된 세계는 자본주의와 반공 이데올로기의 공산주의 체제로 드러났다. 이 시기에 바르트는 독일의 사회주의 국가를 극렬하게 비판한 것처럼 공산주의를 비판하지 않았다는 비난을 받았다. 구체적으로 말하자면, 1956년 10월 23일에 일어난 "헝가리 혁명사건"에 대해 바르트는 침묵했다. 이 사건은 소련 탱크가 헝가리를 짓밟고, 청년들을 탱크로 깔아 죽인 사건이었다. 미국의 신학자 니버는 이 사건에 침묵하는 바르트를 공개적으로 비판했고, 그로 인해 바르트는 조국 스위스에서 인기가 떨어졌다. 비록 그가 냉전체제 자체를 하나의 악으로 여겼다고 할지라도, 자유를 억압하는 공산주의 체제에 대한 그의 침묵은 분명 비난을 받을 만하다.

1962년에 은퇴한 바르트는 미국과 바티칸을 방문하면서 20세기의 신학자의 명성을 확인하게 만들었다. 미국의 방문은 그의 맏아들 마르쿠스가 미국에 있었기 때문에 이루어진 일이었다. 미국을 약 7주간 방문을 하면서 바르트는 종교학자 엘리아드, 부흥사 빌리 그래함, 웨스트민스터 신학교의 반틸, 예일대학의 니버 등을 만났다. 미국 방문을 그는 한마디로 표현했는데, "환상적이었다"는 것이다. 그가 강연하는 곳에는 수많은 사람들이 몰려들었고, 그의 강연은 하나님의 말씀의 중요성을 인식하게 만들면서 복음주의 신학이 무엇인지를 풍경화할 수 있는 계기였다. 그는 1968년 12월 8일에 82세의 일기로 이 세상을 떠났다. 그가 세상을 떠난 5일 뒤 그는 휘른리 묘지에 안장되었는데, 그에 대한 추모사가 있는 동안 모차르트의 플루트 콘체르트 제1악장이 연주되었다고 한다. 세상을 떠나기 전 바르트는 한 음악 프로그램인 "초대 손님을 위한 음악"에서 이렇게 말했다고 전해진다. "내가 신학자로서 하고 싶은 마지막 말은 '은혜'라는 말이 아니라 '예수 그리스도'라는 이름입니다. 예수 그리스도는 은혜요, 그분이 세계와 교회와 신학을 넘어서는 마지막 말입니다."[36]

## 인간에 대한 믿음은 하나님 신앙의 상실이다

바르트는 20세기 초에 자유주의 신학을 대표하는 신학자들로부터 신학을 공부하고 영향을 받았다. 하지만 제1차 세계대전이 진행되는 동안 자유주의 신학의 가르침에 의문을 갖기 시작했다. 전쟁의 공포와 두려움은 인간의 진보와 완전성에 대한 낙관주의적 견해에 의문을 제기하게 만들었기 때문이다. 특히 바르트는 1914년 8월 자신의 스승들 대부분이 독재자의 전쟁 정책을 지지하는 서명에 동참하는 것을 보고 큰 충격을 받았다. "적어도 나에게 19세기 신학은 이제 아무런 미래가 없었다." 그는 자유주의 신학이 더 이상 밝은 미래를 위한 신학이 아니라 권력에 아첨하는 신학이라고 여겼다. 인간에 대한 연구와 인간에 대한 신앙은 하나님을 상실시키고 하나님보다 인간을 치켜세운다는 확신을 한 바르트는 그의 『로마서 강해』에서 다음과 같이 표현하고 있다. "배가 좌초될 것 같았다. 배의 키를 정확히 180도 돌려야 하는 순간이 다가 온 것이다."[37] 그가 키를 정반대로 돌리고자 했던 신학은 인간의 신학이 아니라 하나님의 신학이었다. 하나님의 신학은 신학의 본래의 임무이며, 그것은 하나님의 말씀에 토대를 둔 신학이었다. 신학은 "위로부터의 신학 방법론"이어야 한다. "위로부터"란 용어는 '아래로부터'의 용어와 대비된다. 이 방법은 인간의 경험에서 출발하지 않고, 하나님의 계시에서 출발한다. 우리가 알듯이, 하나님의 계시는 기독교 신학의 가장 중요한 주제어다. 하나님의 계시를 떠나서는 무의미하다. 따라서 신정통주의 신학은 하나님의 계시를 하나님의 말씀에서 찾으려고 한다. 왜냐하면 계시는 기록된 하나님의 말씀이기 때문이다. 이것은 분명히 자유주의 신학의 잘못된 흐름을 바로잡으려는 의도가 숨어 있다.

이 '위로부터의 신학 방법론'에서 신정통주의 신학은 하나님을 소멸시키지 않는다. 하나님은 신학의 중심주제이며 그리고 초월적 존재다. 하나님의 초월성은 바르트가 자유주의 신학의 영향을 통해서 너무 인간적이고도 인본주의적인 성향으로 신학적 작업을 해온 것에 대한 부정이었다. 하나님의 초월성을 부정하는 인본주의 신학은 신학의 방법을 기독교 계시에 근거를 두지 않고 인간의 이성에 근거를 둔다. 성경의 계시만을 신학의 근거로 삼는 신정통주의 신학은 인본주의의 성향을 극복하려고 노력함으로써, 신학의 본래적인 의미가 인간에 대한 학문이 아니라 하나님의 대한 학문으로 다시 되돌아가려는 운동이었음을 재천명하는 것이었다. 칼 바르트는 그의 『로마서 강해』에서 다음과 같이 말하고 있다.

> 하나님은 대답이시오 도움이시며 심판자이시며 구속자이시지, 동방 세계의 사람도 서방 세계의 사람도 아니요 독일 사람도 아니고 성서적 인물도 아니며 경건한 자도 영웅도, 지혜로운 자도 기다리는 자도 아니며 영향력 있는 자도 초인도 아니고, 하나님 홀로 하나님 자신이라고 하는 것이다!38)

하나님은 인간이 아니다. 하나님은 전적 타자이다. 하나님은 하나님이시고, 인간은 인간이다. 하나님은 무한하시고 인간은 유한하다. 김명용이 적고 있듯이, 이 전적 타자는 "세상이나 역사나 문화 속에 신성이 존재하고 이 신성이 세상과 역사와 문화를 발전시킨다는 19세기의 자유주의 신학의 대명제를 부수는 망치였다."39) 따라서 인간을 신성화한 자유주의 신학은 더 이상 하나님의 자리를 대신하지 못했다. 즉 하나님은 인간이 생각할 수 없는 다른 타자이며, 그것이 그의 전적 타자이다. 전적 타자란 현존하는 세상과는 다른 분이시고, 세상을 근본적으로 새롭게 변화시키는 존재이시다. 현존하는 지금의 질서는 하나님에 의해서 새롭게 변화된다. 그런 면에서 하나님은 우리의 희망이다. 이 하나님의 부재는 세계의 위기다. 하나님의 죽음은 세계의 두려움이자 절망이다. 하나님은 절대적으로 우리의 희망이시기 때문이다. 인간은 그의 피조물이다. 죄성을 가진 인간은 세계를 파멸로 이끌 수 있을 뿐만 아니라 인간의 미래를 낙관적이게 하지 못한다. 인간의 개인적인 노력은 세계를 변화시킬 수 없다. 오로지 하나님만이 하실 수 있다. 하나님이 없이는 어떠한 승리도 미래의 희망도 가져다주지 못한다. 예수 그리스도를 죽음에서 부활하게 한 하나님의 능력은 세계 속에 새 하늘과 새 땅을 가져다주는 보장된 약속이다. 그것이 바르트가 세상에 대해 하고자 하는 메시지다. 그러므로 우리는 초월해 계시는 전적 타자이신 하나님을 신뢰하여야 하고, 인간을 신뢰해서는 안 된다는 것이다.

## 신학에 의해 훼손된 하나님의 말씀을 인정하라

바르트의 신학은 하나님의 말씀 신학이다. 이것은 누구도 의심할 수 없는 사실이다. 그의 『로마서 강해』는 자유주의 신학에 의해서 크게 훼손된 성서의 권위를 회복하려는 작품이다. 그의 사유는 간명하게 전개된다. 성서를 하나님의 말씀으로 인정하라는 것이다. 하나님의 학문으로서 신학을 정립하기 위해 바르트는 성경의 권위를 회복한다. 이것은 취리히대학의 교수였던 에밀 부룬너가 표현한 것처럼, 성경이란 일종의 규범을 넘어 "존재의 근거다."[40] 신정통주의의 신학은 종교 개혁의 전통에서 성경의 권위를 인정하려는 운동의 연속으로 해석되어야 한다. 비록 이들의 해석학적 상황이 다르지만 사물의 기준, 판단, 그리고 규범은 절대적으로 성경에 근거되었다.

바르트는 하나님의 말씀을 세 가지 의미로 사용한다. 첫째, 하나님의 말씀은 계시된 말씀이다. 계시된 말씀은 예수 그리스도다. 성육신하신 예수 그리스도는 하나님의 계시로서 하나님의 말씀이다. 그런데 이 하나님의 말씀은 이스라엘 역사가 예수 그리스도의 역사에 관계하면서, 그리고 예수 그리스도의 역사가 이스라엘의 역사에 관계를 맺음으로써 말씀된 말씀이 된다. 간단히 말해, 계시된 하나님의 말씀은 역사적 예수 그리스도다. 역사적 예수 그리스도는 하나님의 자기 계시이자 자기 현현이다. 그런데 바르트는 요한복음 3장 34-35절을 인용함으로서 계시된 말씀이 스스로 하나님의 말씀이 되신다는 것을 강조한다. "하나님이 보내신 자는 하나님의 말씀을 말한다. 그것은 하나님이 한량없이 성령을 주시기 때문이다. 아버지는 아들을 사랑하시어 모든 것을 그의 손에 맡기셨다. 아들을 믿는 사람들은 영원한 생명을 가지며, 아들에게 순종하지 않는 사람은 생명을 보지 못할 뿐 아니라 하나님의 분노가 그에게 있을 것이다."[41] 이런 이유에서 우리는 볼 수 없고 초월된 하나님의 존재를 이 역사적 예수 그리스도를 통해서 하나님을 인식하고 인간과 세상을 화해한 하나님의 신비한 의미를 이해하게 된다.[42] 그가 전하고자 하는 단 한마디는 이것이다. "예수 그리스도는 하나님의 계시다."

둘째, 성경은 기록된 하나님의 말씀이다. 비록 성경이 계시의 원초적 형태는 아니지만, 하나님의 계시에 대한 증언들을 포함하고 있다. 하나님은 기록된 말씀을 통하여 지금 여기에서 다시 말씀하신다. 바르트는 이렇게 말한다. "성경은 하나님이 그것을 그의 말씀되게 하시는 한 그리고 하나님이 이 성경을 통하여 말씀하시는 한 하나님의 말씀이다."[43] 우리는 그 분의 말씀을 들어야 한다. 하나님의 말씀은 신학과 신학자의 말씀이 아니며, 교황의 가르침도 아니다. 이것은 분명히 자유주의자들에 대한 비판의 측면을 암시하고 있는 듯하다. 자유주의 신학은 그리스도인들이 성경을 해석하고 이해하는 기준이었다. 왜냐하면 인간이 중요한 존재의 근거였기 때문이다. 하지만 신정통주의 신학은 정반대의 입장에서 신학적 정당성을 제공한다. 말하자면 성경이 없다면 그리스도인은 존재하지 않는다고 말함으로써 기독교 신앙의 질서를 바로 잡으려고 했던 것 같다.

셋째, 교회의 설교가 하나님의 말씀이다. 바르트는 설교를 이른바 케리그마, 즉 선포된 하나님의 말씀이라고 부른다. 이것은 "선포가 현실적인 선포로 되는 그 사건 자체이다."[44] 무엇보다도 바르트는 자신의 신학을 전개하면서 가장 중요한 문제를 강단 메시지의 방식이 아니라 강단 메시지의 내용이었다. 다시 말하자면, "어떻게 설교할 것인가 하는 문제가 아니라 무엇을 설교할 것인가"의 문제가 바로 그가 고민한 부분이었다. 자신의 스승들로부터 받은 자유주의 전통과 유산에서 이러한 것을 찾지 못하고 성서로 다시 돌아가야 한다는 강력하고도 열망적인 마음을 가지고 바르트는 하나님의 말씀을 다시 읽기 시작하면서 자신의 인생에서 이전에 경험하지 못한 것을 새롭게 경험하게 된다. 이러한 경험이 강단의 변화와 신학의 변화를 만들어내게 되었다. 그의 새로운 경험은 고백적 설교에서 반영되었는데, "하나님을 찾으라, 그러면 산다." 이것은 그의 피조물인 인간에 대한 하나님의 사랑이 성서에 쓰였다는 고백적 설교이다. 그의 말을 인용해 보면, "성서는 하나님에 대한 인간의 사고가 아니며 또한 인간들에 대한 인간의 사고도 아니다. 오히려 성경은 인간들에 대한 하나님의 사고이다. 성서는 우리가 하나님에 대하여 무엇을 말할 것인가를 가르치는 책이 아니라, 하나님이 인간인 우리에게 무엇을 말하는가를 가르치는 책이다." 이런 이유에서 바르트의 신정통주의 신학은 흔히 "신칼빈주의 신학"이나 "칼빈주의의 재현"이라고 말한다. 왜냐하면 하나님의 영광과 성경의 권위에 모든 것이 절대적으로 복종되어야 하기 때문이다.

바르트의 신학은 한마디로 말씀의 신학이다. 그런데 바르트의 신학에서 하나님의 말씀이 중요한 근본적인 이유는 하나님이 말씀해 오시기 때문이다. "하나님이 말씀해 오신다"는 것은 서술적인 물체나 어떤 이념도 아니며, 그렇다고 그것을 한 사물관계로 보는 것도 아니다. 정의될 수 있는 어떤 개념은 더욱 아니다. 그것은 우리에게 말씀해 오시는 하나님을 의미한다. 그가 말하듯이, "하나님은 언제나 가장 구체적인 것을 말씀해 오신다."[45) 말씀해 오시는 하나님은 인격적으로 말씀해 오시고, 목적을 가지고 말씀해 오시며, 그리고 영성으로 말씀해 오신다.[46) 만일 우리가 말씀해 오시는 하나님을 인정한다면, 우리는 그분의 절대주권과 통치를 받아들이게 된다. 이런 이유에서 하나님의 말씀은 "단순히 말이 아니라 말건넴이다."[47) 다시 말하면, 하나님의 말씀은 선포됨으로써 하나님의 말씀으로 전달된다. 선포된 하나님의 말씀은 설교로 표현된다. 설교는 하나님의 말씀의 한 형태다. 설교는 바르트에게 매우 중요한 의미를 갖는다. 그는 이렇게 말하고 있다. "교회에서 발견되는 하나님에 관한 언어는 선포인데, 이 선포는 설교와 성례전의 형태로 인간에게 주어진다. 그런데, 이 교회의 선포는 자기에게 주어진 위탁에 따라 인간에게 신앙으로 들려질 하나님의 말씀을 말해야 할 것을 주장하며 그것을 기대하고 있다."[48)

## 하나님을 하나님으로 인정하라

칼 바르트는 인간과 하나님의 관계를 뚜렷이 구분한다. 인간은 하나님이 아니며, 하나님은 인간이 아니다. 인간은 매순간 "삶으로부터 죽음으로 향하는 좁은 문을 통해 생명을 향하여 들어가야 하는 필연성과 가능성"을 지닌 존재다.[49] 인간은 "가파른 비탈의 극한 변두리에 있는 풀과 같고 아무것도 자라지 않은 산등성 위에 있는 존재다."[50] 인간은 연약하고 왜소하며 땅으로부터 전혀 보이지 않는 존재다. 인간은 온갖 바람과 뇌우 앞에서도 두렵고 떨리는 무방비 상태의 존재며, 아무것도 없이 시들어 버리는 그야말로 보잘 것 없고 나약한 존재에 불과하다. 그럼에도 불구하고 하나님은 믿음에 의해서 이 같은 인간을 의롭다고 하신다. 바르트의 표현을 빌리자면, "하나님께서는 우리 앞에서 자신을 의롭다 하시며 바로 그렇게 하심으로써 그는 우리를… 자신 앞에서 의롭게 하신다."[51] 하나님 앞에서 죄인인 우리를 의롭다하신 것을 우리는 하나님의 은혜라고 부른다. 죄가 큰 곳에 은혜가 넘친다. 루터가 말하듯이, "은혜는 죄에 반하고 그 죄를 집어 삼킨다." 은혜는 죄를 아예 그것의 뿌리 채 공격한다. 은혜는 현재 있는 그대로의 바로 이 인간들과 같은 우리 자신들을 문제 삼는다. 은혜는 그러한 사람들과 같은 우리로부터 의인으로 인정하시는 분이 하나님을 인정하고 긍정하는 길을 예비한 것이다. 바르트는 이렇게 표현한다. "예정 받은 인간은 하나님의 선택 안에서, 선택과 함께 인정이나 확증을 받는 것이 아니라, 오직 은혜로 말미암은 칭의, 용서를 받는 인간이며, 하나님이 기뻐하고 환영하는 그의 삶의 상태를 조건에서 된 것이 아니라, 하나님에게 합당하지 않은, 하나님에 거스르는 삶의 상태가 하나님에 의해 가려지고 뒤바뀌고 새로워짐으로써, 하나님의 선택 대상이 되는 인간이다."[52] 얼마나 아름다운가. 하나님의 기준이나 척도에서 용서나 칭의를 받은 것이 아니라 오직 은혜로 된 것이라고 말하지 않는가. 그러므로 우리는 우리 자신이 유한한 존재라는 것을 고백하여야 한다. 그러한 행위가 바로 하나님을 긍정하는 행위다.

인간 유한성에 대한 의식은 시대적 환경과 더불어 싹텄다. 19세기와 20세기 초의 낭만주의는 인간에게 무한한 신뢰를 보냈다. 말하자면 당시의 정황은 인간에 대한 낙관주의가 팽배해 있었다. 인간은 모든 것을 할 수 있고 인간은 가능성이나 잠재성 그 자체였다. 그리고 인간은 만물의 척도가 되는 그러한 시기였다. 그러다 보니, 인간의 권위, 혹은 인간의 존엄성이 신적 계시와 신적 초월성보다 더 우선적이었다. 스위스 개혁주의 신학자 에밀 부룬너가 적절히 말하듯이, "인간은 그가 하나님의 피조물이기 때문에 그 자신이 신일 수 없다. 인간은 가장 깊은 근거에서 죄인이기 때문에 가장 깊은 근거에서 신적일 수가 없다."53) 왜냐하면 "사람이 아무리 위대하다 할지라도 그가 결코 창조자가 아닌 것은 그 어느 날인가 사람들이 그를 여섯 조각의 널빤지 궤짝 안에 집어넣고 가장 작은 방 크기도 안 되는 구멍 안에 묻어버리기 때문이다."54)

전쟁은 절망과 낙담을 안겨준다. 이렇게 팽배해 있었던 낙관주의적 사고는 1차 세계대전이라는 전쟁으로 인해 허물어지고, 인간은 자신이 얼마나 나약한 존재라는 사실을 깨닫게 된다. 결국에는 인간이란 하나님 앞에서 연약하며 또 드러난 죄의 성품과 모순을 가지고 있는 존재인가를 알게 되면서 인간은 언제나 창조주에 대해 응답하는 존재여야 한다는 사실을 의식하고 자각하기 시작했다. 신정통주의 신학의 태동은 이러한 인간의 유한성에서 발견되어지는 신앙이었기 때문에 인간은 하나님을 통치적 주권자로서 긍정하고 살아가야 할 의무라는 것이다. 분명히 전쟁의 상황은 바르트가 하나님을 다시금 생각하게 만들었다. 비교할 수 없고 이해할 수 없는 하나님은 인간의 언어로서는 도저히 표현할 수 없는 초월적 존재이자 실재다. 그분은 하늘에 계시고 우리는 이 땅에 있다. 그분과의 간격은 너무나 멀고도 깊고 그리고 넓다. 그럼에도 불구하고 이 초월의 하나님은 예수 그리스도를 통해서 자신을 계시하신다. 다시 말하지만, 예수 그리스도는 하나님의 계시다. 우리는 예수 그리스도를 통해서 하나님을 만난다. 당연하게 들릴 수 있지만, 예수 그리스도는 살아계신 하나님이시다. 바울이 고백한 것처럼, 하나님은 전도의 미련한 것으로 자신을 나타내신다. 우리는 무얼 믿는가. 그건 너무 자명하다. 예수 그리스도를 통한 하나님에 대한 믿음이 우리가 믿는 믿음이자 신앙의 근본인 것이다.

## 십자가는 하나님의 고난과 죽음이다

하나님은 그의 주권과 능력에 의해서 특징지어진다. 하나님은 이 주권과 능력에서 자신을 드러내시고 계시한다. 예수 그리스도의 부활은 하나님의 주권과 능력을 나타내는 사건이다. 이런 점에서 바르트는 예수 그리스도를 하나님의 참 모습으로 묘사한다. 이 하나님의 참된 모습이 바로 십자가의 사건에서 가장 잘 드러나고 있다. 십자가는 예수 그리스도를 통하여 인간을 구원하시려는 하나님의 마음이다. 하나님은 인간을 사랑하기 때문에 인간과 화해의 길을 원하셨다. 이 화해의 길이 예수 그리스도를 통해서 가능한 십자가의 사건인 것이다. 그러므로 바르트는 하나님의 자기 낮추심과 십자가가 하나님이 누구이신지를 나타내는 결정적인 계시라고 주장한다.

> 인간의 죄에 대항하여 예수 그리스도의 십자가에서 확립되고 그의 부활에서 선포된 하나님의 정당하심이 곧 인간의 새로운 그리고 상응하는 정당함의 초석이다. 이 하나님의 정당하심은 예수 그리스도 안에서 인간에게 약속되었고 이 분 안에 감추어져 있고 오직 이 분 안에서만 계시되는 것으로써 결코 인간의 사고나 노력이나 그 어떤 성취에 의해서도 얻어질 수 없는 것이다. 이 하나님의 정당하심은 모든 인간에게 이것을 신앙으로 적절히 인정하고, 수용하며 적용하는 것을 요구한다.55)

십자가의 사건은 하나님의 계시를 은폐하는 것이 아니라 하나님이 누구인가를 이해하게 한다. 그렇다면, 하나님은 고난을 당할 수 없는 신인가. 바르트는 헬라의 신은 고난을 당할 수 없지만, 우리의 하나님은 고난을 당하신다고 단언한다. 예수 그리스도 안에서 하나님의 고난을 발견함으로써 하나님은 예수 그리스도 안에서 저주와 죽음을 자신의 것으로 만드시고, 대신 인간에게 생명과 은총을 베푸신다. 바르트는 이렇게 말한다. "하나님께서 자기 자신의 것으로 선택하신 것은 우리가 받아야 될 고난이다."56) 하나님은 인간을 살리고 인간과의 사귐을 위해 지극히 위험한 길을 선택하셨다. 예수 그리스도로 하여금 십자가의 길을 가게 하신 이유는 인간을 향한 하나님의 극진한 사랑과 은총 때문이었다.

우리는 십자가에 열광하여야 한다. 십자가는 우리가 하나님을 찾아가는 사건이 아니며, 우리가 하나님을 갈구하여 우리의 노력으로 얻어지는 공로가 아니다. 십자가는 하나님이 인간에게 찾아온 사건이다. 인간과의 사귐을 원하여 그가 먼저 오신 것이다. 십자가의 사건은 항상 우리가 남에게 먼저 찾아가는 행동을 가르친다. 십자가는 시적인 아름다움이나 매력이 없다. 십자가는 예수 그리스도가 당한 조롱과 수치를 통해 남을 구원하고 용서한다는 깊은 의미의 사건이다. 따라서 십자가의 신앙은 남이 나에게 용서를 구하기를 바라는 신앙이 아니다. 오히려 십자가의 신앙은 내가 남에게 용서를 구하는 신앙이어야 한다. 간단히 말해, 내가 남을 용서하는 행동을 보이는 것이 십자가의 신앙이자 사건이다.

십자가에서 하나님이 보여주신 행동은 무언가. 그것은 하나님이 인간의 죄와 잘못에도 불구하고, 그가 먼저 찾아오셨다는 것을 타나내셨다. 하나님이 먼저 우리를 용서하셨다. 그가 먼저 손을 내미시면서 용서의 장을 마련하셨다. 이 십자가의 사건을 통해서 하나님은 상처를 받으셨다. 고통과 멍에를 메시고 골고다 언덕을 향해 가셨다. 그가 이렇게 하신 이유는 단 하나, 그것은 그가 우리를 사랑하시기 때문이다. 그가 먼저 사랑하셨다. 십자가를 지신 예수 그리스도는 그의 사랑을 확증했다. 그것이 그가 선택한 길이었다. 그리고 예수 그리스도는 십자가를 지신 것이 오히려 기쁨으로 받아들였다. 이 얼마나 역설적인가. 바르트는 이렇게 표현한다. "예수 그리스도는 자신이 연약하지만, 온 목소리로 기뻐하도록 선택되었다. 그의 기쁨은 하나님의 은혜의 선택에 근거하며, 하나님의 모든 창조를 통하여 모든 그의 길과 행위에 함께한다."[57] 그러므로 우리를 향한 사랑이 하나님의 참된 모습과 본성을 드러내는 절대적 계시다. 인간의 말로 형언할 수 없는 사건이 무엇일까. 그것이 바로 십자가의 의미가 아닐까 싶다.

## 나가는 말

자유주의 신학과 신정통주의 신학의 풍경은 선명성을 특징으로 한다. 날카로운 구분으로 신학의 본질을 추구한 이 두 신학들은 인간과 하나님을 신학의 목적에다 끌어 썼다. 자유주의 신학은 인간성을 신학의 목적에 적용했고, 반면에 신정통주의는 하나님을 신학의 목적에 적용했다. 하나님과 인간은 서로 의존적임에도 불구하고, 그들의 신학은 매우 선명하게 구분되었다. 자유주의 신학에서 인간의 자유는 그 행동에 있어서 소중한 권리로 이해되었다. 인간이기 때문에 그는 자유로울 수밖에 없었다. 어느 누구도 이 자유로운 행동을 반대하거나 저항할 수 없다. 인간의 자유로운 행동은 어쩌면 신성불가침의 약속과 같다. 이 인간의 자유로운 행동에 관한 사유는 자유주의 신학에 의해 강조되었다. 자유주의 신학은 인간의 자율성을 강조하고 당대의 신학이 획일적이어서 다원성을 반대하는 생각에 상당히 불쾌한 속내를 숨기지 않았다. 특히 슐라이어마허는 교회가 하는 일이 너무 획일화되어서 숨 쉴 공간이 허용되지 않았다고 여긴 듯했다. 복음주의적 전통을 회복하려는 칼 바르트가 자유주의 신학에 대한 비판적이고도 냉담한 태도에도 불구하고 그는 슐라이어마허를 "하나의 학파를 설립한 사람이 아니라 한 시대를 창조했다"고 평가했다.[58] 그것은 슐라이어마허가 현대신학의 창시자로서 걸맞은 인물로 인정받았다는 의미의 중요성을 전달한다.

그렇지만 칼 바르트는 인간종교를 연구하여 하나님을 희생시키는 슐라이어마허를 이해할 수 없었다. 인간을 추켜세우는 일은 한정적이다. 인간중심의 신학을 바꾸려는 노력은 곳곳에서 감지되었다. 바르트는 신정통주의 신학이란 인간의 학문이 아니라 하나님의 학문이라는 것을 선언했다. 그런 점에서 신학이 종교적 체험을 연구하거나 그런 방향으로 움직이는 것은 옳지 않다고 바르트는 생각했다. 그가 염두에 둔 신학이란 하나님의 말씀을 연구하는 학문이어야 한다는 것이다. 하나님의 말씀이란 인간의 말씀이 아니다. 우리의 모든 삶은 그분의 말씀에 복종하여야 한다. 신정통주의 신학에 대한 공헌은 바로 하나님의 말씀 신학이라는데 있다. 여기에서 모든 출발의 근거를 삼는 것은 우리에게 매우 중요하고도 소중하다고 보인다.

우리가 이 장을 마무리 하면서 한 가지 사실은 자유주의 신학이 기독교 신앙과는 아무 상관이 없는 걸로 오해해서는 안 된다는 것이다. 현대 기독교인들은 자유주의와 자유주의 신학이란 말을 너무 쉽게 내뱉는다. 그 내뱉은 말들 가운데 그들은 자유주의 신학을 급진적인 신학 이외에도 신앙이 없는 신학으로 오해하기 십상이기 때문이다. 하지만 신앙이란 뭔가. 하나님을 절대적으로 의존하는 것이 아닌가. 그런 점에서 슐라이어마허의 자유주의 신학은 신앙의 쏠림현상을 균형 잡으려는 신앙운동이라고 보인다. 우리가 살펴본 바로는 신앙이 없는 자유주의자는 없었다. 신학의 자유주의는 신앙을 반대하기 위한 담론이 아니라 신앙의 보다 깊은 내면을 들추기 위한 담론이었다고 보인다.

어느 신학이든 그 신학은 한계를 가지고 그것의 효능

이 다하면 시대의 권좌에서 물러나는 것이 세상의 이치다. 기억하자. 무슨 신학이든 전지전능하며 불변하는 신학은 존재하지 않는다는 것을. 자유주의 신학도 이전 신학에 대한 반발이었다. 그래서 자유주의 신학도 한 시대를 풍미했고, 신학의 정당성을 향유했다. 그리고 자유주의 신학은 바르트와 본회퍼와 같은 후대의 신학자들에게 분명 영향을 미쳤고, 그들의 사유방식을 전수했던 것이 사실이다. 그럼에도 불구하고 신학의 사유란 특성상 자유롭기 때문에 어느 곳으로 흘러갈지는 그 누구도 모르는 일이다. 세계전쟁이 없었다면, 자유주의 신학은 전쟁의 폐허와 인간의 절망을 경험하지 않고 새로운 곳을 응시할 수 없었을지 모른다. 하지만 전쟁은 신학의 새로운 방향과 목표를 가지고 다른 곳을 응시하게 했다. 인간에 대한 자의식은 18세기 독일의 신학에서 불가피한 화두였는지 모른다. 신정통주의 신학은 어떤가. 그것 또한 전지전능한 신학은 아니지 않는가. 하나님에 대한 자각이 없는 인간의 자의식은 아무런 효력을 가져다주지 못한다고 강조한 신정통주의 신학은 그 시대에 유효했다. 그리고 우리는 하나님의 힘이나 도움이 없이는 세상을 이길 수 없다는 것을 바르트의 신정통주의 신학을 통해서 배울 수 있다. 그럼에도 불구하고 우리는 자유주의 신학과 신정통주의 신학에서 인간의 중요성과 하나님의 중요성을 보다 넓은 신학의 풍경에 아우르는 적합한 모습으로 관찰하는 것은 잘못된 것일까.

# 5 해방신학과 신복음주의 신학의 논쟁

"영성이란 예수 그리스도를 따르는 가운데 자신의 길을 극복하고 광야의 고독과 위험을 통과하는 민중의 길이다."
- 구스타보 구띠에레즈

"하나님은 모든 실재가 지향하는 초월적 목표로부터 우리의 현대적 상황으로 침입하는 존재이시다."
- 스텐리 그렌츠

# 제5장
# 해방신학과 신복음주의 신학의 논쟁

**교회의** 기능은 크게 두 부류로 나뉜다. 성직의 부류와 비성직의 부류다. 성직의 부류는 하나님의 부르심에 순종하여 주님의 일을 하는 전문적 목회자와 사역자들이고, 비성직의 부류는 성직의 목회방향과 예배인도에 따라 실천하고 참여하는 부류다. 전자는 합법적으로 예배의식을 주관하는 부류이고, 후자는 세상이나 사회에서 구체적인 과업을 가진 일반인 혹은 평신도를 의미한다.[1] 그런데 신학이 오래도록 평신도를 염두에 둔 신학보다는 전문적인 부류를 염두에 둔 신학으로 여겨져 왔다. 세상에서 살아가는 신앙인들을 위한 신학들은 어떤 의미가 있는가. 실제로 신앙은 우리의 일상적 공동체의 삶 주변에서 일어난다. 사람들은 매주 주어진 일터에서 열심히 생활을 하다가 주일에 미래의 하나님 나라인 교회에 모여 다함께 찬양과 말씀을 통해서 자신의 신앙을 성찰하고 반성한다. 때로는 이 공동체의 모임에서 고단한 일상을 사는 사람들이기도 하고, 때로는 그저 평범한 사람들이기도 하다. 신학은 이 공동체를 향한 신앙적 성찰을 위해서 존재하여야 한다. 해방신학과 신복음주의 신학은 현실에 살아가는 사람들을 위한 신학이다. 하지만 이 일상의 사람들에서도 서로 다른 부류로 나뉜다. 한 부류는 사회적 약자와 같은 부류이고, 다른 부류는 그야말로 일반성도들의 부류다.

우리가 논의하려는 해방신학은 사회의 약자를 위한 신학이다. 그들의 아픔과 고난과 희생에 대한 이야기가 신학적으로 표현된 것이 해방의 신학이다. 원래 신학이란 현실의 어려운 상황에서 출발해야 하고, 그것이 매우 억압적인 상황일 때는 그 억압에 도전하고 변혁시키는 힘이어야 한다. 만일 그렇지 않다면, 신학은 사변적인 차원에서만 행하는 지배자나 강자를 위한 신학으로 전락할 위험이 따른다. 이 신학에는 그다지 지성적으로 뛰어난 사람들이 많지 않지만, 삶의 일상에서 신앙적 실천을 믿고 행하는 사람들을 위한 행동의 지침들이 전개되어 있다. 우리는 이러한 억압적이고 구체적 상황에서 출발하는 신학을 해방의 신학이라고 부른다.[2] 해방의 신학은 매우 다양하여서 하나의 통일된 주제로 파악하기조차 힘들다. 그렇지만 이들의 신학들은 하나같이 해방을 주제로 한다. 그들은 여성 해방, 가난과 경제 해방, 독재자로부터의 해방 등 다양한 형태의 해방을 부르짖는다. 그런데 이러한 해방의 신학에 정면으로 맞서는 비판적인 신학이 엄연히 존재한다. 우리는 그들을 복음주의적 보수주의라 부른다. 대부분의 사람들의 인식 속에서는 보수주의가 썩 좋은 이미지는 아닌 듯하다. 흔히 보수주의라고 하면, 우린 '꼴통'이란 어휘를 연상할지 모른다. 그 말은 마치 고집스럽고도 자기주장이 강하고 세상과 타협하는 것을 마치 신앙을 포기하는 행위라고 여긴다. 그런 이유인지는 모르지만, 보수주의를 지향하는 사람들은 해방의 신학에 대해 비판적이다.

## 해방신학

옳은 것은 옳다고 말하고, 잘못된 것은 잘못되었다고 말하는 사회는 합리적이고도 자유로운 사회다. 하지만 이 세상에서는 반드시 그런 사회만이 존재하지 않는다. 비합리적이고 부조리한 사회도 있다. 이 사회는 옳은 것이 잘못되었다고 말하고, 잘못된 것도 옳다고 말하는 비합리적이고도 억압된 사회다. 제3세계의 나라들이 이 비합리적이고 억압된 사회의 전형적인 예다. 이런 사회에서 옳은 것은 옳다고 말하고, 잘못된 것은 잘못되었다고 말하는 것은 목숨을 포기하는 행위와 같다. 누가 이런 살벌한 일에 가담하고 동참할 수 있을까. 가족과 삶의 향유를 생각하는 사람이라면 이런 일에 쉽게 맞서 싸울 사람이 있을까. 그런데 해방신학은 이런 일에 적극적으로 나섰다. 그들은 다름 아닌 가톨릭 신학자들이다. 우리는 페루의 구스타보 구티에레즈(Gustavo Gutierrez), 브라질의 레오나르도 보프(Leonardo Boff), 멕시코의 호세 미란다(Jose Miranda), 우루과이의 후안 루이스 세군도(Juan Luis Segundo) 등의 신학자들을 떠올린다. 그들은 하나같이 상황신학을 설정하여 행동이나 실천으로 모본을 보인 저항적인 신학자들이다.

우리는 그들의 행동에 적극적인 지지를 보낸다. 이유는 그들이 목숨을 건 위험한 상황 속에서 진리에 민감하고 정의를 위해 불의에 대항하려는 용기를 보였기 때문이다. 우리가 자유로운 현실의 시점에서 그들의 신학들을 비판하고 평가하기는 쉬울지 몰라도, 억압적인 당시의 시점에서 그들의 신학들을 비판하고 평가하는 일은 쉽지 않아 보인다. 먼저 우리는 그들에게 찬사를 보내자. 자유로운 사회는 그들의 희생에 의해서 이루어진 일인지 모른다. 항시 어려운 상황을 피해가는 생쥐 같은 신학자들은 그 당시에는 목숨을 보존하지만 후대에 자신의 정당성을 변명하고 해명하기에 분주하다. 그들의 신학에 대한 문제들이 유독 눈에 많이 띄고 거슬리는 것이 사실이다. 하지만 생사의 길목에서 그들의 행한 신학은 억압된 사회를 바꾸려했던 시도나 노력에 그다지 중요하게 취급되지 않았다. 이 장에서 우리는 그들의 이 같은 측면을 깊이 살펴보고자 한다.

## 사회의 약자를 위한 신학자, 구스타보 구티에레즈

구스타보 구티에레즈(Gustavo Gutierrez, 1928~ )는 온화하고도 자상하다. 하지만 그의 외모는 남다르고 특이하다. 다른 사람보다 상대적으로 그는 키가 매우 작다. 특수 제작된 키 높이 구두의 도움이 없이는 그는 사람들과 대화가 불가능할 정도로 작다. 그리고 그의 둥근 체구를 지닌 것도 눈에 띤다. 하지만 구티에레즈는 그의 선한 얼굴과는 달리 세계의 혁명적 신학을 주도하고 세상을 변혁한 용기의 신학자다. 원래 그는 기독교 민주주의에 실망하고 라틴 아메리카의 경제적이고 사회적인 저개발 상태의 원인 분석을 위해 마르크스 이론을 사용한 사제다.

구티에레즈는 1928년 페루의 리마(Lima)의 빈곤한 가정에서 태어났다. 때로는 환경이 사유를 결정한다고 했던가. 그의 주변 삶은 미래가 나아질 환경은 아니었다. 하지만 그는 현실에 대한 안주와 만족에 저항하며 청년기를 보냈다. 이러한 마음은 그가 라마 국립대학교에 다니면서 노골적으로 표출되었다. 결국에는 그가 학생운동에 가담한 이유로 퇴학을 당했다. 이후 구티에레즈는 1951년 벨기에의 루벵 가톨릭대학교(Catholic University in Louvain)에 유학을 결심하고 떠났다. 그곳 루벵대학교에서 혁명가로 알려진 가톨릭대학의 교목 출신의 토레즈(Camilo Torres)와 철학적 해방 신학자인 후안 세군도(Juan Luis Segundo) 등과 함께 그는 교제권을 형성하고 친분을 쌓았다. 그곳에서 그는 주로 심리학과 철학을 배우면서 1955년에 "프로이드의 사상에서 마음의 갈등"(Psychic Conflict in Freud)이라는 제목으로 석사학위 논문을 제출했다. 1955년 졸업과 동시에 그는 프랑스의 리용대학교(University of Lyons)에 신학을 배우기 위해서 건너갔다. 리용대학에서 다시 석사과정으로 "종교의 자유"(Religious Liberty)라는 논문으로 문학 석사과정을 마쳤다. 이 기간에 그는 인생에서 가장 형식적인 신학을 배우고 연구함으로써 신학적인 훈련의 기간을 삼았다. 리용대학은 그의 교수자격시험을 위한 논문을 준비하도록 허용했고, 평신도 신학으로 널리 알려진 콩가르(Yves Congar)의 신학, 루백(Henri de Lubac)의 "사회적 도그마"와 같은 신학들을 접하면서 신학적 훈련과 교육을 받을 수 있었다. 귀국하면서 그는 1959년 1월 6일 로마 가톨릭 교회의 사제로 서품을 받았다. 서품과 동시에 그는 다시 페루의 할렘 가와 다를 바가 없는 매우 가난하고 빈곤한 지역에 들어가 사제사역을 시작했다. 그럼에도 그의 삶은 화려한 색채를 띤 삶이었다. 사제로서의 사역뿐만 아니라 그는 전국 가톨릭 학생연맹 고문을 거쳐 페루 가톨릭대학교 교수에 취임하여 일하기도 했다. 그는 실천적 행동뿐만 아니라 신학적 훈련에도 게을리 하지 않았다. 종종 해방적 신학자들이 신학탐구에 게을리 하는 경향에서 벗어나지 못한 것과는 달리, 구티에레즈는 학자로서도 나무랄 수 없는 사람으로 평가를 받기 위해 개신교 신학자들인 메츠(J. B. Metz)의 정치신학, 칼 바르트(Karl Barth)의 신정통주의 신학 그리고 본회퍼(Dietrich Bonheffer)의 정치신학 등과 같은 연구에 헌신했다. 그에게는 일대 중요한 사건이 일어났다. 그것은 1964년 이반 일리치가 주재한 브라질의 페트로폴리스에서 열린 집회에서 라틴 아메리카의 사목 실천에 대한 예리한 시낭을 발표할 수 있는 기회였다. 이날이 구티에레즈의 명성을 남미와 세계에 알리는 기회이자 신호였다.

1965년 남미 각지에서 해방을 위한 투쟁이 빈번하게 일어남에 따라 신학자로서 이 문제에 적극적으로 가담하여 해방신학의 의미를 조명하기 시작했다. 페루의 각지에 있는 이른바 가난하고도 헐벗은 바닥공동체인 사회

약자들을 지원하고 동참했다. 사회 약자를 위한 그의 참여는 1971년 해방신학을 출간하였고, 가난한 자들의 역사적인 힘에 대한 해석과 의미를 알리는 직접적인 계기가 마련되었다. 그리고 리처드 숄과의 공저인『해방의 변혁』등으로 그는 이미 신학자로서 명성을 얻기 시작했다. 간단히 말하자면, 구티에레즈는 가난한 사람들이 억압받는 사회계급임과 동시에 하나님의 말씀의 담지자로 인식하면서 사회의 바닥공동체, 즉 농민이나 도시 빈민들의 관점에서 역사를 재구성해야 한다고 믿었다. 그가 추구하는 궁극적인 목적은 사회의 개발이 아니라 인간해방이었다. 현재 미국 노틀담대학의 존 카디널 오하라(John Cardinal O'Hara) 교수직을 가지고 있는 구티에레즈는 해방을 주제로 한 초청강사로 미국 내에 매우 분주한 사람이지만, 여전히 가난하면서도 검소한 삶의 방식을 고집하며 살고 있다. 특수한 시간에 살고 있는 구체적인 사람들의 공동체에 대한 경험을 대변해 주는 일이 그의 궁극적인 과업으로 여기는 듯하다. 그들의 경험은 우리의 경험과 다르다. 밑바닥의 사람들이 겪는 서러움과 고단함은 평범한 일상을 통해서 경험하는 영성과는 어쩌면 다른지 모른다. 그래서 그는 이러한 일을 전하기 위해 지금도 분주히 대학들의 초청에 응하고 있다.

## 신학은 사회변혁을 위한 성찰적 사고이다

구티에레즈는 신학을 "말씀의 빛을 받아서 그리스도교 신앙실천에 관한 비판적 성찰"로 정의한다.[3] 신학은 사변적 논의도 아니며, 그렇다고 맹목적 실천도 아니다. 신학은 항상 주어진 상황에 대한 비판적 성찰을 전제로 한다. 하지만 신학이 단순히 성찰의 차원에만 머물기보다는 어떤 실천적 행위로 옮아가야 한다. 그래야만 신학이 온전하게 된다. 다시 말하자면, 신학의 출발점은 반성(reflection)보다 실천(praxis)을 우위에 두는 것이다. 이 정의에서 해방신학은 두 가지 문제를 제기하는데, 하나는 신학의 개념을 새롭게 해석할 필요에서 출발한다. 지금까지 신학에 대한 고전적 해석은 '예지로서의 신학'과 '합리적 지식으로의 신학' 개념의 지배적인 해석에 의존되었다. 하지만 구티에레즈는 신학을 역사적 실천 규범으로 정의한다.[4] 이것은 신학이 "신앙실천에 대한 비판적 고찰"이었기 때문이다.[5] 흔히 신학 개념에 대한 인식론적 혁명에 해당하는 변화였던 이러한 신학 해석은 우리의 신앙을 실천적 측면에서 고려해야 할 필요성을 강조한다. 다른 하나는 당시 라틴아메리카의 사회과학과 정치계에서 지배적으로 논의되던 개발(開發) 개념을 비판적으로 분석하면서 신학의 개념을 해석할 필요를 느꼈다. 말하자면, 사회와 경제의 상황에서 해방의 신학적 개념은 하나의 대안으로서 제시되었다는 것이다.

이 해방은 크게 세 가지 차원을 가지고 있다.[6] 첫째 단계에서 해방은 압제받는 대중과 사회계급의 염원을 표현하는 단계로서 경제, 사회, 정치적 영역에서 충돌적인 면을 강조한다. 둘째 단계에서 해방은 역사에 대한 이해와 자기 운명에 대해 스스로 의식하고 책임을 지는 존재로 이해한다. 이러한 역사이해와 인간이해는 사회변혁의 염원을 훨씬 생동감 있게 만들고 그 목표를 훨씬 광범위하게 확대한다는 의미이다. 마지막 셋째 단계에서 해방은 역사 안에서 인간이 갖는 위치와 활동에 영감을 주는 성서적 근거를 발견한다. 구티에레즈는 진정한 해방을 가져오는 존재로서 성서의 그리스도를 제시한다. 그는 이렇게 말한다. "구세주 그리스도는 인간 우애의 유린과 불의와 모든 압제의 근본원인인 죄에서 인간을 해방시키는 존재다."[7] 요약하자면, "해방의 이 세 가지 단계는 병립하거나 연속하는 과정이 아니라 상호 의존하는 과정으로서 동시에 고찰할 때 해방운동의 진면목이 드러난다"는 것이다.[8]

신학의 개념에 대한 이러한 새로운 인식 위에서 출발하여 구티에레즈는 '라틴아메리카 관점에서 보는 신학의 수립'을 제기하였다. 이를 위해 그는 기존의 해답들을 비판적으로 분석하고 그 당시 라틴아메리카 교회가 직면한 위기와 당면과제를 소상하게 지적하였다. "기존의 교회들이 제시한 해답들은 교회와 세계를 양분하였으며 이 결과 사목분야와 신학분야에서 위기가 초래되었다"고 주장했다.[9] 60년대 당시 라틴아메리카 교회가 당면한 과제는 근대화론에 따라 추진된 개발정책의 10년의 결과, 라틴아메리카가 더욱 종속된 상태에 직면하게 되었다는 점과 이를 극복하기 위한 해방운동이 광범위하게 전개되고 있는 상황에 직면하고 있었다.[10] 60년대는 개발 근대화를 통한 발전주의 이론이 지배한 시기였다. 하지만 그 결과는 저발전과 종속의 심화로 인한 가난의 증가였다. 이것이 메데인 주교회의의 주요 주제가 되었다.[11] 라틴아메리카 교회는 이러한 저발전과 종속의 현실을 극복하기 위해 서구 교회와 다른 방식의 해결방법을 모색했다. 이를 위해 구티에레즈는 라틴아메리카의 교회 내에서 발생하고 있는 중대한 변화를 평신도와 주교를 포함하는 성직자 사회의 급진적 개혁 의식과 행동 변화를 중심으로 심도 있게 검토하기 시작했다.[12] 특히 구티에레즈는 각 교회 주교단과 사제단이 발표한 주요 문헌들을 심층적으로 분석하면서 라틴아메리카 교회가 당면한 과제를 제기했다. 그것은 바로 라틴아메리카 상황에 맞는 새로운 신학의 정립이라고 분명하게 제시했다.[13] 즉 "신학의 새로운 길"이 필요하다고 역설하였던 것이다. 사실 그동안 라틴아메리카 교회는 서구의 '모조교회'에 불과했지, 라틴아메리카 토양에서 성장한 '토착교회'라고 볼 수는 없었다.14)

이런 근거에서 구티에레즈는 서구신학을 그대로 흉내내거나 서양의 삶의 방식을 그대로 복사하려는 것은 민주주의의 정신이 아니라 라틴아메리카 교회를 창조적으로 표현하려는 탈식민주의 신학을 지향하는 것이라고 비판했다. 그는 단호하게 다음과 같이 확신했다. "식민주의 사고방식에서 탈피하여 토착적인 교회신학을 창조함을 통해서만 라틴아메리카 교회가 보편교회에 기여할 수 있고 라틴아메리카의 사회에 뿌리를 내릴 수 있다."15) 요약하면 구티에레즈는 해방의 실천을 신학의 출발점으로 인식하였다. 해방신학은 하나님의 말씀에 비추어 해방운동을 고찰하고, 현대신학을 도입하여 해설하지만 그것은 어디까지나 각주에 불과하다고 여겼다. 다시 말해 그의 신학방식은 기존 신학과는 다르게 실천의 우위를 주장하였다고 보인다. 해방운동을 유발하는 것은 어떤 사상적 고찰이 아니라 이 해방운동 자체가 사상적 고찰을 유발하고 또 정당화의 근거를 제시하는 것이었고, 그리고 신학개념에 대한 이러한 혁명적 해석 위에서 구티에레즈는 라틴아메리카의 신학방향이 탈식민주의의 신학이 되어야 한다고 분명하게 제시하는 것이었다.

## 이웃에 대한 동정심만으로 충분하지 않다

성서는 정의를 위한 싸움이나 투쟁에서 억압받고 눌린 사람의 편에 있어야 한다고 가르친다. 그래서 성서의 하나님은 정의의 하나님이시다. 불의를 묵인하지 않으시는 정의의 하나님은 우리가 해방의 즐거움 속에서 삶을 향유하길 원하시는 분이시다. 하지만 눌린 사람들이나 억압받는 사람들에게 동정심을 갖는 것만으로 충분하지 않다. 비록 사회의 바닥공동체에 거하는 이웃들을 위해 우리가 동정하는 일은 나쁘다고는 생각지 않는다. 그리고 우리 사회가 그들에 대한 이 같은 동정심을 갖는 일은 그나마 큰 다행스러운 일이라고 믿는다. 이는 불쌍히 여기는 마음은 기독교적이면서도 성서적이기 때문이다. 그런 점에서 그들을 사랑하고 그들의 어려움에 동참하고 함께 하는 것은 권장되어야 한다. 그런데 구티에레즈는 그것만으로 그리스도인의 책무를 다하고 있다고 여겨서는 안 된다고 밝힌다. 동정심만으로는 불의의 사회구조를 변혁시키지 못하기 때문이다. 불의를 방조하는 어떠한 행위들을 제거하려는 실천적 행동이 있어야 한다. 그리스도인의 지고한 사명은 눌린 사람들, 억압받는 사람들, 가난한 사람들과 연대하는 일이다. 그것만이 불의의 사회구조를 변혁하는 길이다. 그렇다면 우리 모두는 다 같이 촛

불시위라도 하란 말인가. 그렇게라도 하란다. 말하자면, 사회변혁의 과정은 언제나 역사적 맥락에서 이해되어야 한다는 것이다. 구티에레즈는 이렇게 말한다. "신학적 반성은 사회적 과정들과 연결되어 있으며, 그것들이 없이는 이해될 수 없는 역사적 상황들의 일부를 이루고 있다. 온갖 사상과 마찬가지로 신학도 사회적 맥락 안에 놓여 있어야 한다. 신학들은 허공의 관념들의 나열로 이루어지지 않으며, 광범위한 역사적 과정들에 대한 답변들이며 또한 촉구가 될 수 있고 되어야 한다."16) 즉 구체적인 사회적이고 정치적인 자리로부터 실현되는 신학은 단순히 그것에 대한 해석에 머물지 않고, 실천적 행동에 의해서만 가능하다는 것을 구티에레즈는 적실하게 보여주고자 한다. 왜냐하면 진리란 사회적 조건들을 규정한 것에 대항하는 일종의 실천적 행위이기 때문이다. 이런 이유에서 단지 우리가 가난한 사람들을 불쌍히 여기는 것만으로는 불충분하다는 것이다. 그리고 가난한 사람들의 경우에도 가진 자들로부터 불쌍히 여김을 받거나 동정을 받는 사람으로 생각해서는 안 된다는 점을 구티에레즈는 명확히 밝히고 있다.

> 오늘날 우리들 사이에서 일어나고 있는 일을 사회적 또는 정치적 문제로 환원시키는 것은 중대한 역사

적 실책이다…. 만일 어떤 사람이 영성에 대한 도전들이 단순히 신앙과 정치적 질서들 사이의 관계에 의해서, 인권의 옹호에 의해서, 또는 정의를 위한 투쟁에 의해서 야기된 도전들이라고 생각한다면, 그것은 그리스도인의 통찰력의 결핍을 드러내는 것이다.17)

이처럼 해방신학은 하나님의 피조물로서의 인간성을 회복하는 길이 진리라고 믿고 확신한다. 인간으로 취급받지 못한 상태에서는 누구로부터 동정심을 유발시킬 수 있다. 동정어린 그러한 눈초리는 사람을 사람으로 대우하지 못할 뿐만 아니라 바닥의 사람들이나 공동체를 가벼이 여기고 또 그들의 삶을 가벼이 여긴다. 사회는 항상 어떤 고정된 등급이 매겨져 있고 그것을 파괴하기가 마치 손댈 수 없는 운명과 같이 단단하다. 그 등급이란 가진 자와 갖지 못한 자, 백인과 흑인, 엘리트와 민중, 남성과 여성과 같은 이항 대립으로 표현된다. 이 대립적 상황은 우열의 질서가 확립된 상태이고 결정된 미래다. 그것이 존재하는 한, 인간은 인간으로서 대우받지 못하고 비인간의 나락으로 떨어진다. 그러한 경계를 철폐시키는 일이 가장 급선무라고 믿었던 구티에레즈는 해방신학이 이러한 것에 목표를 두어야 한다고 주장한다. 그래서 해방신학은 신학적 접근에서 프락시스에 악센트를 둔다.18)

따라서 프락시스에 대한 반성 혹은 성찰이 곧 동정심으로부터 해방시키는 유일한 무기인지 모른다.

## 진리는 바닥공동체의 이야기다

해방신학은 이야기가 신학의 모티브다. 이 이야기는 "공통된 가치에 따라 삶을 형성해 가려고 노력하는 과정에서 모여진 개인들의 역사다."[19] 그들의 이야기는 소외된 자들의 이야기요 또는 주변으로 밀려난 자들의 영적인 체험의 이야기다. 이 이야기는 한이 서려 있는 고난의 이야기다. 하지만 이 서러움에 지친 이야기이며 억압당한 그들의 이야기는 현재의 억압에만 국한되지 않는다. 그들은 이야기에서 미래를 꿈꾸며 희망한다. 희망은 현재의 규정된 조건을 해방하는 힘이기 때문이다. 따라서 희망은 현재를 결정하기 때문에 그들의 염원과 미래에 대한 꿈은 자신의 이야기 속에 포함시킨다. 그래야만 그들은 현실에 대한 부정을 말할 수 있다.

구티에레즈는 이야기의 구조에서 그들의 영성을 찾는다. 서구신학의 영성은 두 가지 차원에서 말해왔다. 하나는 소수의 집단에 알맞도록 조정된 영성이다. 이 영성은 폐쇄된 집단들의 전유물인 것처럼 보이는데, 수도회들이나 수도원들의 삶과 연결되어 있다. 종교적 삶에서 이 집단은 거룩함에 대한 완전하고 조직화된 탐구를 목표로 한다. 하지만 이 집단의 영성은 소외된 자들이나 가난한 자들이 경험하는 영성과는 판이하게 다르다. 그들의 영성은 매우 엘리트주의적 영성이다. 사회에서 밀려난 자들의 경험은 분명히 교회의 기득권자들의 체험된 이야기와는 극명하게 차이가 있다. 다른 하나는 개인주의적 성향의 영성이다.[20] 이 영성은 개인의 완전한 삶을 목표로 하고 그것에 도달하기 위해 노력하는 영성이다. 지극히 개인주의적 가치가 더욱 중시되는 이 영성은 내면성을 보다 더 잘 이해하고 발전시키도록 자극한다. 그래서 영적인 삶과 내면적인 삶을 동일시한다. 한 인간의 행위에 가치를 부여하는 것이 나쁘다고 말할 수 없다. 하지만 문제는 공동체의 차원을 등한시하기 때문에 교회와 사회의 현실적인 과제에는 거의 관심을 두지 않는다는 데 있다. 이런 점에서 구티에레즈는 이 영성을 "도피의 영성"이라고 부르고, "영성의 사유화"가 될 위험성이 있다고 비판한다.[21]

그러면 구티에레즈가 말하는 영성은 무엇을 말하는가. 그가 말하는 영성은 "해방의 영성"이다. 해방의 영성은 "타인들에게 압제받는 사람들의 해방을 위한 노력에 참여하는 것을 의미한다."[22] 복음은 교회 공동체 내부 안에서 제한하지 않는다. 복음은 교회 밖의 이웃들을 위해서 존재한다. 복음이 압제받는 사람들을 위해 헌신되지 않으면 그것은 복음이라고 말할 수 없다. 그런데 이 복음은 성령의 지배를 받는다. 성령은 우리로 하여금 완전한 자유를 획득하도록 고무하신다. 성령은 언제나 인간으로서 그리고 하나님의 자녀로서 자신을 완성하는데 방해가 되는 모든 조건들과 요소들로부터 해방하는 자유의 영이다.[23] 이는 '주의 성령이 계신 곳에는 자유함이 있기 때문이다.'

해방의 영성의 궁극적인 목표는 무엇인가. 그것은 크게 두 가지다. 하나는 그것은 "이웃을 향한 회심"이다. 회심이란 마음의 변화다. 그것은 기존의 사유방식과 행동방식과의 결별이자 균열이다. 그것이 단지 내향적이고도 경건한 태도에 머물지 않는다. 그리고 그것은 인간의 철저한 근본적인 변화다. 구티에레즈는 이렇게 표현한다. "인간의 모든 영역이 개화하기를 염원하며, 자신의 삶과 역사를 통해서 자아를 생성하는 인간을 창조해야 한다."[24] 이것은 우리가 단지 마음으로 느끼는 것만으로는 부족하다는 의미다. 이런 이유에서 해방의 영성은 불쌍한 이웃에 대한 연민을 넘어 그들에 대한 철저한 자기 자각의 회심을 요구한다. 그것은 압제받는 사람들, 착취당하는 계급, 차별받는 민족, 피지배 국가를 향하는 회심이다. 다시 말해, 착취당하고 소외당한 이웃 안에 현존하시는 그리스도와 같이 살고 느끼고 생각하며 행동한다는 것이다.

그래서 구티에레즈는 이렇게 표현하고 있다.

> 회개한다는 것은 가난하고 압제받는 사람들의 해방운동에 투신하는 것이다. 단호하고 현실적이고 구체적으로 처신하는 것이다. 그저 관대한 아량만을 가지고 처신하는 것이 아니라 상황을 주도면밀하게 분석하고 전략적인 행동을 구사하여 투사하는 것이다…. 회개란 물리학의 법칙과는 정반대로 우리의 중심을 우리 바깥에 둘 때에 비로소 우리가 직립할 수 있음을 깨닫고 체험하는 일이다.25)

또 다른 하나는 경험의 영성이다. 경험은 그들의 직접적인 이야기다. 사변적이고도 추상적인 이야기가 아니라 그들이 경험한 이야기들이다. 그들의 이야기이기 때문에 그 이야기들은 참이다. 경험되지 않은 것들은 한갓 있다가 사라지는 안개와 같다. 없어지는 것은 경험이 없기 때문이다. 이 경험은 곧 신학을 형성하며 경건의 본질이 된다. 해방의 신학은 그런 측면에서 경험의 영성을 추구하는 신학이다.

## 하나님은 빈곤계층을 위해 우선적으로 선택하신다

해방신학은 상황 신학이다. 당시의 정치적, 사회적, 경제적 조건들이 신학을 반성하여 재구성하게 만든다. 결국 신학이란 주어진 환경이나 조건이 생산해 낸 결과이기 때문이다. 이런 면에서 우리는 신학이 결코 중립적이고도 보편적인 탈가치를 지향하지 않는다고 믿는다. 신학은 언제나 주어진 상황과 연계되어 있고, 그것과의 반성과 사유를 통하여 새로운 형태의 문제를 지적하면서 파생된다. 그래서 우리는 이러한 신학을 상황 신학이라고 부른다. 하지만 다른 신학들과는 달리 해방신학은 시대의 고난과 아픔에 함께하고 동참하는 신학이다. 만일 신학이 인식자의 기존 관심과 강조에 의해서 반영된다고 본다면, 해방신학은 우리 시대에 필요한 신학이며 바른 신학이다. 우리의 구체적인 삶의 현장에 내려오지 않는 신학은 아무런 소용이 없으며, 울리는 꽹과리에 지나지 않는다. 음악을 들어도 아무런 감흥을 느끼지 않는 것과 같다.

우리가 알듯이, 해방신학은 전통의 신학에 대해 매우 비판적이다. 그럴 수밖에 없는 것은 기존 신학의 출발점이 초월 신학을 지향하기 때문이다. 하늘로부터 지상으로 내려오는 신학이어야 하는데 그렇지 못하다는 것이다. 그래서 해방 신학자들은 사변적이고 이론적인 초월성의 신학을 비판하고 나무란다. 그들은 기독교 신앙이 무엇인지 알지만 행동으로 옮기지 않는 신학이라고 말한다. 이런 저런 생각에서 해방신학은 신학적 접근 방식을 거꾸로 뒤집는데, 하늘로부터가 아니라 땅으로부터 시작해야 한다는 것이다. 그래야만 신학이 행동을 수반할 수 있다고 주장한다.

그들이 지향하는 신학의 방법은 바른 행동이고 바른 실천이다. 페루의 신부이자 신학자인 구티에레즈는 "해방신학은 진정한 의미에서의 기독교적 바른 실천(orthopraxy)을 추구하는 이른바 성경적이고도 매우 기독론적인 탐구"라고 정의한다. 무엇이 바른 실천인가. 그것은 교회의 목회 활동 전반에 대한 비판적 성찰과 하나님의 계시의 빛에서 그것의 역사적 해석을 병행함으로써 행동하게 하는 것이다. 교회는 누굴 위해 존재하는가. 가난한 사람이 아니라 부자를 위해 존재하는 것이 교회인가. 하지만 진정한 신학의 성찰은 부자들이 아니라 빈곤계층의 사람들, 이른바 가난한 사람들을 위한 교회의 존재이유에 대한 성찰이어야 한다. 따라서 해방신학은 가난한 사람들을 위한 '하나님의 우선적 선택'(God's preferential option for the poor)이 정당화된다고 주장함으로써 하나님은 가난한 사람을 편애하시는 분으로 이해된다.

결론적으로 우리는 이렇게 말할 수 있다. 하나님을 안다는 것은 정의를 실천한다는 것과 동의어다. 하나님을 안다고 하면서 불의를 행하고, 정의에 눈감는 행위는 묵과하지 못한다. 하나님은 정의다. 이 명제처럼 더 간명한 명제가 있었던가. 하나님은 정의요, 정의 그 자체다. 우리는 정의를 실천하도록 부름을 받았다. 가난한 사람들을 억압하는 사회, 불의를 행하여 재산을 축적하는 사람들, 개인의 몫을 앗아가는 집단들을 용인할 수 없는데, 이는 하나님이 용인하지 않기 때문이다. 하나님의 정의는 우리 사회의 강에 흘러나야 한다. 그것이 하나님의 뜻이다. 하나님의 뜻은 정의를 실천함으로서 얻어지는 귀한 선물이자 은총이다. 누구도 정의를 실천하지 않고서는 획득할 수 없는 것이 하나님의 뜻이 아닐까 싶다.

# 신복음주의 신학

해방신학은 개인주의적 차원의 신학을 극복하고 사회적이고 정치적인 공동체 신학을 지향한다. 이러한 신학적 흐름은 복음주의적 신학에도 동일한 방식으로 적용된다. 복음주의 신학과 해방신학의 공통분모는 공동체를 위한 신학이다. 비록 해방신학이 소외되고 가난한 밑바닥 공동체를 위한 신학의 모티브에 강조를 두고 있는 반면에, 복음주의 신학은 일반성도들의 공동체를 지향하는 신학을 위한 모티브에 강조를 두고 있다. 그렇지만 이 둘의 신학이 지향하는 공동체의 모티브는 매우 다른 신학적 의미를 제공한다.

신복음주의 신학은 해방신학을 자유주의 신학이나 급진 신학으로 규정한다. 해방신학은 기독교 정체성과 세계관을 위태롭게 할 뿐만 아니라 세상과 짝하여 기독교 자체를 붕괴할 수 있다고 말한다. 신복음주의 신학의 궁극적인 목적은 신학의 권위와 규범으로서 기독교 계시를 인정하고 보존하는 것이다. 하지만 신복음주의 신학은 포스트모던 시대에서 신앙 공동체를 위협하는 어떠한 세력에도 저항할 수 있고 견딜 수 있도록 앞으로의 시대를 대비하는 신학운동으로 이해되어야 한다. 그렇게 함으로써 "자유주의에 맞서 일어난 반동의 기저를 이해하는 것은 복음주의 자체의 본질적 독특성과 장점들을 더 깊이 이해할 수 있게 된다."[26]

## 신앙적 삶을 실천하려는 신학자, 스텐리 J. 그랜츠

스텐리 그렌츠(Stanley J. Grenz, 1950~2005)는 1950년에 침례교 목사였던 아버지 리처드 A. 그렌츠와 어머니 클레라 그렌츠 사이에서 태어났다. 아버지의 영향으로 그렌츠는 신앙적 훈육을 통해서 매일 기도하는 습관과 교회를 통한 기독교 신앙을 실천하면서 성장했다. 그렌츠는 대부분의 시간을 교회에서 보냈다. 아버지를 존경하고 그의 아버지의 영적인 훈련 방식을 따르고자 노력한 그렌츠는 신학이 신앙의 토대에서 해석되어야 하고, 교회라는 신앙 공동체와 관련되지 않다면 무의미한 것으로 이해해 왔다.

침례교 신학자이면서 윤리학자인 그렌츠는 독일의 뮌헨대학교(University of Munich)에서 위르겐 몰트만과 더불어 희망의 신학자요 미래의 신학자로 대표되는 볼프하르트 판넨베르그(Wolfhart Pannenberg)의 지도 아래에서 신학박사학위를 받았다. 침례교 신앙전통에서 독일 신학을 배우는 일은 다소 급진적 결정이었을 텐데, 그렌츠는 자신의 신학적 약점을 극복하기 위해서 독일 유학을 결심했다. 1976년 6월 13일 그는 목사안수를 받았다. 그의 삶은 목회적 맥락에서 주로 이루어진 신학자였다. 그가 목사 안수를 받기 전(1971~1976)에 덴버 콜로라도의 노스웨스트 침례교회에서 3년 동안은 청년부 사역자로 그리고 3년 동안은 부목회자로 봉사했다. 이 기간 동안에 독일에서 신학을 공부하기로 결심하면서 교회를 사임하고 떠났다. 흥미로운 에피소드가 있는데, 교회에서 작별인사를 할 때, 한 성도가 그에게 "신학교수가 당신의 신앙을 파괴하지 못하게 하라"고 매우 진지하게 충고했다고 한다. 아마도 신학을 공부하게 되면, 기독교의 신앙과 그것의 확신들이 손상을 입고 주님에 대한 열정이 상실될 것이라는 일종의 충고였던 것으로 보인다. 침례교 목사로 안수를 받은 후에 그렌츠는 매니토바에 있는 론데일 침례교회(Rawndale Baptist Church)에서 약 3년간 목회를 했는데, 이 기간 동안 그 지역에 있는 비니펙대학과 비니펙 신학교(현재는 프라비덴스 신학교)에서 조직신학과 기독교 윤리학을 강의했다. 그는 침례교 총회에서도 잠깐 동안 일했던 경험을 가지고 있으며, "크리스채너티 투데이"(Christianity Today)의 자문편집자로서도 봉사하기도 했다. 그는 사우스 다코다 주에 있는 노스 아메리카 뱁티스트 신학교(North American Baptist Theological Seminary)에서 조직신학과 기독교 윤리학 교수로서 학생들을 가르쳤다. 그리고 그랜츠는 12년 동안이나 침례교 유산의 파이니어 맥도날드 석좌교수로 커데이 신학교에서 신학과 윤리학을 가르쳤고, 그리고 밴쿠버의 리젠트대학에서도 신학과 윤리학을 가르쳤다. 베일러대학의 명예교수의 직함을 받기도 한 그렌츠는 애석하게도 2005년 하나님의 부르심을 받고 이 세상의 일을 마감하고 하나님의 품에 안겼다. 스텐리 그렌츠가 21살 된 해인 1977년에 그의 아버지 리처드 그렌츠는 56세의 일기로 세상을 떠났다. 우연의 일치인지는 모르지만 스텐리 그렌츠도 아버지와 거의 비슷한 55세라는 나이로 세상을 떠났다. 그렌츠의 관심은 단순히 신학자로 남기보다는 '좋은 신학자'가 되기를 꿈꾸며 희망했다. 그가 즐겨 말해 왔듯이, "모든 신학이 다 건전한 신학은 아니다." 모든 신학이 다 허용되는 것이 아니다. 어느 신학이든 그것은 좋은 신학이어야 한다. 그래야 그것이 건전한 신학이 될 수 있다는 것이다.

## 신학은 이해를 추구하는 신앙이다

신학은 "신앙에 대한 성찰이며 신앙에 대한 질서정연한 진술이다."[27] 신앙은 신학적 성찰에 의해서 성립된다. 이는 신앙이 하나님의 백성을 전제로 하기 때문이다. 하나님의 백성이란 신앙의 행동과 실천에서 사람들의 모본을 보여야 하고, 행동의 건전성이 세상의 빛과 소금의 역할을 제공하는 것이어야 한다. 그렌츠가 적절히 표현하듯이, "신학적 담론은 신앙에 대한 반응에서 발전되고 신앙에 대한 반성적 맥락에서 발생하고, 따라서 그것의 내용을 명료하게 하는 시도이다."[28] 따라서 신학의 궁극적인 목적은 기독교 신앙의 내용들과 암시들을 일관적으로 명료하게 하는 과정으로 평가함으로써 신앙 공동체인 교회를 섬기는 것이다.

그렌츠는 신학의 논의에서 파생된 교리들은 일차적인 언어가 아니라고 말한다. 교리들은 신앙 공동체를 돕는 수단이자 방편이지 그것들이 진리의 자리를 대체하지 못한다. 게다가 교리들은 성서 이야기들의 의미로 전달되기보다는 오히려 공동체를 위해 교훈적인 구성으로서 기능할 뿐이다. 그런데 교리들은 공동체의 형식적인 이야기들을 증언하거나 조명하기 위해 필요하다. 그럼에도 불구하고 그렌츠는 신학의 비판적 성격을 부정하지 않고 중요하게 여긴다. 그는 이렇게 표현한다. "신학은 기독교 공동체의 신앙, 생활 그리고 실천에 대한 비판적이고도 구성적인 반성을 포함한다."29) 이런 점에서 그렌츠는 포스트모던 신학의 정황에서 신학이 가야할 방향을 지적한다. 그에 의하면, 신학은 정초주의를 넘어서야 한다고 본다. 신학이 판단의 결정권을 가지고 있지 않고, 오히려 결정의 주체는 신앙 공동체에게 있다. 신앙 공동체가 진리의 성격을 결정하는 주체라고 믿는다. 말하자면 이것은 포스트모던 시대에서 진리를 언급하고 있다고 보인다.30)

신학은 "믿는다는 것의 본질에 관한 성찰, 신앙적 헌신과 개인 및 공동체적 삶의 통합에 관한 진술을 포함한다."31) 성찰하는 그리스도인을 염두에 두고 있는 그렌츠는 신앙을 맹신적이고도 맹목적인 실천의 측면에서만 이해되어서는 안 된다고 말한다. 신앙은 변증학, 교리문답 그리고 성경의 요약서와 같은 연구들과 함께 신학적 성찰을 수행하는 신념체계들에 의해 균형을 유지하여야 한다. 그러면 성찰이란 뭔가. 일반적인 의미에서 성찰이란 일정한 형식을 갖춘 사유를 말한다. 즉 지성을 사용하여 사고와 신념을 체계화하며, 명백한 모순을 파악하여 제거하는 작업을 통하여 우리가 믿는 신앙이 일관적이고도 논리적이어야 한다는 것을 뜻한다. 그렇게 함으로써 기독교 신앙을 우리가 해석하는 방식으로 이해하는 것이 좋다는 근거를 확인할 수 있게 된다. 따라서 성찰이란 어느 정도 우리가 사유하는 방식이나 믿음의 이유 혹은 우리의 행동 양식 등에 물음을 던지는 비판적인 사고를 수반하는 것으로 이해된다.32)

이런 이유에서 그렌츠는 신앙 공동체를 보호하기 위해서 교회는 기독교 신앙을 위해 변증학이란 것을 가르쳐야 한다고 주장한다. 기독교 변증학은 신앙을 흔들림이 없게 할 뿐만 아니라 정통신앙을 이단으로부터 구별하기 위하여 필요한 것이다. 말하자면, 신앙의 올바른 가치는 하나님을 바로 알고 믿고 순종하는 것이기 때문에 이 신학의 정석 혹은 기본을 가르쳐야 한다는 것이다. 그렌츠는 이렇게 말한다. "근대에 들어와서는 비록 상황은 변하였지만 변증법의 중요성은 결코 줄어들지 않았다. 우리는 이제 수많은 경쟁적인 세계관들과 종교들의 한가운데에서 우리의 신앙을 제대로 밝혀서 기술하도록 요청받고 있다. 기독교적 헌신이 우리 세계의 중대한 문제들과 필요들에 어떻게 적용될 수 있는지를 이해하기 위해서는 우리는 우리의 메시지의 내용 및 그 메시지가 오늘날의 여러 대안들과 어떻게 다른지를 분명히 하지 않으면 안 된다."33) 그런데 신학적 성찰은 인간의 이성이나 경험에서 찾는 것이 아니라 성경의 진리에 토대를 두어야 한다. 이는 기독교 공동체의 정체성이 성서적이기 때문이다. 성서적 진리를 말하지 않는 기독교 공동체는 올바른 공동체라고 볼 수 없다. 여기서 올바른 신학이란 "성경의 진리를 보편적으로 참되고 일반적으로 적용 가능한 일련의 명제들로 아주 잘 결정화시켜 놓은 신학이다."34)

그러면 신학과 신앙의 관계는 어떻게 정립되는가. 전통적으로 신앙은 그리스도와의 개인적인 만남으로 규정하여 지극히 사적인 의미로 이해되고 있다. 하지만 그렌츠는 신앙이 개인적인 것을 넘어서 공동체적이라고 주장한다. 신앙은 "한 인간이 예수 그리스도 안에서의 하나님의 계시에 대한 공동체의 증언에 의해 매개된, 그리스도 안에서의 하나님의 인격과의 만남으로 생겨난다. 그러므로 개인적인 신앙은 신앙 공동체에의 참여를 수반하는 하나님의 부르심에 대한 우리의 응답이다."35) 이것은 신학이 던지는 물음들이 교회에서 묻는 그리스도인의 마음에 있는 실존적인 물음이 아니라, 그러한 물음들은 헌신의 본질과 대상에 관한 것들을 말하고 있다. 다시 말하면, 이러한 신학적 물음들은 우리가 어떠한 교리를 믿고 있고 신봉하는가의 물음이 아니라 우리의 헌신을 요구하는 물음이 무엇인지를 묻는 물음들이라는 것이다. 그러므로 신학의 강조가 신앙 공동체가 지닌 신앙의 지적 차원에 놓여 있다고 말해도 사실 틀린 말은 아니다.

이런 근거에서 그렌츠는 신앙이 일차적이고 신학이 이차적임을 지적한다. 우리는 신학을 통해서 신앙하는 것이 아니라 신앙을 위해서 신학이 필요하다. 한마디로 신학은 교회 혹은 신앙 공동체를 위해 그리스도인의 사고 능력을 사용하도록 봉사하고 돕는 기능이다. 그렌츠는 해방신학이 주장하는 것처럼 신학을 "상황적인 학문"으로 규정한다.36) 하지만 이것은 신학자들이 단순히 무시간적이고 고정된 정통교리를 풍부하게 하고, 가다듬고, 변호하며, 전달하는 것으로 규정하지는 않는다. 그들은 신앙의 행위, 신앙이 지향하고 있는 하나님, 구체적인 역사적 및 문화적 상황 안에서, 그 상황을 위하여, 그리고 그 상황에 대하여 우리의 신앙이 지니는 함의들을 신앙 공동체의 내부로부터 설명하려는 것이다. 그러기 위해서 신학 작업에서 피해야할 위험한 요소들이 있다. 첫째, 그것은 대체주의의 위험이다. 대체주의란 신학자들이 개인적이고 사적인 신학을 신앙의 대체물로 만드는 작업이다. 살아계신 하나님에 대한 신앙은 신학에 의해서 대용물이 되어서는 안 된다. 말하자면, 우리는 우리를 돌보시는 살아계신 하나님을 믿고 의지하는 것이 아니라 신학자들의 신학체계를 믿고 따르게 하는 위험성을 경계하여야 한다는 것이다. 둘째, 우리는 교조주의의 위험을 피하여야 한다. 우리는 실제에 관한 하나의 모형을 실제 자체와 혼동하는 경향이 있다. 이것은 신학 체계를 진리와 혼동하여 생기는 일이기 때문에 우리는 신학을 정형화하거나 규범화하면서 발생하는 문제를 적절히 분석하고 파악하여야 한다는 것이다. 셋째, 지성주의의 위험이 있다. 신학자들이 하나의 신학체계를 구축해 낼 때에, 그들은 자신들의 목적을 이루었다고 생각하는 경향이 있다. 흔히 신학자들로부터 당하는 오류가 이것인데, 그들의 목적에 설득당하여 기존의 신앙을 저급하거나 무지한 것으로 판명하고 지성적인 것만을 추구하게 만든다. 하지만 이것은 지극히 위험한 생각이다. 그러므로 신학은 지성의 담론적 영역에서만 머물러서는 안 되며, 신앙 공동체의 삶에 도움을 주기 위한 사유의 성찰을 신앙의 현실적 영역으로 끌어내려야 한다.37)

## 건전한 신학은 공동체를 위하는 신학이다

구원의 전 영역에 대한 묵상은 우리의 마음을 고무하는 하나님의 사랑에 대한 감사와 찬양에서 출발한다. 우리를 향하신 하나님의 사랑은 구원을 통해서 이루어진다. 그런데 이 구원의 과정은 크게 두 가지 단계를 가지고 있다. 첫째, 구원의 과정은 회심을 통해서 온다. 회심이란 구원의 시작으로서 타락한 피조물인 우리의 옛 방식들을 버리고 하나님의 계획을 따라 살아가는 과정이다.38) 그렌츠에 의하면, 회심이란 "공동체 건설이라는 목표로 이끌기 위한 하나님의 지속적인 활동 속으로 우리를 진입시키는 사건이다."39) 공동체를 창조해 내는 회심은 무엇을 의미하는가. 이 회심을 통해서 신앙 공동체들이 하나님의 사랑을 느끼고 감사하면서 이 역사적인 현실에서 활동하는 힘이라는 것이다.

둘째, 회심이라는 사건은 우리의 일생 동안 펼쳐지는 그리스도를 본받는 변화 과정의 시작일 뿐이다. 이 변화의 과정을 '성화'라고 부른다. 성화는 우리가 그리스도인으로서의 삶을 살아가면서 성령이 우리 안에서 하나님의 목적을 이루어가는 과정이다. 구원이 일회적이지만, 성화의 과정은 지속적이다. 이 성화의 과정은 우리의 일상에서 그리스도를 닮아가는 것과 하나님을 섬기는 것을 통해서 영적으로 성숙되어간다. 원래 성화란 '카다쉬'라는 용어로서 '분리하다'와 '거룩하다'의 의미를 가지고 있다. 이 말은 우리가 세상과 구별되어 거룩한 무리로서 살아가야 한다는 것을 말한다. 다시 말해, 그리스도인이 하나님의 일을 위하여 따로 구별된다는 의미다. 성화의 과정에는 크게 두 가지 차원을 갖는데, 하나는 '지위적 차원'과 다른 하나는 '조건적 차원'이다. 지위적 차원이란 우리가 그리스도 안에서 누리는 새로운 일종의 특권을 말한다. 하지만 조건적 차원은 물리적 현실에서 우리가 하나님의 은혜를 적용하고 거룩한 생활을 얻는 지위다. 이 조건적 지위가 우리의 생활양식의 구체적이고도 실제적인 변화를 가져와야 한다는 의미다.[40]

회심의 과정을 통해서 구성된 신앙 공동체는 하나님의 선택에 감사하는 모임으로 거듭난다. 하나님의 선택은 신앙 공동체를 근거지우는 힘이다. 그래서 그렌츠는 하나님의 선택을 다른 신학자들과는 달리 매우 힘주어 말한다. 그런데 그렌츠는 전통적으로 이 하나님의 선택의 문제가 '과거'의 신학적 논쟁에서 문제를 야기했던 것이고, 과거의 논쟁에 대한 비판에서 재해석한다. 그것이 알미니우스주의이든 아니면 칼빈주의이든 간에 선택이 영원한 과거에서 논의된 것에는 문제가 있다는 것이다. 이유는 간명하다. 그에 의하면, 전통적인 하나님의 선택은 공동체적인 입장에서 해석되지 않았기 때문이다. 하나님의 선택은 근본적으로 공동체적이고, 그러한 방향으로 우리는 해석하여야 한다. 하나님의 선택은 지금 현재 우리가 섬기는 공동체를 위한 선택이다. 그는 이렇게 기록한다. "선택을 받는다는 것은 그리스도 안에 있다는 것을 의미하고, 따라서 공동체적인 실체에 동참한다는 것을 의미한다."41) 이 선택은 고유한 특권을 제공하는 의미라기보다는 세상 속에서 그리스도인으로서 우리가 하나님의 활동에 대한 지속적인 지배를 받고 있다는 것에 참여하는 것을 말한다. 거듭 말하자면, 하나님의 선택적 행위는 우리가 그리스도인이라는 지위에 대해 우쭐함을 부여하려는 것이 아니라 이 현실적이고 구체적인 세상에서 하나님의 지배를 드러내라는 의미인 것이다. 그렌츠는 다음과 같이 적고 있다.

> 예정은 '영원한 생명 또는 영원한 사람을 위한 개개인들에 대한 하나님의 선택'이 아니라 신자들을 그의 구원 사역의 최종적인 목표인 영화로 이끌고자 하시는 하나님의 결연한 의도이다. 실제로 우리는 그의 아들을 닮아가도록 예정되어 있다. 그리고 영화를 이루려는 하나님의 의도는 그리스도 안에 있는 자들인 우리에 대한 그의 미리 아심, 그의 영원한 아심으로부터 생겨난다. 미리 아심은 피조된 시간의 연속체에 대한 그의 영원한 아심, 즉 하나님의 전지하심의 한 기능이다. 왜냐하면 하나님은 만유를 의미하기 때문이다.42)

이처럼 신학은 항상 신앙 공동체를 전제로 한다. 신앙 공동체는 신학의 토대를 형성하고, 우리의 삶을 구성하는 방식을 결정한다. 삶의 한 방식으로서의 신학은 사람을 세우는 역할을 한다. 그렇지만 신앙은 성찰을 배제한 맹목적이고 맹신적인 신앙을 말하지 않는다. 삶은 항상 검증되는 인생을 생각할 수 없다. 성찰하지 않는 삶으로 자신이 믿는 것과 행동하는 방식에 대하여 비판적으로 생각하는 신앙은 건전하다. 건전한 신앙은 항상 성찰과 신학적 사유를 요구하고 있으며, 따라서 성찰되지 않은 기독교 신앙은 믿을 가치가 없는 것이다. 그렌츠는 어느 신앙도 빈 공간 속에서 성찰되지 않는다고 지적하면서 성찰적 신앙은 믿음의 일관성과 삶과의 통일성을 요구하고 있다고 주장한다.[43]

## 교회는 사회참여를 위한 공동체다

그렌츠의 신학은, 앞서 언급했듯이, 철저히 공동체적이다. 그런데 그 공동체의 본질을 바로 교회에서 찾는다. 그에 의하면, 교회는 "하나님과의 새로운 화해 공동체다." 이 공동체는 계약백성으로서의 공동체인데, 교회는 성령이 하나님의 백성으로서 살아가기 위해서 복음 선포에 의해 세상으로부터 불러낸 사람들이다. '에클레시아'의 의미를 가진 교회는 하나의 건물을 가리키지 않고, 회중을 의미한다. 그래서 교회는 계약 백성이다. 하지만 이 계약 백성은 그 자체가 목적이라기보다는 계약 관계 속에 있는 백성으로서의 교회는 하나님의 보다 큰 의도와 밀접히 관련을 맺고 있다. 우리가 하나님과의 계약은 "개인적으로 그리스도로 말미암아 하나님께 충성하겠다고 다짐을 하고 선언한 것"을 말한다.44) 그리고 이 계약의 토대는 그리스도를 주로 시인한 행위다. 즉, "예수는 우리의 주님이시다"라는 고백에서 교회가 시작된다는 것이다. 이 개인적인 신앙 고백은 우리가 이 공동체에서 신앙의 헌신을 약속했다는 것을 전제로 하기 때문에 우리는 이 세상에 살지만 하나님의 백성으로서 그 표징을 가지고 있어야 하며, 교회에 헌신하는 사람들이 되어야 한다는 것이다. 그러므로 교회 속에 내재하는 계약은 서로 간의 관계에서 하나님의 백성으로서 살아가겠다는 우리의 약속이자 헌신이다.

이런 맥락에서 그렌츠는 교회의 개인적 차원을 극복하고 인류의 공동체를 향해 교회가 나아가야 할 방향을 제시한다. 교회의 사회적 관심은 "현재 속에 미래가 임하기를 바라는 열망"을 의미한다.45) 그가 염두에 둔 사회적 관심은 "이상적 미래의 하나님 나라와 일치하도록 우리 사회를 변화시키고자 하는 하나님의 대리자로서 이 세상에 적극적으로 참여하는 헌신의 자리"다.46) 전통적으로 교회는 하나님의 계획을 인간의 죄와 곤경으로부터 해방시키는 구원의 사역에만 치중해 왔다. 하지만 이것은 매우 불완전한 구원에 대한 이해다. 하나님의 계획은 개인 구원을 위해 필요하지만, 그것만이라고 고집해서는 안 된다. 즉 고립적인 개개인의 구원을 위한 목적이 교회가 존재하는 이유가 아니라 역사적이고 현실적인 이 세계와의 관계에서의 하나님의 계획을 위해서 교회가 존재하는 것이다. 하나님의 계획은 화해된 인류와의 관계에서 파악되어야 한다. 그렌츠는 다음과 같이 표현한다.

> 하나님의 계획의 공동체적이고 우주적인 차원은 죄와 소외의 성격에 관한 성경의 자세한 묘사와 관련된 좀 더 폭넓은 구원론으로부터 생겨난다. 물론 우리는 하나님으로부터 소외되어 있다. 그러나 소외는 인간 상호간, 우리 자신, 피조 세계에 대한 우리의 관계들을 오염시킨다. 따라서 하나님의 계획은 하나님과의 개인적인 평화를 고립적으로 누리는 것을 지향하는 것이 아니라, 모든 관계들—우리 자신에 대한, 인간 서로 간에 대한, 자연에 대한—의 치유에까지 미치게 된다. 소외 상태를 공동체 관계로 바꾸기 위하여, 성부는 성자를 보내셨고, 성령을 부어주셨다…. 하나님의 의도는 공동체적인 그리스도의 몸을 세워서 서로서로에 대하여 화해된 유대인과 이방인으로 구성된 하나의 새로운 백성을 만드는 것이었다.[47]

하나님은 비록 교회가 미래의 종말에 가서야 온전한 모습으로 나타날 종말론적 공동체가 되겠지만 이 현실적이고 역사적인 관계에서 하나님의 백성으로서 향유하고 살기를 원하신다. 그리스도를 따르는 교회 공동체인 하나님의 백성들은 예수의 삶, 죽음 그리고 부활을 통해서 하나님과 계약한 독특한 공동체이다. 그러므로 교회는 공간적이고 시간적이며 사회적인 경계를 초월하여 그리스도에 대한 헌신을 공유하는 공동체임을 기억하여야 한다. 교회는 하나님의 백성이 말하고 살아가며 행동하는 현대 상황에 민첩하여야 한다.

이런 이유에서 교회의 관심은 개인의 구원에만 한정되지 않는다. 교회는 인간의 역사 속에서 교회의 구체적인 모습을 드러내어야 한다. 교회는 하나님 나라와 관련된 그분의 목적과 의도를 충분히 드러내어야 한다. 역사에 대한 하나님의 계획은 교회를 통해서 이루어야 한다. 말하자면 교회는 우리로 하여금 역사 속에서의 하나님의 활동을 뛰어넘어 그러한 활동의 토대가 되는 삼위일체 하나님의 삶 자체로 우리의 시선을 돌려야 한다. 하나님은 이 세상을 사랑하신다. 이 세상에 대한 사랑은 예언적 차원에서 이루어지는데, 즉 공동체로 살아가는 것은 예언적 차원을 가진다는 것이다. 우리가 공동체의 모범을 보이는 한에서 우리의 존재는 예언적 증언자로서 사회에 대하여 마땅히 해야 할 책무를 다하고, 또 장차 사회에 대한 판단 기준이 될 하나님의 통치에 비추어서 스스로를 헤아려 보도록 암묵적으로 구하여야 한다. 바로 이러한 존재 자체가 예언적 활동을 통하여 세계를 복음화하는 것이다. 이는 그것이 세상에 대하여 우리를 그의 백성으로 세우신 하나님의 주되심을 인정하라고 암묵적으로 요구하는 것이기 때문이다.[48] 이것은 진리에 대한 단순한 인식이 말에 의한 선포만을 의미하지 않는다. 세상의 필요에 대한 관심을 드러내는 것을 말한다. 하나님의 백성이 종말론적인 구속받은 공동체의 맛보기로 살아가는 것은 다른 사람들의 필요와 하나님께서 예비하신 것을 결정적으로 인식할 수 있게 하는 것이다. 이런 이유에서 세상에서 진정으로 그리스도의 공동체로 존재하는 것이 복음전도라는 우리의 사명이라는 것을 깨달아야 한다. 복음전도는 개인의 구원에만 치중하는 것이 아니라 인류의 공동체를 지향하는 하나님의 화해된 공동체를 꿈꾸어야 한다. 그래서 우리는 "구원과 나무의 공동체 속에 구현된 하나님의 나라"를 가장 큰 이상으로 여겨야 한다. 이 세상의 필요는 가난한 자들에 대한 교회의 관심, 억압받는 사람들을 해방하려는 노력과 같은 것을 포함한다. 전통적으로 교회가 개인구원에만 한정하여 노력했지만, 그것을 초월하는 것이 하나님의 의도이자 계획이기 때문에, 교회는 그러한 것에 관심을 가지고 응시하여야 한다. 그렌츠는 이러한 하나님의 계획을 "섬김의 선교"라고 말한다.

섬김의 선교는 사람들에게 선한 고백을 함으로써 교회의 공동체 속으로 초청하는 행위이다. 우리의 일은 교회의 경계를 확장하는 것만을 말하지 않고, 곤경에 처한 사람들에게 희생적인 사역을 포함하는 것을 말한다. 선교는 섬김을 수반하고, 그리고 교회는 세상을 섬기도록 부른다. 이는 주님의 사역이 "고립의 선포가 아니라 섬김의 선포"이기 때문이다.[49] 또한 우리가 사용하는 복음이라는 개념은 사회적이다. 복음의 사회성은 하나님과의 화해에 초점이 맞춰져 있고, 사회적 현실에서 화해를 필요로 한다. 이는 우리가 다른 사람들과 올바른 관계 속으로 들어갈 때에만 하나님과 올바른 관계를 맺기 때문이다. 따라서 복음이 적용의 측면에서 본성상 사회적이라고 말하는 것은 옳다. 즉 복음은 하나님과의 화해가 사회적 관계들, 그리고 심지어 가족, 회사, 정부와 같은 이 땅의 사회적 제도들 속에서 구현되고 실현되어야 한다는 것이다. 그렌츠는 이렇게 표현한다. "복음은 공동체 건설을 낳는 하나님의 통치의 현존에 대한 선포이다."[50]

게다가 그렌츠는 섬김의 선교가 단지 소외된 자의 상처를 싸매어주는 것 이상이라고 주장한다. 그것은 단지 소외된 사람을 위한 사회봉사라는 의미를 넘어서 있는 이른바 사회의 구조적 변혁을 촉진시켜야 한다는 것을 말한다. 즉 섬김의 선교는 개인구원을 넘어서 사회의 구조에 대한 변혁으로 옮길 것을 주장하는데, 이는 사회구조의 변혁에 대한 관심이 사회적 병리현상과 병폐에 의해 희생당한 사람들에 대한 관심에서 생겨나야 한다는 것이다. 그렌츠는 그의 소책자 『기도』에서 복음의 개인적 차원에만 국한시키지 말고, 복음의 사회적이고도 구조적인 차원에서도 고려되어야 한다고 주장한다. 그가 말하듯이, "복음은 하나님과 개인의 화목만을 위한 것이 아니다. 복음은 사람과 사람 사이의 화목과 사람과 창조 세계의 화목을 위한 것이기도 하다."[51] 사회 구조를 변혁하는 것은 장래의 희생자들을 염두에 둔 것이다. 한마디로 사회 구조의 변혁은 하나님의 나라에 대한 헌신이자 충성이다. 하나님 나라의 통치는 개인이 구원받는 것뿐만 아니라 사회의 구원을 포함하고 있다. 이런 점에서 그렌츠가 교회를 공동체로 이해한 것은 매우 타당하며, 그리고 신복음주의의 새로운 모델을 제시하고자 노력한 것처럼 보인다.

## 나가는 말

신학적인 성찰은 우리의 신앙적 실천에 도움을 준다. 신학에 대한 응시는 그들의 행동에 지대한 영향을 행사한다. 만일 우리가 해방의 관점을 가진 신학에 관심을 갖는다면, 우리는 사회의 약자나 빈곤에 처한 사람들을 위한 신앙의 목적과 방향을 설정하게 될 것이다. 반면에 우리가 우리의 목양에서 만나는 일반 평신도에 대한 관심이라면, 신학은 그들을 위한 목적과 방향을 설정하여야 한다. 이 장을 마치면서 우리는 해방의 신학과 신복음주의 신학의 엇갈린 관점에서 그들의 신학적 토대가 어떻게 설정되었는지를 살펴본 것은 흥미로웠다. 해방신학은 인간의 구체적인 억압의 정황에서 신학의 풍경을 엿보게 했고, 신복음주의 신학은 별다른 사회적 갈등이나 억압이 없는 상황에서 하나님의 구체적인 명령에 순종하는 일반 평신도들을 세우려는 신학의 풍경을 엿보게 했다. 해방신학과 신복음주의 신학에 대한 엇갈린 관점은 그들의 삶의 정황과 관심이었다. 신학의 형성은 언제나 삶의 정황이나 관심에서 초월되지 않은 것처럼 해방신학과 신복음주의 신학도 예외가 아니었다.

우리가 이 두 신학들에서 배우는 한 가지는 해방신학과 신복음주의 신학이 둘 다 공동체에 관한 이야기를 전달하고 있다는 것이다. 하지만 앞서 언급했듯이, 그들의 공동체는 달랐다. 해방신학은 소외되고 가난한 공동체를 위한 이야기인 반면에 신복음주의 신학은 신앙 공동체를 위한 이야기다. 이 둘은 공동체라는 것에는 일치하지만,

그들이 강조한 내용은 서로 다르다. 해방신학은 사회의 경험적 현실에서 공동체를 이야기하고, 신복음주의 신학은 교회에서 개인을 극복하고 화해된 인류의 공동체를 이야기한다. 간단히 말하자면, 해방신학은 외부에서 안으로 들어오는 신학적 사유이고, 신복음주의 신학은 안에서 외부로 나가도록 요청하는 신학적 사유이다. 하지만 해방신학과 신복음주의 신학은 교회와 세계를 이분화한데서 문제가 발생한다는 점에서는 서로 일치하고 있는 듯하다.

해방신학은 시대의 흐름에서 불가피한 신학이다. 가난한 이들이 살아온 삶 그리고 그러한 삶에서 얻어진 경험은 성경을 반성적 성찰의 도구로 이해했고, 그것이 신앙의 실천으로 적용되었다. 이 신학이 과격하다거나 잘못되었다고 비판하는 일은 시대의 아픔에 동참하지 않는 자의 게으른 사유에 동조하는 것과 같다. 그들은 시대의 아픔에서 하나님을 만났고, 그리스도의 해방을 복음 중의 복음으로 만났다. 그들은 역사의 구체적인 현실에서 예수 그리스도의 복음으로 시대의 아픔을 견디어 냈고, 십자가의 희생이 사회의 공동체를 살린다는 한 줄의 종말론적 희망의 끈을 놓지 않았다. 오늘의 시점에서 그 시대를 볼 때, 착취와 억압의 굴레는 과거의 이야기로 말할 수 있을지 모른다. 이와는 달리 신복음주의 신학은 우리

시대에 어떤 의미를 갖는가. 오늘날 교회 공동체는 억압이나 착취의 부자유스러운 상황을 상상할 수 없는 장소에서 하나의 공동체를 이루고 살아가는 사람들이다. 그들의 삶은 해방신학의 공동체와 비교해 본다면 매우 낭만적이고 평화로워 보인다. 그래서 인지는 모르지만, 교회 공동체는 교회 구성원들의 일터와 같은 사회 울타리에서 신앙적 실천과 섬김 그리고 봉사를 위해서 매우 중요한 문화적 공간과 같다. 그들은 해방적 상황에 있는 억압적 그리스도인들의 삶의 경험을 이해할 수 없을지 모른다. 이런 몰이해로 인해 해방신학은 평범한 신앙의 삶과 양태로 살아가는 평신도들을 비판하고, 또 기득권에 순종하는 사람들이라고 비난할지 모른다. 하지만 신복음주의 신학은 성경의 가르침에 따라 자신들의 주어진 사회와 공동체를 돌보고 살아가는 그야말로 지극히 평범한 삶을 살고 있다고 비판이나 비난을 받을 이유는 없어 보인다. 복음에 대한 표현 양태의 다양성은 신학의 풍경을 다르게 한다. 그런 면에서 그렌츠가 희망하는 좋은 신학은 우리로 하여금 일반 평신도를 위한 복음의 의미를 더 잘 이해하게 만들지 않을까 싶다. 좋은 신학은 예수 그리스도 안에서 역사하시는 하나님에 대한 이야기의 의미를 명백하게 말하도록 한다. 그러므로 매우 아이러니한 일이지만, 자유로운 그리스도인들이 자신들의 사회와 공동체에서 신앙을 실천하고, 미래의 종말론적 희망에서 하나님의 나라가 도래할 때까지 책임을 느끼고 살아가야 하기 때문에, 서로에 대한 비난보다는 서로에 대한 용납이 절실히 필요하지 않을까 싶다.

# 6 신-죽음의 신학과 희망의 신학 논쟁

"신앙은 신의 부재가 점차로 증대하는 의식을 받아들이는 믿음이다."
— 토마스 알타이저

"하나님과의 평화는 세상과의 투쟁을 의미한다."
— 위르겐 몰트만

# 제 6 장
# 신-죽음의 신학과 희망의 신학 논쟁

1960년대는 전통신학에 대한 불만이 다소 증폭되고 있었다. 반복적인 교회의 매너리즘, 교회의 예배방식, 밋밋한 강단의 얕은 메시지, 일방적인 복음의 전달양태, 성경공부와 다를 바 없는 신학방법 등은 시대의 신학과 교회에 불만의 요인들이었다. 그리고 신학방법의 한계 외에도 그것의 표현이 매우 한정적이고 단조로웠다. 신학의 내용과 의미를 전달하는 것이 효과적인 면에서 시대를 따라가지 못했다. 이런 시대적 상황은 새로운 신학의 표현 양식을 직·간접적으로 요청하고 있었고, 아마도 그 시대의 그리스도인들은 신학의 설명에 지루해하고 지쳐가고 있었는지 모른다. 그들은 그것의 원인에 대한 의문을 찾지 못한 채 단지 교회에 대한 열정적인 마음에 피로가 한꺼번에 몰려 온 것을 느꼈다. 그런데 그 시대의 불만적 상황에서 한발 앞서 교회를 피로한 눈으로 응시하는 사람들의 피곤한 현실을 읽어낸 신학자들이 있었다. 그들은 시대의 문화에 민감했고, 교회의 불만적 원인을 찾으려고 노력했으며, 그러한 시대의 현실에 정면으로 맞서는 것을 하나님의 부름으로 이해하고 나섰다. 그들은 용감했다. 그리고 그들은 약관 30대의 젊은 신학자들인 토마스 알타이저와 위르겐 몰트만이었다. 무엇에 도전한들 두려울 게 없는 나이지 않는가. 그들은 서로 다른 지리적 간격에도 불구하고, 하나의 통일된 담론을 제시했는데, 그것은 교회의 새로운 변혁을 위해 신학의 새로운 표현양태에 대한 담론이었다. 한 사람은 미국의 신학적 토양에서 교육을 받았고, 다른 한 사람은 독일의 신학적 토양에서 교육을 받았다. 그들이 기치로 내건 신학적 담론은 서로 상반된 것처럼 보였다. 신학의 방식에서도 매우 선명했다. 하나는 죽음에 관한 담론이었고, 다른 하나는 희망에 관한 담론이었다.

신학적 담론으로서 죽음과 희망의 개념은 얼핏 보면 서로 엇갈리는 듯한 느낌을 받는다. 하지만 우리가 이 둘의 관계를 자세히 본다면, 그들은 맞물린 톱니바퀴처럼 상호의존적이라는 것을 알게 된다. 어쩌면 죽음과 희망은 전혀 분리할 수 없는 하나의 통일된 주제인지 모른다. 그들이 신학의 표현양식에 관심을 갖는 근본적인 이유는 고루하고도 피곤한 교회의 현실적 상황이었다. 그들의 현실적 상황은 이 세상과 유리되어 있는 허성한 신기루와 같은 무내용의 신앙으로 지친대로 지쳐 있었다. 그래서 인지는 모르지만, 당시의 사람들에게는 열정의 신앙적 언어를 찾아볼 수 없었다. 누군가가 그리스도를 향한 열정과 복음의 능력을 다시 회복하고 활력을 불어넣을 사람을 기다리고 있었다. 이런 정황에서 토마스 알타이저와 위르겐 몰트만은 시대의 현실적 결핍과 빈곤의 신앙을 풍성한 현실의 신앙으로 전환시키려고 시도한 사람들이 아니었을까. 우리는 이 장에서 알타이저의 신-죽음의 신학과 몰트만의 희망의 신학을 살펴보고, 그리고 그들의 신학풍경을 통해 오늘의 정황에서 신앙적 의미를 생각해 보고자 한다.

## 신-죽음의 신학

신-죽음의 신학을 읽는 평범한 그리스도인들은 속에서 감출 수 없는 어떤 화가 치민다. 그것은 아마도 신학 속에 발견되는 극단적이고도 충격적인 표현 때문이다. 신-죽음의 신학은 한마디로 조용한 세상에 요란스러움과 역정스러움을 몰고 온다. 대체로 부정적인 수사학으로 장식되어 있는 신-죽음의 신학은 어쩌면 하나님의 존재를 희망의 근거로 삼는 사람들에게는 매우 고통스럽다. 신의 죽음에 관한 이야기가 어제오늘의 이야기가 아니지만 새삼 이 이야기가 신학의 화두로서 주목을 받게 된 배경에는 기독교 신앙의 근원적인 토대인 하나님의 존재를 부정하기 때문이다. 신의 죽음은 한마디로 어제까지 살았던 하나님이 오늘 죽었다는 이야기다. 하나님의 존재 문제는 근본적인데, 신의 죽음을 순수하게 받아들이기에 게는 왠지 거북스럽지 않을까. 그런데 이 같은 수사학을 아무렇지도 않은 듯 태연하게 말하는 미국 신학자들이 1960년대에 미국사회를 흔들었고, 우리는 그들을 신-죽음의 신학자들이라고 냉정하게 낙인찍었다. 그들은 이른바 로체스트대학의 윌리엄 해밀턴과 에모리대학의 토마스 알타이저라는 젊은 소장파 신학자들이었다. 그들의 행동은 무모하리만큼 정말로 도전적이고도 용맹스러웠다. 거칠 것 없는 신학의 열정과 탐구정신 앞에 그들은 그 시대의 피로한 신학의 사유에 더 많은 상흔을 또렷이 남겼다. 그것도 정말로 깊은 상처였다.

## 표준 신학을 거부한 신학자, 토마스 알타이저

토마스 알타이저(Thomas Jonathan Jackson Altizer, 1927~ )는 1927년 매사추세츠 주의 케임브리지에서 태어났다. 하지만 그는 대부분 웨스트 버지니아의 찰로스빌에서 그의 성장기를 보냈고, 자신의 정체성을 스톤월 잭슨의 후예들인 남부사람이라고 즐겨 이야기한다. 그는 메릴랜드주의 아나폴리스에 있는 세인트 존스대학(St. John's College)을 잠시 다녔고, 그곳에서 별다른 만족을 얻지 못하고 시카고대학에 다시 입학하여 새로운 환경에서 대학생활을 시작했다. 1948년에 시카고대학을 졸업한 알타이저는 동대학원에 진학하여 "어거스틴의 사상에서 은총과 자연의 개념"에 관한 논문으로 석사학위를 마쳤다. 석사과정을 마치자마자 동대학원의 박사과정에 진학한 알타이저는 종교 신학자 폴 틸리히, 종교사학자 요아킴 바하 그리고 종교학자 멀시어 엘리아데로부터 학문적인 영향과 훈련을 받았다.[1] 시카고대학교에서 공부를 하는 동안 그는 시카고 남쪽에 위치한 성 마가 교회의 다문화의 사람들을 위한 채플린으로 봉사하기도 했다.

틸리히, 바하, 엘리아데의 사상적 빚을 진 알타이저는 1955년에 헬라철학과 동양의 신비철학에 근거하여 "칼 융의 종교 이해"를 검증하는 논문으로 시카고대학으로부터 철학박사학위를 받았다. 그가 박사학위 논문을 쓰고 있는 동안에 와바쉬대학(Wabash College)에서 이미 그의 학자에 대한 전문이력이 시작되었다. 그해가 1954년이었다. 와바쉬대학에 재임하는 동안에 그는 그의 최초의 작품인 『동양 신비주의와 성서적 종말론』(Oriental Mysticism and Biblical Eschatology)을 썼다. 이 대학에서 약 2년 동안 종교와 신학을 가르친 후에 그는 1956년에 애틀랜타 주의 조지아에 있는 에모리대학교로 자리를 옮겼다. 그곳에서 그는 1968년까지 신학과 종교학을 가르쳤다. 당시 에모리대학의 신학적 성향에 있어서는, 알타이저가 기억하기를, 신정통주의 신학의 주류인 불트만주의가 신학적 스펙트럼을 형성하고 있었다. 그러면서도 미국 내에 가장 급진적이고 진보적인 성향의 신학을 주도하고 있었다. 이 시기에 알타이저가 신학적 스캔들로 문제가 된 사건은 1966년에 쓴 그의 『기독교 무신론의 복음』(The Gospel of Christian Atheism)이라는 책에서 비롯되었다. 이 책은 제목에서 벌써 순수한 신앙주의와 근본주의 신학자들에게 부정적이고도 불편한 감정의 동요를 불러일으킬 수밖에 없었다. 하지만 그의 생각은 달랐다. 그가 말하듯이, 이 책이 문제가 되는 것은 "내용에 관한 이해보다는 책의 제목 그 자체에 있었다."[2]

이 사건은 신학의 스펙트럼이 형성될 수 있는 환경이었고, 그와 동질성을 느끼는 사람이 역사신학 교수인 윌리엄 해밀턴이었다. 알타이저는 그와 사상적 연대감을 느끼고 신학의 협력 관계를 유지했다. 이 협력의 결과는 그들이 함께 공동집필한 『급진적 신학과 신 죽음』(Radical Theology and the Death of God)으로 결실을 맺었다. 신-죽음이라는 새로운 장르의 신학이 미국사회와 교회에 나타나게 되었고, 그로 인해 알타이저는 신-죽음의 신학에 관한 논쟁의 중심에 서게 되었다. 당시에 근본주의적이고 보수주의적인 그리스도인들은 승용차에다가 다음과 같은 스티커를 부착하고 다녔다고 한다. "나의 하나님은 죽지 않았소, 당신의 하나님이 죽었다니 애석하지만 말이오."

그의 『기독교 무신론의 복음』과 『급진적 신학과 신 죽음』은 학문적인 주목과 대중적인 주목을 동시에 받았다. 특히 이 작품들은 "타임"지의 표지에 "하나님은 죽었는가?"라는 제목으로 실렸고, 신-죽음의 개념에 대한 설명이 덧붙여졌다.[3] 논쟁의 중심이었던 알타이저의 신-죽음의 신학은 학자의 여정에 큰 위기를 맞이한 분수령이었다. 그는 이 위기를 학문적 암흑기로 이어지는 불운으로 스스로 평가했다. 결국 그는 에모리대학으로부터 교수직을 박탈당하게 되었고, 조롱과 미움 그리고 위협의 대상이 되기도 했다. 알타이저가 얼마만큼 기독교인들에게 반기독교적 감정을 불러일으켰는지를 가히 짐작하고도 남음이 있었다. 하지만 혐오스러운 감정과 상황에도 불구하고, 그는 『새로운 묵시: 윌리엄 블레이크의 급진적 기독교 환상』(The New Apocalypse: The Radical Christian Vision of William Blake)을 1967년에 출판했다.

에모리대학의 총장이었던 샌포드 아트우드(Sanford

Atwood)는 알타이저의 교수직에서 박탈할 마음은 없었다고 뉴욕 타임스와의 인터뷰에서 언급하고 있었지만, 에모리대학은 감리교재단이었고, 당시에 포드 재단에 재정적인 지원의 압박으로 인해 그를 해임할 수밖에 없었던 상황이었다. 누가 세상은 참으로 아이러니하다고 했던가. 그가 사라지면 좋겠다고 생각한 사람들이 많았을 것이고, 그래서 그가 교수직에서 영원히 물러나야 한다고 외쳤을 것이지만, 대학은 다시 그를 불러 연명의 줄을 던졌다. 그를 부른 대학은 뉴욕의 스토니 부룩크의 유명한 뉴욕주립대학(State University of New York)이었다. 대학당국은 그에게 종교와 비교종교에 국한하여 교수직을 허용했을 뿐만 아니라, 문제의 교수였던 알타이저에게 목사안수식에 참석하여 안수할 수 있도록 허용하기까지 했다. 학문적 자유를 얻은 알타이저는 지속적으로 신학적 작품들을 출간하고, 그 깊이에 있어서도 색다른 관점을 노출시켰다. 그는 블레이크, 헤겔, 도스또옙스키, 니체의 작품들에서 그의 사유를 형성하고, 해체주의라는 매우 독특한 신학으로 기틀을 설정하고 있었다. 흥미롭게도 그는 성서개론이라는 과목을 통해 매우 다양한 문학작품들과 신학적인 언어를 접목하면서 강의했다고 한다.

  오늘날 우리는 그의 신학을 신-죽음의 신학으로 기억한다. 우리가 알고 있는 것과는 달리 그의 신학에서 드러나는 특징들은 변증적이고도 반의적인 표현으로 현실과 유리된 신앙을 회복하려는 신앙운동이 아닐까 싶다. 그런 점에서 하나님을 긍정하기 위해서 하나님의 죽음을 필연적인 전제조건으로 활용한 알타이저는 아마도 우리 시대의 의도적인 기독교 반문화주의자가 아닐까. 따라서 우리는 그의 신학에서 나타나는 변증적이고도 반의적인 전략에 대한 이해를 필요로 한다고 보인다. 우리는 그의 사상을 쉽게 강독할 수 없을 뿐만 아니라 주류적 신학에서 멀리 나간 느낌을 갖는다. 하지만 그의 신학에 대한 반감은 그의 작품을 강독함으로써 그와의 화해가 이루어지지 않을까 싶다.

## 신학은 신앙에 응답하는 사유다

신 죽음의 신학은 도전적이고 도발적이다. 미국 감리교회의 학생지 『모티브』 창간 25주년 특집호에 실린 글은 당시의 상황을 자세히 알려준다. "우주를 창조했고, 전 세계에 흩어져 있는 유태인의 대주제로 군림했으며, 전 세계의 기독교인의 절대자이신 유일한 하나님이 어제 밤늦게 그의 쇠퇴해 가는 영향력을 치료하기 위해 대수술을 받던 중 사망했다. 사망한 곳은 미국 조지아 주 애틀랜타 시이며, 1966년 11월 9일자로 그의 죽음이 알려졌다."4) 이 수술을 마친 후에 보도된 내용은 우리의 혈압을 한순간에 끌어올린다.

> 하나님이라는 거대한 환자는 아주 의욕이 넘치는 소장파 신학자로 알려진 에모리대학의 토마스 알타이저 박사에 의해서 수술이 진행되었습니다. 그를 돕기 위해 콜 게이트 로체스터대학의 윌리엄 해밀턴 박사와 그 외에 템플대학의 폴 반 뷰렌 박사와 시러큐스대학의 바르리엘 바하니안 박사들이 이 수술에 동참했습니다. 수술 후 그들은 환자였던 하나님이 죽었다는 사실을 미국 『뉴욕 타임스』를 통해 세상에 알렸습니다.

신-죽음에 대한 이야기가 해학적이면서도 급진적인 것은 분명했다. 이 소식에서 그들은 하나님에 대한 믿음이 허망해졌다는 것을 알리는 사건이었다. 이 같은 신-죽음에 관한 소식을 접한 그리스도인이라면 아마도 그는 컴퓨터 마우스나 책을 내 던지고 싶은 감정적 동요를 숨길 수 없었을지 모른다. 하지만 늘 그렇듯이, 사상과 사람에 대한 평가는 선입견에 의해 희생되는 경우가 허다하다. 알타이저에 대한 평가도 그런 점에서 희생되었다. 1960년대의 그리스도인들은 알타이저에 대한 학문적 평가에서 충분한 시간을 갖고 그의 주장을 면밀히 검토하는 작업을 한 것 같지 않았다. 따라서 우리는 그의 사상을 현시대에서 공정한 마음으로 평가해야할 필요가 있어 보인다.

그의 신-죽음의 신학은 현실과 유리되는 문화에 대한 반감을 표출함으로써 출발한다. 신학이 동시대의 흐름에 민감해야 하는 것은 당연하다. 하지만 알타이저에게 있어서 동시대의 신학은 시대의 문화를 중요한 매개이자 기회로 여기지 않았고 시대의 상황을 제대로 진단하려고 하지도 않았다. 신학이 현실에서 벌어지는 다양한 이야기들을 배제한다면, 신앙은 우리의 삶에 아무런 의미를 제공할 수 없을 것이다. 알타이저가 본 당시의 신학은 교회가 가르치는 신앙적 내용과 그 의미를 그대로 답습하고 있었기 때문에 기성교회의 주장과 크게 다르지 않았고, 그 결과 기존의 신학은 그 방식에 있어서도 변화가 없었다.5) 간단히 말해, 그의 『기독교 무신론의 복음』은 시대의 문화코드를 읽고 해석하려는 시도였다.

'기독교 무신론의 복음'은 크게 두 가지 의미를 부여한다. 하나는 신앙의 표현양태에 대한 변화다. 말하자면 신앙은 기존의 틀과 표준에 길들이기를 거부하고 새로운 형식의 복음을 표현해야 한다는 것이다. 복음의 표현양태를 상정하기 위해 그는 '기독교 무신론'이라는 표현을 정당화한다. 이것이 신의 부재를 신학적 화두로 상정하는 근본적인 이유다. 우리 시대의 문화적 트렌드는 뭔가.

그것은 신의 부재를 믿는 신앙이다. 세속의 사람들은 하나님을 의식하지 않고 살아가는 사람들이다. 그렇다면, 우리는 세속의 문화적 트렌드로 신앙을 읽고 이해하여야 한다. 이 현실에서 신앙은 의미가 있다. 하지만 만일 우리의 신앙이 세상의 문화와 시대로부터 유리된다면, 교회의 신앙과 증언은, 알타이저가 진단하듯이, 진부하고 따분할 뿐만 아니라 신앙을 위해 유해한 환경을 조장하기까지 한다는 것이다.[6]

기독교 무신론의 복음이 갖는 또 다른 의미는 신학의 새로운 접근을 위한 것이다. 전통적이고 관습적인 신학의 형태를 비판하는 알타이저는 신학의 새로운 방식이 절실하다고 느꼈다. 신학은 신앙과 마찬가지로 현실적 상황에서 출발해야 한다. 이런 이유에서 알타이저는 신학을 "현실세계에 그리스도의 임재를 찾아내는 것"으로 정의한다.[7] 이것은 신학의 임무가 현실과 동떨어진 사변적이고 추상적인 탐구의 영역이 아니라 현실의 요구에 부응하는 것을 말한다. 따라서 신학은 우리 시대에 다양한 보편적 그리스도를 찾아야 한다.

이런 근거에서 알타이저는 신앙에서 만나는 그리스도를 우리 시대에 다양한 모습으로 만나고 또 그러한 모습들을 찾아 반응하는 일이 신학의 임무로 해석한다. 구체적으로 말해, 신학탐구는 기존의 그리스도의 모습을 해석하는 데 있지 않고, 현시대의 그리스도의 모습을 발견하는데 있다. 만일 우리가 현시대를 진단하지 않고서 신학의 본래의 임무인 그리스도의 모습을 찾을 수 있을까. 그의 대답은 찾을 수 없다는 것이다. 그는 이렇게 말한다. "그리스도의 현대적 모습"을 발견하는 일은 "구체적으로… 교회의 그리스도 증언을 거부하고서라도 세상의 말을 충실히 경청해야 한다는 뜻이다."[8] 그리고 그는 신학이 신앙과 분리할 수 없다고 주장한다. 어쩌면 신학은 신앙을 위해 존재하는 몽학선생과 같다. 신앙은 신학을 결정하고 구성하는 중요한 매개다. 그가 언급하듯이, "신학은 신앙의 증언에 대한 사고의 반응이자 응답이고, 기독교 말씀의 선포나 운동이 있은 다음에야 비로소 나타나는 문제이다. 따라서 그 말씀보다 선행되지 않는 것이 신학이다."[9]

한동안 알타이저는 기독교 신앙의 의미를 현시대의 상황에서 재해석하고 표현할 언어에 천착한다. 신학이란 항시 현시대의 상황을 신학의 탐구 속에 발견하려고 노력하지만, 우리는 그것을 의식하지 않고 지나쳐 왔다. 기독교 신앙은 뭔가. 그것은 항상 역사적이고 실존적이었다고 말하고 있다. 역사적이고 실존적인 신앙은 그리스도인들에게 아무런 거부반응을 보이지 않았을 뿐만 아니라 여과 없이 수용되었다. 여기에서 역사적이고도 실존적인 신앙이란 인간의 구체적인 현실을 전제로 하는 세상의 언어로 표현한 한 양태의 의미다. 동일한 선상에서 알타이저는 복음의 의미를 보다 효과적이게 하기 위해서 신-죽음이라는 개념을 고안하고 그것을 허용할 수 있어야 한다고 단언한다.[10] 그에게 있어서 신-죽음의 개념은 완곡어법이 아니라 매우 노골적이고 직선적인 표현이다. 말하자면, 신학은 일종의 "은둔전략"에서 벗어나야 한다는 것이다.[11] 그는 다음과 같이 말한다.

> 신앙이란 영원히 주어진 것이나 아니면 완전히 자율적인 것이라는 바로 그 확신이 여기서 강렬하게 도전을 받고 있다. 기독교 신학이 세상과의 대화를 떠나서는 존속하지 않는다. 우리는 그 사실을 실감하여야 하고, 점차 대화란 상호의 만남이라는 사실을 인정해 가고 있다.[12]

이런 비판에서 신학의 기능은 뭔가. 신학은 "신앙의 지평선에 현존해 있는 말씀에 응답하는 사유다."[13] 그런데 이 신앙의 지평선은 과거의 틀에 박힌 신조나 교의가 아니다. 그것은 현재에서 우리가 마주하는 것을 미래에 펼쳐 보이기 위한 도구다. 더 이상 신학은 과거의 옛 이야기만을 되뇌는 것으로 신학의 책무를 다했다고 말해서는 안 된다. 신학은 철저하게 이 세상과의 만남을 시도하여야 한다. 그래야만 신학이 세상의 변화에 민감하고 변할 수 있다. 그래야만 신학은 신앙에 응답하는 사유로서 그리스도인들을 돕는다. 간단히 요약하자면, 신학이란 거대담론이나 거창한 사유의 말 반죽이나 추상적 개념을 해명하는 문제가 아니다. 신학은 지극히 현실적이고 역사적이어야 한다. 그리고 그것 속에서 만들어지고 형성된 사유가 일종의 신학이어야 한다는 것이다. 이런 면에서 반기독교적 사상가들이 기독교에 대한 비난적 항의에 주목하는 알타이저는 꽤나 성공을 거둔 것처럼 보인다. 그는 "기독교 신학이 현실생활로부터 도피요, 고난의 회피요, 인간의 조건인 고통과 인간으로서의 명예를 거부" 해서는 안 된다고 도전한다.14) 니체의 상징 언어처럼, "무언"(No-Saying) 혹은 "무"로서 현대 세계를 휩쓸고 있는 기독교에 대해 정죄하고 있는 이 현실에 우리는 과감히 대면하고 이 세상에서 필요로 하는 일에 기독교 신학이 반응하여야 한다. 그것이 신앙에 응답하는 사유로서의 신학이 가야할 길이라는 것이다.

부정의 변증으로서의 신학

신-죽음의 신학은 기존의 방식을 해체하는 방식으로 정당화하려고 한다. 이 신학이 가장 염두에 둔 부정은 전통적 기독교 신관에 대한 것이다. 전통적 신관을 부정하기 위해 알타이저는 헤겔의 철학적 방식에 크게 의존한다. 초월적 유신론의 하나님에 대한 개념에 대한 부정에서 알타이저는 이 같은 신은 우리의 현실과 연관이 없다고 단언한다. 전통의 하나님은 전능하다고 하지만, 전능함을 드러내지 못한다. 전능함은 신을 긍정하는 힘이기 때문이다. 전능한 신은 우리가 의지하는 하나님이 아니다. 그런 초월적 하나님은 우리를 돕지 못한다. 그래서 알타이저는 이렇게 표현한다. "현대신학이 오늘날 신-죽음을 시인하는 것으로 시작해야 한다."[15] 하나님에 대한 의식이 상실된 시대라고 믿고 있는 현대인들은 신의 부재에서 살아가야 한다. 그것이 현대인의 신앙적 징표다. 그가 적절히 표현하듯이, "현대라는 시기는 하나님이 자신의 자취를 감춘 시기다."[16] 간단히 말해, '신은 죽었다.' 이것이 사람들의 마음에 시나브로 일어나는 생각이었다. 철학자 프리드리히 니체의 유명한 말로 알려진 이 신의 죽음은 "하나님의 비존재에 대한 신앙"이 아니라 "신의 부재가 점차로 증대하는 의식이다." 따라서 신의 부재에 대한 의식은 세속의 시대에 가장 바람직하고도 자연스러운 생각인지 모른다.[17]

이처럼 알타이저는 기존의 신학에 갇힌 하나님의 사유를 해체하고, 그것의 부정이 신-죽음의 신학에 대한 해결이자 방법이다. 우리가 의지하고 믿었던 그 신은 더 이상 우리의 하나님이 아니다. 그는 우리와 함께 하는 신이 아니다. 그는 천상의 높은 곳에서 군림하는 신이다. 그런 종류의 신이 참된 신으로 돌아오려면, 그는 죽어야 한다. 이 초월적 유신론의 하나님은 인간을 사랑하는 내재적인 하나님을 찾아 갈구하는 세속의 사람들의 필요를 채워주지 못한다. 아니, 보다 더 정확히 말하자면, 그런 하나님은 우리의 신앙에서 백해무익하다. 그의 이런 생각은 해밀턴과 마찬가지로 더욱 강한 어조로 이 서구를 지배해 온 신 개념이라고 단언하고 저항한다. "하나님은 서구의 지난 200년의 역사에서 점차적으로 부재했다." 하나님이 한때는 우주의 무대에 주연이었다. 그래서 하나님은 예배와 찬양 그리고 신뢰를 받았다. 하지만 우주의 무대에 주연이었던 하나님은 더 이상 예배와 찬양의 존재로 칭송받지 못하고 서서히 우주의 무대에서 사라지는 왜소하고도 가련한 존재로 전락하고 말았다. 왜냐하면 하나님은 죽었기 때문이다. 그러므로 "이 죽으신 하나님은 다시 돌아오지 않는다."[18]

이런 생각에 영향을 준 것은 유태인의 대학살의 상징이었던 아우슈비츠(Auschwitz)의 사건이다. 이 역사적인 사건은 낙관적이고 낭만적인 세계를 비관적인 세계로 전환시켰다. 전쟁이 그렇듯이, 인간의 한계와 고통을 가져다준 2차 세계대전은 사람들에게 커다란 교훈을 제공했다. 게다가 전 세계는 공산주의의 이데올로기로 무고한 시민들이 독재자들에 의해 향유의 삶을 유린당했고, 세계의 공포와 고통 속에서 하나님은 의심과 회의의 대상이었다. "도대체 전지하고 전능한 신은 이러한 인간의 고통과 공포 속에 어디에 있는가?" "그런 종류의 하나님은 전지하지도 전능하지도 않는 신이 아닌가?" 그들이 자연스럽게 입가에 맴도는 말이 되었다. 너무 오래도록 그 같은 하나님을 강조한 교회나 교회지도자들을 향해 촛불시위를 하지 않은 것만도 큰 다행이었는지 모른다.

초월적 유신론의 개념을 부정하기 위해 알타이저는 헤겔의 철학적 개념에 크게 의존한다. 헤겔의 사유는 그의 신학을 위한 일종의 모티브이자 정신적 지주다. 즉 그의 부정적 변증의 방식은 신-죽음의 신학을 전개하는데 없어서는 안 될 필연적 조건이다. 알타이저에 의하면, "정신은 타자이며, 자기를 향해 가는 존재이다. 하지만 그 결정성과 타자성에서 정신은 하나다. 동일하다. 정신은 자족적이며 스스로 완전하면서 동시에 그 자체 안에 있고, 그 자체를 향해 움직인다."[19] 여기서 정신이란 "자의식"이다. 의식은 살아있고 역동적이다. 무엇인가 자신의 의식을 드러내고자 하는 욕구를 갖는다. 하나님은 정신이다. 이 정신으로서의 하나님은 언제나 자의식을 가지고 활동하신다. 자의식의 하나님은 자신을 스스로 의식하는 존재다. 따라서 신은 아무런 사유나 생각 없이 행하는 존재가 아니라 합리적으로 행동하는 존재다. 자의식의 되어짐은 신을 규정하기 때문이다. 다시 말해, 하나님은 자의식의 존재다. 헤겔은 정신의 비움을 강조한다. 정신은 자기를 비움으로써 스스로의 타자가 된다. 이것이 헤겔의 생각이고, 그것을 자신의 신학에 도입하고 있다.[20]

앞서 언급했듯이, 알타이저의 신-죽음의 신학은 헤겔의 부정의 변증에 의존되었는데, 자의식을 통해서 행하는 신의 개념에 알타이저가 크게 고무된 것처럼 보인다. 이 자의식의 결과는 자기 비움의 방식에서 자의식의 행위를 통해 이루어지기 때문이다. 자기 비움은 자기 스스로의 결정을 통한 부정을 말한다. 간단히 말해, 자기 비움이란 자기 부정이다. 자기를 부정하는 정신의 존재나 실존은 자기의 본래의 정체성을 포기하는 신의 정신이다. 헤겔이 말하듯이, 정신이란 활동의 매우 중요한 영역이다. 정신이 자기를 향해 운동할 때는 자족적이지만, 타인을 향해 움직일 때는 그 정신은 역사적이고 현실적이 된다.[21] 즉 정신이 타인을 향해 움직임으로써 그는 객체적인 모습을 폐지하고 초월하는 행동으로 드러난다. 따라서 정신은 스스로의 대상이 되어서 그 대상 속에서 자기가 반영되어 있는 모습을 다시 반영하는 것이다. 이처럼 하나님의 자의식, 즉 정신이 스스로 객체가 되면서, 우리의 하나님은 자기가 자기를 반영하고 포기하는 모습인 성육신으로 나타나는 것이다.

## 예수 그리스도는 신-죽음의 결정체다

신-죽음의 신학은 헤겔의 "영원한 존재의 케노시스"(kenosis)의 개념으로부터 유래되었다. 케노시스란 말은 어원적으로 '비우다' 혹은 '무화하다'의 뜻이다. 이 케노시스의 사건이 일어난 곳은 골고다 십자가의 형틀에서 이루어졌다. 이 십자가의 사건은 하나님의 자기 버림으로 이루어진 역사적이고도 실제적인 사건이다. 이 케노시스의 사건이 없다면, 기독교의 정체성은 지탱되거나 유지될 수 없었을 것이다. 이 사건이야말로 기독교를 기독교답게 하는 사건이다. 이런 측면에서 알타이저는 이 영원한 존재의 케노시스를 신학의 중요한 요소로 설명한다. 그는 이렇게 말한다. "이 영원한 존재가 현실의 세계에 들어와 감각으로 느끼고 지성으로 배우게 된다는 것이다. 정신이 자기를 비하하고 비운 상태로 실존할 때에는 순수한 정신이 이미 아니다. 오히려 그것은 순수한 정신의 반대나 타자로 이해된다."[22] 그러므로 "정신을 절대적인 자기부정의 영원한 운동"으로 이해하는 알타이저는 절대부정이 없이는 성육신의 존재론적인 진정한 모습으로 변화될 수 없다고 주장한다. 성육신 그 자체는 이미 하나님 자신의 부정을 의미하고, 자기를 버리지 않는 자기 긍정의 지위에서는 인간으로 돌아올 수도 태어날 수도 없었다.

신-죽음의 신학은 무얼 우리에게 말하고자 하는가. 그것은 어쩌면 우리의 삶의 한복판에서 마주하는 고통과 슬픔 그리고 회의가 하나님의 존재를 재해석하려는 시도는 아닐까. 영원한 침묵으로 초월해 계신 지존의 하나님은 동화 속의 하나님처럼 우리의 현실에 무능하기 짝이 없다. 교회 골방에서 부르짖는 기도와 강단에서 외쳐대는 설교에는 "죄에 대한 고백"과 "회개"의 단어가 지천에 널려있지만, 그것에 대한 무내용과 무의미만이 판을 친다. 그 같은 단어들을 전달한다고, 기독교를 대표하는 교리가 성립되는 것은 아니다. 단지 우리의 강단은 우리가 당하는 고통과 무의미한 괴로움이 바로 우리 죄의 결과라고 말하고 죄를 회개하라고 아우성치는 소리가 원인도 모르는 사람들에게 어떤 의미를 가져다 줄 수 있을까. 신-죽음의 신학은 이러한 교회의 매너리즘에 대한 비판이자 성토다. 이 같은 분위기에서 신-죽음 논쟁에 끼어든 신학자 폴 반 뷰렌(Paul van Buren, 1924~1998)이 적절히 표현했듯이, "복음은 세속적 언어로 이해되어야 한다."

기독교 메시지가 우리가 현재 살고 있는 세계에 의미가 통할 수 있어야 한다. 이러한 고민이 알타이저의 신학을 죽음의 신학으로 전개된 근본적인 동기라고 보인다.

특히 알타이저는 그의 신학적 동기를 『신의 발생』(Genesis of God)에서 보다 구체적으로 현실화한다. 이 책은 하나님이 어떻게 이 세계에 진입하고 발생되는가에 대한 그의 관심을 표방한다. 즉, 신이 어떻게 만들어지는가를 말한다. 모든 전통적인 신관을 부정하고, 주권적이고 무조건적 존재를 부정하면서 그는 우리는 오직 "자기 자신을 무화하는 신"만을 허용해야 한다고 주장한다.[23] 그러면 자기를 부정하는 신은 어떤 신인가. 자기를 부정하는 신은 자기 자신을 죽음으로 내모는 신이다. 신이 죽었다는 말은 전통적인 유신론의 신이 죽었다는 것이지 다른 신이 죽었다는 것이 아니다. 이 의미는 예수 그리스도에서만 발견되어지는 신이다.

> 그리스도 안에서 죽은 하나님은 세상에 들어오는 하나님, 말하자면, 육체가 되는 정신의 운동으로 온 필연적인 결과며, 인간이 완전히 체험할 수 있도록 하나님의 죽음이 현실화된 사실은 하나님이 점점 더 완전하게 세속의 깊이 속에 들어옴으로서 스스로 본래적인 독특한 양태를 지속적으로 거부할 때에 나타나는 하나님의 계속적이고도 점진적인 운동

과정의 결정적인 표현이다.24)

따라서 그리스도 안에서 죽은 하나님은 자기 속에 있는 본연의 생명과 능력을 내려놓고, 자신의 소외되고 생명을 상실하게 하는 무화의 상태로 퇴각하신다.

예수 그리스도의 행위는 자명하다. 그가 죽음으로 자신을 나타내신다. 따라서 신-죽음의 신학에서 하나님의 본성은 신의 자기부정(The self-negation of God)에 의해서 드러나는 존재가 된다. 말하자면 자기 부정은 하나님의 행동과 자의적인 결정에서 이루어진다. 이런 면에서 알타이저는 서구 문화와 역사 속에서 신의 발생(genesis)에 관심을 갖는다. 그의 연구에 따르면, 신의 속성이 크게 두 가지로 이해되었다. 하나는 신의 자기 차이성(self-differentiation)이고, 다른 하나는 자기 부정(self-negation)이다. 신의 자기-차이성은 바로 신의 계시에 의해서 발전되어진 신학의 흐름으로 신은 전적인 타자다. 이러한 신의 이해는 칼 바르트에서 시작한 신정통주의 신학에서 주로 이해되었다. 이 신은 언제나 초월적이고, 인간과 차이를 두고 있기 때문에 자기 계시를 통해서 자기를 확증(self-affirmation)하는 존재다. 다시 말해, 신은 하늘에 있고, 인간은 땅에 있다는 바르트의 신 이해에 가장 적합한 의미를 제공한다. 우리가 알듯이, 계시의 신관이란 바로 신의

'나는 존재한다'(I am)의 신, 즉 그는 언제나 존재하는 신이며 그에 의해서 세계가 군림하고 통제되는 그 같은 신의 개념이다. 이것은 내가 있다 혹은 내가 현존한다는 것에 강조를 둔다. 이와는 달리, 신의 부정은 예수 그리스도 안에서 자기를 부정하는 하나님, 자기를 무화(self-annihilation)하시는 하나님으로 이해된다. 이 하나님은 성육신 하신 하나님이시고, 역사 속에 오셔서 인간을 위해서 십자가에 죽으시고 부활하신 그리스도 안에서 발견되는 하나님이시다. 알타이저는 이러한 신의 부정을 자기 포기와 자기 버림을 통해서 세상에 알리는 신이다. 알타이저는 이 의미를 빌립보서 2장 7-8절에 나오는 자기 비하(emptying)하시는 모습에서 찾는다.[25] 모든 초월적 근거로서의 신은 자기를 비하시키는 신이어야 하며, 그리고 인간이 되신다는 것이다. 인간과 함께 하는 신은 자기 부정을 감행하지 않고서는 우리의 삶에 환영을 받지 못한다. 알타이저는 매우 강한 어조로 말한다. 자기 긍정과 초월적 유신론은 죽었다. 우리는 더 이상 서구 전통의 신관과 신에 대한 용어를 사용할 이유가 없고, 그러한 개념들을 과감히 폐기처분할 수 있어야 한다. 그것이 아마도 알타이저가 오늘날 우리에게 말하고자 하는 내용일 것이다. 자기 부정이 없는 신은 결코 성육신하여 십자가에 자신을 내어주지 못하는 게 아닐까.

## 신-죽음의 신앙은 자기 무화의 신앙이다

알타이저는 신-죽음의 신학을 통해서 우리에게 말하고자 하는 것은 신-죽음의 신앙을 수용하도록 요청한다. 1966년에 쓴 『기독교 무신론의 복음』에서는 그가 "신앙"을 일종의 "모험"으로 규정한다. 하지만 2002년에 수정본인 『기독교 무신론의 새로운 복음』에서는 신앙을 모험 대신 "부르심"(calling)으로 수정했다. 모험이란 감행이란 의미가 있는 반면에, 부르심은 우리가 응답하여야 하는 필연적 의미를 부가한 것으로 보인다. 기독교 신앙이란 정말로 뭔가. 알타이저의 대답은 간명하다. 신앙은 죽음을 통해서 이해된다는 것이다. 원래 기독교의 정체성이 죽음을 보편적이고 절대적인 요소로 이해하지 않았는가. 그리스도의 죽음에 대한 믿음은 구속의 의미를 알게 하고, 그것을 믿는 징표로 침례에 순종한다. 침례는 그리스도가 우리를 위해 죽으시고 장사되고 사흘 만에 살아나셨다는 것을 믿는 죽음의 상징적 의식이다. 그리스도의 죽음을 믿는 믿음이 일차적이다. 그리고 기독교의 대속(atonement)과 같은 교리조차도 죽음을 받아들이지 않고서는 이해되지 않는 개념이지 않는가. 따라서 하나님의 죽음에 대한 선포는 기독교인의 신앙고백으로 인정하고 받아들여야 한다.

구체적으로 신-죽음에 대한 믿음은 무엇인가. 그것은 우리의 신앙이 하나님의 자기 무화의 행위를 믿고 따른다는 뜻이다. 자기를 무화하고 부정하는 행위는 기독교의 신앙이다. 우리의 신앙은 언제나 자기를 부정하지 못하고, 긍정함으로서 문제의 중심에 있는 것은 아닐까. 그런 의미에서 신-죽음을 믿고 산다는 의미는 다름 아닌 자기 부정의 운동과 자기 비움의 행위로 이해되어야 한다는 것이다. 자기 부정은 우리에게 그리스도의 고난을 우리의 삶에서 구체화시키는 요구이다. 그리고 이 세상에서 자기 비움은 우리의 삶을 보다 풍요롭게 하는 원동력이 되기도 한다. 이런 이유에서 알타이저는 다소 강한 어조로 다음과 같이 표현한다.

> 현대 인간의 공허하고 뿌리가 없는 체험을 신앙을 포기함으로서 나타난 불신앙의 산물로 보지 말아야 하고, 급진적 그리스도인은 우리 시대의 정신적인 비움을 하나님의 자기 무화의 역사적인 현실화의 과정으로 보아야 한다. 이 같은 인간의 상황속에 있는 공포와 불안에도 불구하고, 급진적 그리스도인은 이런 어두움마저도 오히려 그리스도의 본래적인 고난의 포괄적인 구체화나 성취로 환영할 것이다.[26]

이제 우리가 받아들여야 할 신앙은 자명하다. 그것은

하나님을 믿는다는 것이 그의 죽음을 믿는다는 것이다. 즉 그의 죽음은 자기를 비우는 하나님의 충만한 역사의 과정으로 받아들이고 그것을 믿는다는 것이다. 하나님은 자기를 죽임으로서 우리의 고난에 동참하시고, 우리의 구체적인 현실을 도우신다. 이 현실적 역사에 동참하는 하나님은 언제나 죽음을 통해서만 진입이 가능하다.[27] 그것이 기독교적이고 신앙적이다. 하나님이 죽음으로 오신 이 세계, 하나님이 죽음으로 보이신 이 세계를 긍정하고 받아들이는 일은 가능한 일인가. 알타이저는 어렵다고 말한다. 그렇지만 우리가 그렇게 할 수밖에 없는 이유는 하나님이 그리스도 안에서 자기 자신을 죽임으로서 역사의 과정을 실현시키는 방식을 택했기 때문이다.

"신앙은 자기와 말하고 있는 세상으로부터 영향을 받으려고 하지 않는 이상, 자기도 세상을 향하여 말할 수 없다."[28] 곧 그의 생각은 잔존하는 신학이 낡은 신앙의 형태로서는 신학이고, 이 신학은 주로 신앙의 형태로 전개되고 말해진다는 것이다. 그런데 이 낡은 신앙의 형태는 세계에 어떠한 의미를 제공해 주지 못한다는 것이다. 어쩌면 그의 말은 옳다. 세계를 떠난 신앙은 무의미하기 때문이다. 우리의 신앙과 세상은 서로 분리할 수 없는 관계다. 하지만 전통적으로 신앙은 교회 안의 활동에만 국한하여 전개되었지, 세상에 어떠한 의미를 제공하기 위해 노력하지 않았다. 이런 고민과 번민 가운데 알타이저는 하나님의 죽음을 일종의 탈출구로 생각했고, 그것이 세상에 주는 복음, 즉 기쁜 소식으로 믿었다.

이 예수 그리스도의 십자가는 "하나님의 자기 소멸"이며 "하나님의 자기-무화"의 행위다. 하나님은 하늘의 영광을 버리고 이 땅에 오시는 자기 상실을 감행함으로써 인류의 가장 위대한 사건을 일구어냈다. 다시 말하지만, 이 세속에서의 그리스도인으로 산다는 것은 하나님의 죽음을 고백하는 행위로 산다는 것이다. 알타이저는 『기독교 무신론의 새로운 복음』에서 이 사실을 분명히 한다. "하나님의 죽음을 믿는 것은 그리스도인의 신앙고백으로 인정하는 것이다."[29] 하지만 그리스도인의 신앙은 하나님의 죽음을 믿는 신앙과는 정반대의 길을 추구하고 향유해 왔다. 자기를 비우는 그리스도를 살찌고 부유해지는 그리스도로, 영광을 택하기보다는 십자가의 길을 택하는 예수 그리스도를 무대의 광대와 상업주의의 인물로 이미지화하지 않았는가. 그러한 그리스도인들이 알타이저의 표현을 빌리자면, 오늘날의 사탄이다. 천국과 평안을 버린 성육신의 예수 그리스도를 세단 승용차에 태우고 주일마다 돈을 세고, 빌딩 건축을 구상하는 건축가로 바꾼 그들이 곧 하나님의 죽음을 믿지 않는 사탄의 일꾼이며 사탄에 동조하는 사람들이다.[30]

자기 상실은 그리스도인의 본분이자 책무다. 우리가 자기 상실을 감행하지 못하는 그리스도인은 언제나 하나님의 죽음의 신앙이 아니라 자기를 긍정하는 신앙으로 살아간다. 알타이저는 우리가 하나님의 죽음을 믿는 신앙으로 나아가길 원하고 있다. 알타이저가 말하듯이, 진정한 신앙은 언제나 고도의 모험을 일으키는 것인지 모른다. 그러한 모험은 언제나 바뀌는 시대와 상황에 따라서 달라져야 하는지 모른다. 그렇지만 이 세상을 긍정한다는 것은 이 세상과 타협하고 산다는 의미로 받아들인다는 것을 의미하진 않는다. 이런 점에서 우리는 "기독교의 그리스도를 포기할 각오를 감행하여야 할지 모른다."[31] 이 말은 분명히 그가 다소 감정적인 어조로 말하는 것처럼 느끼게 하지만, 우리가 확고하게 토대로 여겼던 기존의 그리스도의 이미지와 권위를 버려야 할지 모른다. 왜냐하면 기독교의 자기부정을 감행하지 않고서는 기독교의 정체성을 얻지 못하기 때문이다. 어쩌면 우리 시대에 이런 신학이 더 필요한지 모르겠다. 삶이 부유해지고, 더 상업적으로 변질되어가는 교회의 모습에서 성육신으로 이 땅에 오신 하나님의 자기 상실과 무화의 과정을 거부하는 이 시대에 필요한 신학이 아닐까 싶다. 이런 이유에서 알타이저는 이렇게 고백한다. 그리스도인이란 "예수 그리스도 안에서 완전히 자기를 부인하고 희생했던 하나님을 선포하는 믿음의 사람들이다."32)

## 희망의 신학

신-죽음의 신학이 기독교 신앙의 세속적 의미를 발견하려는 시도와는 다른 분위기를 느끼게 함으로써 기독교 신앙은 매우 암담하고도 우울한 측면을 연출하게 되었다. 이로 인해 하나님에 대한 사람들의 생각이 허무주의적 사고에 젖어들게 만들었다. 사람들이 이 같은 어두운 분위기를 밝은 분위기로 전환하여야 할 필요를 느끼고 있을 때, 미국이 아닌 독일에서 블로흐의 희망의 철학에 근거하여 작업하는 소리가 들려왔다. 이 작업의 중심에는 튀빙겐대학의 위르겐 몰트만과 뮌헨대학의 볼프하르트 판넨베르그가 있었다. 그들이 표방한 신학은 희망의 신학이다. 희망의 신학은 기독교 신학적 용어로 표현하자면 종말론의 신학이다. 종말론은 앞으로 되어 질 일에 초점을 맞춘 연구로서 미래의 사건을 보려주려 한다.

사실 희망의 신학은 시의적절한 신학이었다. 죽음에 관한 신학적 논의는 인간의 희망을 말할 수밖에 없는 연속성을 제공하는 신학이었다. 그리고 사회 경제적으로 침체된 상태였던 미국의 경제공황에서 오는 사회의 암울하고도 위축된 시기를 감안해 볼 때에 희망의 신학은 시대가 요구한 신학이 아닐 수 없었다. 어떤 의미에서는 죽음의 신학도 이러한 사회에 반응하려고 했던 것이었지만, 오히려 신-죽음의 신학은 사회에 활력과 힘을 제공하는데 기여하지 못했다. 신-죽음이란 어감에서 오는 부정적인 의미가 오히려 사람들에게 저항을 불러일으켰기 때문이다.

## 미래의 희망을 이야기하는 신학자, 위르겐 몰트만

위르겐 몰트만(Jurgen Moltmann, 1926~ )은 1926년 함부르크(Hsamburg)의 세속주의 가치관을 가진 교육자의 가정에서 태어났다. 종교와 신학과는 다소 거리를 두고 성장했던 몰트만은 수학과 원자물리학에 관심을 가지고 열중하던 학생이었다. 막스 플랑크와 알버트 아인슈타인과 같은 과학자들은 그가 닮고자 한 젊은 시절의 우상이었다. 그 같은 그의 젊은 날의 꿈과 희망을 바꾸어놓은 것은 전쟁이었다. 몰트만은 1943년 7월에 함부르크의 도시를 기억한다. 함부르크는 영국 왕실 공군 부대의 작전에 의해 도시 전체가 화염 속에서 붕괴되고 4만 명이나 되는 수많은 사람들이 불에 타 죽었다. 당시 학생이었던 몰트만은 공군 지원단의 일원으로 도시 내의 한 고사포 부대에 속해 있었다. 이 부대는 완전히 파괴되었고 그의 친구들은 폭탄에 의해 산화되었다. 하지만 구사일생으로 몰트만은 살아 남았다. 그런데 그는 3년간(1945~1948)의 전쟁포로로 수용소에 갇히게 되었다. 전쟁포로로 있는 동안 몰트만은 인간의 삶에 대한 실존적 고민이 깊어만 갔고, 물리학이나 수학에 대한 관심을 포기하면서 하나님에 대한 믿음을 생각하게 되었다. 성 앤드류대학의 리처드 바우크함(Richard Bauckham)은 몰트만의 경험을 생생하게 말한다. "몰트만은 1945~1948년 전쟁포로로 있을 당시 처음으로 하나님의 실재를 경험하였다. 그리고 이 경험은 그의 신학을 위한 최초의 원천을 제공했다. 이때 그는 희망을 가능하게 하는 능력으로서의 하나님과 고통 가운데 현존하시는 하나님을 동시에 경험하였다."[33] 결국에는 아우슈비츠와 히로시마의 전쟁이 삶을 다시 생각하게 되었고, 그 결과 그의 삶의 방향을 바꾸어 놓았다.[34]

1948년 몰트만은 괴팅겐대학(University of Gottingen)에 입학했다. 이 대학에서 그는 한스-요하힘 이반트의 강의를 통해서 종교개혁자의 칭의론과 루터의 십자가 신학에 의해 영향을 받았다. 그리고 학문적 활동은 에른스트 볼프나 오토 베버의 강의에서 주로 이루어졌다. 오토 베버의 지도 아래에서 몰트만과 그의 아내는 박사학위를 공부하고 있었고, 졸업 후에 그들은 결혼했다. 1957년 그는 곧바로 부퍼탈 신학대학에 부임하여 학문적 경력이 시작되었다. 1959년에 몰트만은 마르크스주의 철학자 에른스트 블로흐의 『희망의 철학』을 읽으면서 큰 흥분을 감추지 못했다고 한다. 이 희망의 철학은 그의 신학적 주제인 '희망'에 대한 통찰을 종말론적 관점에서 재구성되었다. 희망에 대한 그의 사유는 1964년에 출간된 『희망의 신학』으로 나타났다.35) 블로흐의 희망철학에 대한 크나큰 영향에도 불구하고, 몰트만은 궁극적으로 기독교 신학자로서 마르크스주의와 유대교주의와는 다른 방식에서 희망을 전개할 수밖에 없었다.

깔끔한 외모와 준수한 생김새는 그의 현대인의 전형적인 학자의 분위기를 자아낸다. 도날드 무서(Donald W, Musser)가 표현하듯이, 몰트만은 오늘날 칼 바르트 다음으로 가장 명성 있는 개혁주의 조직신학자다. 특히 몰트만은 오토 베버(Otto Webber)로부터는 칼빈주의의 개혁교회 전통에 대해 영향을 받았으며, 이반트로부터는 헤겔의 철학적 신학, 즉 하나님 죽음의 개념을 배웠다. 당시 헤겔의 하나님 죽음의 개념에서 헤겔은 자신이 무신론을 말하고자 한 것이 아니라 그 당시의 사회의 무신론적 성향과 무신앙적 성향으로 인하여 인간과 세계의 고통을 말하고자 하였던 것이다. 즉 하나님의 부재의 절규와 같은 것으로 이해된다. 그리고 에른스트 볼프의 사회윤리학적 차원에서 하나님의 계명과 사회의 구체적인 현실의 문제, 그리고 교회와 신학이 갖는 사명의 본질 등을 배웠다. 앞서 언급했듯이, 전쟁은 "희망의 능력으로서의 하나님"(God as the power of hope)과 "고난에서의 하나님의 임재"(God's presence in suffering)의 경험을 신학적 사유로 이어졌는데, 몰트만과 같은 한 신학자의 삶이 잃어버릴 수 없는 과거의 경험이 얼마나 큰 영향을 끼치는 것인지를 이해하는 좋은 본보기였다.

전쟁 후에, 그는 괴팅겐(Gottengen)대학에서 칼 바르트의 신학을 연구하였지만, 그의 조직신학은 다른 방향으로 흘러갔다. 전쟁이 끝난 후에 고향으로 돌아와서 고향의 황폐함과 전쟁의 참혹성을 직접 체험하면서 부정의(injustice)와 인간의 미래(future of humanity)에 대한 사유의 시간을 보내고 있었다. 그의 신앙의 중심은 그 자신이 고백하고 있는 것처럼, 아우슈비츠 이후 우리는 어떻게 하나님을 믿을 것인가? 왜 독일교회는 전쟁 후에 교회의 범죄를 고백하고 교회 스스로를 개혁하는데 주저하는가? 이러한 물음들이 그의 신학적 영향력이었던 당시의 실존주의 철학의 영향력으로부터 벗어나는 계기가 되면서 칼 바르트와 디트리히 본회퍼의 신학을 다시 조명하기에 이른다. 바로 이것이 그의 신학적 방법론인 프락시스(praxis)와 정치신학(political theology)에 결정적인 영향을 끼치게 되었던 이유이다. 몰트만은 1958년 부퍼탈(Wuppertal)에서 신학교수로 시작하여, 1963년 본대학교의 신학교수로,

그리고 1967년에서 1994년 그가 은퇴하기까지 튀빙겐에서 조직신학교수로서 일했다.

한평생 현실적 사회와 신학을 가교하려고 투쟁해 온 노신학자 몰트만은 신학을 "처음부터 불확실하게 출발하는 하나의 모험"이라고 규정했다.[36] 모험이란 어떤 사상을 발견하기 위해 밖으로 나가는 여행의 일종으로 비유될 수 있다. 그런데 그의 희망의 신학은 하나님이라는 과제를 안고 있는 문제로 인식했다는 점에서 위르겐 몰트만은 하나님을 위한 신학자. 하나님은 그의 존귀함이면서 고뇌이며 동시에 하나님을 희망이라고 믿었던 몰트만은 분명 우리 시대의 신학을 밝은 색으로 화폭에 담았던 신학자였다.

## 종말은 현재를 결정한다

희망의 원리에서 희망의 신학은 종말론의 기독교교리를 다시 반성하고 수정한다. 종말론은 예수의 선포와 신약성경의 중심적 담론이다. 그래서 "예수가 행한 것은 무엇이며, 그리고 초대교회가 희망한 것은 무엇인가"의 물음을 넘어서 몰트만은 보다 근원적인 물음인 "희망한다는 것은 무엇인가"의 물음으로 바꾸어서 종말론에 대한 의미를 찾으려고 시도했다. "무엇을 희망하는가" 또는

"우리가 기다리는 것은 무엇인가"와 같은 물음들은 미래의 희망과 깊은 연관된 종말론의 문제다. 몰트만이 이렇게 표현한다. "기독교는 단지 에필로그가 아니라 처음부터 끝까지 전적으로 종말론이며, 희망이며, 앞을 향한 전망과 성취이다. 따라서 기독교는 현재를 또한 갱신하고 변화시킨다."37) 종말의 교리는 "최후적인 사물들에 대한 가르침" 혹은 "최후적인 것에 대한 가르침"이다. 그렇지만 몰트만은 종말의 교리를 "기독교 희망론"으로 규정한다. 이것은 우리가 기대하는 희망에 의해서 세상이 움직여지고 결정되기 때문이다. 따라서 몰트만이 적절히 언급하듯이, "기독교는 다만 하나의 부록이 전적으로 종말론이며, 희망이며, 앞을 향한 전망과 성취이다."38) 이 희망이 현재의 변화와 혁신을 주도한다. 희망이 있다는 것은 현실에 안주하지 않는다는 강한 표현의 다른 이름이다. 미래는 오지 않았다. 미래는 먼 훗날의 이야기다. 그리고 현재는 고난이자 고통이다. 하지만 현재를 변화시키는 힘은 미래의 종말을 희망하는 일에서 시작한다.

몰트만은 미래에 대한 물음에서 종말론적 희망에서 답을 찾는다. 미래는 형성되는 것인가. 아니면 미래는 오는 것인가. 이 두 가지 물음에서 몰트만은 미래는 과거와 현재로부터 형성되는 것이 아니라 미래에서 오는 것으로 이해한다. 그에 의하면, 미래는 자연의 형성과정에서 말하는 형태다. 과거와 현재로부터 만들어지는 미래로 우리가 이해한다면, 자연은 영속적 확실성을 중재할 수 있는 동기를 어떤 희망에게도 부여하지 못한다. 왜냐하면 아직 있지 않은 것을 언젠가는 더 이상 있지 않을 것이기 때문이다.39) 게다가 형성으로서의 미래는 발전과 계획, 진단과 프로그램에 대한 근거와 동기를 제공하긴 하지만, 영속적인 희망에 대한 근거와 동기를 제공하지 않는다고 몰트만은 본다. 그의 생각은 분명하고 또렷하다. 미래란 형성되는 것이 아니라 현재로 오는 것이다. 그에 의하면, 미래는 "과거로부터 발전되지 않고, 오히려 선한 것이든 아니면 악한 것이든 간에 새것을 현재와 대질시킨다."40) 그래서 미래는 현재로 진입하고 도래한다. 미래가 온다는 근거를 그는 요한계시록 1장 4절에서 찾는다. "지금도 계시고, 전에도 계셨고, 또 장차오실 그분께서." 말하자면, 하나님의 존재는 오심 가운데 있지 되어감은 아니다.41) 그가 권위로 빌려오는 이 구절은 "존재의 미래"가 아니라 "오심의 미래"다. 하나님의 존재는 "종말론적으로 이해되고," 미래는 신학적으로 이해된다. 그는 말한다. "미래는 모든 현재에 대하여 영속하고 초월하는 초월을 얻으며 모든 현재를 잠정적인 현재로 만든다."42) 이 말은 미래가 초월의 모본이라는 것이다. 여기서 미래가 초월적이라는 것은 과거와 미래가 시간의 동일선상에 환원되지 않고, 그것을 질적인 차이를 제공한다는 것을 의미한다. 질적인 차이의 대칭으로 이해되는 과거와 미래는 옛 것과 새 것이다. 과거란 옛 것이고, 미래는 새 것이다.

이러한 의미에서 몰트만은 세 가지 미래를 도식화한다. 미래는 (1) 과거적인 미래, (2) 현재적인 미래, 그리고 (3) 미래적인 미래로 구분된다. 그러면서 몰트만은 종말론적 미래가 이 세 가지 양태를 결정한다고 믿는다. 간단히 말해, "미래는 연장된 존재"에 불과하다. 현재의 연장은 현재의 소유의 상황과 힘의 상황을 정체화시키는 데 도움을 준다.43) 이 현재의 연장의 의미로서의 미래는 실행할 수 있는 힘을 가진 사람만이 미래를 계획하고, 그것을 추진한다. 하지만 이것은 "미래를 창조한다"고 말할 수 없다. 오히려 미래의 새로운 가능성을 배제한다. 몰트만에 따르면, 미래에 대한 이해는 "선취"다. 미래에 대한 생각은 그것이 두려운 것이든, 아니면 행복에 대한 것이든 또는 공포에 관한 것이든, 인간은 행복, 공포, 두려움과 같은 그 선취를 통하여 장차 오는 것에 대한 태도를 취한다. 그는 다시 강조하여 말한다. "선취하여 오는 의식 없이 우리는 미래의 것을 자작할 수 없다."44) 비록 그가 제시하는 오는 미래는 미래의 선취가 이미 현재와 과거와 단절되어 있지 않고, 오히려 연속적이라는 사실을 간과하고 있을지라도, 그는 "선취하여 오는 의식 속에서 우리는 언제나 궁극적인 것, 다시 말하여 행복과 불행, 삶과 죽음을 지향한다"고 생각한다.45) 따라서 우리의 경험 속에 나타나는 궁극적인 것은 우리의 기다림에 있어서 첫 번째의 것이 된다. 이 미래의 선취는 지금 현재의 행위와 결합한다. "인간이 희망하며 소원하는 혹은 두려워하거나 배격하는 미래의 대상들은 언제나 인간에게 사실상 문제가 되는 것, 인간이 그의 모든 실존과 함께 지향하여 그것에 의존하는 것에 해당한다."46) 우리는 언제나 이 종말론적 흔적을 갖는다. 이 종말론적 흔적이란 가능성 그 자체다. "시간 자체는 미래적이며, 영원한 것의 실제적인 상징이다."47)

## 십자가에 달리신 하나님은 신앙의 근거다

몰트만의 신학체계에서 현재라는 시간은 완성된 시간이 아니다. 현재는 언제나 미래의 시간과 모순적이고 불합리하며 대립적 관계다. 몰트만은 이 현재를 이해하기 위해 예수 그리스도의 십자가를 상정한다. 십자가는 기독교 신앙의 중심이다. 십자가가 없다면 기독교는 더 이상 기독교가 아니다. 기독교는 십자가와 동일시한다. '십자가가 기독교다'라고 말해도 틀리지 않는다. 따라서 십자가는 기독교의 정체성을 규정하는 근본이 된다.

몰트만은 『십자가에 달리신 하나님』에서 기독교 신앙을 십자가의 신앙으로 이해하고, 그것의 회복이 위기의 기독교를 구할 수 있다고 믿는다. 그런데 십자가의 신앙이란 단순히 고난에 동참하는 신앙만을 의미하지 않는다. 십자가의 신앙이란 현재의 고난을 넘어 미래의 사건을 끌어오는 종말론적 힘이다. 따라서 몰트만은 이렇게 표현한다. "기독교 신앙은 십자가에 못 박힌 그리스도를 죽은 자 가운데서 다시 살린 것에서 살고 그리스도의 우주적인 미래의 약속을 얻으려고 애쓴다."[48] 이 십자가에서 몰트만은 종말을 먼 미래의 사건으로 인식하지 않고 현재를 변화시키는 힘으로 이해했다. 우리는 매일의 일상에서 고난과 악과 죽음과 같은 것을 경험하지 않는가. 우리가 처한 삶의 정황에 따라서 고난과 악과 죽음의 의미가 다르지만, 그것이 평안하고 안락한 현실에 대한 반대인 것만은 확실하다. 이러한 현실에도 불구하고, 교회는 십자가로부터 분리되어 있고, 모순으로 가득한 사회의 희망을 상실한 종교적 기능으로 전락했다는 것이다.[49] 이 십자가는 우리의 모순적 현실에서 희망을 요청한다. 이 희망이 현실을 변화시키기 때문이다. 어쩌면 우리가 무엇을 믿는다는 것은 현실적 한계와 모순적 삶을 넘어 초월하는 것과 같다. 그것이 희망이요 종말이다. 몰트만이 표현하고 있듯이, "희망은 항상 신앙을 새롭게 하며 활기를 주고 신앙이 마지막까지 견딜 수 있기 위해서 계속해서 힘이 솟아나게 한다."50)

그럼에도 불구하고, 이 십자가는 예수 그리스도의 죽음만을 가리키지 않는다. 그것은 개인의 실존적 차원을 넘어 정치적 차원을 포함하고 있다. 몰트만의 신학체계에서 이 십자가는 두 가지 점을 강조한다. 하나는 이 십자가는 이 세상에서 억압당하고 버림받은 사람들의 고난에 관심을 갖는다는 것을 의미한다. 고난은 실재이자 현실이다. 고난은 이 세상의 모든 것과 결별한다. 고난은 언어화되지 않는다. 고난이 언어화되었다면, 그것은 이미 고난이 아니다. 따라서 고난으로서의 십자가는 우리의 시대에 고난을 경험하는 사람들에게 관심을 가지라는 신앙적 요청이라고 보인다.51) 다른 하나는 십자가는 사회 구조적 환경에 관심을 갖는다는 것을 의미한다. 십자가는 우리 시대의 법과 강제들, 죽음의 불가피성을 낳는 악들에 대항한다. 몰트만이 적절히 표현하듯이, "희망은 그리스도 안에서 고난 속의 위로일 뿐만 아니라, 고난에 대한 하나님의 약속의 반항이기도 하다."52) 간단히 말해, 십자가를 믿는다는 것은 현실적 죽음과 악에 대항한다는 것이다. 그리스도의 십자가에 희망을 두는 사람은 주어진 현실을 그대로 받아들이기를 저항한다. 현실에서 고난을 당하는 일은 희망을 믿는 사람의 당연한 책무라 여긴다. 그런 면에서 십자가를 믿는다는 것은 현실주의나 냉소주의에 반대하는 개념으로 받아들일 수 있다. 현실주의나 냉조주의는 우리의 십자가 신앙을 비웃을지 모른다. 그렇지만, 이 십자가는 고난이면서도 동시에 희망 그 자체다. 고난은 그리스도의 부활을 통해서 우리에게 희망을 약속하기 때문이다. 몰트만은 매우 강한 어조로 다음과 같이 말하고 있다.

> 기독교 희망이 미래의 모든 운동 속에 있는 오만을 타파할 때에, 그것이 자기 자신을 위하여 그렇게 하는 것이 아니라, 이러한 희망 속에 있는 체념하려는 싹을 파괴하기 위해서이다. 이 싹은 최근에는 유토피아에 있어서는 기대하였던 현존재와의 화해가 강요되는 화해가 되는 것이다. 그러나 그와 함께 다음에 역사적 변화의 모든 운동이 희망의 '궁극적인 새로운'의 세계에서 일어난다. 그리고 이러한 것들은 기독교적 희망에 의하여 취급되며 또한 촉진된다. 그러므로 이런 역사적인 변화의 모든 운동은 선구적이며, 따라서 점정적인 운동이 된다…. 왜냐하면 그것은 전체 현실에 대하여 희망을 갖고 있기 때문이다.[53]

이처럼 십자가 신앙은 현실사회를 창조적 변화의 원천으로 인식하고, 항상 사회에 대한 관심과 사랑에서 출발하도록 우리를 요청한다. 그러므로 십자가에서 희망을 발견하는 일은 우리의 신앙에서 매우 중요하다. 우리는 현실을 현재의 상태에 고정하지 않음으로써 미래의 가능성에 진입한다고 믿기 때문에 현실의 모순과 악을 바꾸려는 것은 십자가를 믿음으로 종말을 믿는 사회적 의미로 되돌아온다는 것이다.

## 생태계 신앙은 생명을 사랑하는 신앙이다

생태계에 대한 강조는 진부할 정도로 오래되었다. 하지만 그 실천에 있어서 느린 거북이처럼 더디다. 우리가 인식하는 것처럼, 생태계의 파괴는 인간의 파괴와 밀접한 관계가 있기 때문에 오늘날 우리의 신학은 생태계에 관한 담론이 주요한 정점을 이루고 있다. 이미 1960년대부터 이러한 현실을 예민하게 직시하고 자신의 신학적 화두로 삼은 사람이 튀빙겐대학의 몰트만이다. 생태계의 문제는 신학의 공적인 일에 해당된다. 아무리 훌륭한 신학이라고 해도 그것이 공적인 실천에 아무런 도움을 주지 않는다면, 그 신학은 울리는 꽹과리에 불과하다. 생태계에 대한 몰트만의 관심은 그의 신학이 매우 성숙한 단계에서 이루어졌다. 그가 말하는 공적인 신학은 "하나님을 향한 공적이고 비판적이며 예언자적인 희망에 관여하는 신학"으로 정의한다.54) 이 공적인 신학의 가장 중심적인 논의가 바로 생태계의 문제다. 그는 직감적으로 생태계 위기에 대해 다른 신학자들과는 달리 일찍이 관심을 가지고 말한 신학자로 보인다. 세상의 관심은 이제 지엽적인 교회의 울타리에서 벗어나 보다 넓은 우주적 영성에 관심을 가져야 한다는 목소리를 높여가고 있다. 그의 비판적이고도 예언자적 목소리가 우리의 마음에 잔잔한 감동을 준다. 그의 주장은 명료하다. 우리는 우주의 생명력을 회복시켜야 한다는 것이다.

특히 몰트만은 그의 『창조 안에 계신 하나님』에서 피조물로서 자연과 인간에 관한 신학적 이해를 추구하면서 신학적으로 생태계의 중요성을 논의하고 있다. 생태계의 위기를 초래한 원인은 착취적 지배의 인간과 자연의 관계에서 비롯되었다. 하나님을 창조세계의 군주적 통치자의 이미지로 보는 견해는 인간과 자연의 이분법적인 위계질서로 이해하게 된다. 그런데 전통적 창조론은 인간을 자연과 구분하는 존재로 보았기 때문에 인간은 자연을 지배하는 존재이고, 자연은 인간의 지배대상이였다. 이러한 유형의 세계관을 극복하기 위해 몰트만은 자연과 더불어 사는 인간 공동체에 대한 의식이 절실히 필요하다고 주장한다. 자연의 독립성을 주장하는 한편, 인간은 자연과 더불어 상호의존적 관계에 동참하여야 한다고 보았던 몰트만은 우주적 영성(cosmic spirituality)의 다급함에 호소한다. 그는 전통적인 우주관, 즉 근대과학의 기획에 대한 이해가 매우 제한적이고 그것이 오늘의 생태계를 파괴하는 주된 원인이라고 진단한다. 근대과학의 기획은 자연을 지배하는 것, 즉 자연의 인식방식이 대상을 지극히 객관화하고 분석적으로 사고하는 것과 밀접하게 연관되어 있다. 이것은 인식주체가 인간이고, 인식대상은 자연이기 때문이다.[55]

몰트만은 생태계의 위기를 극복하기 위해서 창조론을 재구성할 필요를 말한다. 자연을 착취할 목적으로 하는 기술, 즉 이것은 근대과학의 기획에서 시작된 세계관이었고, 그리고 인간이 자연의 주인이 됨으로써 자연과 인간을 이분법적으로 구분하게 되었다. 인간은 자연을 지배하고 통치하는 주인으로, 그리고 자연을 지배의 대상으로 인식하게 되었다. 그러한 것보다 더 심각한 문제는 인간이 가진 힘과 초능력을 추구하고 그것을 시험하려는 인간의 욕망에서 생태계의 환경은 파괴되고 있다고 몰트만은 지적한다. 이 욕망은, 몰트만에 따르면, 기독교 세계관 속으로 오해되고 오용된 성서의 창조신앙에 의해 설명되었다. 그는 다음과 같이 말하고 있다.

'땅을 정복하라'는 성서의 구절은 인간의 자연지

배와 세계정복, 그리고 세계지배를 위한 신적인 계명으로 간주되었다. 힘에 대한 무한한 추구를 통하여 인간은 하나님이신 '전능자'와 비슷하게 되어야 했고, 그리하여 그를 자신의 힘을 종교적으로 정당화시키기 위하여 하나님의 전능을 등에 업었다. 서구의 교회, 곧 유럽과 아메리카 그리스도교에 의해 대변된 그리스도교 창조신앙은 오늘의 세계적 위기에 대하여 공동의 책임을 지고 있다.56)

그렇다면, 이런 신학적 담론에서 그가 이 생태계적 위기 상황에서 우리에게 요구하는 신앙적 실천은 뭔가. 그것은 매우 간단하다. 그것은 다름 아닌 "인간의 자연화"다. 근본적으로 인간은 자연에 대칭하여 맞서 있었다. 하지만 만일 이 대칭적 관계에서 인간을 위치시키면, 인간 자신은 자연의 일부분이 아니라 자연 위에 군림하는 관계로 변한다. 그런데 우리가 인간의 자연화를 추구한다면, 인간은 자연의 한 산물에 불과하다는 것을 사실상 인정할 수밖에 없다. 자연은 언제나 새로운 삶의 형식들과 삶의 형태들을 생성하고 최종적으로 인간을 생성하고 만들어내는 위대하고도 소중한 주체다. 다시 말해, 인간은 전통적인 개념과는 달리 객체다. 이 생산적인 자연의 한 산물인 인간은 세계의 중심이 아니다. 이제 더 이상 우리의 신앙은 인간중심의 세계관을 필요로 하지 않으며, 자연과 인간의 상호 의존적 세계관을 필요로 하고 있다. 이런 이유에서 몰트만은 자연을 지배하려는 욕구와 자연을 소유하려는 욕망을 버려야 한다고 강하게 주장한다.[57]

생태계의 신앙을 복원하기 위해서 몰트만은 마지막으로 창조 이야기에서 '안식일'의 개념을 도출해 낸다. 그리고 몰트만은 성경에서 말하는 창조교리야말로 안식에 관한 의미를 가장 명시적으로 설명하고 있다고 믿는다. 그는 이렇게 말한다. "창조의 안식일에 관한 이론은 '자연으로서의 세계'에 대한 이해와 구별되는 성서적 창조론의 표지가 된다. '세계를 창조로' 이해하게 하고 성화하고 축복하는 것은 안식일이다."[58] 이 안식일의 교리를 통해서 몰트만은 하나님을 "쉬는 하나님"으로 이해한다. 안식일을 제정하고 선포함으로써 하나님은 창조의 활동을 중지했다. 창조의 활동은 노동의 시간이다. 이 노동의 시간은 안식일과 분리된 개념이 아니라 순환적인 개념으로서 안식일 다음에 반드시 창조의 행위가 수반되고, 창조의 행위 다음에는 반드시 안식일이 수반된다. 다시 말하면, 창조의 행위와 안식의 쉼은 서로에게 필요한 시간이다. 충분한 쉼이 없이는 창조적인 행위를 기대할 수 없다. 따라서 창조와 안식은 불가분의 관계가 된다. 이러한 맥락에서 몰트만은 안식일을 하나님의 축복으로 받아들인다. 그런데 축복으로서의 안식일은 하나님이 활동함으로써가 아니라 그가 휴식함으로서 그의 피조물들에게 제공한다.59) 따라서 안식일은 모든 피조물을 위한 창조의 축제일이다. 즉 안식일은 누구나 지키고 따라야 하는 법률적인 의미보다는 단순히 우리의 노동의 결실에 관한 축제의 의미다. 따라서 안식일은, 그에 의하면, "역사의 왕관"과 같다. 그가 말하듯이, "안식일의 고요함이 없이는 역사는 인류의 자기 파멸로 화할 것이다. 안식일의 평온을 통하여 역사는 신적인 척도에 따라서 성화되며 인간적인 척도에 따라 축복을 받을 것이다."60)

결론적으로 몰트만은 이 안식일을 요청함으로써 우리에게 교훈하고자 하는 이야기는 두 가지로 집약될 수 있다고 보인다. 첫째, 생태계 신앙은 단순히 쉬는 것만을 의미하지 않는다. 그것은 창조라는 노동 후에 오는 축제의 개념이라는 것을 교훈하고자 한다. 노동을 하지 않은 상태에 맞이하는 안식일은 불안하고 걱정스럽다. 따라서 노동의 마침이 안식이지 단순히 시간적인 날짜에서 말하는 쉼의 의미가 아니라는 것을 보여준다. 둘째, 생태계 신앙이 쉼을 통해서 우리가 거주하는 이 세상에게 안식을 제공하여야 한다는 것을 가르친다. 인간과 마찬가지로 지구도 쉬어야 한다. 인간중심의 세계관에 의해 이 지구는 끊임없이 개발되고 발전되어 왔다. 너무나 피로한 이 지구가 쉬지 않는다면, 그것의 종말은 파멸이다. 따라서 생태계의 신앙은 우리의 지구를 보존하고 지키기 위해 부르시는 청지기의 책무적 의미로 받아들여야 한다는 것이다.

## 나가는 말

우리는 알타이저의 신-죽음의 신학과 몰트만의 희망의 신학을 읽으면서 엇갈림의 느낌보다는 왠지 엇비슷한 느낌을 받는다. 그것은 다름 아닌 신학의 방식에 있어서 유사하고 공통된 요소를 발견하기 때문이다. 무엇보다도 이 둘의 신학에서 십자가의 사건은 매우 중요한 담론으로 강조되었다. 비록 그들의 접근은 상이하더라도 그 내용은 대동소이하다. 알타이저는 십자가의 사건에서 하나님의 죽음을 보았고, 몰트만은 십자가의 사건에서 하나님의 종말론적 미래를 보았다. 알타이저와 몰트만에게 있어서 십자가는 기독교의 정체성을 규정하는 개념이다.

이 두 신학에서 화두로 삼은 십자가의 의미는 성육신하신 하나님의 죽음을 역사 속에서 실제로 일어난 사건으로 이해되었다. 그것은 상징적인 의미를 넘어서 역사적인 사실로 받아들인다. 알타이저와 몰트만에게 이 십자가는 기독교 신앙의 중심이자 핵심이다. 그들은 십자가 위에서 죽은 예수 그리스도의 행위에서 신-죽음의 의미와 신-희망의 의미를 발견했다. 하지만 그들은 십자가의 의미를 다르게 전개했다. 알타이저는 이 십자가에서 신 죽음의 사건을 보았고, 그것이 실제적으로 19세기에 일어난 신앙의 붕괴를 통하여 현실화되었다고 주장했다. 우리의 전통적인 신앙은 점차로 신에 대한 의식을 상실하게 만들었고 그리고 신 죽음의 신앙으로 대체되기 시작했다는 것이다. 반면에 몰트만은 삼위일체론적으로 파악하여 인격들 상호간에 일어난 관계의 사건으로 보았다. 그래서 그는 십자가는 "하나님 자신 안에 일어난 균열이다"라고 단언했다.61) 이처럼 십자가의 사건은 두 신학자들의 사유의 출발점이었던 것만은 사실인 것처럼 보인다. 그리고 십자가의 사건이 전통적 신관을 거부하고 보다 현실적이고 구체적인 능동적 하나님의 이해로 환원시켰다고 보인다. 물론 알타이저의 신-죽음이 신의 절대적 죽음으로 끝나는 문제인 것처럼 보이지만, 그 내면을 자세히 들여다본다면, 그는 우리의 삶과 유리하지 않는 신에 대한 갈구였다고 보인다. 이런 이유에서 알타이저와 몰트만은 전통적으로 이해되어 온 "문제 해결자"(problem solver)나 "필연적 존재"(necessary being)로서의 하나님을 사실상 신학적 담론에서 배제시켰다.

신-죽음의 신학과 희망의 신학에서 우리가 발견하는 또 다른 의미는 그리스도 안에 있는 신(God in Christ)을 세상 밖으로 끌어내는 작업에서 그 의미를 찾을 수 있다. 알타이저와 몰트만은 진정으로 기독교의 하나님을 진지하게 생각한 신학자들이었다. 알타이저의 경우에는 기독교 하나님이 예수 안에서 자기를 부정하는 신이어야 참된 하나님이라고 말했다. 그것은 하나님이 초월된 하나님이 아니라 구체적으로 이 역사적인 현실과 이 세상에 오셨고, 사람들과 말씀을 하시고, 대화하시고 그리고 예수 안에서 죽으셨던 하나님이어야 한다는 것을 선포하여야 한다는 것이다. 헤겔 철학의 권위에 의존하는 알타이저는 역사를 "하나님의 역사"로 이해하고, 따라서 하나님의 역사가 바로 "자기 부정의 과정" 속에 있는 역사라고 믿었다. 하지만 알타이저의 의도는 우리가 바로 이해하고 있다고 하더라도 여전히 부정적이다. 이는 그가 의도한 것인지는 알 수 없지만, 사람들의 사유에 부활의 희망이 배제된 하나님의 모습은 그다지 환영을 받지 않는 듯한 인상을 심어주었다고 보인다. 반대로 몰트만의 경우에는 하나님이 그리스도의 죽으심과 살리심의 변증적인 관계에서 이해되었다. 따라서 하나님은 종말의 역사에 대한 증언을 의미한다. 이런 점에서 몰트만은 문학적이고 역사적인 접근 방식보다는 신학적인 방식을 선택했다. 루터와 바르트를 통해 신학적 사유가 형성된 몰트만은 전통 신학을 고려하면서도 그것을 전적으로 수용하지 않았고, 그가 원하고 의도한 미래의 관점에서 하나님의 희망을 이야기하고자 했다. 그의 노력은 성공적이고 긍정적이었다. 희망은 이미 사람들의 본능적 욕구이자 욕망이다. 현실에 대한 불만족은 희망이라는 개념을 통해서 현실에서 탈출하고 초월하고자 하기 때문이다.

신-죽음의 신학과 희망의 신학을 간략히 평가하면서 이 장을 마무리 하고자 한다. 신-죽음의 신학은 예수 그리스도 안에서 철저하게 죽은 하나님을 상정한다. 하나님이 죽어야 인간이 산다. 하나님이 죽어야 인류의 희망이 보인다. 아이러니하게도 이 하나님의 죽음을 믿는 신앙이 오히려 희망적이라고 알타이저는 선포했다. 이와는 달리, 희망의 신학은 미래의 신학이다. 미래의 신학은 종말 사건을 다룬 신학이다. 미래는 과거와 현재라는 시간적 단계를 통해서 형성되고 만들어지는 것이 아니라 미래로부터 현재로 진입하는 시간이다. 그래서 미래는 이미 선재해 있다. 현재로 오고 있는 과정을 믿는 우리는 부단히 미래에 자신을 조명할 때, 현실의 고난을 견디고 희망한다. 무엇을 기대하고 희망한다는 것은 이미 우리의 현실을 초월하고자 하는 욕구를 일으키는 동기로 작용한다는 것이 몰트만이 들려주고 싶은 이야기였다. 그러므로 우리들이 바라본 이 두 신학들은 차이성 안의 동일성의 풍경을 보여주었다고 확신하면 어떨까.

# 7 사회복음주의 신학과 복음주의 신학의 논쟁

"우리의 임무는 모든 인간관계를 개혁하고 하나님의 뜻에 부합하게 화해시킴으로써 인간사회를 하나님의 나라로 변혁하는데 있다."
— 월터 라우센부시

"기독교는… 하나님에 관한 사실적이고도 문자적인 진리를 인용하여야 한다."
— 칼 헨리

# 제 7 장
## 사회복음주의 신학과 복음주의 신학의 논쟁

19세기 말에서 20세기 초의 미국사회는 많은 유럽인들에게 대변동의 사건이었던 제1차 세계대전에 관해서는 거의 영향을 받지 않았지만, 대신에 산업사회의 빠른 성장을 경험하고, 그로 인한 불황의 순환과 격렬한 노동분쟁으로 심한 골머리를 앓고 있었다. 사회의 경제적 가치를 얻기 위해 미국사회는 노동 이민자들을 받아들이면서 새로운 형태의 하위문화가 형성되고 있었다. 청교도 정신으로 무장한 미국사회는 순수한 복음에 대한 열정과 전도로는 타락하고 더럽혀진 사회와 전통의 규범을 흔드는 하위문화를 따라 잡기가 어렵게 되었다. 복음의 힘은 소진되었고, 설교의 능력은 상실되어 사람들의 마음을 감동시키지 못했다. 사회는 생계의 불안감과 미래의 불확실성으로 인해 점차적으로 교회를 등한시했고, 교회의 출석률이 상대적으로 감소하기에 이르렀다. 교회 내에서도 각성의 목소리가 들리기 시작했고, 도시를 중심으로 일어난 빈민자들과 노동 이민자의 경제적 빈곤과 오염된 사회 안에서도 민주주의에 대한 불신감이 고조되고 있었다. 그래서 신경제 이론들과 사회학 연구가 지배하는 자유방임의 개인주의와 미국 길드 시대의 사회 다원주의의 도전이 일어났다.[1] 신학은 종종 사회에 대한 관심에서 발생한다. 이 시대에 필요했던 신학은 사회에 대한 관심의 신학이었을 것이다. 사회복음주의 신학과 복음주의 신학은 이 시대적 위기의 상황이라는 배경을 업고 탄생하였다. 이 같은 시대적 상황은 나름의 해결책으로 분주했는데, 우리는 사회의 관심을 가진 두 유형의 신학들을 눈여겨볼 수 있다. 하나는 월터 라우셴부시의 사회복음주의 신학이었고, 다른 하나는 칼 헨리의 복음주의 신학이다. 한편에서는 복음의 외침으로는 더 이상 사회를 변화시키고 구원하기에는 역부족이라는 것을 깨닫기 시작한 사람들이 침례교 목사이자 신학자인 라우셴부시의 예언자적 소리에 경청했고, 다른 한편에서는 세상이 처한 현실 문제를 해결하기 위해 사회구조를 변화시키고 구원하기에는 근원적인 문제해결이 될 수 없었기 때문에 하나님의 말씀과 그것의 원리대로 살아야 한다는 사람들은 침례교 목사이자 신학자인 칼 헨리의 예언자적 소리에 경청했다.

# 사회복음주의 신학

자유주의 신학자 아돌프 폰 하르낙이 하나님의 나라 개념을 발전시켰지만, 그 개념은 구체적인 정치적 사안에 적용하지 못했다고 비판을 받았다. 이는 하나님 나라 개념이 신학적으로 이해되지 못했기 때문이다. 하르낙의 하나님의 나라 개념을 혁명적인 개혁 운동으로 전개하기 위해 골몰히 연구한 사람은 침례교 목사였던 월터 라우센부시였다. 그에게 있어서 하나님 나라 개념을 사회적 현실의 눈으로 이해한다는 것은 사회의 질서와 구조의 경제적·정치적 개혁을 실행한다는 것이다. 말하자면, 하나님 나라는 신학적 토론의 장에 머무는 것이 아니라 현실의 삶에 적용되어야 한다는 것이다. 이런 연유에서 말했을까. 그는 "미국의 사회주의 기독교 해설가"로 주로 기억되고 있다.[2] 그에 따르면, 정치적인 사안으로서의 하나님 나라는 추상적인 경계가 아니라 사회적 경계에서 보아야 한다. 라인홀드 니버가 말하듯이, 라우센부시는 "미국에서 일어난 사회복음의 진정한 창시자다."[3] "사회의 예언자와 사회의 개혁가"로 명성을 얻은 그는 복잡한 신학적 전통을 가지고 뉴욕의 사회를 개혁하고 정화하고자 노력했다. 하지만 그는 침례교 전통의 대각성 운동의 영향을 받은 매우 "사회복음의 고독한 예언자"였다. 따라서 그는 사회의 부패와 타락에 대한 사람들의 무의식적이고도 냉랭한 태도를 미국의 청교도적 대각성의 운동과 같은 사회의 조건으로 개혁하고자 노력했다.4)

## 할렘가의 혁명 신학자, 월터 라우센부시

월터 라우센부시(Walter Rausenbusch, 1861~1918)는 1861년 10월 4일 뉴욕의 로체스터에서 태어났다. 라우센부시는 독일 루터교 목사의 아들로서 정통 개신교의 교리와 신앙으로 양육을 받으면서 성장했다. 그의 선조들은 6대째 경건한 전통의 루터교 목사들이었는데, 대체로 독일 경건주의 목사 집안은 월터 라우센부시가 태어나기도 전에 미국의 복음주의에 의해서 완전히 변화의 조짐을 보였다. 비록 그의 아버지 어거스투스 라우센부시는 1846년에 루터교 선교사로 미국에 이주해 왔지만, 복음주의에 대한 가족의 호의적인 관심과 변화로 라우센부시는 4년 뒤에 침례교 소속으로 전향했다. 당시 어거스투스 라우센부시는 미국 트랙트 기관(American Tract Society)에 의해서 캐나다와 미국 서부의 침례교 선교사로 인준을 받게 되었다. 로체스터 신학교 내에 독일어를 하는 사람들에게 침례교 사역의 훈련을 담당할 사람을 찾고 있는 중에 어거스투스 라우센부시가 이 사역을 담당하기 위해

임명되었다. 그는 로체스터 신학교에서 독일어를 가르치는 교사로서 헌신하면서 신학을 연구하였다. 어거스투스 라우센부시는 미국의 메노나이트에 관한 연구로도 유명한데, 침례교 역사신학자인 클라우스 위르겐 젠(Kalus Jurgen Jaehn)에 따르면, 이 연구에 관해서는 최초이면서 주도적인 연구가들 중 한 사람이었다.5) 이러한 신학적 분위기와 환경 속에서 성장한 월터 라우센부시는 어린 나이임에도 경건한 신앙 전통과 침례교의 복음주의적 열정에 의해서 영향을 받고 있었다. 월터 라우센부시가 아홉 살이었을 무렵에 회심을 체험하고 하나님의 부름을 느껴 자신의 삶을 하나님께 드리기로 결심하였다. 로체스터 프리 아카데미라는 고등학교에서 4년을 공부한 젊은 라우센부시는 그의 부친이 몸담고 있는 로체스터 신학교에 입학을 결정하고 신학을 공부하게 된다. 그는 이렇게 적고 있다. "나의 종교 체험은 나에게 영원한 가치를 갖게 했다. 그 체험은 나를 하나님께로 돌아서게 했으며, 그래서 나는 나의 온 마음을 다해서 하나님께 감사를 드렸다. 그것은 매우 부드러우면서도 신비로운 체험이었다. 그 경험은 나의 영혼에 깊은 곳까지 영향을 미쳤던 경험이기도 했다."6)

1883년 10월 21일에 라우센부시는 침례교 목사로서 안수를 받았다. 안수를 받기 전에 그에게 문제가 된 것은 제도적 신앙의 진리에 대한 어려움 때문이었는데, 위원회는 그의 정통 신앙과 교리에 대해 집중적으로 검증했고, 그것에 관한 문제를 제기했지만, 다행히도 동정심이 발휘되었는지 모르지만 어느 정도의 진통을 겪은 후에 위원회는 그에게 안수를 베풀기로 결정하였다. 월터 라우센부시는 그의 어머니에게 보내는 편지에서 이 문제를 다음과 같이 적고 있다.

> 사랑하는 어머니에게, 나는 다른 사람들과 마찬가지로 동일한 신념들을 주장하고 있다는 것을 오래 동안 알고 있었습니다. 그러나 그리스도께서는 이렇게 말씀하셨지요. '내가 이 세상에 온 것은 진리를 증언하러 왔노라.' 이 말씀은 진리가 중요한 것이지 바리새인들이 주장하는 신념들은 아닌 것이지요. 진리 때문에 예수 그리스도는 그의 생명을 바쳤습니다. 그리고 그분은 또 이렇게 말씀하셨지요. '진리를 아는 사람은 나의 음성을 듣느니라.'[7]

라우센부시가 선택한 교회 사역의 장소는 뉴욕 시에서 매우 가난한 지역이었던 헬스 키친(Hell's Kitchen)이었다. 지역 특성상 사람들은 낮은 임금과 빈곤에 시달리면서 생계와 미래의 암울한 기대감으로 하루하루를 보내는 지역의 사람들이었다. 사회의 열악한 조건은 사람들의 의식을 약하게 하거나 사회에 대한 반감으로 나타난다. 이런 상황 속에서 라우센부시는 '반-빈곤 사회'의 슬로건을 내세우면서 뉴욕 시장의 후보로 나선 헨리 조지의 사회주의의 독특한 형식을 배우면서 그에게 동조한다. 그가 인정하듯이, "나는 1886년에 헨리 조지의 선동이 세상의 사회적 문제에 처음으로 각성하게 된 계기가 되었다."[8] 그곳에서 그는 사회주의 운동에 가담하였고 기독교 사회주의 신문사를 설립했다. 1891년 라우센부시는 독일에서 몇 달간 신약학을 공부하면서 윤리적 하나님의 나라가 복음의 중심적 핵심이라고 강조하는 리츨 학파의 영향을 받고 미국으로 돌아온다. 그가 이러한 사상에 매료된 것은 당시 조직된 '사회복음' 운동에 대한 관심이었다. 1897년에 그는 로체스터 신학교의 교회사 교수로 임용되었고, 그의 저술과 강의들을 통하여 미국의 정치적이고도 경제적인 개혁을 촉구하게 되었다. 경건주의적 전통과 사회 개혁가로서의 실천적 신앙을 가지고 있으며, 흔히 시대의 예언자로 호칭되기도 한 그는 자본주의의 모순을 날카롭게 지적하면서 동시에 사회주의의 문제에도 독특한 식견을 제시하기도 했다. 그가 추구하는 궁극적 목표는 사회질서의 기독교화였다. 그래서 그는 자기 자신을 "실천적 사회주의자"(practical socialist)와 동일시하였다. 이는 "타당한 형성과 강화할 필요를 충족하기 위해 교회

의 구성원들이 사회적 욕구나 직감에 제공되어야 한다"고 믿었기 때문이다.9)

우리는 이러한 그의 사회복음주의 신학을 1907년에 그가 출간한 『기독교와 사회적 위기』에서 찾을 수 있다. 이것은 당시 미국사회가 안고 있는 빈부의 엄청난 격차에 관해 적나라하게 쓴 것이었다. 그의 신학은 다른 신학적 반성과 마찬가지로 사회의 민감한 화두에 반응하는 것이었다. 그는 사회적 위기에서 그리스도인이 된다는 것이 가난을 영속화하는 경제적인 구조들을 개혁하고 변혁하는 것과 동일시했다. 모든 형태의 사회개혁운동에서 철저하게 분리된 기독교 신앙은 하나님의 사랑을 구체적인 사회현실에서 실천해야 한다. 따라서 그리스도인으로 산다는 것은 오늘날 세상이 처한 사회적 현실 문제를 해결하기 위해 시대의 고민에 동참하여야 한다는 것이다. 즉 단순히 장식된 언어로 교회 내에서만 주님을 외치는 일은 그만두고 밖으로 나가 사회의 정치적 제도를 변혁하여야 가난에서 사람들을 구원할 수 있다는 것이다. 라우센부시는 기독교의 본질적인 목적을 이렇게 정의한다. "기독교의 본질적인 목적은 하나님의 뜻에 따라 모든 인간관계를 재생함으로써 그리고 그것들을 재구성함으로써 인간 사회를 하나님 나라로 변혁시키는 것이다."10)

## 시대의 아픔에 동참하라

라우셴부시는 신학을 "구속의 과학"(science of redemption)으로 정의한다.11) 사회복음은 주로 19세기 말에서 20세기 초에 미국을 중심으로 변하는 세상에 반응하는 시도들 중 하나인 '개신교 운동'이다. 라우셴부시는 사회운동을 "현 세계에서 가장 중요한 윤리적이고 영적인 운동"으로 규정한다. 이것은 구체적으로 "이 윤리적이고 영적인 운동에 대한 기독교의 의식에 대한 반응이다."12) 사회의 영적이고도 윤리적인 반응에 대한 특성들은 뭔가. 그것은 체제나 구조의 윤리적인 측면을 말한다. 그 신앙의 형태에서 우리는 신학적 구조를 세워야 한다. 그래서 사회복음주의 신학은 시대의 요청에 반응하는 신학이다. 간단히 말해, 신학은 복음을 구체적이고 현실적인 사회에 대한 해석이다. 이러한 사상은 예수 그리스도의 공생애에서 비롯된다. 그분이 이 땅에 오신 목적은 복음을 선포하러 오셨다. 복음은 인류를 위한 하나님의 희망의 메시지다. 누구든지 예수 그리스도를 영접하고 그분을 구주로 받아들인다면, 하나님의 자녀가 될 뿐만 아니라 자녀의 특권을 누린다. 복음은 모든 사람을 위한 능력의 메시지다.

하지만 전통적으로 복음은 개인적이고도 영적인 의미

로 해석되었다. 복음은 사회를 변화시키는 힘이 아니라 개인의 영적인 필요를 채워주는 기능이었다. 이러한 복음의 기능은 사회의 부조리하고 모순된 삶의 현장과 유리된 관계를 설정했다. 개교회 중심의 신앙으로 사회의 억압과 지배적 구조에 아무런 반응을 하지 않는다. 자기 비대와 만족으로 기독교 신앙을 일종의 유희적 환경으로 몰고 간다. 대체로 당시의 교회는 미국화된 기독교의 유형이었다. 미국화된 기독교는 대부분의 도시 이민자들로 구성된 사람들에게 어떤 형태로든 도움을 제공할 수 없었다. 도시이민자들은 제1차 세계대전 이전에 어느 교회와도 관계를 갖지 않았고, 미국에 와서 교회라는 공동체를 듣고 형성했기 때문에 빈민가의 목회는 다른 목회의 양태와 다를 수밖에 없었다. 이 사실을 인식한 라우셴부시는 복음을 사회적 의미로 해석할 필요성을 강하게 느낄 수밖에 없었다. 그는 1907년에 쓴 『기독교와 사회적 위기』(Christianity and the Social Crisis)에서 사회적 의미의 복음의 중요성을 밝히면서 사회복음의 근원을 예수 그리스도의 사역에서 찾는다. 라우셴부시의 눈에 비쳐진 예수는 단순히 사회의 혁명가가 아니다. 그렇다고 예수는 시간을 초월해 있거나 보편적인 종교 지도자들처럼 인간의 일반성에 관하여 애매하게 가르치는 교사도 아니다. 예수는 예언자의 전통의 선지자다. 예수는 자신의 시대에 민감한 예언자로서 사회의 문제를 경고하고 진단했다. 이는 그가 구약의 예언자적 전통에 서 있기 때문이었다. 그래서 예수 그리스도는 시대의 비도덕성과 사회적 체계에 대해 경고하고 조정하려는 예언자로 이해되었다.13)

그러면 그가 구체적으로 선포한 예언의 메시지는 무엇이었을까. 그것은 다름 아닌 '하나님의 나라'(The Kingdom of God)다. 그는 거리에서, 광야에서, 궁전에서 하나님의 나라가 가까이 왔다고 선포하고 가르쳤다. 그가 선포한 하나님의 나라는 윤리적이며, 이 윤리적 목표를 현실적 사회에 적용하고 실현하려는 것이 그의 목표이자 이상이다.14) 하지만 그가 말하는 하나님의 나라는 종말의 시간에 우리에게 오는 미래의 사건이 아니라 현재의 사회에 이루어지는 현세적 나라다. 그래서 그의 하나님 나라는 사회적 희망의 내용을 포함하고 있다. 라우센부시는 이렇게 표현한다. "하나님의 나라는 여전히 인간의 모든 사회적 삶을 포함하고 있다는 집단적 개념이다."15) 여기서 집단적 개념은 개인적인 개념이 아니라 공동체적 개념을 뜻한다. 사회란 하나의 집단으로 구성되어 있다. 그런 면에서 라우센부시는 집단에 대한 사회적 희망을 예수 그리스도의 희망으로 보는 것이다. 예수는 국가적, 사회적 그리고 종교적 삶의 개혁을 기대하고 희망하면서 동시대를 살아가기 때문이다.16) 라우센부시가 적절히 말하고 있듯이, "하나님 나라는 인간의 원자들을 구원하는 문제가 아니라 사회적 유기체를 구원하는 문제다. 그것은 개인들을 천국으로 이끌기 위한 문제가 아니라 이 땅 위에서 천국의 화해 속으로 삶을 개혁하는 문제이다."[17)]

이런 맥락에서 라우셴부시가 하나님의 나라를 전통적인 종말론의 희망과 차이를 두는 것은 당연하였다. 전통적인 희망은 하나님의 재앙으로 지구의 멸망과 관련을 가지고, 천상의 나라, 천국에 대한 희망이었다. 라우셴부시는 다음과 같이 적고 있다. "인기 있는 희망은 신적 재난을 위해 간구하는 것이었다. 하나님 나라는 유용한 지진에 의해서 도래하는 것이었다. 어느 날 하나님 나라는 외부에서 관찰할 수 있는 유성의 화염과 같이 오는 것이 아니다. 하지만 우리는 정치적 자기 도움을 위한 능력이 불구가 되었을 때 예언적 희망은 재앙적이 되고 묵시적이 된다는 것을 보았다."[18)] 이처럼 천국의 소망은 결국 초월적이고 선험적 영역의 것으로 이해함으로써 그것이 오히려 현실사회에 재앙을 가져다 준다고 라우셴부시는 믿는다 그러므로 "미래는 신적 도움으로 현재로부터 성장하는 것이다."[19)]

## 사회구원이 개인구원보다 선행한다

사회구원은 사회복음을 내용으로 구성한다. 사회구원은 전략적으로 개인구원과 대결한다. 개인구원은 모든 인간의 마음에 대한 죄성의 가르침이라고 한다면, 사회구원은 집단적이고 사회적인 죄성에 대한 가르침이다. 만일 하나님에게 나아오는 모든 영혼들이 구원받기 위해 예수 그리스도를 개인의 주님으로 영접한다면, 한 영혼은 하나님과의 개인적인 관계를 통해 구원에 이른다. 그것은 지극히 개인적이고 영적인 의미다. 즉, 그것은 라우센부시가 말하는 개인의 구원으로서의 복음의 역할이자 기능을 말하는 것이다. 그래서 이 개인구원이 우리에게 사회 질서의 죄성에 대한 적절한 이해나 변화를 제공하지 않으며, 또 사회 속에 있는 모든 개인들의 죄들을 공유하지도 않는다. 하지만 사회구원은 개인들의 집단적 죄들에 대한 회개 아래에서 현실을 응시하도록 한다. 따라서 라우센부시는 우리에게 국가의 구원을 믿었던 구약의 예언자들의 신앙을 요청하고 있다고 믿는다.[20] "사회구원은 그들의 집단적인 죄들에 대한 회개를 요구하고, 더욱 민감하고 더욱 현대적 양심을 만드는 것이다."[21] 라우센부시가 적절히 말하듯이, "신학이란 복음보다 우월하지 않다."[22] 이것은 복음이 신학에 선행한다. 신학이란 복음을 위해 봉사하는 기능 외에 다른 어떤 것이 아니다. 즉 "신학은 구원의 설교를 돕기 위해 존재한다. 신학의 임무는 기독교의 본질적 사실들과 원리들을 매우 단순하고도 명확하게 만드는 것이다."23)

이런 근거에서 사회구원은 구조적인 죄에 대해 지적한다. 전통적인 죄의 개념과 구별되는 사회구원은 단순히 '과녁이 빗나가다'라는 어원적 의미의 죄를 사변적 죄나 교리적 죄로 규정한다. 교회는 구조적인 죄에 대한 회개를 선포하여야 하고, 죄에 대한 인식이 없이는 사회개혁의 운동을 이룰 수 없다고 알려야 한다. 라우센부시는 강한 어조로 다음과 같이 말한다. "죄에 대한 의식이 결여되어 있다는 것은 도덕적으로 성숙하지 못하다는 증상이거나 덧문을 내려 앉히고 빛을 차단하려고 노력하는 증상이다."24) 한마디로 죄는 인간을 타락으로 이끈다. 그렇지만 이 죄는 인간의 타락을 사변적이거나 교리적인 차원을 넘어 그리고 실제적이고 철학적인 차원을 넘어서 윤리적인 차원에서 지적되어야 한다. 이런 점에서 라우센부시는 사변적이고 교리적인 의미의 인간의 타락을 거부한다. 그가 적고 있듯이, "사회복음은 모든 면에서 실제적이다. 그것은 체계화된 죄에 대항하는 영웅적 반대(heroic opposition)를 위한 그리고 정의로운 사회생활의 건물을 위한 에너지를 해방하는 신앙적 개념을 필요로 한다."25)

특히 라우센부시는 죄의 성격을 두 가지 측면에서 해석한다. 하나는 죄의 특성으로서 이기주의의 요소가 발생하는 것에 대한 문제를 제기한다. 다른 하나는 죄의 추상적인 형식들에서 이기적 자아와 인류의 공동 선 사이에서 야기되는 갈등의 측면을 추정한다. 죄는 하나님과 자아 간의 갈등의 시작이다. 죄는 이기주의다. 이기주의는 죄의 한 형식이다. 그런데 이기주의로서의 죄는 윤리적이면서도 사회적이다.[26] 그래서 라우센부시는 이렇게 표현한다. "이기주의로서의 죄에 관한 정의는 죄와 구원의 사회적 개념을 위한 하나의 놀라운 신학적 근거를 제공한다. 하지만 사회복음은 그 같은 정의를 사회화하고 활력을 북돋아 주기 위한 선을 취급하는데 공헌할 수 있다."[27] 이처럼 죄는 죄인과 하나님 간의 사적인 취급이 아니다. 죄란 사회적인 개념이고 도덕적이고도 윤리적인 개념이다. 사회에서 행해지는 부패와 타락은 죄의 전형적인 예들이다. 교회는 사회의 이러한 악행들에 대해 경고하고 그것들을 회개로 이끄는 것이 교회의 사명이자 하나님의 나라를 실현시키는 일이다. 하나님의 나라는 정의가 실현되고 집단적 이기주의가 사라지는 현실 사회에서 이루어지게 해야 하고 진행하여야 한다. 그러므로 장차올 하나님의 나라는 현실의 사회개혁 속에서만 의미를 갖는다.

요약하자면, 구원은 무엇보다도 사회변화를 뜻했다. "구원은 인간 개개인을 구원하는 문제가 아니라 사회구조를 구원하는 것이다. 구원은 개인들을 천국에 가게 하는 문제가 아니라 지상의 삶을 천국의 조화로 변형시키는 문제이다."28) 따라서 라우센부시는 사회구원을 통해 이 지상에서 하나님 나라를 성취하려는 유토피아적 열정을 가졌다고 보인다.

## 하나님 나라는 현실적 나라다

하나님 나라를 이 땅위에 실현하는 사회구원은 초월적이고 이 세상 너머에 존재하는 피안의 나라가 아니라 현세적 나라다. 그러면 구체적으로 그가 의미하는 나라는 무엇인가. 라우센부시는 두 가지 의미로 설명한다. 하나는 형제애가 있는 왕국이고, 다른 하나는 노동의 연방(the commonwealth of labour)이다.29) 형제애를 구성하는 하나님 나라는 죄의 나라를 거절한다. 죄의 나라는 의의 친교 공동체를 반대한다. 구체적으로 형제애로서의 하나님 나라는 "산업노예의 폐지와 문명의 빈민가의 퇴출" 등을 목표로 하고 실현하는 사랑의 공동체다.30) 1887년 12월로부터 라우센부시는 그의 모든 관심을 드러내기 시작한다. 하지만 사회에 대한 그의 관심은 라우센부시 혼자만은 아니었는데, 1888년 봄에 당시 사회적 관심을 가지고 있었던 뉴욕의 아미티 침례교회의 목사였던 라이톤 윌리엄스(Leighton Williams)와 뉴욕의 스웨덴 침례교회의 이민자목사였던 나다나엘 슈미트(Nathaniel Schmidt)와 우정관계를 맺고, 1892년에 "왕국의 형제애"(Brotherhood of the Kingdom)를 창립했다. 이 모임의 성격은 교회의 사회적 역할에 대한 것이었는데, 교회는 일종의 사회적 유기체로서 소금과 빛의 기능을 가지고 있다고 천명하고 실천하는 일이었다. 1898년 가을, 이 땅에서의 하나님의 나라 개념은 뉴욕의 침례교 목회자 대회에서 "사회개혁을 향한 제도화된 경향들"(The Established Tendencies Toward Social Reform)을 발표하면서 구체화되었다. 라우센부시는 "종교적인 삶과 사회적인 삶을 분리시키는 자는 예수를 이해하지 못하는 자다"라고 기록했다.31) 사회복음주의 신학은 그리스도를 따르기 위해 국가의 사회적 대각성을 목표로 하는 것에 동참하여야 한다는 것이다. 사회복음주의 신학은 단순히 교회 내에서의 역할에 성경을 조명하는 일상적인 신앙을 의미하지는 않는다. 그것은 국가의 사회적 역할에 교회가 해야 할 일을 찾고 그것을 실현하여야 한다. 기독교의 본질적인 임무는 도박이나 술취함 그리고 간통과 같은 사적이고도 개인적인 죄악을 없애기 위한 것이 아니라 모든 인간을 타락하고 오염하게 하는 구조적 죄악을 변혁하는 것이다.

특히 라우센부시는 미국의 구체적인 사회 현상에 민감하고 하나님의 뜻을 실현시키기 위해서 당시의 자유방임적 형태의 자본주의를 적나라하게 비판한다. 그에 의하면, 이 자유방임주의 자본주의는 하나님 나라의 공공의 적일뿐만 아니라 그것이 바로 악의 나라라는 것이다. 그러므로 라우센부시는 미국의 그리스도인들에게 개인의 영혼뿐만 아니라 사회의 구조와 공동체를 변혁시키기 위해서 회개하고 구속의 은혜를 위한 대각성 운동에 동참하여야 한다고 보았다. 이러한 노력을 위해서 라우센부시는 그의 『사회질서의 기독교화』에서 교회와 사회의 대각성을 제시하고 있다. 그에 따르면, 산업들의 사회주의화, 노동조합의 지원, 탐욕, 경쟁, 영리적 동기가 중심이 되어 있는 경제의 폐기 등을 그는 과감하게 주장한다. 이 모든 제안은 바로 사회 질서의 점진적인 기독교화를 추구하는 것이다. 말하자면, 인간 사회에서 하나님의 나라는 이러한 질서를 요구하는 나라, 즉 윤리적인 나라라는 것이다.[32] 대각성은 뭔가. 그것은 "사회적 감정"이며 "새로운 사회적 의식"이다.[33] 그가 불평한 것은 미국 교회의 현 상태였다. 미국 교회는 종교와 국가의 분리를 주장함으로써 사회의 죄성과 불합리에 침묵하고 회개의 대각성을 선포할 수 없었다. 그는 다음과 같이 지적한다.

미국 교회들은 미국 국가의 일부분이다. 미국 교회들은 우리의 국가적 삶과 접목된 외국의 목회 조직이 아니라 처음부터 국가적 삶의 본질적인 부분이며, 근본으로부터 우리의 제도들과 우리의 공론을 가장 크게 형성하는 힘이다. 미국 교회들은 사람의, 사람에 의해 그리고 사람을 위한 우리의 제도들이다. 사회 대각성과 같은 위대한 영적 운동이 깊게 우리의 국가를 흔들어 깨울 때, 우리는 교회들이 그것에 반응할 것이고 그것 속에서 활동적인 부분을 가질 것이라고 확신할 것이다.34)

이처럼 라우센부시는 교회는 사회에 대각성 운동에 반응하고 그것을 주도하여야 한다고 믿는다. 교회의 사회적 관심은 교회의 본질이며 임무다. 하나님의 뜻은 이것을 실현하고 관심을 갖는다. 개인의 성장과 영적인 상태에만 관심을 갖는 것이 교회의 임무가 아니다. 그것보다 더 우선시 되는 것이 사회의 제도적 변화요 개혁이다. 그것이 선행되어야 개인이 변한다. 이러한 순서는 사회복음주의 신학에서 매우 중요하다. 한 영혼의 성장은 사회적 변화가 없을 때 기대하지 못한다. 이것은 마치 영화 '괴물'에서 보여준 것과 마찬가지다. 자연환경에 대한 생태계 영화인 괴물은 한강에 살아 있다. 이유는 간단하다. 이는 한강이 그러한 오염된 환경, 말하자면 괴물이 살 수 있는 환경으로 조성되었기 때문이다. 사회의 불합리와 오염된 구조적 환경은 개인들을 부패시키고 타락하게 하는 조건으로 괴물과 같은 악을 조성한다. 이러한 사회적 제도의 변화가 없이는 개인의 변화란 단지 뜬구름을 잡는 것과 같다. 그러므로 교회에 대한 라우셴부시의 분노는 사회에 대한 무책임한 그리스도인들을 향한 분노다. 하지만 사회개혁운동으로서의 하나님 나라는 인간집단이 불완전하고 위험한 극단에 빠질 가능성을 라우셴부시는 주목하지 못했다. 구조란 종종 인간들이 잔혹한 행위를 하면서 대의명분을 위하는 것이라고 이끌어갈 수 있기 때문이다. 이런 이유에서 디트로이트의 작은 노동자 교회를 담임하고 있던 라인홀드 니버(Reinhold Niebuhr)의 비판은 매우 적중했다. "개인들은 본성적으로 그들의 인간성에 대한 어느 정도의 동정과 배려를 부여받고 태어났다…. 그들의 이성적 능력은 그들에게 정의감을 불러일으킨다. 그러나 이 모든 성취는 불가능한 일은 아닐지 모르지만, 인간사회 및 사회 집단들에게는 매우 어려운 일이다."[35]

## 복음주의 신학

복음주의는 사회의 구조나 체제의 변화와 개혁에 응시

하기보다는 신앙의 근본적인 근원인 성경에 응시한다. 사회의 구원이 일차적이지 않고, 개인의 구원이 일차적이다. 말하자면, 개인의 변화는 사회의 변화로 이어진다는 것이다. 한 가지 혼동하지 말아야 할 것은 복음주의 신학이 사회의 변혁과 개혁을 등한시한다는 것으로 오해해서는 안 된다.36) 칼 헨리의 복음주의는 사회의 변혁과 개혁을 매우 중요시하고 있다. 다만 그가 중요시하는 사회의 개혁과 변혁은 성경적 규범을 통해 정초화하는 방식이다. 복음주의 신학은 미국을 중심으로 다양하게 포진하면서 복음이라는 이름으로 사람들에게 접근하는 신학의 유형이다. 한두 가지의 명칭으로 말하기 어려운 복음주의 신학에 대한 규정은 미국문화와 복잡하게 얽혀있다. 이런 점에서 미국문화에 대한 선행적 이해는 복음주의 신학을 이해하는 중요한 도구일 수 있다. 다른 나라의 환경과는 달리, 미국문화는 청교도의 순수한 신앙에 의해서 설립된 국가다. 기독교적 신앙은 미국의 문화 중심부에서 늘 생동감 있게 살아 있다. 대학의 구조, 경제의 구조, 사회의 구조 등은 기독교적 문화와 뗄 수 없는 관계다. 사회복음주의 신학과 마찬가지로 복음주의 신학도 세상에 대한 관심에서 출발한다. 하지만 복음주의는 "하나님으로부터 떠나 버린 문화 속에서 살아가지 못한다는 것을 발견하는 것이었다."37)

복음주의 신학의 유형은 크게 세 가지다. 하나는 복음주의 신학이고, 다른 하나는 근본주의 신학이며, 또 다른 하나는 세대주의 신학이다. 복음주의 신학은 칼 헨리에 의해서 주도된 미국의 신학이다. 근본주의 신학은 사회복음주의 신학과 대비되는 신학이다. 근본주의 신학은 두 가지 흐름에서 찾아볼 수 있다. 근본주의라고 하면 성경을 인간의 글이 아닌 하나님의 말씀으로 믿는 사람들이다. 이 사람들은 하나님의 말씀에 따라서 예수의 복음을 땅 끝까지 전하는 것을 생의 최고, 최대의 목표로 삼는 사람들이다. 그들은 하나님의 말씀을 문자 그대로 믿고 따르며 살아가는 사람들이다. 이들은 밥 존스대학교를 중심으로 그들의 주장을 따르는 신학교들로 구분이 되었다. 이 노선을 따르는 교회들은 성서침례교회(Bible Baptist Church)라는 이름으로 근본주의 노선을 고집하고 있다. 이 노선에 가장 영향력을 끼친 사람은 버지니아 주 린치버그에 있는 토마스 로드 침례교회의 담임목사였던 제리 포웰(Jerry Falwall)이었다.[38] 그런데 미국 근본주의자들 중 일부는 1940년대에 들어오면서 미국 근본주의 신학과 그 노선에 의문을 제기하기 시작했다. 그들이 문제를 삼는 부분은 예수가 우리를 세상의 빛이라고 했는데, 세상 사람들과 섞이지 않고 기독교인들끼리만 담을 쌓고 산다면, 우리는 어떻게 세상에 복음을 전할 수 있는

가라는 비판의 소리가 나오기 시작했다. 그래서 그들은 근본주의자들의 기본적인 신학은 받아들이되, 세상을 사는 방식은 바뀌어야 한다고 주장했다. 이런 생각의 선두에 섰던 사람이 복음전도자 빌리 그레이엄과 풀러 신학교의 칼 헨리였다. 여기서 우리는 칼 헨리의 복음주의를 선택적으로 살펴보고자 한다.

## 복음주의의 대변자, 칼 헨리

칼 헨리는 1913년 1월 22일 뉴욕의 맨해튼에서 루터교인 아버지 칼 F. 하인리히(Karl F. Heinrich)와 가톨릭인 어머니 요한나 뵈트레더(Johanna Vaethroether) 사이에서 첫 번째 아들로 태어났다. 독일 이민자였던 헨리의 부모들은 이민자의 피폐하고도 남루한 생활이 말해주듯이 자녀에 대한 관심보다는 생계를 걱정해야만 했다. 그러다 보니 자녀에 대한 보살핌은 부유한 사람들의 액세서리 정도로 여겼다. 그의 아버지는 뉴욕의 호텔에서 요리사로 근무할 당시에 그의 어머니 요한나를 만났다. 그의 보모들은 신앙인들이었지만, 형식적인 종교인에 불과했다. 신앙과 삶의 조건에서 뒤 떨어졌던 헨리의 어린 시절은 그야말로 이민자의 환경, 즉 생존하기 위해 몸부림치는 환경이었다. 그는 그의 신학적 저서인 『신, 계시, 권위』의

서문에서 자신의 어린 시절을 이렇게 말한다. "우리 가정은 이주해 왔기 때문에 물질적으로나 정신적으로 풍부하지 못했다. 그러나 의식적으로는 비참하거나 불행하지는 않았다. 우리 가정에는 복음을 받아들여 믿는 사람이 아무도 없었다. 아무도 대학에 다니지도 않았고, 또 그렇게 기대하는 사람도 없었다. 그리고 세상에서 우리 가정의 주된 관심은 어려움 없이 살아가는 것이었다."39)

그럼에도 불구하고, 어린 시절 칼 헨리의 형제들은 영국성공회의 메시아 교회에 보내졌는데, 부모들의 신앙심에 의해서라기보다는 부모들이 자녀들을 돌볼 수 없기 때문이었다. 그런데 헨리의 형제들은 주일학교에 매우 열심이었다. 헨리의 회고에 의하면 심하게 아프거나 눈이 많이 내려 꼼짝할 수 없는 경우에도 매주일, 먼 길을 마다않고 걸어서 주일학교에 다녔다고 한다. 아마도 그 덕분에 그들은 항상 주일학교에서 수여하는 개근상을 받곤 했다. 일반적으로 성공회 주일학교에서는 아이들이 12세가 되면, 견진성사를 받게 되어 있는데, 칼 헨리도 견진성사를 받았다. 하지만 그는 자신이 중생의 체험이 없다는 것을 알았다. 교회에는 형식적으로 다니지만, 중생에 대한 확신이 없었기 때문에 그는 신앙에 대한 확고한 믿음을 원하고 있었다. 칼 헨리가 고등학교 4학년으로 진급하기 전에 3학년 때에 진학을 할 것인지 아니면 취업을 할 것인지를 결정하여야 하는데, 헨리는 가족들 중 어느 누구도 대학에 들어간 사람이 없었기 때문에 자연스럽게 취업하여 노동의 현장으로 나갈 생각으로 고대어, 외국어 그리고 작문 등의 수업을 듣는 대신에 타이핑과 속기 그리고 상법 등을 공부하면서 졸업준비를 차근차근해 나가고 있었다. 그가 고등학생의 신분임에도 불구하고 1928년 "이스립 프레스"라는 지역 주간 신문의 한 칼럼을 보도하는 일을 맡아서 한편의 칼럼에 5센트를 지급받는 일에 고용되어 글을 썼다. 이 신문은 그 지역 고등학교 학생들의 스포츠 활동을 알리는 칼럼이었다. 이것이 그가 저널리스트로 출발하는 환경이 조성된 셈이었다. 그는 고등학교 3학년을 마칠 무렵, 성적이 가장 많이 향상된 학생에게 수여되는 '그 해의 상'을 받았고, 1929년, 고등학교 4학년 때 부활절 여행을 수도 워싱턴으로 인생에서 처음으로 여행이라는 것을 경험했다. 이 여행의 감동에서 그는 링컨에 관한 에세이로 에세이 상을 수상하기도 했는데, 아마도 그는 글 쓰는 재주가 상당히 뛰어났던 것처럼 보였다.

1935년 초, 헨리는 일리노이 주에 있는 휘튼대학(Wheaton University)에 입학했다. 그곳에서 그는 펜실베이니아대학에서 온 복음주의이면서도 칼빈주의 철학자 골든 H. 클라크(Gordon H. Clark)에 의해 깊은 영향을 받고, 진리의 주요한 시험으로서 논리적 일관성에 관한 클라크의 방식을 수용했다. 휘튼대학에서 학사를 마친 헨리는 동대학원에 진학하여 석사과정을 공부하면서 북침례교 신학교(Northen Baptist Theological Seminary)에서 목회학 석사과정을 동시에 이수했다. 1940년 8월 17일 헨리는 휘튼대학교의 상급생이었고, 아프리카 카메룬에 파송되어 있던 침례교 개척선교사의 딸이었던 헬가 벤더(Helga Bender)와 결혼을 했다. 그 다음 해에 휘튼대학교와 북침례교 신학교로부터 석사학위를 받았던 헨리는 그 시기에 시카고 지역에서 학생 목회자로서 사역을 시작하였다. 1942년 북침례교 신학교로부터 신학박사학위를 받고, 그곳에서 교수로 임명되어 종교철학과 조직신학을 강의했다. 그는 미국 동부의 보스턴대학에서 철학을 전공하고자 대학원에 진학한다. 이곳에서 당대의 명성을 얻고 있었던 철학자 애드가 브라이트만(Edgar S. Brightman)의 지도로 그는 1949년 철학박사학위를 취득했다. 보스턴대학의 학생신분으로 있었지만, 헨리는 1947년에 캘리포니아 주에 있는 풀러 신학교(Fuller Theological Seminary)의 설립에 동참하면서 복음주의 진영을 정비하는 발판을 마련했다. 그는 1956에서 1968년 동안 복음주의 저널지인 "크리스체너티 투데이"(Christianity Today)의 초대 편집인으로 일하기도 했다. 이스턴 뱁티스트 신학교에서 신학교수로서 3

년 동안 봉직한 다음 그는 여러 대학과 신학교의 객원교수로서 일하면서 복음으로 세계를 변혁하자는 내용의 강의를 시작했다. 그가 주로 강의한 과목들은 종교철학, 윤리, 조직신학 분야들이었다.[40]

신학자로서 그의 입장은 신정통주의 신학과 근본주의 신학에 대한 거부감을 표출함으로써 시작된다. 근본주의 신학의 약점을 진단하면서 그것의 몰락의 주된 원인을 배타적인 신앙의 보존과 투쟁이라고 말한다. 헨리는 그의 『현대 근본주의자들의 불편한 양심』(The Uneasy Conscience of Modern Fundamentalism)에서 근본주의자들이 자유주의자의 비진리적인 성향에서는 이단성을 발견했지만, 사랑이 결여된 자신들의 그릇된 모습을 발견하지 못했다고 힐책했다. 그에 의하면, 근본주의자들은 교리의 가장 근본을 구원의 교리로 보았고, 그것이 신앙과 설교에서 분리할 수 없는 것으로 여겼다. 매주일 그들은 구원받을 사람을 위해 설교했고, 그들을 초청함으로써 성도들이 이 구원의 교리로 삶을 해석하는 일을 하도록 만들었다는 것이다. 비록 근본주의자들이 정통적인 구원 교리를 보존하는 일은 옳았지만, 그로 인해 성도들의 신앙적 삶에서 나타나는 역동성이 사라지게 되었다. 말하자면, 뼈대는 있는데, 살이 없는 형태의 신앙으로 전락하고 말았다는 것이다. 따라서 그는 매우 강한 어조로 근본주의를 향해 다음과 같이 힐책한다. "근본주의자는 근본주의적 이데올로기가 논리적으로 사회악에 대한 무관심을 포함하고 있다는 책임을 거부하고 있으면서도, 비복음주의 이데올로기는 세계질서를 바로 잡는데 있어서 본질적인 무능력을 포함하고 있다는 내용을 강조한다."41) 즉 근본주의자들은 개인의 구원에만 집착한 나머지 사회적인 악행들에 대해서는 묵인하면서도 자유주의 신학에 대해서는 세상의 질서를 바로 잡지 못한다고 말함으로써 이율배반적인 태도를 지닌 사람들이라는 것이다. 칼 헨리는 칼 바르트와 에밀 브루너, 루돌프 불트만에 의해 발전된 신정통주의 신학에 대해서도 강한 반감을 가지고 있었다. 헨리에 있어서 신정통주의자들은 자유주의 신학의 또 다른 이름으로 해석된다. 즉 신정통주의가 당대의 자유주의 신학을 비판하고 거부했을지라도 그들이 행한 신학적 전통은 여전히 자유주의자의 신학을 포기하지 않았다는 것이다. 신정통주의가 성경을 이해하는 문제에서 전적으로 부당한 견해를 가지고 있었다고 여긴 헨리는 하나님의 말씀을 계시 그 자체로 인정하지 못한 잘못을 범했다고 주장한다.42) 웨스턴 신학교의 명예교수인 밀라드 J. 에릭슨(Millard J. Erickson)은 헨리를 이렇게 평가했다. "칼 헨리는 카리스마적 지도력을 원하지 않는 비세대주의자이지만, 매우 겸손하게 행동하는 사람이다."43)

## 근본주의 신학에 매이지 말라

근본주의 신학은 "분노하는 복음주의자"로 정의된다.44) 그들의 분노는 교회 내에 들어온 자유주의 신학과 세속주의 인본주의와 관련된 문화와 가치관에 대한 것이다. 자유주의 신학과 세속주의 인본주의는 복음을 크게 약화시키고, 성경을 하나님의 말씀으로 믿지 않게 하며, 세상과 타협하는 신학으로 규정된다. 자신의 신앙을 보존하기 위해서는 누구나 전투적이고 호전적인 태도를 취하기 마련인데, 근본주의자들은 자신의 신앙을 지키기 위해서 분노하고 전투적인 투쟁의 길을 선택한 것처럼 보인다. 노틀댐대학의 역사교수인 조지 마르스덴(George Marsden)이 적절히 밝히고 있듯이, "근본주의란 용어는 1920년에 미국의 전투적 복음주의자들을 지칭하는 용어로 고안되었으나 최근에는 이슬람 근본주의자들과 같은 전투적인 전통주의적 종교에도 비유적으로 적용되었다."45) 1910년과 1915년 사이에 『근본 교리들: 진리에 대한 증언』(The Fundamentals: A Testimony to the Truth)이라는 매우 중요하고도 결정적인 책이 출판되었다. 이 책은 근본주의를 이해할 수 있는 소중한 책이었다. 이 책은 12권으로 연속적으로 출간되었다. 원래 이 책은 시카고 무디 성경학교의 구내 출판사인 테스터모니 출판사는 로스앤젤레스의 유니언 오일회사의 소유주인 리먼 스튜어트와 밀턴 스튜어트(Lyman and Milton Stewart)의 재정적인 도움을 받아 출판되었다. 목사, 전도자, 선교사, 신학교수, 신학생, YMCA에게 무료로 보내졌는데, 무려 300만부나 배포되었다고 한다. 이 책에 대한 고마움을 표현한 서신들이 약 20만 통이나 받았을 정도로 근본주의가 세계에 미친 영향을 가장 잘 대변해 준다고 보인다.

이 책은 신앙의 근본교리들을 견고하게 보호하고 변호할 목적이었다. 이 시리즈물의 저자들은 개신교에서 활동하고 있는 다양한 인물들이 선정되었는데, 개혁주의의 대변인이었던 프린스턴 신학교의 워필드(B. B. Warfield)와 세대주의의 주창자인 스코필드(C. I. Scofield)도 이 책에 동참하였다. 이것은 한 교파의 문제라기보다는 근본주의에 대한 신앙의 기치나 신념의 확신을 높이자는 어떤 정신이 들어있음을 암시하고 있다. 약 1백 항목에 이르는 용량이 실린 이 책은 몇 가지로 요약될 수 있다. 첫째, 성경은 무오한 하나님의 말씀이다. 성경은 영감으로 된 하나님의 말씀이다. 성경은 역사적으로 정확할 뿐만 아니라 무오하다는 점을 주장하였고, 게다가 성경에서 제시하는 구원의 길이 전적으로 신뢰할 수 있는 권위 있는 가르침이었다. 둘째, 예수 그리스도는 하나님이시다. 예수는 단순히 인간이나 어떤 신과 같은 교사가 아니라 인간의 몸을 입으신 진정한 하나님의 아들이시다. 이것은 자유주의 신학에 대한 반대를 표방한 내용이다. 셋째, 동정녀 탄생이다. 예수 그리스도는 동정녀에게서 태어났다고 믿었다. 예수 그리스도는 인간의 몸으로 태어났지만, 확실히 죄가 없는 삶을 살았다. 그는 하나님과 인간을 화해시키기 위해 십자가 위에서 죽으셨다. 넷째, 예수 그리스도의 육체적 부활이었다. 그는 죽음을 이기고 육체로 부활하였다. 그는 하늘로 승천하였다. 다섯째, 예수 그리스도의 재림이었다. 그는 산 자와 죽은 자를 심판하기 위해 종말에 다시 재림할 것이다.[46]

근본주의자들은 어림잡아 두 가지 면에서 다 같이 동의하고 있는 듯하다. 하나는 정통적인 구원의 교리를 보호하자는 것이고, 다른 하나는 성경의 무오성을 다른 신학적 사유에 저항 내지 방어하는 무기로 사용하자는 것이다. 그 결과, 성경적이지 않은 철학체계들이나 자유주의 신학과 개인의 구원을 제공하지 않는 사회복음 운동을 거부했다. 하지만 근본주의자들은 자신들의 신앙을 변호하고 보존하는 일에만 헌신하였기 때문에 세계질서를 어지럽히는 사회악에 대해서는 무관심한 태도를 보였다. 칼 헨리는 이렇게 말한다. "오늘날 근본주의는 기독교 윤리를 어떤 식으로든 현대의 개혁자들이 견지하는 인본주의적 도덕주의와 동일시하는 것에 반대한다. 그러나 아이러니하게도 오늘날 용인된 사회악을 가장 분명하고 활발하게 공격하는 쪽은 다름 아닌 인본주의자들이다."47) 이처럼 칼 헨리는 사회개혁 운동과 결별한 복음주의나 근본주의에 대해 비판했다. 헨리에 따르면, 복음주의 기독교가 위대한 사회개혁 운동과 결별한 것은 기독교 역사상 처음있는 일이라는 것이다. 이런 맥락에서 헨리는 크게 두 가지 이유에서 당시의 복음주의나 근본주의에 대해 비판적이다. 하나는 근본주의자들의 사회적 참여에 대한 태도이고, 다른 하나는 근본주의의 신학에 대한 문제이다.

우선, 칼 헨리는 그의 유명한 『현대 근본주의의 불편한 양심』에서 순수한 교리적 전통에서 찾는 근본주의가 19세기 후반, 특히 성경학교와 성경의 예언에 관한 해석과 가르침을 통해 이른바 천년왕국의 교리를 강조하는 운동으로 성장했지만, 사회적 쟁점에 대한 근본주의자들의 미온적 태도는 "현시대에 복음의 도전을 어둡게 하기 위해 결정하는 불편한 양심"이 되었다는 것이다.48) 복음의 능력은 더 이상 이 세상의 혼돈과 맞서 투쟁하도록 도전하지 못했다. 그들은 늘 교리의 뼈대만을 갖추고 있지만, 복음의 도전에 대해서는 침묵함으로써 사회의 타락을 방조하고 있었다. 이것이 "불편한 양심"이다. 따라서 헨리는 불편한 양심은 근본적으로 "성경을 믿는 그리스도인"이지만, 세계질서의 사회적 쟁점에 관해서는 아무런 죄의식을 느끼지 못하는 그야말로 무관심한 양심이라고 비판했다.

그리고 칼 헨리는 근본주의자들의 신학의 문제점을 지적했다. 근본주의자들은 성경을 믿는 사람들이다. 성경의 근본은 신학을 결정한다. 하지만 헨리는 "이성이나 증거에 의존된 것이 아니라 궁극적으로 신앙에 의존되었다"는 근본주의의 신학적 방식이 사람들로 하여금 맹목적이고도 맹신적인 신앙의 형태로 이끌 위험이 있다고 보았다. 이러한 신앙 의존적 토대를 하나의 방법으로 받아들이는 근본주의 신학은 기독교 지식 획득의 방식에서 이 세상의 지혜나 철학적 사유를 자연스럽게 배격할 수밖에 없다. 그런데 우리가 알듯이, 성경의 진리는 이성이나 논리를 부정하거나 무시하지 않는다. 따라서 헨리는 "신앙적인 진리가 일반적인 지성과 이성적인 시험과 무관한 것"으로 이해되는 "맹신주의"를 신앙적 가치로 생각해서는 안 된다고 주장한다. 그는 단호하게 말한다. "이 같은 견해[맹신주의]는 복음적 정통주의와 혼돈되어서는 안 된다. 복음주의 유신론자들은 지성적인 불합리가 신앙적 체계를 가치 있다고 하거나 영적인 순종이 합리적인 고려를 떠나서 '믿음의 도약'(a leap of faith)을 요구한다는 비이성적인 주장들을 받아들일 수 없는 것으로 간주한다."49) 그런 이유에서 헨리는 근본주의자들이 공개적으로 행해지는 이성적인 논란에 대해 두려워할 필요가 없음을 강조한다. 진정한 기독교의 진리는 "맹신주의도 아니며 경험주의도 아니며, 그렇다고 이성주의도 아니다. 그렇지만 기독교는 다른 우주관이나 세계관과 마찬가지로 궁극적인 설명의 원리들을 합리적으로 설명할 권리를 가지고 있다."50)

## 구속의 역사를 사회에 적용하라

복음주의 운동은 미국의 순회 전도자 빌리 그레이엄을 중심으로 일어났다. 칼 헨리는 그레이엄 목사의 참모 가운데 한 사람으로 활동하면서 복음주의 신학 운동에 동참하고 발전시킨다. 칼 헨리는 이렇게 말한다. "1960년대에 나는 광대한 복음주의 연합이 미국에서 결성되어 전도, 교육, 출판, 사회정치활동의 분야에 효율적인 전국적 영향을 끼칠 수 있을 것이라는 가능성을 과신했다."51) 하지만 근본주의가 사회로부터 고립되었다는 것을 깨닫기 시작하면서 헨리는 복음적인 혁신에 대한 근본주의가 보여준 비관론의 오류를 인정했다. 다시 말하면 복음주의란 복음의 사회적 현실성을 망각하지 않는다는 것이다. 인간의 본성을 너무나도 비관적으로 이해했던 근본주의 신학이 갖는 문제는 사회적 쟁점이나 문제 혹은 프로그램에서 세상과 고립적일 수밖에 없다고 확신했다. 그리스도의 구속의 복음은 세계를 변혁시킬 수 있는 능력의 메시지이지만, 이제는 세계에 도전하지 못하고 단지 저항만 하는 메시지로 축소되었다고 비판했다. 이런 이유에서 헨리는 대부분의 근본주의에서 구속의 메시지의 의미를 현시대가 당면한 심각하고도 중요한 윤리적인 문제에 실제적으로 적용할 수 없었다고 생각했다.

근본주의의 대변인으로서 프린스턴 신학교의 신약학 교수였던 그레샴 메첸(J. Gresham Machen)의 영향을 받은 헨리는 메첸의 『바울 종교의 기원』과 『기독교와 자유주의』를 통해서 자유주의의 위험성에 대해 크게 공감하고 있었다. 제임스 바(James Barr)에 의하면, 근본주의자들은 두드러진 세 가지 특징들에 의해서 규정된다. 첫째, 그들은 성서 안에는 어떠한 오류도 없다는 성서 무오성을 믿는다. 둘째, 그들은 현대신학이나 방법론 및 비판적 성서연구의 결과나 해석을 받아들이지 않는다. 셋째, 그들은 자신들의 신앙적 견해나 의견과 다른 사람들을 진정한 그리스도인이 아니라고 믿는다.[52] 이런 근거에서 사람들이 흔히 근본주의자를 떠올리면, 그들은 소심하고, 편협하며 반계몽적이며 분파적이라는 이미지를 생각한다. 그래서 근본주의는 마치 악의가 깃든 모욕적인 말과 같다.

헨리는 복음주의 신학을 복음의 능력을 인정하는 신학이라고 정의한다. 복음주의는 정의가 궁극적으로 승리할 것이라고 확신하기보다는 하나님의 구속이 어느 시대이든 강력한 영향력을 행사한다고 믿는다. 이 같은 확신은 침착한 낙관론으로 미래를 기대하고 바라는 신념이기 때문이다. 복음주의가 전적으로 기독교 문화를 만들어내지 못한다고 해서, 그리스도의 구속의 힘이 상실된 것은 아니다. 어느 시대이든 복음의 능력은 드러나야 한다. 이 일을 위해 매진하고 노력하는 것이 복음주의 신학이다. 복음의 능력은 종교개혁을 가능하게 했고, 이단을 정죄하기도 했으며, 사회의 구조 악을 변화시켰다. 그것은 그리스도 예수 안에서 사도들이 승리했듯이 구속의 통로를 만들어가야 한다. 헨리는 이렇게 말한다. "인간의 참된 가치는 오직 구속이라는 맥락 안에서만 보장된다."[53] 이 구속론의 측면에서 복음주의는 다음과 같은 사실을 기억해야 한다. 기독교는 반드시 필요한 사회 개혁에 반대하지 않아야 한다는 것이다. 사회의 개혁을 위한 복음주의의 노력은 최전선에 있어야 한다. 왜냐하면 복음주의 신학은 구속의 힘을 믿기 때문이다. 헨리는 다소 긴 문장으로 다음과 같이 적절히 표현하고 있다.

> 복음주의자는 복음적이지 않은 해결책을 거부한

다는 핑계로 세상의 악과 맞서 싸우기를 포기해서는 안 된다. 복음주의자의 사상은 그런 악에 단호하게 반대하기 때문에 복음주의자는 모든 가치 있는 개혁 운동에 '협력'해야 할 뿐만 아니라 그들에게 바른 지도력을 제공할 수 있어야 한다. 복음주의자는 모든 사회악을 절대적으로 비판하는 동시에, 유일하고 지속적인 해결은 구속론의 토대 위에서만 발견할 수 있다고 주장해야 한다. 복음주의자는 침략전쟁과 정치적 자연주의, 인종차별, 금주 법을 비웃는 주류유통, 노사 간의 불평등, 그 밖의 모든 잘못과 맞서 싸우는 일에 인본주의자나 종교적 근대주의자들보다 더 적극적으로 임해야 한다. 그리고 복음주의자는 이를 위해 적극적으로 노력하면서도 유일하고 올바른 해결책은 그리스도 예수 안에 있는 구속이라는 사실을 분명히 지적해야 한다. 나는 이것이야말로 진정한 복음주의적 방법론이라고 생각한다.54)

그러면 구속의 교리를 받아들이고 그것을 실천하면 세상의 악들이 해결되는가. 헨리는 그렇게 될 수 있다고 확신하는 듯하다. 비록 그가 말하고자 하는 의도는 근본주의자들이 사회적 개혁의 무관심에 대한 책망이긴 하지만, 헨리는 복음이란 이런 능력을 선험적으로 지니고 있기 때문에 가능하다고 믿었다. 복음주의 신학이 상실한 복음의 정신을 되찾지 않고 행동하는 것은 있을 수 없다. 복음적이지 않은 집단이나 공동체에서 복음주의자는 예수 그리스도가 지닌 구속의 능력, 즉 복음의 기쁜 소식을 전할 기회를 얻어야 한다. 자신의 신념 때문이라도 우리는 항의 없이 자신의 입장보다 열등한 어떤 것에 찬성해서는 안 된다. 이런 이유에서 헨리는 복음주의 신학이 순수한 복음주의를 추구하기 위해서 고립되거나 교단으로부터 이탈함으로써 현실 도피적 신앙이 된다고 질타한다. 그는 이렇게 적고 있다. "사실 복음주의자들은 '순수한 복음주의'를 추구하고자 대규모 교단으로부터 탈퇴하면서 오히려 사회를 향한 비전을 상실한 채, 점점 더 복음에 적대적으로 변해가는 환경에서 구속의 메시지로 개인을 구원하는 데에만 치중하는 경우가 적지 않다. 그 결과, 근본주의자들이 교단에서 이탈함으로써 사회문제에 무관심해질 수밖에 없었다."[55] 만일 그렇게 된다면, 우리는 "십자가에 달린 근본주의자 강도"가 될 것이다. 십자가에 달린 두 강도는 헨리의 상상력에 비추어본다면, 한편의 강도는 "인본주의자"다. 다른 한편의 강도는 "근본주의자"다. 인본주의자 강도는 "예수가 당하는 인류를 위한 고통에 아무런 공헌을 하지 않는다고 생각한다." 반면에 근본주의자 강도는 "예수가 구원자이심을 확신하지만, 막연한 미래에 자신의 이름을 기억해 달라고 외치는 이기적인 개인주의자다."56)

## 기독교의 진리는 변증되어야 한다

신학의 흐름에서 당연해 보이는 일이지만, 간과하기 쉬운 신학적 담론은 하나님의 계시에 관한 것이다. 하나님의 계시는 신학의 가장 토대이면서도 신학의 방향을 결정하는 요소다. 하지만 19세기 말과 20세기 초에 일어난 미국의 신학 분위기는 극단적 분열로 나타났다. 한편에서는 자유주의 신학이 성서의 권위를 붕괴하고 인본주의적 중심으로 나타난 것이고, 다른 한편에서는 근본주의 신앙운동으로 성서의 문자주의를 보존하기 위해 신학의 경시사상이 나타났다. 자유주의 신학은 진리를 보존하려는 것보다 비평적 방식으로 그것을 해체하려는 운동으로 치달았고, 반면에 근본주의 신학은 성서의 진리를 보존하기 위해 분리주의적 도피 방식을 선택했던 것이다. 그래서 하나님의 계시에 대한 믿음은 변증되어야 한다는 것이 헨리의 소신이었다. 왜냐하면 하나님의 계시는 기독교의 합리성을 확신시키는 방식이었기 때문이다. 그런데 헨리에게 있어서 당시의 신학적 분위기가 변증의 방식을 옹호한 것 같지 않았다. 복음주의의 전통을 가능하게 했던 신정통주의 신학조차도 하나님의 계시에 대한

변증의 필요를 느끼지 않았기 때문이다.57)

이 극단적 신학들에 대한 태도들이 매우 막연하고도 애매한 채로 남겨져 있었다고 여긴 칼 헨리는 이러한 태도에 불편함을 드러냈다. 이는 불신적인 세상을 향한 기독교의 진리인 하나님의 계시를 변증할 필요성을 느끼고 있었기 때문이다. 이런 신학들의 위기는 복음주의 신학으로 하여금 기독교 진리를 회복하기 위해 그는 변증의 방식을 선택하게 되었다. 아마 추측해 보건대, 복음주의가 선택한 변증의 방식은 크게 두 가지인 것 같다. 하나는 내적 공동체를 위한 것이고, 다른 하나는 외적인 공동체를 위한 것이다. 내적인 공동체를 위함이란 현대 신학이 제기한 성서의 권위를 해체하는 일에 대한 변증을 의미했다. 외적인 공동체를 위함이란 세상을 지배하는 무신론적이고도 자연주의적인 세계관에 대항하기 위한 변증을 의미했다.

하나님의 계시는 하나님이 스스로 자신을 알리시는 것을 말한다. 만일 하나님께서 스스로 말씀하지 않으신다면, 우리는 하나님에 대하여 인식하지 못할 것이다. 하나님은 자신을 계시하심으로써 늘 새로운 방식으로 세상을 주관하신다. 복음주의 신학의 변증학은 명제주의의 원칙에서 출발한다.58) "기독교는 신화적 진술을 단순히 인용한 것이 아니고 하나님에 관한 사실적이고 문자적인 진리를 인용하는 것이다." 따라서 "기독교는 타당한 명제적 정보를 마련해 봄으로써 그것의 우위성을 나타낸다."59) 명제주의는 단순히 맹목적으로 믿는 것이 아니다. 그것은 과학적인 방식과 같이 모든 추론을 증명하는 원리를 말한다. 에릭슨에 따르면, "과학적인 사유를 포함하여 모든 추론은 증명되지 않은 전제들 혹은 명제들, 기본공리들과 함께 시작하지만, 그것들을 추정하여 증명되는 것이 아니라 접적으로 그것들의 암시들을 추적함으로써 결과적인 체제로 평가하여 증명될 수 있다."60) 그가 말하는 기독교 변증은 합리적이어야 한다는 것을 말한다. 칼 헨리는 그의『현대정신의 개조』(Remaking the Modern Mind)에서 이 사실을 더욱 강조하고 있다. 그에 의하면, "처음부터 기독교는 지성에 호소했다. 계시적 유신론은 결코 합리성으로부터 도피한 채 스스로 설명되지 않았다. 오히려 계시적 유신론은 다른 실재를 믿는 견해들의 비합리성이나 유사합리성을 주장해 왔다."61) 다시 말해, 진리는 타당해야 하고, 그 타당성에 근거하여 계시는 세계에 설명되어야 한다는 것이다. 따라서 기독교 변증가들은 두려움이 없이 이성을 요청하고 있다고 믿어야 한다.62)

특히 기독교의 합리성을 위한 변증에서 칼 헨리는 중요한 하나의 교리를 염두에 두었다. 그것은 다름 아닌 성서의 권위였다. 과학의 발전과 시대의 흐름은 성서를 신화적으로 만들고 어떠한 권위도 인정하지 않는다고 느꼈다. 하지만 기독교는 이러한 시대의 항거에 저항하여야 하고, 그것에 대해 조목조목 설명하여야 한다. 그것이 복음주의의 임무이자 책무다.[63] 성서의 권위에 대한 위기감을 느낀 헨리는 시대의 위기감이 하나님의 절대주권을 인정하지 않는다고 생각했다. 즉 하나님에 대한 신앙의 상실은 성서의 권위를 인정하지 않는 것이었다. 따라서 복음주의 신학자들은 "권위에 대한 위기"를 감지함으로써 성서의 권위를 복원하고자 애쓴 사람들이다. 그들은 성서의 권위가 상실된다면, "주권적 하나님을 대치하기 위하여 인간이 인위적으로 마련한 것"이 세상을 흔들어 놓을 것이라는 것이다.[64] 간명하게 말하자면, 복음주의란 성서의 권위를 회복하는 운동이다.

이런 근거에서 복음주의 신학은 성서를 크게 두 가지 의미로 기능하고 있다고 믿었다. 하나는 모범이고 다른 하나는 당위다. 모범이란 일종의 규칙이자 기준이다.[65] 즉 성서는 절대적 권위로서 우리의 삶을 평가하고 판단하는 지침서다. 하나님의 진리의 저수지와 같은 성서는 하나님의 본성과 의지에 관한 권위 있는 기록된 문서이자 해석이다. 그것이 헨리가 말하고자 하는 모든 것이다. 하지만 현대의 세속주의는 성서의 권위를 인정하지 않고, 하나님을 이 세상에서 퇴각하려는 운동으로 나타남으로써 성서의 권위를 떨어뜨리고 있다고 진단한다. 복음주의 신학은 시대의 흐름에 민감하다. 이 시대는 세속주의로 인하여 사람들을 하나님을 믿는 신앙으로부터 멀리 떨어지게 만들고 있으며, 성서의 권위를 인정하지 않음으로써 학교에서 혹은 사회에서 무신론의 시대로 접어들게 했다. 그리하여 하나님이란 일종의 가설이 되었고, 하나님이 없이도 모든 인간들은 하나님의 절대적 계시의 진리나 성서적 명령을 더 이상 고려하지 않게 되었다. 따라서 헨리는 이렇게 말한다. "현대에 사는 인간은 성서적으로 하나님의 세상이라고 본 세계나 기독교의 세계관 속에 더 이상 자신을 두려고 하지 않는다."[66] 대신에 이제 현대인들은 "인간의 권위와 자아실현"을 가장 중요한 덕목으로 여기게 되었다. 이 말은 인간이 자신의 힘으로 모든 진리와 가치를 평가하고 형성할 내면적 창조성을 지니고 있다는 것을 의미했는데, 하나님의 섭리니 작정과 같은 고리타분한 기독교 교리들은 더 이상 그들에게 무의미할 뿐만 아니라 존재의 의미로 받아들일 수 없게 되었다.[67] "우리는 하나님의 말씀 없이 우주의 내부적 비밀을 이해 못하며, 조물주이시며 모든 것의 공급자이신 하나님과 그것과의 관계를 떠나서는 아무것도 포괄적으로 해석하지 못한다. 인간존재는 하나님으로부터 진리를 사랑하라는 명령을 받을 뿐만 아니라 그것을 행하라는

제 7 장 사회복음주의 신학과 복음주의 신학의 논쟁

명령을 받는다."⁶⁸⁾

그런데 복음주의 신학은 단순히 지성적 관심에만 머물지 않는다. 그것은 윤리적이고 도덕적인 당위성을 믿어야 한다. 단순히 지성적 차원에만 머물지 않는 성서의 권위는 우리의 삶의 전반적인 행위에 영향을 행사하여야 한다. 그것이 권위인 이유는 성서가 도덕적이고도 윤리적인 행동 강령으로 받아들여지기 때문이다. 이런 이유에서 기독교 변증이란 보다 적극적으로 이루어져야 한다는 것이 헨리의 생각이다. 헨리는 『이 시대의 신들이냐? 아니면 모든 시대의 하나님이냐?』(Gods of this Age or God of the Ages?)에서 공적인 장소에서 흔히 발생하는 중요한 가치들을 파괴하고 대항하는 이교도적인 문화나 가치들이 지배하고 있는 현 시대에 교회들의 "복음주의적 열정"(evangelistic energy)을 상실하고 있다고 경고한다. 따라서 헨리는 세상에서 더 후퇴하지도 물러서지도 않아야 하고, 더 적극적으로 세상에 뛰어들어 학교, 사회, 정치, 문화, 예술 등 모든 분야에 기독교의 진리를 더 알려야 한다고 주장한다.⁶⁹⁾ 그에 의하면, 인간은 자기의 영적 반항을 정당화하지 않는다. 창조의 과정에서 하나님은 인간의 양심에 따라서 행동하도록 인간을 부르셨다. 하나님의 용서와 회개는 이런 도덕적인 토대를 이루는 교리이다. 헨리는 다음과 같이 주장한다. "성서는… 하나님의 말씀이다. 그 권위는 우리의 삶에서 하나님이 성서의 증거를 실증하시는 그곳에 놓여 있다. 즉 '우리가 성서를 신뢰함'은 어떤 사람이 그것이 하나님의 말씀이라고 하였기 때문에서가 아니라 하나님께서 그와 같이 말씀하심을 듣기 때문이다."[70] 즉 성서가 하나님의 말씀인 것은 단지 그것을 검증하는 지성적인 차원에 머문 것이 아니라 하나님의 말씀을 듣는 실제적인 차원에서 이루어지고 있기 때문이다. 그의 주장은 옳다. 하나님의 말씀은 우리의 삶의 기준인 동시에 당위다.

## 나가는 말

복음주의 신학은 근본주의와 분리되지 않는다. 칼 헨리와 마찬가지로 존 우드브리지, 마크 놀 그리고 나단 해치와 같은 복음주의 신학자들은 사회문제에 대한 근본주의의 문제점을 지적한다. 첫째, 개인의 삶을 너무 체계화함으로써 모든 반칙과 부정이 사람의 시선에서 안전하게 가려진다. 오염되지 않고 타협하지 않는 삶은 어느 점에서 개인주의적 삶이라고 보인다. 둘째, 근본주의자들은 교회가 윤리적인 교훈을 제시할 책임이 있다는 점을 간과해 버리는 습관이 있다. 이것은 구원의 수단으로서의 행위보다는 믿음을 강조하는 복음의 상황을 더욱 사실로써 들어내고 있다. 셋째, 그리스도인들이 전통적으로 내려오는 거친 개인주의로 인해 사회의 공동체적 문제를 잘 인식하지 못한다. 특히 성공을 개인주의의 결정으로 돌려 버리는 사람은 자연히 실패를 불이익의 결과로 돌리기 때문이다. 넷째, 근본주의는 기적 모티브에 너무 의존적이다. 이는 모든 사람이 그리스도인으로 회심하고 구원을 받는다면, 사회악이나 문제가 자연스럽게 소멸될 것이라는 확신이다. 하지만 우리는 회심 후에도 여전히 죄가 우리의 삶에 잔존해 있음을 안다. 이런 면에서 근본주의는 보다 큰 규모의 사회적 문제에 그리스도인이 동참하기를 회피한 것처럼 보인다.[71]

당시만 해도, 근본주의와 복음주의에 대한 경계가 모호한 상태였던 것을 칼 헨리의 『현대 근본주의의 불편한 양심』은 근본주의로부터 복음주의를 구별하는 중요한 문서가 되었다. 복음주의 신학의 성격은 근본주의와 달리 세상과 동떨어진 교리주의자나 분리주의자가 아님을 천명했다. 그래서 사회에 대한 세속화의 염려를 지나치게 한 근본주의자와는 결별을 통보했다. 복음주의는 사회의 부도덕성에 대해 매우 민감하여야 한다. 대부분의 복음주의적 성향의 설교자들은 시대의 부도덕성에 대해 강단을 통해 설교했다. 자본과 노동의 이기주의, 일부 회사의 착취의 문제, 산업 이윤의 분배구조, 주류 판매 금지, 매춘의 공적 묵인, KKK단의 위험성 등이었는데, 이 구체적인 문제들이 강단을 통해서 전파되었다. 이런 맥락에서 라우센부시의 사회복음주의도 사회의 부도덕하고 악의적인 현실에 탈색된 무미한 감정을 연민과 서정으로 바꾸어 놓았다. 사회에서 자행되는 무수한 악들을 제거하고자 노력한 사회복음주의는 시대의 그릇된 방향을 돌렸고, 따라서 사람들을 옥죄는 악들의 조건을 개선하고자 했던 것이다.

이 장을 마무리하면서 우리는 이런 생각을 해 본다. 복음은 변하지 않는다. 복음은 성경의 기본적인 의미에서 다르지 않다. 하지만 시대의 상황에 따라 복음의 표현은 다르게 나타난다. 시대의 복음은 그 시대의 메시지를 담는다. 미국의 상황 속에 있었던 복음은 우리 시대의 복음의 표현과는 사뭇 다른 풍경을 자아낸다. 왜 그럴까. 복음이 변질되었을까. 그렇지 않다. 복음이 시대를 해석하기 때문이다. 복음은 모든 시대에 사람들이 들어야 하는 메시지다. 그 복음이 시대의 징조에 반응하여 메시지의 내용을 결정짓기 때문이다. 그러므로 시대의 잘못을 훈계하고 회개의 삶으로 돌아오고, 구속의 희망으로 치유되어야 한다고 요청하는 것이 복음의 메시지다. 우리는 우리 시대에 필요한 복음의 메시지를 들어야 한다. 그리고 신학은 그러한 일에 봉사되어야 한다고 요청한다. 그러면 이 시대에 복음의 메시지는 무엇일까. 사회복음주의 신학과 복음주의 신학은 복음이 시대를 해석하고 변화시키려고 노력했다. 사회복음주의 신학은 미국의 대공황으로 사회의 불안정한 세계에 그리스도의 복음을 동참시키려고 노력했고, 복음주의 신학은 인본주의적 가치의 상승으로 하나님의 질서를 파괴하는 세계에 그리스도의 복음을 세상과 대립하고자 했다. 결론적으로 사회복음주의 신학과 복음주의 신학은 복음은 경제적인 불안, 사회적인 불안, 정치적인 불안을 포함하여 사회의 불균형을 이루는 모든 악의 세력에 저항하고 사회의 질서를 개혁하고 개선하려는 의미로 작용하고 있음을 보았다. 사회복음주의 신학과 복음주의 신학의 풍경은 다소 어두운 색상으로 우리의 시야에 들어오지만, 그들은 복음의 갑옷을 입고 시대의 진단을 위해 사회의 악을 만들어내는 조건에 항거할 뿐만 아니라 실천의 신학을 제공했다는 점에서 신학의 화두에 큰 주목을 끌었다고 보인다.

# 8 수정주의 신학과 후기자유주의 신학의 논쟁

"하나님의 형상으로 지음을 받은 인간은 저항하고 생각하고 행동한다."  — 데이비드 트레이시

"신앙의 합리성은 주로 이해 가능한 해석을 제시하는 동화력이 있는 힘이자 능력이다."  — 조지 A. 린드벡

# 제8장
# 수정주의 신학과 후기자유주의 신학의 논쟁

**시대의** 신학들은 자신의 독특하고도 화려한 색상으로 세상의 무대에 등장하여 주목을 끈다. 그들의 색상은 언제나 시대의 고민과 교회의 목적에 반응하고 결정된다. 그런데 시대의 고민과 교회의 목적과 깊은 연관을 짓지 않는 신학들이 있다. 그러한 신학은 1970년대에 시작되었고, 주로 상아탑이라는 대학을 중심으로 형성된 신학들이었다. 그들은 학풍을 중심으로 신학의 색상을 결정했는데, 이른바 수정주의 신학과 후기자유주의 신학이 그 같은 신학들을 대표한다. 이 두 신학들은 시카고라는 대도시에 위치한 시카고대학교와 뉴헤이븐이라는 도시에 위치한 예일대학교다.[1] 이 둘의 신학은 지리적으로도 서로 다른 지역이었고, 또 그들이 참조하는 신학적 자료도 서로 달랐다. 하지만 한 가지 공통된 것이 있다면, 그것은 성경의 이야기였다. 성경의 이야기들에 대한 그들의 접근방식에서 그들의 신학적 특성과 성격을 규정하게 되었다. 수정주의 신학은 보다 넓은 철학적이고도 문화적인 배경으로 성경의 이야기들을 읽어내려고 노력했고, 반면에 후기자유주의 신학은 신화와 문화에서 성경의 이야기들을 읽어내려고 했다. 전자의 방식은 경험의 수단을 통해서 전개했고, 후자의 방식은 언어와 문화를 통해서 전개했다. 그들의 신학들은 선명성에서 단순하지만 그 내용에서는 매우 깊은 논의를 제공했다. 그런 점에서 그들의 신학은 독자들에게 흥미를 더해 주는 것 같다.

이처럼 대립적인 선명성을 가지고 시작하는 수정주의 신학과 후기자유주의 신학은 기독교 정체성을 위해 해석이라는 관점에서 논의의 출발점을 삼는다. 수정주의 신학은 프랑스 철학자 폴 리쾨르(Paul Recoeur), 독일 철학자 한스 게오르그 가다머(Hans-Georg Gadamer), 그리고 미국의 신학자 랭돈 길키(Langdon Gilkey)의 철학과 신학에 근거하여 가톨릭 신학자 데이비드 트레이시가 전개했다. 트레이시는 신학을 해석하고 조명하는 일에서 매우 광범위하고 다양한 경험을 바탕으로 시대의 신학을 주도했다. 이와는 달리, 후기자유주의 신학은 예일대학교의 조직 신학자 한스 프라이(Hans Frei)의 문헌적 해석학에 근거하여 개신교 신학자 조지 린드벡에 의해 전개되었다.

린드벡은 성서적 텍스트를 언어와 문화의 관점에서 읽고 해석하여 시대의 신학을 주도했다. 우리는 이 장에서 트레이시의 수정주의 신학과 린드벡의 후기자유주의 신학을 살펴보고 그것의 의미를 이해하고자 한다.

## 수정주의 신학

데이비드 트레이시는 가톨릭 신학자로서 현대의 다원주의 상황에서 기독교의 정체성과 그것의 이해에 관심을 보인다. 하지만 기독교의 정체성은 신앙 공동체 내부에서 인정받아서는 안 되며, 기독교 외부의 세계와의 소통을 통해서 인정받아야 한다는 것이다. 그러기 위해서 기독교는 기독교 밖의 세계와 끊임없이 대화하고 그들에게 우리의 신앙을 증언하고 보여주는 일련의 노력이 필요하다. 그것이 종교 다원주의적 논의일 수 있고, 해석학이나 역사학의 논의일 수 있다. 자기 폐쇄적 집단이나 공동체에 갇힌 신학은 좋은 신학이 아니다. 신학은 언제나 공적으로 이루어져야 한다. 따라서 그는 신학을 "공적 담론"으로 규정한다.[2] 이는 우리의 세계가 획일적이거나 동일하지 않기 때문이다.

우리가 살고 있는 이 세계는 다양한 존재들과 더불어 살아간다. 어쩌면 그것이 필연적이고도 숙명적인지 모른다. 신학이 이러한 현실을 부정하는 일은 기독교 정체성을 붕괴하고 신학의 힘을 상실하는 주된 원인일 수 있다. 이러한 다원적 시대적 정황에서 전통적인 신학의 제안들이 어떻게 세계 속에서 적용되어 왔는지를 분석하여야 한다.3) 이런 이유에서 수정주의 신학은 오늘날과 같은 다원주의적 상황에 어떻게 대처하고 그것으로부터 기독교의 실존과 이해를 끄집어낼 수 있는가의 문제에 천착하여야 한다. 흥미로운 사실은 트레이시가 출판한 대부분의 신학 작품들에서 다원성이란 말이 빠짐없이 등장하는 주요한 어휘라는 점이다. 아마도 다원성이 수정주의 신학의 관심이고 그것의 작업을 위한 배경인지 모른다.

## 사제 신학자, 데이비드 트레이시

폴 리쾨르와 랭돈 길키의 뒤를 계승하는 수정주의 신학은 현대신학의 한 운동이다. 이 운동의 배후에는 그것을 전개하고 체계화한 사람이 있다. 그가 시카고대학교의 데이비드 트레이시(David Tracy, 1939~ )다. 트레이시는 1939년 미국 뉴욕의 욘크서(Yonkers)에서 태어났다. 가톨릭 신앙에 의해서 영향을 받고 성장한 트레이시는 열세 살이라는 매우 어린 나이에 이미 가톨릭 신부가 되기로 하나님께 서원했다. 하나님의 부름을 확신한 그는 사목 수업을 위해 뉴욕의 던우디에 있는 성 요셉 신학교(St. Joseph Seminary)에 입학했다. 사제수업을 성실히 이수한 그는 1963년 코네티컷 주의 브리지포트에서 가톨릭 사제로 서품을 받았다. 그런데 그의 헌신은 단순히 사목으로서의 역할에만 한정되지 않았고 학문적인 헌신에도 남다른 열정을 보였다. 그래서 그는 로마의 그레고리안대학교에 입학하여 학문적으로 훈련의 과정을 마치고, 그 대학으로부터 신학박사학위를 받았다. 1967년 트레이시는 워싱턴 DC에 있는 가톨릭대학에서 강사로서 학생들에게 신학을 가르치기 시작했다. 2년 뒤인 1969년부터 현재까지 트레이시는 미국 시카고대학교의 신학부 교수로서 임용되어 기초신학, 조직신학, 해석학 등을 가르치고 있다.[4]

그의 학문적 성향은 다양하고 독특하다. 트레이시는 가톨릭 전통의 신학자인 버나드 로너간(Bernard Longergan)에 의해 영향을 받았고, 그리고 1969년에 로너간에 관한 논문으로 박사학위를 받았다. 그의 가톨릭 신학의 영향은 그의 최초의 작품 『버나드 로너간의 업적』(The Achivement of Bernard Longergan, 1970)에 잘 반영되었다. 다음으로는 그가 영향을 받은 학문은 과정철학이었다. 과정철학은 이미 시카고대학교 신학부에서 알프레드 N. 화이트헤드의 사상의 대변자로 알려진 찰스 하츠혼(Charles Hartshorne)에 의해서 지배적인 사유의 한 패턴을 형성하고 있었다. 따라서 트레이시는 자연스럽게 과정신학이라는 새로운 학문에 별다른 갈등이 없이 수용하게 되었다. 과정철학이란 인간경험의 구조를 매우 논리적이고도 일관적으로 잘 해명해 주는 학문이다. 이 과정철학의 근거에서 인간경험의 중요성을 인식한 트레이시는 해석학적 신학을 위해 적절하고도 필요한 구조 틀로 활용하게 되었다. 이러한 노력은 그의 『질서를 위한 복스러운 분노』(Blessed Rage for Order: The New Pluralism in Theology, 1975)에 간명하게 소개되었다. 게다가 그의 신학적 여정은 이론적 학문에만 머문 것이 아니라 멀치아 엘리아데(Mercia Eliade)의 종교사 연구와 랭돈 길키(Langdon Gilkey)의 문화신학, 폴 리쾨르와 한스-게오르그 가다머의 철학적 해석학에 이르기까지 다양하게 전개하고 발전시켰다. 그런데 우리가 트레이시를 기억하는 것은 그의 신학이 폴 틸리히의 방식과 흡사한 '상관적 방식'(correlation method)을 옹호하는 신학자였기 때문이다. 이처럼 그의 신학은 하나의 신학에만 한정하지 않았는데, 그가 추구하는 신학방법이 어느 학문이든 다른 학문을 필요로 하고 연계되었다고 평소에 말하는 것처럼 상관적 방법과 닮아 있다고 보인다.

트레이시의 외부활동도 꽤나 폭넓은 편이었다. 그는 미국 가톨릭 신학협회의 회장직을 역임했고, 현재는 미국의 저명한 신학 잡지인 『종교연구리뷰』(Religious Studies

Review)와 『종교저널』(Journal of Religion)의 편집인으로 그리고 『미국 예술과 과학 아카데미』(American Academy of Arts and Sciences)의 회원으로 일하고 있다. 트레이시의 신학은 상황에 맞게끔 해석되어야 한다는 '해석학적 신학'이다. 이는 모든 신학이 상황적이기 때문이다. 시대의 상황은 트레이시의 관심이었다. 따라서 그는 포스트모더니즘의 이름이 이성과 사회질서의 포괄적이고 정합적인 체계들을 의심하고 비판하는 징표이기 때문에 체계들의 입장과 반응들의 상호 의존된 복합적인 체계로 이해했다. 아주 섬세하면서도 매우 인자한 사제의 외모에서 짙게 풍겨나는 트레이시는 지치지 않는 열정과 주저하지 않는 열려진 사고로 신학의 한 운동을 주도하고 있을 뿐만 아니라 포스트모던 시대의 영향을 미치고 있다고 보인다.

## 수정주의 신학의 방법은 상관적이다

트레이시는 신학이 순수한 학문을 고집하지 않고, 다른 학문들과의 연계에서 파생된다고 믿는다. 마치 인간의 경험과도 같은 학문은 서로의 관계에서 영향을 주고 영향을 받으면서 성장하는 것과 같다. 특히 트레이시는 공적 신학을 주장하다. 공적 신학은 합리적인 기준이나 적절성의 조건을 필요로 하고, 그러한 조건에 비추어서 논의되어야 한다. 말하자면, 신학이 기독교 공동체에서만 이해되고 합의되는 것이 아니라 일반 사람들에게도 이해되는 신학이어야 한다는 것이다.5) 그래야만 신학이 신학으로 혹은 학문으로서 인정을 받을 수 있다는 것이다. 그러기 위해서 트레이시는 신학이 인간의 보편 경험에 기초되어야 한다고 논쟁한다. 이는 인간의 보편적 경험이 주관적인 종교의 영역을 초월하기 때문이다.

트레이시는 자신의 신학을 '수정주의 신학'(revisionist theology)이라고 명명했다. 이 용어는 그의 『질서를 위한 복스러운 분노』(Blessed Rage for Order)에서 처음으로 언급되었다. 수정주의(revisionist)란 말은 기독교를 재해석하는 과정에서 현시적이고도 세속적인 믿음과 기독교 신앙의 본질적인 의미를 적절하게 비판하려는 의도로 표현되었다. 그래서 그는 수정주의 신학을 "기독교에 대한 재해석으로서 현 세속적인 신앙과 기독교 신앙 자체의 본질적인 의미에 대한 적절하고도 비판적 표현의 일종"으로 이해한다.6) 어느 신학이든 그것의 정당성은 과거의 신학들을 연구하고 반성함으로써 얻어지는 귀한 선물인 것처럼, 수정주의 신학도 예외가 아니다. 수정주의 신학이 연구하고 반성하는 과거의 신학들은 자유주의 신학과 신정통주의 신학들이다. 수정주의 신학은 자유주의 신학이 인간 경험을 신학적 자료로 활용했다는 점을 높이 평가하고, 그리고 성서의 권위를 신학적 자료로 활용했던 신정통주의 신학을 높이 평가한다. 말하자면 인간경험의 자유주의 신학과 성서권위의 신정통주의 신학의 핵심요소를 채광하여 수정주의 신학이 채색되었다고 보인다.[7] 하지만 자유주의 신학은 인간존재의 무의미함과 경험의 한계성을 보지 못했기 때문에 초월적 실재를 한정시켰고, 그리고 신정통주의 신학은 성서의 언어를 실존적인 언어에만 한정시켰다는 문제가 있었다. 이러한 문제에서 트레이시는 경험의 한계와 언어의 한계를 동시에 분석하면서 초월적이고도 형이상학적인 측면과 언어의 한계를 극복하는 상징적이고도 해석적인 측면을 골고루 포함하는 신학방법을 구상하게 되었다.[8]

그러면 수정주의 신학을 전개하기 위해서 우리는 구체적으로 기독교 전통의 고전인 성서와 인간 경험을 분석해 보자. 우선, 우리가 알듯이, 기독교 전통의 토대는 성서다. 성서는 기독교 전통을 이해하는 일종의 권위다. 기독교의 주장은 성서로부터 권위를 빌려온다. 따라서 성서의 권위는 기독교 전통에서 없어서는 안 될 필수적인 자료다. 그런데 트레이시가 언급하듯이, 성서라는 자료를 한껏 활용하는 신학은 신정통주의 신학이다. 신정통주의 신학은 성서를 제외하고 어떠한 주장도 받아들이지 않는다. 성서가 차지하는 비중은 가히 절대적이다 못해 근본적이다. 이러한 사정을 아는 수정주의 신학자들은 이 자료를 활용하고 포용한다. 우리는 수정주의 신학이 성서에 근거된 그리스도의 신성을 부정하지 않는데서 이 사실을 찾을 수 있다. 문제는 수정주의가 초자연주의 해석을 어떻게 보느냐는 것이다. 하지만 신정통주의가 보여준 문제는 성서를 너무 초자연주의적 입장에서만 해석했다는 것이다. 만일 초월적 입장이 너무 강하게 되면, 성서에 언급된 예수는 지나치게 "배타적 그리스도"로 이해된다는 것이다. 그래서 이 부분에 있어서 다소 지나치다고 여긴 수정주의 신학은 신정통주의 신학의 결핍된 부분을 인간경험의 요소로 첨가함으로써 매력적인 이미지로 탈바꿈시켜야 한다고 생각했다.9)

그런데 아이러니하게도 신정통주의 신학의 신학적 요소와 자유주의 신학의 신학적 요소가 그들이 선 자리에서는 볼 수 없었던 것이 수정주의 신학에서는 잘 보였을까. 데이비드 트레이시는 그렇다고 긍정적으로 답한다. 인간경험을 신학적 지식으로 활용하는 수정주의 신학은 인간 경험 속에 신적 계시를 찾아야 한다는 것이다. 이것은 "하나님에 대한 인간의 사고가 아니라 인간들에 대한 하나님의 사고"가 신학이어야 한다는 칼 바르트의 명제에 대한 비판이다. 트레이시는 인간들에 대한 하나님의 사고가 아니라 하나님에 대한 인간의 사고를 강조한다.

왜냐하면 신학이란 현대의 사회에 기독교 신앙을 이해가 능하게 하는 것이 주된 임무여야하기 때문이다.10)

그러면 "하나님에 대한 인간들의 사고"와 "인간들에 대한 하나님의 사고"는 어떤 차이가 있는가. 양자는 하나님이 절대규범으로 존재하는가 아니면 인간이 절대규범으로 존재하는가의 차이에 관한 문제다. 하지만 트레이시의 수정주의 신학은 이 양자를 날카롭게 양분하지 않는다. 오히려 그는 인간 경험 속에 있는 하나님의 계시가능성을 이끌어내는 것이 옳다고 논박한다. 우리가 배웠듯이, 하나님은 절대적인 존재다. 어느 누구도 하나님의 절대성을 부인하지 않는다. 다만 우리가 문제시하는 것은 이 절대적 존재인 하나님에 관한 표현방식에 대해서 시비를 걸고 있을 뿐이다. 이 시비에서 우리는 서로 다른 견해로 논쟁을 쟁점화한다. 역으로 말해, 하나님의 다양한 견해는 어느 누구도 하나님을 명확하고 무오하게 해석할 수 있는 신학이란 존재하지 않는다는 것을 가르쳐준다. 그 절대적인 존재로서의 하나님이 인간의 사유에 의해서 다양하게 해석되는 것은 옳았다. 따라서 트레이시는 그러한 해석들의 다원성을 긍정하고, 그러한 해석들이 기독교 신학을 위해 아름답다고 주장한다. 이는 "해석의 다원주의 자체가 그러한 창조성의 가장 분명한 표현"이기 때문이다.11)

## 신학은 해석적이다

트레이시의 간명한 주장은 큰 울림이 된다. 그것은 신학이 해석적이라는 것이다. 이것이 수정주의 신학으로 하여금 해석학에 관심을 갖는 이유다. 그 해석의 방법에서 가장 중요한 논의는 뭔가. 그것은 대화다. 대화란 "이해하기 위해서 해석하는 행위다." 이해하기 위해서는 해석이 필요하다. 그런데 이 해석에서 대화가 결정적이고 핵심적인 요소를 의미한다. 우리가 알듯이, 상대자를 필요로 하는 대화는 독백에 저항한다. 말하자면, 상대가 없는 대화는 독백이다. 독백은 주관적이거나 자의적인 해석의 위험성에 노출되어 있다. 이런 점에서 수정주의 신학은 독백의 신학에 반대하면서 정당성을 얻으려 한다.[12]

독백을 부정하는 수정주의 신학은 전통과 고전 텍스트 그리고 하나님과 끊임없이 대화하려고 노력한다. 그리고 그러한 노력에서 모든 것이 해석되어 나타난다. 그것이 이해다. 이러한 수정수의 신학의 방법론적 전략은 매우 단순하지만, 해석적 전통을 이해하는 방식이다. 트레이시는 매우 타당하게 다음과 같이 말한다.

> 해석은 사소한 문제인 것처럼 보이지만 결코 그렇지 않다. 우리가 행동하고 숙고하고 판단하고 이해하고 또는 심지어 경험할 때에도 우리는 해석한

다. 이해하는 것은 해석하는 것이다. 잘 행동한다는 것은 어떠한 행동을 요구하고 있는 상황을 해석하고 있는 것을 말하고, 바로 그 행동을 위한 올바른 전략을 해석하는 것이다. 순수하게 수동적으로 경험하는 것과 다르게 경험하는 것도 해석하는 것이다. 또한 '경험이 있는' 사람이 된다는 것은 유능한 해석자가 되었다는 것을 뜻한다. 따라서 결국 해석이란 경험, 이해, 숙고, 판단, 결정, 행동만큼이나 회피할 수 없는 문제다. 진정한 인간이 된다는 말은 반성적으로 행동하고, 신중하게 결정하고, 지성적으로 이해하고, 풍부하게 경험한다는 것이다. 우리가 알든 모르든 간에 진정한 인간이 된다는 것은 능숙한 해석자가 된다는 말이다.[13]

이처럼 해석은 신학의 담론에서 가장 중요한 도구다. 왜냐하면 실재가 아주 모호하기 때문이다. 사물은 모든 것을 눈으로 확인하듯이 명확하게 보여주거나 설명되지 않는다. 이를테면 하나님, 성서, 전통 등과 같은 실재가 설명이 필요 없이 우리에게 드러내거나 말해주지 않고 반드시 해석의 과정을 거치도록 유도한다. 해석에는 항상 존재와 텍스트 그리고 그것과 연관된 개념들을 파악한 후에 이해되는 그 무엇이다. 이런 이유에서 트레이시는 신학자는 끊임없이 고전들과 대면하고 소통을 위해 개방적인 태도를 가져야 한다고 주장한다. 그는 이렇게 말한다. "신학적 해석은 종교적 고전과의 진정한 대화를 허용하는 하나의 방식이다. 무엇보다도 궁극적인 실재에 대한 반성으로서, 또 우리의 실존의 제한된 물음들에 대한 반성으로서 신학적 해석은 다른 모든 해석과 같이 언제나 불확실한 탐구의 형식이라는 것이다. 신학자는 결코 확실성을 주장할 수 없으며, 기껏해야 매우 시험적인 '상대적 적절성'만을 주장할 수 있다. 신학자는 모든 담론에 영향을 미치는 '다원성과 모호성'을 회피할 수 없다."14) 이처럼 우리가 살아온 삶의 경험이나 전통이 과거의 것을 모든 사람들에게 일치하는 방식으로 설명되거나 해석되지 않기 때문에 신학은 이러한 해석을 주된 과제로 삼아야 하는 일은 당연하다.

앞서 언급했듯이, 수정주의 신학은 해석을 신학적 방법으로 채택하면서 가장 필요한 요소인 대화를 도구로 삼는다. 그런데 이 대화는 놀이의 일종이다. 트레이시는 다음과 같이 표현하고 있다.

> [대화]는 우리가 탐구할만한 물음들을 통해 요구하고 있는 그런 움직임에 순응하는 것을 배우는 놀이다. 대화의 움직임은 물음 그 자체다. 물음에 대한 나의 현재 의견이나 물음에 대한 텍스트의 최초의 반응이 아니다. 오히려 그것은 물음 자체가 모든 대

화를 통제하는 것을 말한다. … 대화는 대결이 아니다. 대화는 논쟁이 아니다. 대화는 시험도 아니다. 대화는 물음 그 자체다. 대화는 물음이 인도하는 곳이라면 어디든지 기꺼이 그 물음을 따라가는 자발성이다. 대화는 문답(dialogue)이다.15)

대화는 구체적으로 무엇을 지시하는가. 대화는 크게 두 가지 것을 지시한다. 첫째, 대화는 놀이로서 존재를 개방하는 힘이다. 대화는 우리의 희망, 바람, 두려움 등을 노출한다. 하지만 데이비드 트레이시는 대화에는 일종의 규칙을 가지고 있다고 말한다. 그는 이렇게 기술한다. "단지 당신이 의도하는 것만 말하라. 당신이 할 수 있는 한 분명하게 그것을 말하라. 어떤 차이가 있거나 다르다고 할지라도 다른 사람이 말하는 것을 경청하고 존중하라. 만일 대화 상대자에 의해 도전을 받는다면, 당신의 의견들을 기꺼이 수정하거나 변호하라. 필요하다면 기꺼이 논증하고, 요구된다면 기꺼이 대면하며, 필요한 갈등을 기꺼이 지속시키고, 증거가 제시된다면, 당신의 생각을 기꺼이 바꾸라."16)

둘째, 대화는 우리로 수동적인 사람에서 능동적인 사람으로 변화시키는 힘이다. 그것이 수정주의 신학의 기획이자 의도다. 대화는 질문이 전제되어 있기 때문에 대화한다. 순수하게 자율적이고도 독립적인 텍스트라고 할지라도 그것을 읽는 사람은 그것과 상호작용하고 소통한다. 이를테면 우리가 성경을 읽는다고 하자. 성경은 하나님의 말씀이기 때문에 경청하여야 한다. 하지만 그것은 수동적인 경청이 아니다. 우리는 이미 대화를 통해서 묻고 대답하는 회화적 과정을 갖는다.[17] 그것이 어쩌면 자연스럽다. 그래서 신정통주의 신학에서 요구하는 초자연적인 방법인 하나님의 사유를 인간에게 기계적으로 전달하지 않는다. 우리의 사유와 하나님의 사유 간의 간격을 좁히는 대화의 방식이 필요하다. 이것이 수정주의 신학의 방법이다. 그런데 많은 신학자들을 포함한 그리스도인들은 이러한 방식을 즐겨하지 않는다. 단순히 읽고 경청하는 초자연적인 형식의 방식만을 고집한다.

바로 이 방식에서 수정주의 신학은 그 정당성을 찾는다. 대화는 우리로 하여금 능동적인 사람으로 만드는 것뿐만 아니라 해석의 차원을 제공한다. 신학이란 본래적인 의미에서 해석적이다. 그것은 상호작용이라는 해석에 의존한다. 사람들은 이 해석에서 주관적이 되지 않을까 염려한다. 이 염려는 정당하다. 가끔은 우리가 임의적으로 해석하는 경향이 있다. 주관적인 해석은 매우 위험하다. 이단들의 해석도 어쩌면 주관적인 해석에서 시작되는지 모른다. 주관적인 해석은 항상 자기를 정당화하는 보호 방식을 선택한다. 말하자면, 자기의 주장은 옳고 남의 주장은 틀리다는 것이다. 주관적인 해석에서 배제된 것은 대화라는 것이다. 그 주관적인 해석은 대화 상대자를 요구하지 않는다. 내가 결정하고 내가 선택하는 행위만이 있을 뿐이다. 그것이 주관적인 해석이다. 위험하지 않는가. 아마도 소름끼칠지 모른다. 해석의 정당성은 주관성에 의해서 되지 않는다. 의미를 부여하는 것은 좋다. 하지만 의미는 자기만을 위한 의미뿐만 아니라 다른 사람들이 납득이 될 만한 의미여야 한다. 주관적 해석은 물음 속에 타인을 상실한다. 타인이 없다. 말하자면 대화의 상대자가 없다. 그리고 주관적 해석에는 차이성이 사라진다. 오로지 자기의 정당성만이 주장될 뿐이다. 따라서 트레이시는 "고전 텍스트와 상호 작용한다는 것은 '차이성'이나 '타자성'과 대화한다는 것이다."[18] 그러므로 주관적 해석은 "상호작용"이라는 차원이 결여되어 있다.[19]

## 상호텍스트성으로서의 이해

트레이시는 "모더니티의 세속적 정신의 위기"를 지적한다. 모더니티의 계몽 혹은 각성의 의미는 합리적 탐구의 방식을 강요하고, 그것에 따라서 진리의 성격을 결정한다. 그리고 이 모던적 정신은 우리 시대의 규범으로 작용하여 포스트모던의 정신을 억압하는 것처럼 느낀다.[20]

그래서 모더니티의 세속적 정신은 단일적이고 획일적인 방식을 요구하지만, 우리시대는 이미 다의적이고 다양한 방식을 요구하고 있다. 서로 다른 환경과 배경에서 진리의 탐구는 하나가 아니라 여럿이다. 따라서 포스트모던 정신은 새로운 시대의 환경과 정신을 가져다주었다. 이것은 우리와 생각이 다르고 살아온 삶의 배경이 다른 사람들과 더불어 살아간다는 것을 말한다. 우리와 생각을 달리하는 사람들이 우리의 이웃일 수 있고, 교회 내의 사람들일 수 있고, 다른 종교의 사람들일 수 있다. 우리는 그들과 함께 차를 마시고 식사를 하면서 담소를 나눈다. 만일 우리의 이웃이 우리와 생각을 달리하는 사람이라면, 우리는 우리와 다르기 때문에 배타적이어야 하는가. 트레이시는 우리의 사회가 이미 다원적이라는 것을 믿는다. 다원적이란 이미 차이성이 전제되어 있다. 그러므로 차이성은 신학을 위한 배타적인 규범이 아니라 다원적인 포용이다.[21]

이처럼 시카고대학을 중심으로 일어난 수정주의 신학적 사유는 다원성과 차이성에 의해 성격을 드러낸다. 전통 신학은 이 차이성과 다원성의 성격을 좋아 하지 않는 것처럼 느껴진다. 차이성은 분열과 갈등 그리고 파괴를 전제로 하고, 다원성은 의미의 무규정성을 드러내기 때문이다. 그래서 우리의 신앙은 차이성이나 다원성을 옹호하기보다는 동질성이나 본질성을 원한다. 이 차이성과 다원성이 수정주의 신학의 해석학적 원리로서 작용한다. 특히 우리는 트레이시의 신학에서 이 차이성과 다원성에서 두 자기 방식을 배울 수 있다. 하나는 텍스트 상호성의 의미다. 리쾨르의 철학은 해석에서 차지하는 인간의 존재가 중심을 이룬다. 특히 리쾨르는 "한 텍스트를 다른 텍스트에 비추어서 읽는다"고 말한다. 예수의 동정녀 탄생에 관한 텍스트는 구약의 이사야의 텍스트와 함께 읽고 해석한다. 우리의 설교는 어떤가. 대부분 수정주의 신학의 해석적 방식이다. 이것을 우리는 "텍스트 상호성" 혹은 "상호텍스트성"(intertextuality)이라고 부른다. 예수님의 가르침은 항상 그 시대의 다른 비유들과 더불어 설파하셨다. 구약과 신약은 서로 다른 텍스트들이지만, 서로 조화를 이루고 필요에 의해서 조합하거나 짜 맞추어진다. 문자적으로 그리고 논리적으로 아무런 연결이 없는 두 개의 서로 다른 텍스트들임에도 불구하고 해석은 그러한 두 텍스트를 함께 읽는다. 역동적인 상호 작용을 통해서 해석은 새로운 의미가 산출되고 생산된다. 수정주의는 텍스트 속에 이미 다양한 관점들을 포함하고 있다. 사회적, 정치적, 문화적, 경험적, 실용적 등과 같은 관점들은 텍스트 안에 내포되어 있다.

그러면 이 상호텍스트성이 갖는 의미는 무엇인가. 그

것은 세 가지 의미를 갖는다. 첫째, 상호텍스트성은 텍스트가 열려있다는 것을 의미한다. 텍스트란 닫힌 개념이 아니라 열린 개념이다. 글을 읽는 동안 텍스트는 우리의 관심과 관점에 문을 연다. 무엇을 이해하는가의 문제는 독자의 관심과 관점에 봉사한다. 둘째, 상호텍스트성은 해체를 의미한다. 우리가 이미 다른 텍스트와의 대화를 시도하게 되면, 기존의 사유는 변하고 새로운 형태의 의미작용에 노출된다. 따라서 독자가 텍스트를 읽고 있는 동안 텍스트 안에 머물지 않고, 그 내용을 해체시킨다. 말하자면 본질의 의미는 이미 독자에 따라서 다르게 의미화된다. 슐라이어마허와 딜타이의 해석학에서 보편적인 이해가 저자의 의도와 저자의 문법에 한정하여 글을 읽는다는 것은 저자가 지시하는 의미가 한정된다는 것을 말한다. 따라서 트레이시는 이 의미는 저자의 의도에 국한하지 않고 그것의 의미를 분해함으로써 차이의 의미를 제공할 수 있다고 보았다. 이런 맥락에서 상호텍스트성은 모든 사람을 위해 개방적일 뿐만 아니라 저자의 의미를 한정하지 않고 그것을 해체하는 방식으로 이해의 방식을 돕는다. 셋째, 상호텍스트성은 외부의 텍스트와의 '상관관계'(correlation method)에서만 의미를 갖는다는 것이다. 이 상관관계의 방식은 리쾨르의 해석이론이다. 하지만 트레이시는 단순히 상관관계의 방식에 '비판적'이라는 형용어를 덧붙이다. 비판적 상관관계란 이것이다. 우리가 해석을 하는 행위가 이미 비판적이라는 것을 말한다. 다양한 외부의 텍스트를 대비하지만, 그것은 독자의 비판적 행위에 의해서 결정된다.

이런 근거에서 해석이란 과거의 전통과 현재의 텍스트와의 부단한 대화다. 마치 카(E. H. Carr)가 말했듯이, "역사란 과거와 현재의 부단한 대화다." 이처럼 해석은 과거와 현재의 상호 작용에 의해서 의미를 확대하고 상징화한다. 이런 점에서 수정주의 신학의 해석은 은유의 방식이나 상징의 방식을 권장한다. 은유나 상징은 텍스트의 내용을 의미론적인 것으로 받아들인다. 하나님과 반석은 서로 다르다. 그렇지만, 해석은 이 둘의 서로 다른 것을 연결시켜 의미화한다. 진리는 텍스트에 국한되지 않는다. 진리는 텍스트 밖에서도 있다. 그래서 세계를 개방된 것으로 이해하고, 받아들여야 한다는 수정주의 신학의 해석적 방식은 텍스트 내에서 의미의 "무규정성"을 주장한다. 그래서 수정주의는 텍스트들을 우리의 현실과 상호 작용하고 서로 소통할 수 있는 담론적 공간을 허용한다. 텍스트는 있는 그대로 말하지 않고 대화자를 필요로 한다. 텍스트를 읽는 것은 이미 독백에 저항한다. 그리고 대화는 이미 우리의 정서와 감정을 노출한다. 대화는 대결이나 논쟁을 전제로 하지 않는다. 대화는 서로에 대해 배우게 한다. 그것이 수정주의 신학의 해석의 목적이다.

# 후기자유주의 신학

후기자유주의 신학은 이른바 예일학파라 부른다. 앞서 언급했듯이, 학문적 맥락을 설정하는 것은 대체로 제도적 학교를 중심으로 일어나는 경우가 허다하다. 따라서 후기자유주의라고 규정하는 사람들 가운데 대부분은 예일대학교에서 가르쳤거나 수학했던 신학자들을 중심으로 된 학파다.22) 한스 프라이와 조지 린드벡은 그들 중 가장 중심적인 신학자들이다. 그들의 노력은 고유한 역사적이고도 문화적인 정황 속에 있는 종교나 신앙 전통에 대한 연구에 강조점을 두었다. 한스 프라이의 경우에는 19세기와 20세기의 신학적 흐름을 통하여 어거스틴에서 종교개혁에 이르기까지 기독교적 해석이 일반적으로 유형론적인 방식을 연구했다. 그에게 있어서 성경의 이야기들은 전승되어 온 사건들이 해석되어온 내용들로 설명된다. 따라서 기독교는 결국 성서의 이야기를 권위로 받아들이는 신앙 공동체로 규정된다.23) 프라이의 이러한 노력은 조지 린드벡에 의해 보다 세련된 형식으로 신학적 담론을 형성하게 되었다고 보인다. 우리는 프라이의 신학보다는 린드벡의 신학에 더 관심을 가지고 그의 신학적 담론을 전개하고자 한다.

## 가톨릭적 개신교 신학자, 조지 린드벡

조지 린드벡(George Lindbeck, 1923~ )은 스웨덴계의 미국 개신교 신학자이다. 그는 그의 부모들이 루터란 선교사들로서 중국에 선교하는 기간에 태어났다. 린드벡은 미네소타에 있는 구스타버스 아돌퍼스대학(Gustavus Adolphus College)에 입학하기 전까지 중국과 한국에서 학교들을 다니며 어린 시절을 보냈다. 어린 시절의 경험은 후에 에큐메니컬 대화에 적극적으로 동참하는 직접적인 계기로 작용되었던 것 같다. 서로 다른 문화에 대한 포용적인 생각이 어린 시절의 다문화에서 이미 형성되었다고 보인다. 1943년 구스타버스 아돌퍼스대학에서 문학사를 받은 후에 린드벡은 예일대학교 신학대학원에 진학하여 1946년에 목회학 석사를 받았고, 1955년에 동대학원에서 철학박사 학위를 받았다. 그가 박사학위 논문을 쓰는 동안에 린드벡은 프랑스와 토론토를 오가면서 중세의 가톨릭의 주도적이고 가장 중심적인 학자들인 질송(Etienn Gilson)과 폴 비그나욱스(Paul Vignaux)를 연구했다. 그의 박사학위 논문은 존 둔스 스코투스(John Duns Scotus)의 철학적 신학의 본질과 실존의 쟁점에 대한 연구로 박사학위를 받았다. 1952년 그의 박사학위를 하는 과정에서 예일대학교의 교수로 임명되었다. 그 때부터 린드벡은 1993년 은퇴하기 전까지 줄곧 교수로 학생들을 가르쳤고 후기자유주의의 사상을 발전시켰다. 예일대학교에서 가르치는 동안에 린드벡은 역사신학의 피트킨(Pitkin) 석좌 교수의 직함을 얻었다. 무려 40년이 넘도록 신학과 철학을 가르친 린드벡의 초기의 가르침과 작품들은 후기 중세 철학과 신학에 초점을 맞추었다고 한다.[24]

게다가 린드벡은 아마도 에큐메니칼 대화에 참여하고 포괄적인 학자로도 널리 알려져 있다. 중세학자로서의 명성을 얻었기 때문에 그는 루터란 세계연맹(Lutheran World Federation)을 대표하는 제2바티칸 공회의 네 번째 분과의 참관자로서 초청되었을 정도로 중세에 관한 전문적 지식을 소유하고 있었다. 이 참관자로서의 자격 때문에 린드벡은 지속적으로 그의 경력이 에큐메니칼 대화에 헌신할 수 있었다. 수없이 많은 논문들과 함께 그의 두 주요 작품들인 『로마 가톨릭 신학의 미래』(1971)와 『무오류성』(1972)은 양분된 고백들의 교리적 조정과 화해에 헌신하고자 한 그의 관심을 반영한다. 그는 또한 루터란 교회와 로마 가톨릭과의 대화를 연구하는 일에 국내외적으로 적극적으로 활동했다. 따라서 린드벡은 작품들에서 가톨릭적 개신교의 입장을 옹호한 사람으로 기억되고 있다.

그의 입장은 그리스도교의 독특성 내지는 고유성을 보존하면서도 비기독교의 구원 가능성을 긍정하는 방법을 모색하는 것이다. 그리하여 구원은 꼭 현세에서만이 아니더라도 가능하다고 말한다. 지금 저마다의 문화-언어적 체계 안에서 살아가는 모든 종교의 모습을 그대로 인정한 채, 궁극적 구원은 종말 때에야 이루어질 것이라며 각 종교에 대한 현세적 판단을 유보한다. 그리스도인을 비기독교인과 구분해 주는 결정적 근거는 현세적 질적인 요소에 있는 것이 아니라 이는 종말론적 완성 안에서 하나님의 사랑을 얼마나 충실히 배우는가에 달려 있기 때문이다. 따라서 린드벡은 언젠가 사람들이 성서적 언어를 배울 수 있게 될 것이며, 이것은 역사의 종말에서도 가능하게 될 것이라고 믿는다.

## 후기자유주의 신학 방법은 문화적이다

후기자유주의 신학은 예일대학의 한스 프라이와 조지 린드벡에 의해서 주장되었다. 특히 1980년 북미 신학에서 가장 영향력이 있었던 작품인 린드벡의 『교리의 성격: 후기자유주의 시대에서의 종교와 신학』은 후기자유주의 신학을 규정하는 중요한 자료다. 여기에 사용된 후기자유주의(postliberal)라는 용어는 합리성과 이성의 방식을 진리의 성격으로 규정하는 근대 이후의 사유양태에 반대하는 용어로 사용되었다.[25] 원래 후기자유주의 신학은 '언어놀이'와 '삶의 양식'이라는 후기비트겐슈타인의 철학에 의해 영향을 받았다. 후기비트겐슈타인의 철학은 철저하게 근대적 사유와 합리적 보편성을 배격한다. 근대에서 진리를 규정하는 이성과 합리성의 도구는 더 이상 효력을 발휘하지 못하고, 이 자리에 문화와 언어의 양태가 대체되었다. 따라서 포스트모던의 한 양태로 이해되는 후기자유주의 신학은 문화와 언어가 제일 중요한 도구가 되었다. 말하자면 포스트모더니즘의 사유에서는 진리 탐구나 절대성과 같은 의미의 확실성은 사물의 성격을 규정하는 도구로 사용되지 않는다는 것이다.[26]

후기비트겐슈타인의 철학적 사유를 따르는 인식론은 '비정초주의적 인식론'으로 규정된다. 비정초주의 인식론으로서의 후기자유주의는 후기비트겐슈타인의 언어놀이에서 언급된 것처럼 진리가 있다거나 본질을 파악할 수 있다는 어떠한 희망을 제거할 뿐만 아니라, 그러한 생각은 근대적 망상이라고 몰아세웠다.[27] 이런 인식론에서 후기자유주의 신학은 진리란 공동체의 진리이고, 따라서 보편적인 진리의 형식과는 거리를 두었다. 따라서 기독교가 진리인 것은 기독교 공동체 내에서만 진리이지, 외부의 것과 비교하여 보편적으로 진리라고 말할 수 없게 되었다는 것이다. 우리는 이것을 '체계-내-진리'라고 부른다. 체계-내-진리란 개별적 형식에 의존하고 보편적 형식에 의존하지 않는다. 따라서 '사물이 존재하는 그대로의 방식'을 부정하는 린드벡은 언어와 문화가 사물을 이해하는 가장 정확한 방식이라고 주장한다. 이는 사물의 존재에 대한 경험이 일차적이라기보다는 언어와 문화가 일차적이기 때문이다. 간단히 말해, 언어와 문화가 세계를 드러내는 한 방식이기 때문이다.[28]

전통적으로 인식론은 세 가지 범주에서 논의되었다. (1) 인식-명제주의가 있다. 인식-명제주의(cognitive-propositional)는 사실적 명제에 관심을 갖는다. 다음과 같은 문장들은 인식-명제적 문장들이다. 이를테면, '중국의 인구가 15억이다'라는 문장과 '박정희 대통령은 시해되었다'라는 문장이다. 이러한 문장들은 진위문장들이다. 옳고 그름을 일별해 내는 문장들로 구성된 인식적 명제주의의 유형은 대체로 비엔나 학파라 불리는 논리 실증주의(logical positivism)와 같은 학파에서 주장되었다. (2) 경험-표현주의가 있다. 경험-표현주의(experiential-expressive)는 인간의 경험을 강조하는 유형이다. 이 유형은 미국 시카고대학교의 신학부의 사유인데, 언어가 일차적이지 않고 경험이 일차적이라고 주장한다. 이 세계의 지식은 경험에서 출발하여 그것을 표현하고자 언어나 상징 혹은 문화의 매개를 통해서 표현된다. (3) 언어-문화주의가 있다. 이 언어-문화주의(linguistic-cultural)는 언어와 문화가 세계를 해석하는 가장 중요한 매개다. 인산의 내적 경험은 이미 언어와 문화 속에서 선험적으로 결정되어진다. 이 유형은 경험이 인간을 결정짓는 것이 아니라 이미 언어와 문화가 일차적이기 때문에 경험을 해석하고 결정짓는다. 게다가 우리가 출생하는 문화와 언어가 삶의 모든 형식과 사유를 지배하고 통제한다는 것이다. 왜 우리가 그렇게 사유하는가. 이는 우리가 그렇게 배웠고 또 그러한 문화에서 출생했기 때문이다.[29]

이처럼 린드벡은 '사물이 존재하는 그대로의 방식'을 받아들이지 않는다. 형이상학적 사변을 위한 정초주의 인식론은 종교적 영역이나 신학의 영역에서 보편성의 기준에 적합하지 않을 뿐만 아니라 그것을 적용하기가 어렵기 때문이다.[30] 따라서 반정초주의 인식론은 한 방법으로서 진리의 실재가 실재의 대응에서 드러나는 것이 아니라 이미 선험적으로 존재하는 문화나 언어에 의해서 실재가 드러난다고 가르친다. 구체적으로 말하자면, 신학이란 진리의 탐구이고, 그것의 본질을 추구하는 일이 더 이상 의미가 없는 일로 간주되었다. 즉 신학을 결정하는 그 내용은 그 신학에 의해 사용된 언어나 문화에 의해서 형성되고 만들어진다는 것이다. 그러기 때문에 신학이 진리의 양태로 이해될 수 없고, 그것은 하나의 방법에 불과하다는 것이다.31) 결국에는 신학의 진리란 내적으로 경험된 토대에 근거되지 않는다는 것이 자명하게 된다. 요약하자면, 신학은 대체로 그것의 공동체를 전제로 하는데, 그 공동체가 경험한 내용을 서술하거나 표현하는 형태를 갖는다. 그리고 그 공동체가 신학의 정당성을 규정한다. 그런데 여기에서 신앙 공동체가 경험한 내용을 토대로 신학을 형성하는 것이 아니라 이미 공동체에서 학습되거나 사용된 언어와 문화에 의해서 경험의 내용을 만든다는 것이다. 따라서 내적인 경험보다는 문화와 언어의 외적인 요소가 신학을 결정하는 방식으로 규정하는 후기자유주의 신학은 우리가 읽고 있는 성경에 그 어떠한 새로운 것을 덧붙이지 않고, 다만 성경이 어떻게 신학을 통제하고 통괄하는 규칙을 설명하는 것에 지나지 않는다는 것을 알려줄 뿐이다.

## 해석의 원리로서의 텍스트 내재성

린드벡은 신학을 신앙 공동체의 실천을 적절히 일으키지도 되찾지도 않는다고 믿는다. 신학은 본질적으로 신앙 공동체의 실천과는 명백히 구분되어 있다. 신학은 신앙 공동체를 위해 존재하는 이차적인 질서와 같다. 그럼에도 불구하고, 신앙 공동체의 실천은 신학이 없이 존재하지 않았고, 대부분 신학의 형식을 통하여 신앙 공동체의 실천을 돕고 그 근거를 제공해 왔다. 린드벡은 이러한 사실을 부정하지 않는다. 따라서 신학은 신앙 공동체의 실천, 즉 교회와 교리를 이해하고 또 신념의 실천을 수정하기 위해 매우 귀중하고도 값진 근거다. 미네소타의 성 올라프대학의 부르스 마샬(Bruce D. Marshall)은 후기자유주의 신학의 임무를 세 가지로 명확하게 묘사했다. 후기자유주의 신학을 이해하는데 이 세 가지 임무는 적절한 도움을 제공한다.

첫째, 신학은 교의적이어야 한다. 교의신학은 기독교 공동체와 그것을 믿고 따르는 사람들에게 제공하는 구조로서 종교적이고 신앙적인 '의미'에 대한 "규범적 성격"을 제공한다. 말하자면, 교의신학은 기독교인들이 이 세계에서 어떻게 살아야 하고, 그들의 가능한 이상이 무엇인지 가르치는 규범적 틀과 같다. 만일 신학이 교의적 역할을 하지 못한다면, 그들이 믿는 믿음이나 신념의 실천에서 우왕좌왕할 수밖에 없고, 공동체의 의미를 판단할 수도 없을 것이다. 둘째, 신학은 실천적이어야 한다. 여기서 실천이란 실천신학을 뜻한다. 교회와 세계 내에서 기독교인들은 다양하고도 특이한 문제들과 마주하며, 그러한 문제들을 해결하고 실천하는 지혜를 필요로 한다. 공동체의 이상에 충실하기 위해 실천신학은 현재의 행동을 구성하고 형성하는 역할을 적절히 조절하게 만든다. 셋째, 신학은 기초적이어야 한다. 린드벡은 기초신학의 필요성을 주장한다. 그의 입장은 매우 단호하다. 그런데 여기서 기초신학은 외재적인 의미가 아니라 텍스트 내재적인 의미다. 이런 면에서 기초신학은 "변증적"이어야 한다. 기독교 공동체의 신앙을 변호하고 그들을 보호하는 체계를 구축하는 일이 신학의 임무라는 것이다.32)

이런 신학의 임무로부터 린드벡은 후기자유주의 신학의 해석학적 원리를 제시한다. 무엇보다도 위의 세 번째 신학인 기초신학에서 내재적 의미를 발전시킨다. 신학 해석은 텍스트 내재적이어야 한다는 것이다. 텍스트 내재적이라는 말은 "외부의 성서적 범주들 속으로 성서를 해석하기보다는 한 성서적 구조 틀 속에서 실재를 서술하는 것이다."33) 그가 말하는 텍스트 내재성(intratextuality)은 크게 두 가지 의미를 갖는다. 하나는 텍스트 내재성은 이야기의 비환원성을 말한다. 비환원성이란 본질을 드러낼 수 없는 상황이고, 대체로 이야기가 정당화하는 것은 그 공동체에서 한정하여 이해될 수밖에 없다는 것이다. 전문적인 표현으로 말하자면, 보편적인 내적 종교적 경험들은 기독교적 공동체에서 의미를 갖는 것이지 모든 공동체에게 적용될 수 없다는 말이다. 그런 점에서 이야기의 비환원성을 말한다.

텍스트 내재성의 또 다른 의미는 화행으로서의 이야기다. 화행이란 말은 언어가 행동을 수반한다는 것을 의미한다. 하나의 발화의 수반적 요소는 주로 그것의 상황에 의존한다. 상황이 없는 문장은 하나의 사태를 기술하는 단순한 명제에 불과하다. 하지만 발화의 수반적 상황은 하나의 보고이며, 표현이며 그리고 어떤 행위를 위한 방향을 가리킨다. 우리는 성서의 이야기들을 통해서 하나님의 약속들로 받아들이고 그러한 방식으로 기능하고 있다. 이야기들은 단순히 이야기로 종언되지 않는다. 그 이야기들은 항상 우리의 삶의 행위 속으로 진입하고 우리를 행동하게 하는 힘이 된다. 그런 점에서 텍스트 내재성은 행동을 수반하는 원리로 작용된다.

결국, 후기자유주의는 이야기의 의미를 전달한다. 이야기는 그 시대의 이야기이며 그 이야기를 전달하는 공동체의 이야기다. 모든 사람에게 보편적으로 적용되는 이야기가 아니다. 그러면 이야기는 더 이상 의미가 없는가. 성경의 이야기는 항상 우리의 이야기로 받아들인다. 탕자의 이야기는 그 시대의 이야기보다는 오늘 우리 시대의 이야기다. 십자가의 사건은 그 시대의 사건이 아니라 오늘 우리 시대의 사건이다. 초대교회의 고난에 관한 이야기는 그 시대의 이야기가 아니라 오늘 우리 시대의 핍박 이야기다. 따라서 린드벡은 역사의 이야기가 아니라 역사와 같은 이야기라고 말한다. 이미 역사에 근거되었지만, 그것은 우리의 이야기, 우리 공동체, 우리의 신앙공동체의 이야기로 받아들인다. 부연해서 설명하자면, 텍스트(언어)가 사회적 실재나 공동체의 구성원의 성격을 구성한다. 말하자면 우리의 경험을 가지고 텍스트에 들어가는 것이 아니라 주어진 텍스트가 우리를 만든다는 것이다. 따라서 기독교 공동체는 성경이라는 텍스트가 우리의 상황을 말해준다.

이런 이유에서 후기자유주의 신학은 텍스트 상호성(intertextuality)에 반대한다. 앞서 말했듯이, 텍스트 내재성이란 한 텍스트가 다른 텍스트에 비추어서 읽는 방식이 아니라 텍스트 안에서 읽는 방식이기 때문에 신학도 텍스트 안에서만 그것의 의미를 정당화한다. 그런데 우리는 텍스트 내재성의 의미에서 그것을 정당화 하는 신앙 공동체가 그 배경에 존재하고 있다는 것을 알 수 있다. 결국에는 우리가 믿는 모든 것은 신앙 공동체의 산물이고, 그것의 기준에 의해서 결정된다는 것을 쉽게 이해할 수 있다. 흔히 우리가 신앙규범은 어떻게 형성되는가라고 묻는다면, 그것은 성서에서 근거되어 있기보다는 신앙공동체, 즉 성서를 읽고 해석하는 공동체가 존재한다는 것이다. 따라서 린드벡의 후기자유주의 신학은 신앙규범을 신앙공동체로 한정한다는 것을 알 수 있다.

## 신학은 신앙의 문법이다

종교의 각 이론은 그 자체의 기준에 비추어 종교들을 비교한다. 인식적 모델에서 명제적 진리는 전통적으로 진리의 이름으로 사용되었다. 그런데 치명적인 문제는 참된 진리를 주장하는 종교가 무엇인가 하는 것이다. 주로 이 같은 진리는 대응적 진리로 이해되었다. 대응적 진리란 사물을 있는 그대로 기술하거나 묘사할 수 있다는 전제에서 출발하지만, 이 같은 보편적 의미의 진리는 붕괴된 지 오래다. 더 이상 그 같은 진리는 활용되지도 않는다. 이런 비판에서 후기자유주의 신학은 진리를 두 가지 측면에서 전개한다.

첫째, 진리란 범주적이다. 린드벡은 범주를 일종의 양식으로 이해한다. 진리는 하나의 양식 혹은 양태로 이해된다. 린드벡은 다음과 같이 말한다. "적절한 양식들은 비록 그것들이 명제적이고도 사실적이며 그리고 상징적인 진리를 보장하지 않더라도, 사실적으로 취급되어질 수 있고, 따라서 그러한 양식들이 진리를 가능하게 한다."[34] 둘째, 후기자유주의 신학은 체계 내적 진리다. 린드벡은 종교들 안에서 혹은 적어도 기독교 내에서 명제적 진리의 중요성을 부인하지 않는다. 기독교는 진리가 아니라고 말할 수 없다. 린드벡은 이렇게 말한다. "종교의 인식적 명제이론에 대한 가장 위대한 힘은 순전히 경험-표현주의 이론과 달리 체계 내적 진리는 그 같은 명제적 진리 주장의 가능성을 인정하고 있고, 그리고 한 문화-언어적 접근의 결정적인 신학적 도전이 그렇게 할 수 있다는 것이다."[35]

그러면 후기자유주의 신학이 지향하는 건 뭘까. 그것은 기독교의 독특성을 재발견하려는 것이다. 이것은 기독교를 인정하지 않으려는 움직임에 대한 저항적 요소가 전제되어 있다. 계몽주의와 그 지적 상속자들은 보편적 기준에 따라 기독교를 진리로 규정하는 문제를 삭제하려는 움직임이 있었다. 그리고 대체로 기독교의 진리는 다른 세계관과 마찬가지로 보편적으로 이해되어야 한다고 주장해 왔다. 사정이 그러다보니, 기독교의 구체적인 이야기들은 과학적이고도 역사적인 구조에서 받아들일 수 없는 이야기가 되었다. 이런 보편적 규범에 따라 기독교의 독특성은 상실되고 더 이상 진리의 합리적인 논의에서 일탈될 수밖에 없었다. 이 상황에서 후기자유주의는 일종의 구원투수로 등장했다. 특히 린드벡은 신앙의 문법과 과학의 문법 그리고 다른 형태의 학문적 문법을 극명하게 구분하면서 기독교의 독특한 진리를 주장하게 되었다. 그의 주장은 매우 설득력이 있었다. 그리고 그가 의존한 권위는 단지 신학적 자료에만 국한되지 않았다. 그가 크게 의존하는 권위는 바로 후기비트겐슈타인의 철학적 사유와 클리포드 기어츠(Clifford Geertz)의 '문화이론'이었다. 우리가 잘 알듯이, 후기비트겐슈타인의 '언어놀이'(language game)와 '삶의 양식'(form of life) 그리고 기어츠의 '문화의 패턴'은 외적인 규범에 의해서 그것의 진리를 규정하는 방식이 아니라 내적인 규범에서 그것의 진리를 규정하는 방식으로 가장 적절히 설명하고 있기 때문이다.36)

언어란 신학이 고안하거나 부여한 것이 아니다. 그것은 궁극적으로 이미 존재하고 있었다. 그런데 이 언어의 진위를 판별하는 것은 누군가. 린드벡은 말하기를 그것은 신앙 공동체라는 것이다. 신앙 공동체는 우리가 사용하는 언어의 진리를 판단하는 규범이다. 이런 동일한 맥락에서 신학도 신앙 공동체에 의해 규정되는 것이다. 신학이 진리를 향해 간다는 것은 후기자유주의 신학에서는 틀린 말이다. 아니 그렇게 표현하는 것은 옳지 않다. 보편적 진리는 후기자유주의 신학에서는 허망한 이론에 불과하다. 존재하는 것은 단지 공동체의 진리만이다. 사물과 세계를 판단하는 규범이자 진리로서의 신앙 공동체의 존재는 거역할 수 없고 가혹한 현실과 같다. 따라서 신학은 이미 의존하고 있는 공동체의 언어와 문화에 이미 내재하고 있는 것이다.

좀 더 부연하자면, 신학이란 성경에 외적인 규범이나 규칙에 따라서 이해되거나 부가되는 것이 아니라 성경 안에 있는 내적인 규칙들과 규범들에 따라서 이해되어야 한다는 것이다. 왜냐하면 신앙 공동체의 진리는 성경 내에서 정당화되기 때문이다. 말하자면, 이 성경이 기독교를 규정한다. 이 성경이 기독교의 독특성을 만든다. 역으로 말해, 이 성경이 신앙 공동체의 성격을 만들어내기도 한다. 그런 면에서 후기자유주의 신학에서 선험적 지식과 교리는 이미 우리가 관찰하고 경험하는 것에서 결정적인 산파역할을 한다. 이것은 누구도 부인하기 어렵다. 기독교 경험을 전달하는 통로는 언어와 문화다. 의미란 특정한 언어와 분리되지 않는다. 의미는 이미 그것을 사용하고 학습하는 공동체의 의미다. 집단적으로 이해되는 의미가 후기자유주의 신학에서 말하는 진리다. 이런 점에서 후기자유주의 신학은 개별적이고 주관적인 느낌과 감정과 같은 상징적인 표현으로 나열된 것이 아니라 그러한 개별적이고도 주관적인 느낌이나 감정을 형성해 주었던 공동체적 현상이고 그것의 표현이다.

# 나가는 말

수정주의 신학과 후기자유주의 신학이 복잡한 논리적 언어와 복잡한 언어의 합리성으로 신학의 담론을 전개하지만, 그들의 내용은 간단하고도 명료했다. 특히 그들은 경험과 언어를 신학의 귀중한 도구로 활용할 수 있다고 주장함으로써 추상적인 신학 담론을 피하고자 했다. 그들이 던졌던 경험과 언어의 신학적 화두는 기독교 신학의 중요성을 일깨웠다. 기독교 정체성을 보존하는 신학적 논의라는 점에서 그들의 신학들이 충분한 가치를 보여준다고 평가된다. 그리고 그들은 기독교 정체성의 위기에 대해 고민할 뿐만 아니라 아울러 시대 속에 위치한 신학의 위상에 대한 고민도 묻어났다. 기독교 신학이 지성적 실체가 허하고 나약한 학문이라고 비판을 받아왔기 때문이다. 이 부분에 대해서는 다소 위안을 주는 것 같다. 분명히 수정주의 신학과 후기자유주의 신학이 세속적 사회에서 신학의 위상을 격상시켰다는 것은 바람직했다. 미국 명문대학에서 신학의 주요한 문제를 언급함으로써 다소 신학의 중요성을 알리는 계기가 되지 않았나 싶다. 그래서 그들의 노력은 아마도 신학을 시대의 의미로 고민했던 것과 더불어 오늘날 우리의 신학의 부실한 학문적 비난에서 구원투수의 역할을 톡톡히 해냈다고 보인다.

하지만 우리가 보았듯이, 수정주의 신학과 후기자유주의 신학은 상이한 방식에서 서로 다른 입장을 고수했다. 수정주의 신학은 우리의 경험이 우리의 계시를 정당화한다고 주장했다. 이 주장은 일리가 있다. 수정주의 신학은 신학의 주제인 하나님이 우리의 경험보다 더 크신 분이라는 사실을 강조하고자 했기 때문이다. 하지만 경험은 매우 선택적이다. 그래서 경험은 제한적 이해의 성격을 가지고 있다는 것을 누구보다 트레이시는 잘 알고 있었다. 우리의 한정된 경험의 자원을 이용하여 하나님의 실재를 이해하고자 노력한 수정주의 신학은 여느 학문과 대등한 위치에 있었다고 논박할 수는 있지만, 이 수정주의 신학의 논의가 여전히 후기자유주의 신학에 의해서 비판을 받는다. 경험이 우리의 계시를 전달하는 것이 아니라 우리에게 선험적으로 주어진 언어에 의해서 계시가 경험되기 때문이다. 앞서 언급했듯이, 경험이 일차적으로 이해된다면, 계시가 인간의 경험 속에서 표현되어진다고 말하는 것이 옳은 반면에, 언어가 일차적으로 이해된다면, 계시의 언어가 그러한 경험을 만들어낸다고 말하는 것도 옳다. 이러한 딜레마에서 수정주의 신학이 제시하는 보편적 신학의 논의가 상대적으로 기독교 신학을 위축시킬 것이라고 린드벡은 염려했다. 포스트모던 시대의 흐름을 읽고 있었던 린드벡은 진리란 보편적으로 이해되지 않고, 그 공동체에서 보증하는 진리이기 때문이었다.

후기자유주의 신학은 어쩌면 고지식한 입장을 고수하는 듯 보인다. 우리가 이해하는 신학이란 하나님에 관한 진리다. 하나님의 진리란 하나님의 자기 계시를 토대를 이루고 있기 때문에 인간의 언어가 한계가 있다는 것을 인정하는 것이고, 다른 하나는 하나님의 진리가 우리의 경험을 형성하는 언어의 한계 또한 초월한다는 말이다. 따라서 하나님의 진리란 기독교 언어 내에서 뿐만 아니라 기독교 바깥에서도 이해되어야 하기 때문에 체계 내적인 준거와 더불어 체계 외적인 준거도 필요하고 그것이 존재한다고 인정하여야 한다. 이처럼, 우리는 서로 다른 방식에서 신학의 담론을 전개했지만, 이 둘의 신학은 엇갈림의 표현으로 이해되지 않는다. 오히려 이 둘의 신학은 하나님의 실재를 완전하게 이해하지 못하기 때문에 그것에 대한 갈등의 구조로 비쳐준 것이라기보다는 그들은 하나님의 실재를 끌어안기에는 너무 부족하다는 점을 알린 것이 아닌가 싶다. 이런 맥락에서 보자면, 수정주의 신학과 후기자유주의 신학은 하나님이 실제로 존재하는 방식이 아니라 우리가 하나님을 보는 방식을 보여준 풍경이었다. 이 둘의 신학을 통해서 우리는 기독교의 정체성과 독특성을 더 확실하게 관망할 수 있었다. 우리의 경험을 표현하고 다른 사람에게 전달하거나 환기하기 위해서 인지적 형태의 진술이 필요한 것이 사실이다. 경험이란 이미 이론을 내재하고 있다고 보이기 때문에 경험이나 언어는 둘 다 진리를 규정하는 방식이었다. 모든 경험은 해석적 요소를 포함하고 있고, 그것에 의해서 수정된다. 그리고 그 해석은 이미 내재해 있는 문화와 의미를 가지고 전달하고 환기한다. 그러므로 우리 시대에 시의적절한 때에 하나님의 실재를 탐구한 수정주의 신학과 후기자유주의 신학의 풍경은 공허하고도 알맹이 없는 신학들이 어지러이 난무하는 현실에서 우리의 식상함을 초여름의 푸른 강산처럼 활기를 불어넣은 모습이 아니었을까 싶다.

# 9 해체주의 신학과 재구성주의 신학의 논쟁

"하나님 이후(after God)에는 삶의 영원한 충동이 언제나 무한자에 대한 믿음을 불안하게 한다."　　　　　　　－ 마크 C. 데일러

"기독교 존재는 사랑 안에서 새로운 자유를 실천하는 영적인 존재다."　　　　　　　　　　　　　　　　　　－ 존 B. 캅

# 제 9 장
# 해체주의 신학과 재구성주의 신학의 논쟁

**1960년** 이후 신학의 흐름은 다양했다. 신-죽음의 신학, 해방신학, 과정신학, 페미니즘 신학과 같은 여러 신학들이 새로운 신학적 담론과 스펙트럼을 가지고 신학적 풍경들을 채색했다. 다채로운 신학들의 출현은 사람들에게 마치 현기증 같은 것을 느끼게 하지만, 학문의 폭이 상대적으로 넓어졌다는 것을 의미했다. 선택의 폭은 그만큼 우왕좌왕하는 갈등의 폭이 증폭되는 것처럼, 새로운 신학들은 시대의 사유와 고민에 크게 의존되었기 때문에, 신학들이 추구하는 방식과 형태에서도 다양했다. 어떤 신학은 기존의 신학들을 비판함으로써 정당성을 추구하는가 하면, 어떤 신학은 기존의 것을 재해석함으로써 담론을 풍성하게 만들었다. 혹은 어떤 신학은 기존의 것 자체를 완전히 무력화시킴으로써 새로운 시대에 맞는 신학을 창안하기도 한다. 이처럼 신학들은 방법과 내용에서 다양한 선택의 폭을 통해서 시대의 화두에 헌신하고자 했다. 그런데 다양한 신학의 폭을 제공한 시대의 사유는 아마도 '포스트모던'이라는 형용어가 중추적인 역할을 가능하게 했을지 모른다. 이성과 합리성의 기치를 가지고 시작한 모더니즘의 사유가 더 이상 확실하고 명증한 진리의 규정을 확신할 수 없게 되면서 '포스트모던'이라는 새로운 형용어가 시대의 사유로 말없이 진입되고 있었다. 철학 분야에서는 이미 푸코, 데리다, 라캉, 들뢰즈와 같은 현대철학자들이 포스트모더니즘이라는 용어의 사용으로 신학영역에 암시를 제공하고 있었다. 그 같은 포스트모더니즘의 영향은 이성을 거부하고 비합리주의를 앞세우거나 아니면 모더니즘의 전통과의 완전하고도 확고한 결별하지 못했기 때문에 기존의 경험에서 탈피하기보다는 재구성하는 방식으로 신학들을 형성시켰다. 간단히 말해, 포스트모더니즘의 영향은 기존의 신학이 더 이상 새로운 시대에 효력을 제공하지 못한다고 평가한 것에 관해서는 대체로 동의한 듯하다. 해체주의 신학과 재구성주의 신학은 이러한 포스트모더니즘의 문화에 예민하게 반응하면서 신학의 흐름을 주도했다고 보인다. 따라서 우리는 자크 데리다의 철학과 알타이저의 신-죽음의 신학에 의존하고 있는 마크 테일러의 해체주의 신학과 알프레드 N. 화이트헤드와 찰스 하츠혼의 과정 형이상학에 의존하고 있는 존 B. 캅의 재구성주의 신학을 살펴보고자 한다.

## 해체주의 신학

왠지 신학이 해체와 재구성의 순환적 원리에서 돌고 도는 놀이의 일종인 것처럼 느껴진다. 하나의 신학이 주류로서 신학의 놀이를 주도하면, 또 다른 신학이 그것을 비판하고 해체해 버린다. 그리고 그것이 끝나는가 싶으면, 또 다른 유형의 신학이 새로운 형태로 신학을 재구성한다. 그래서 해체와 재구성은 불변하는 신학적 놀이 법칙처럼 느껴진다. 그런데 포스트모더니즘과 더불어 해체의 기법으로 기존의 신학을 무력화하는 작업이 일어났다. 더 이상 기존의 신학이 시대의 문화에 뒤진 고리타분한 신학으로 전락했다는 것이다. 이렇게 비판하는 사람은 콜롬비아대학의 마크 C. 테일러라는 신학자다. 그가 벌이는 신학적 놀이는 전통적 사유를 비판하는 방식에서는 기존의 방식과 매우 흡사하지만, 세속적 문화를 흡수하여 성과 속의 간격을 메우는 방식에서는 기존의 방식과 확연히 다르다. 물론 그가 의존하는 철학자 자크 데리다와 신학자 토마스 알타이저의 사유에 많은 빚을 지고 있다는 것은 부인하기 어렵지만 말이다. 데리다와 알타이저의 사상적 발판으로 테일러는 해체라는 매우 독특한 형식의 신학을 선보였다. 해체신학은 새롭고도 독창적이다. 그의 『해체하는 신학』(Deconstructing Theology)과 『이탈: 포스트모던 반/신학』(Erring: A Postmodern A/theology)은 한마디로 포스트모더니즘 시대의 신학 해체다.[1] 이 작품들은 전통 기독교 교리의 포괄적인 취급이라기보다는 서구신학이나 전통에 관한 전반적인 비판 내지 저항이다.

포스트모던 문화 신학자, 마크 테일러

마크 테일러(Mark C. Taylor, 1945~ )는 1945년 12월 13일 미국에서 출생했다. 그의 어린 시절과 가족에 대한 이야기는 거의 알려지지 않았지만, 장성한 후 대학 이후와 학자의 삶에 대해서만 알려졌다. 테일러는 미국 동부의 자유교육 중심 대학인 웨슬리언대학(Wesleyan University)에 입학하여 1968년에 졸업했다. 웨슬리언대학에서 테일러는 주로 종교학을 공부했으며 그 후 하버드대학교에 입학하여 신학과 종교학을 전공하였고, 1973년에 종교철학으로 철학박사학위를 받았다. 대학원 졸업 후에 그는 매사추세츠 주에 있는 윌리엄스대학(Williams College)에서 교수로 임용되어 학문적 이력이 시작되었다. 현재는 뉴욕 콜롬비아대학의 종교학과 교수이면서 학과장으로 재직하고 있다.

테일러는 포스트모던 신학의 논쟁에서 가장 활발하고도 특출한 인물로서 평가를 받고 있다. 하버드대학 출신의 포스트모던주의자인 칼 라세키가 말하듯이, 테일러는 "20세기 후반 신학의 정점을 이룬 신학자다."[2] 대부분 동의하고 있듯이, 포스트모던 신학은 마크 테일러의 공헌이 크다. 그의 사유는 죄렌 키에르케고르의 실존주의, 독일의 사변철학자 헤겔의 관념주의 그리고 프랑스 철학자 자크 데리다의 해체주의에 의해서 크게 영향을 받았다. 테일러는 그가 학문을 시작할 무렵에는 1960년대의 신정통주의 신학과 1960년대와 1970년대의 반지성주의 사회 행동주의로 대학의 학문적 성향이 황폐되었다고 느꼈다. 그런 연유에서 그는 강단신학을 부활시키고 신학을 학문적으로 발전시키려는 일에 헌신하게 되었다. 이러한 성향을 가진 그가 학문적으로 전환점을 맞게 된 것은 1980년대에 이른바 토마스 알타이저의 신 죽음의 신학의 열풍을 맛보면서 "신학의 종언"을 이해하게 되었다. 이제 신학은 더 이상 학문적 상아탑에 머무를 수 없다는 것이다. 따라서 그는 후기 기독교나 후기 종교의 현상에 대한 관심으로 전향되어야 한다고 믿었다. 그 결과 현대 문화 비평에 관심을 보이면서 테일러는 그의 신학적 주제와 논제들을 신학에만 국한하지 않고, 철학, 문학, 종교, 예술, 건축에서부터 교육, 미디어, 테크놀로지와 경제에 이르기까지 다양하게 전개했다. 학제들 간의 이러한 주제들은 대부분 그의 포스트모던 맥락에서 신학을 이해해야 한다고 믿었기 때문이다.3)

테일러는 1970년대 후반에서 1980년대에 죽음의 신학자인 토마스 알타이저의 신학의 변형이었던 "반/신학"(a/theology)을 표방하면서 해체주의 신학이라는 새로운 신학으로 명성을 얻게 되었다. 반/신학은 하나님의 부재에 의해서 특징짓는 신학적 담론이었다. 테일러의 후기 작품들은 주로 "전체적 현존"(total presence)인 신적 초월성의 어떠한 상징에 대한 배출을 역설적으로 나타내는 대단히 근본적이고도 일관적인 주제로 연구되었다. 이것이 그의 잘 알려진 작품 『이탈』(Erring)로 나타났다.4) 그의 신학적 사유는 알타이저의 사유와 데리다의 사유로 인하여 해체주의 신학이라는 명성을 얻지 않았을까 싶다. 테일러의 주장은 모호하다. 그것은 모든 글이 해체적이라는 것이다. 세계의 구성은 글쓰기의 일종이고, 글에 의해서 세계가 드러나고 붕괴된다. 말하자면, 글쓰기 그 자체는 세계를 드러내지만 우리가 인식하고 알고 지내온 세계를 해체시킨다. 새로운 것은 언제나 이 글쓰기를 통해서 우리에게 창조로 다가온다는 것이다. 따라서 전통적인 기독교의 하나님 부재는 그것이 전체적 현존이 된다. 그가 표현하듯이, 글쓰기란 "부재의 계시"(revelation of absence)이기 때문이다.

테일러는 1981년 실존주의 철학자 키에르케고르가 다녔던 네덜란드 코펜하겐대학을 다녔고, 그곳으로부터 철학박사학위를 받았다. 그의 학위 논문은 키에르케고르에 관한 것을 썼다. 키에르케고르의 문학적이고도 신학적인 숙고에서 중심적인 인물은 아브라함이다. 아브라함은 방랑자이면서도 수수께끼와 같은 사람이었다. 비록 아브라함은 하나님의 친구이긴 하지만, 신성은 모호하게 남아있다는 것이다. 그런데 이 논문은 그의 두 번째 박사학위 논문이었다. 그는 이 학위에 대한 남다른 의미를 부여하였는데, 이는 코펜하겐대학의 500년 역사에서 외국인에게 수여된 최초의 학위였기 때문이다.

## 죽음의 신학적 방법으로서의 해체주의

서구의 전반적인 신학은 하나님, 자아, 역사 그리고 성경인 책을 내용으로 발전되었다. 하지만 테일러는 이 신학적 주제들을 포스트모더니즘의 정황에서 문제로 드러났다고 확신하고, 따라서 기존의 신학적 체계 및 교리들에 대한 쟁점이 무엇인지를 과감하게 분석한다.[5] 그의 작품들을 통해 테일러가 전달하려는 메시지는 해체가 일종의 "이탈"임을 알리는 것이다. 이탈이란 하나님, 자아, 역사 그리고 성경과 같은 용어들을 동일한 의미로 받아들일 수 없다는 말이다. 이유는 간단하다. 이는 하나님, 자아, 역사 그리고 성경이 전통적인 서구의 개념화로 이해되었기 때문이다. 이 서구 전통의 개념화된 내용을 해체하자는 것이 테일러의 생각이다. 그에 의하면, 이탈의 출발과 중심적인 테마는 "죽음의 신학"이다.[6] 따라서 테일러는 니체, 데리다 그리고 알타이저로 이어지는 죽음의 수사학적 미학이 신학적 논의에 주변적 성격이라고 치부되었지만, 그것은 매우 요긴한 학문적 성격으로 한 번쯤은 짚고 넘어가야 할 사유의 과정이다.

카알 라쉬크에 따르면 마크 테일러는 "실제로 소멸된 60년대의 좋지 않게 기억되는 신학적 유행 후에도 거의 20년 동안 확고하게 신 죽음의 신학을 써왔다."[7] 스코트 가우델도 테일러는 "신 죽음 이후의 어두운 그림자가… 종교적인 유용성과 함께 부활시켰다"[8]고 적고 있다. 가우델과 라쉬크의 다소 냉소적인 어투에도 불구하고, 테일러는 "해체는 신 죽음의 해석이다"[9]라고 선언한다. 해체와 신의 죽음 간의 불행한 관계는 1960년대 신 죽음의 신학의 출현과 연관이 있는 알타이저의 신학적 사유와 반성을 거쳐 테일러에게서 완성되었다.[10] 기독교 무신론의 복음을 표방한 에모리대학의 알타이저는 매우 도전적이고도 자극적인 물음을 던짐으로서 신 죽음의 신학을 전개했다. "하나님은 기독교 신앙과 선포의 중심에 놓일 수 있는가? … 기독교 증언이 불가피하게 하나님의 주권과 영광에 대해 말해야 하는가?"[11] 알타이저의 즉각적인 답변은 진정한 근거나 해명이 없는 단언적 주장이었는데, "기독교인만이… 우리 시대에 하나님을 말한다. 하지만 기독교인이 선포하도록 요구받고 있는 이 메시지는 신 죽음에 대한 소식이 좋은 소식, 즉 복음이다."[12] 세속적이고 비신학적 언어로 그리스도의 복음을 증언하고자 했던 알타이저 자신은 신 죽음에 대한 의미를 "좋은 소식"이라고 불렀지만, 해체의 개념을 완전히 가리키거나 발전시키지는 못했던 것 같다. 사실 알타이저의 단초가 테일러의 해체신학의 동기를 제공한 것처럼 보인다. 테일러는 이렇게 표현한다. 신 죽음은 "서구 사상과 사회가 전통적으로 의존했던 지배의 계급적 구조를 전복시키려는 모던주의의 노력이다."[13] 그렇지만 그는 기존의 모더니즘이 신 죽음에 대한 급진적인 암시들을 직관하거나 활동시키는데 실패했음을 상기시킨다. 다시 말해, 계몽주의자들이 과학적 발달과 합리적 사유의 발흥에 따라서 기독교의 초월적 유신론의 창조주 하나님이 죽었다고 간주했지만, 그들은 신 죽음이 "자아의 죽음"이라는 사실을 깨닫는 데에는 여전히 인식하지 못했다는 것이다.14) 그런 맥락에서 테일러는 "인본주의적 무신론"의 형식으로 표현된 모더니즘에서 "하나님의 주권"을 "자아의 주권"으로 단순히 이탈되었다고 평가한다.15) 그에게 있어서 기존의 유신론적 중심에 반하는 새로운 인본주의적 중심의 발전이 서구 신학적 전통에서 유래하는 흠투성이인 논리의 실례라고 지적하는 반면에 포스트모더니즘의 사유에서는 신 죽음이 인간의 중심을 포함하여 모든 중심들의 상실을 직접적으로 가져왔다고 보았기 때문이다.

게다가 포스트모던 비/신학을 표방하는 테일러의 해체신학은 "후기 인본주의적"이어야 하며, 또 하나님과 인간 사이에서의 두 가지 계층의 단순한 진입을 시도하기보다는 그것들을 초월해 가려는 사상적 운동으로 이해되어야 한다는 것이다. 신 죽음의 신학적 의미를 위한 암시들을 전개하기 위해서 테일러가 선택한 논의의 기술이나 기법은 서구의 신학적 연결체계의 "정초주의적 개념들의… 숨은 모순들과 고유한 불안정성"16)을 폭로하는 가장 적합한 방법으로서 해체 개념을 받아들이는 일이었다. 테일러가 믿기로는 하나님, 자아, 역사 그리고 책과 같은 개념들이 너무 복잡하게 얽혀져 있기 때문에 하나님의 개념을 굴복시키는 일이 불가피하게 해체주의적 효과에서 다른 개념들을 정복하는 주된 원인으로 본다. 결과적으로 테일러의 해체주의적 전략이나 의도는 "글쓰기로서의 하나님, 흔적으로서의 자아, 이탈로서의 역사, 텍스트로서의 책을 해석하려는 시도이다."[17] 그의 정초주의적 인식론의 개념에 대한 해체와 해체의 철학적 암시들을 이해하는 것에 비추어진 개념에 대한 그의 구성 사이에 어떤 연관성이 있음을 발견하게 된다. 이러한 맥락에서 테일러는 해체주의적 개념을 신학적 방법론으로서 고려했다고 보인다.

## 해체주의 신학은 텍스트의 해석적 사유다

우리가 논의하듯이, 전통적 서구신학은 '전능하고, 전지하며 그리고 편재하신 하나님'을 설정한다. 이 하나님은 자기 원인적이며 자기 충족적 신으로 이해된다. 그리스의 철학적 범주에서 유래된 이 하나님은 기독교 유신론의 사유에 지대한 영향을 미쳤다. 하지만 그 하나님은 기독교 신학을 지배적이고도 단순한 주물구조에 만장일치의 시각을 들어부어 "동일성"과 "보편적 신화"를 만들었다는 것이다. 이것이 테일러가 서구신학에 가하는 정면 비판이다. 문제는 이 동일성과 보편적 신화는 이항대립적 관계로 글을 쓰거나 설명되어졌기 때문에 서로 배타적이거나 회복할 수 없는 상황에서 진리로 인식되었다는 것이다. 다시 말하자면, 서구의 개념들이 하나님/세계, 영원성/시간성, 존재/생성, 지속성/변화, 현존/무, 일/다, 동일성/차이성, 진리/오류, 선/악, 말하기/글쓰기, 초월성/내재성 등의 이분법적 확고한 틀로 범주화내지는 일반화되었다. 이런 정황에서 해체는 이 같은 이항대립의 형식 속에 있는 진리의 의미를 파괴하는 행위로서 작용되고 있다.[18] 결과적으로 서구의 신학적 전통에 대한 이러한 묘사가 비판의 대상으로 간주되지만, 테일러가 전통적인 유신론의 모든 내용들을 완전히 포기하지 않았다는 점에서 기독교적 요소에 어느 정도 미련을 남겨두고 있다. 그렇지만 그는 여전히 그의 개념에 맞출 수 없는 요소들을 선택적으로 무시했고 또한 그는 이러한 승인 뒤에 또 다른 개념들을 왜곡하게 된다. 따라서 맞출 수 없는 이러한 개념들의 유형들 속에 있는 주된 영역은 신의 외적 그리고 내적 관계성의 주제가 되고 말았다는 것이다.

더욱이 모더니즘에 대한 해석에서 테일러는 니체의 수사학적 표현을 차용하여 한 주인에 대항하는 노예의 반란과 같은 맥락에서 인간이 강압적 주인의 지배로부터 스스로 자유를 얻기 위해 절대적이고도 초월적인 하나님을 우리가 "죽였다"고 논쟁한다. 하지만 인본주의적 무신론의 형식을 빌려 테일러가 제시하는 모더니즘은 독립적이고도 통치적 하나님이었고, 이러한 하나님이 독립적이고도 통치적인 자아로 대체되었다는 것이다. 이러한 대체는 단순히 "통치의 질서"의 침입이었다.19) 간단히 말하자면, 가부장제도, 억압, 전쟁 그리고 경제적 지배는 이제 단순히 신적인 기초보다는 오히려 인간이나 인간의 자율성에 놓여 있다는 것이다. 테일러는 하나님의 전통적인 개념에 대한 이항 대립적 근거의 불안전한 부정을 수정하기 위해 하나님의 현대적 죽음을 허무주의에 호소하고 또 자아의 신학적 개념을 해체함으로서 해체신학을 설정하며 전개하는 기법을 사용하고 있는 것이다.

이런 근거에서 테일러는 기독교 전통의 초월적 창조주 하나님이 역사로부터 사라졌다고 믿었고, 이러한 하나님의 개념은 하나의 대안으로서 "글쓰기의 신적 환경"(the divine milieu of writing)을 제시한다. 우리에게 낯선 이 신적 환경이 의미하는 것은 알타이저의 급진적 내재주의와 데리다의 "글쓰기"의 개념의 종합에서 나왔다고 보인다. 글쓰기가 "초월적 기의의 사라짐을 새기는 것"20)이기 때문에 테일러는 테리다가 행하는 방식으로 글쓰기의 개념을 존재화함으로써 역사로부터 신 개념을 퇴각시킬 수 있다고 생각했다. 전문적으로 표현하자면, "글쓰기"는 실재 그 자체의 유동적이고 "자유놀이"에 대한 지시어의 일종이다. 테일러에 의하면, 의미에 대한 어떤 구조의 중심이나 근거로서 "초월적 기의(signified)의 사라짐"은 비/

신학적 글쓰기의 자유놀이를 가능하게 한다는 것이다.[21] 특히 데리다의 글쓰기의 이 개념에서 테일러는 알타이저로부터 영향을 받은 "철저한 성육신"으로서의 "급진적 기독론"을 조합하여 신학적으로 구성하고 있다고 보인다.[22] 결과적으로 테일러는 인간적 예수의 하나님의 유일회적 역사적 시공간적 현현을 언급하고 있다. "급진적 기독론에서는 하나님이 영원히 구체화되어지는 존재다. 말이란 항상 이미 새겨져 있다. 그러므로 성육신은 특정한 시간과 장소에 제한되고 또 특별한 개인에게 한정되는 단 한 번에 이루어지는 사건이 아니라 오히려 그것은 비록 필연적으로 지속하지 않을지라도 비명(碑銘)이 지속되어지는 과정이다."[23]

분명히 여기에서 일어나고 있는 것은 테일러가 초월적 하나님을 글쓰기의 내적인 환경으로 일반적이고도 전체적으로 분산해서 다시 쓰고 있는 셈이다. 이 경우에 글쓰기는 모든 인간의 사유와 활동의 총계를 언급하는 포괄적인 메타포의 표현이다. 하지만 종이 위에 씌어있는 말들의 "비명"에 제한되어 있는 것만은 아니다. 즉각적으로 이 개념이 갖는 문제는 '신성'이 의미하는 것이 초월성을 구성할 수 없다는 것을 의미한다. 테일러의 입장에서 본 의미의 지평은 내용이 전혀 없는 '신성'의 개념을 만들어내는 것처럼 보이며 또 오로지 인본주의적 무신론

과는 수사학적으로 차이가 있는 것처럼 보인다.[24]

글쓰기는 "모든 것이 일어나고 사라지는 보편적 기반"[25]을 해체한다. 이것은 실재에 대한 이 반실체론주의의 견해에서 결정적 사물이나 주체들이 존재하지 않는다는 것을 뜻한다. 테일러는 다음과 같이 글쓰기의 개념을 말한다.

> 글쓰기는 모든 '사물들'의 철저한 상대성을 세우는 차이성의 끝나지 않은 놀이다. 상호 관련성의 이 복잡한 연계체계가 신적 환경이다. 이 비전체적인 전체성 내에서 스스로 드러나는 것이란 아무 것도 없다. 이는 모든 사물이 권력들의 상호영향을 통해서 발생하고 사라지기 때문이다. … 차이를 만드는 용어로 행하는 글쓰기는 일종의 비하적 과정이다. 글쓰기는 절대적 자기-정체성과 완전한 자기-현존의 모든 것을 비운다. 신적 환경의 영원한 놀이 속에서는 아무것도 완전히 자율적이거나 완전히 통제적인 것이란 존재하지 않는다. … 신적 환경의 절대적 상대성은 모든 사물들에게 완전하리만큼 협력-관계적인 것을 부여한다.[26]

그러므로 하나님의 서구적 개념을 신적 환경에 대한 글쓰기로 대체하는 해체주의 신학은 근거와 본질을 추구하는 서구신학의 노력이 아무런 의미가 없다고 종언함으로서 신학적 정당성을 얻으려는 것처럼 보인다.

## 해체주의 신학은 흔적으로의 이탈이다

데리다의 해체철학의 기본 개념 중 하나는 "흔적"의 개념이다. 흔적이란 글쓰기에서 파생된 결과를 말한다. 우리가 사물이나 세계를 이해하고자 할 때, 비트겐슈타인의 표현으로 말하자면, 그것이 "원자적 명제"나 "사실적 내용"으로 기술되지 않는다는 것이다. 말하자면 세계에 대한 기술은 그 본질을 표현하거나 말하지 않는다는 뜻에서 일종의 흔적이다.[27] 따라서 이 흔적이라는 개념을 통해서 테일러는 "신적인 환경에 대한 '절대적' 상대성이 개인의 동질성에서 심각한 문제를 일으키며" 그리고 모더니티에서 일어난 신 죽음에 대한 논리적 귀결인 포스트모던적 자아의 "사라짐"을 분석한다.[28]

테일러에 따르면, 자아나 자아-동일성에 대한 서구의 이해가 인간 속에 있는 하나님의 형상의 개념에 주로 의존되어 왔으며, 따라서 그것이 신학적 개념을 정형화로 인식되었다. 이것이 기독교 전통에서 동일하게 하나님의 형상으로서의 인간 자아가 그것의 통일성과 동일성을 한 하나님의 통일성과 자아 동일성으로부터 얻는다고 주장되었다. 데리다가 말하듯이, "그리스도인에게서는 하나님이 한 분이시다. 하나님이 한 분이라고 주장하는 것은 하나님 자기 자신이 중심이 되고 또 모든 다른 것의 중심에 하나님이 있다는 것이다. 내적으로 통일된 이 자기 중심적 하나님 중심이 모든 우주적이고도 인격적인 통일성의 원칙을 형성하고 있다."29)

이러한 전통적 하나님에 대해 테일러는 본질주의적 기술(description)을 피하고 비본질주의적 기술을 선택하고 싶어 한다. 포스트모던적 상황에서 하나님과 인간 자아의 통일성과 동일성은 비본질주의의 용어다. 이 비본질주의가 하나님의 형상으로서의 인간 자아를 붕괴하고 해체한다. 특히 테일러는 통일된 자아는 완전히 "자서전인 구성"이라고 논쟁하는데, 이 말은 "한 통일된 전체 속에 경험의 다양한 흐름들이 형성하고 있다"는 말이다. 따라서 "중심적 자아"는 "문자적 사실보다는 문헌적 창조"로 만들어진다.30) 테일러는 "상호작용의 영역 밖에 최초로서 있는 독창적 개인과 같은 것은 없으며, 따라서 관계의 근거에 진입한다."31) 개인은 사실 실재를 구성하는 상호관계성의 연계체계 속에 있는 요점이나 교차점 그 이상이다. 테일러에게 있어서 관계성은 원초적인 것뿐만 아니라 항상 존재하고 있는 그 무엇이다.

흔적으로서의 자아에 대한 테일러의 개념은 데리다의 사유 속에 나타난 텍스트의 흔적에 대한 확대 개념이다.

비록 그 흔적의 개념이 존재론적 상태를 요구한다고 해도 테일러에게 있어서는 그것이 자아의 완전한 비실체성을 대표하고, 또 시간적이면서도 공간적인 자아의 "현존의 부재"에 초점이 맞추어져 있다.32) 어거스틴의 시간이해에 대한 분석과 해체를 통해서 테일러는 그가 자아의 불가피한 시간성의 억압과 이것이 따라오는 완전한 현존의 부재를 믿었다. 어거스틴이 그것을 인식했던 현재는 단순히 특정한 지금이 아니라 세 가지 양태를 구성하고 있다. 기억을 통한 과거의 현존, 인식을 통한 현재의 현존, 그리고 기대를 통한 미래의 현존이다. 그렇지만, 테일러는 과거와 미래가 현재의 양태들이 아니라 돌이킬 수 없는 부재를 가리킨다고 주장한다. 현재가 과거와 미래의 부재의 현존에 의해서 나타나기 때문에, 현재는 결코 절대적 현존에 의해서 특징지어지지 않지만, 그러나 항상 그것 속에서 부재를 운반한다. 따라서 현재는 결코 완전히 타나내지 못하며, 또 실제로 결코 도달하지 못한다. 시간은 단순히 부주의한 전이다. 즉 거기에는 절대적으로 현재가 되고자 하는 자아를 위한 여기-지금이라는 것은 존재하지 않는다. 시간과 자아 정체성이 분리할 수 없는 관계이고 또 시간이 단지 흔적이기 때문에, 자아는 또한 항상 존재하고 오직 흔적만이 존재한다.

그러므로 흔적으로서 자아는 항상 존재하고 또 자아를

구성하는 이른바 이전부터 존재하는 관계성이나 차이의 놀이의 연계망 속에 회복할 수 없을 정도로 사로잡혀 있다. 신적 환경과의 동의어인 이 연계망은 초월적 하나님에게 치명적인 것처럼 독특한 개인에게도 치명적이다. 연계망 그 자체가 동의어, 중심이 없는 그리고 끊임없이 유동적이기 때문에, 자아는 동일하게 이름, 중심 혹은 안정이 부재하다. 흔적으로서의 자아는 자기 포괄적 실체가 아니라 그것을 통하여 끊임없이 움직이는 힘과 의사소통의 맥락의 교차점, 즉 결코 변하지 않는 생산을 만들어 낸다. 보다 구체적으로 말하자면, 책의 배경 뒤에 붙어다는 자아의 죽음으로 이해하는 테일러는 저자의 죽음이 독자의 시공간을 창조하는 행위로 이해한다.[33] 우리가 닫힌 책에서 부재한 저자의 죽은 지문을 삭제하고자 한다면, 해석과 글쓰기의 자유로운 놀이의 대상, 즉 열려진 텍스트가 다가온다. 열려진 텍스트는 정확한 의미나 일정한 방식으로 폭로되거나 알려지는 법이 없이 다양한 의미를 가지고 독자의 마음을 어지럽히기도 하고 이탈시키기도 한다. 이미 열려진 텍스트는 저자의 의도를 알려는 노력을 포기하고 현실에 맞는 의미를 찾아 헤매는 끝없는 미로에 빠져들게 한다. 그런데 이 미로의 상황이 기존의 의미를 사라지게 하고, 또 다른 의미를 생성하는 원동력으로 작용한다. 이렇듯 의미는 끝없이 표류하며, "이

탈은 결코 환원되거나 극복될 수 없는"34) 방식으로 텍스트 내부에 돌아다닌다.

## 재구성주의 신학

알프레드 N. 화이트헤드(Alfred N. Whitehead, 1861~1947)와 찰스 하츠혼(Charles Hartshorne, 1897~2000)의 과정철학은 1960년대 미국을 중심으로 새로운 사상적 영향을 미쳤다. 과정철학이 기독교 철학과 신학과 접목되면서 과정신학이라는 이름으로 나타났다. 과정신학이 성숙된 단계는 아무래도 1970년 이후에 나타났다. 이 과정신학을 성숙의 단계로 끌어올린 사람들은 슈베르트 오그덴(Schubert Ogden), 윌리엄 데이(William Day) 그리고 존 캅(John B. Cobb, Jr)과 같은 신학자들이었다. 그들은 정적이고 무변화적인 실재의 세계관을 거부하고, 동적이면서 변화적인 실재의 세계관을 받아들였다. 그들은 이른바 존재(being)의 개념보다는 생성(becoming)의 개념을 강조했다. 특히 생성으로서의 세계가 모든 사물의 경험의 다원적인 요소를 내포하고 있다고 확신했던 그들은 획일적이고 질서정연한 독립적인 사물을 배척했다. 이러한 시대적 헤게모니를 주도하면서 과정신학은 다원주의를 우리 시대의 문제로 보는 것이 아니라 오히려 다원주의 그 자체를 하나의 필연적 현상 내지 사물의 존재구조로 이해한다. 이는 세계의 경험 구조에 비추어서 종교적 전통들과 내용들을 살펴볼 때, 다원주의가 하나의 진리의 양태이자 실재의 본질이라고 말할 수 있기 때문이었다. 이런 맥락에서, 모든 실재는 독특한 자기 목소리와 정체성을 상실함이 없이도 다른 실재들로부터 배우고 확증할 수 있다고 과정신학은 확신하고 있었다. 아마도 우리 시대에 과정철학을 발전시키고 체계화하여 신학의 재구성을 시도한 사람은 클레어몽트의 존 B. 캅일 것이다. 따라서 이 장은 과정신학을 재구성신학의 모양으로 강조하는 캅의 신학을 살펴보고자 한다.[35]

## 세상을 생성으로 본 과정신학자, 존 B. 캅

존 B. 캅은(John B. Cobb, 1925~ )은 감리교 선교사의 아들로서 일본 고베에서 출생했다. 그는 어린 시절을 일본에서 성장하며 보냈고, 1939년 14세 때에 미국으로 건너와서 고등학교에 진학했다. 캅은 미시간대학교를 졸업한 후에 시카고대학교에서 석사과정에 입학하여 찰스 하츠혼이라는 철학부 교수의 지대한 영향으로 과정철학에 관한 학문적 관심을 갖게 된다. 1949년에 신학석사과정을 마치고 곧이어 박사과정에 들어간 캅은 1952년 시카고대학교 철학박사 학위를 받았다. 찰스 하츠혼은 캅이 쓰고자 한 박사학위 논문의 방향을 제시했고, 그의 지도 아래에서 화이트헤드에 관련된 논문을 썼다. 찰스 하츠혼의 영향이 절대적이었던 캅은 과정철학을 토대로 과정신학이라는 새로운 신학적 담론을 미국 신학계에 알렸다. 1950년 박사과정 중에 있으면서 캅은 영 해리스 주니어대학(Young Harris Junior College)에서 신학을 가르쳤다. 시카고대학교에서 박사과정을 마친 후인 1953년에 그는 에모리대학교의 신학부 교수로 자리를 옮겼다. 몇 년 뒤인 1958년에 에모리대학의 부총장인 어네스트 콜웰(Ernest Colwell)이 캅에게 남 캘리포니아에 있는 클레어몽트 신학교 및 대학원 교수로 함께 사역을 하자고 설득하였고, 그는 1990년 클레어몽트 신학교 및 대학원에서 은퇴할 때까지 가르쳤다. 은퇴 후에도 여전히 캅은, 프리츠 부리가 말하듯이, "동양사상과의 만남에 있어서 화이트헤드에 커다란 역할을 부여하고 있다."36)

클레어몽트 신학교는 미국에 과정신학을 알리는 매우 중요한 제도적 기관이었고, 그곳에서 캅은 "과정 연구소"(Process Studies)를 설립하고 그곳 책임자로 과정신학과 철학에 관한 논문들을 편찬하며 알리는 일을 담당했다. 캅은 매우 조용한 학자이면서 학문적으로 왕성하게 활동한 연구가이지만, 신학자로서 화이트헤드와의 지나친 결속을 강화하지는 못했다고 보인다.37) 게다가 매우 온화하고 다정한 성품을 소유한 캅은 데이비드 R. 그리핀과 머조리 스코키와 같은 제자군단을 형성하여 미래의 가장 바람직한 학문의 영역으로 평가받길 원했다. 미국 감리교회로부터 안수를 받은 목사이기도 한 캅은 학문과 교회를 동시에 중요하게 여겼다. 그의 『생각하는 그리스도인이 되는 길』(Becoming a Thinking Christian, 1993)과 오늘날 웨슬리 신학을 위한 『은총과 책임』(Grace and Responsibility, 1995)과 같은 작품들은 건강한 기독교를 위한 평신도 신학의 필요성을 주장함으로써 신학과 교회의 유리된 간격을 메우려고 부단히 노력하였다. 게다가 소속 교단인 연합감리교회의 유산과 신학의 의미에 관한 그의 관심은 사회와 공동체를 위한 인간의 책임을 강조하기도 했다. 이처럼 캅은 신학자의 임무 외에도 목회자의 마음으로 그리스도를 전하고자 노력한 사람이라고 말할 수 있다. 비록 화이트헤드와 하츠혼의 과정철학에 의해 훈련받은 그의 사상이 이 범주에 벗어나지 못할지라도 그의 신학은 개방적이고 모든 실재를 상호의존적인 사건들의 연결망(network)으로 이해하고자 노력했다.

존 B. 캅의 제자인 머조리 스코키는 1950년 후반에서 1990년까지 캅의 신학적 공헌을 세 가지로 나누어서 생각한다. 첫째, 과정철학의 범주에 의한 기독교 교리들이 재구성된 시기다. 즉 이 시기는 하나님, 인간, 그리스도와 같은 기독교 교리들을 화이트헤드와 하츠혼의 관점에서 재구성되었다. 둘째, 생태계에 대한 관심이 증폭된 시기다. 과정 사상은 인간중심의 근대 세계관에 비판적이기 때문에 탈인간중심의 세계관으로 전환을 요구하게 되었다. 따라서 생태계에 대한 캅의 관심은 어느 다른 신학자들보다 시기적으로 빨리 이 사실에 관심을 보였다. 특히 생태계에 대한 캅의 관심은『너무 늦은가: 생태계 신학』(Is it too Late?: A Theology of Ecology, 1972)에서 과정 사상적 입장을 잘 정리하고 있다. 셋째, 평신도 신학에 대한 관심이 증폭된 시기다. 문화의 변화는 상아탑의 학문이나 사상을 바꾸기 때문이다. 특히 평신도 신학을 위해 캅은 윤리적인 구조 속에서 기독교 교회와 신앙이 가야 할 방향을 제시할 뿐만 아니라 사회의 널리 퍼져 있는 문제들을 지적함으로써 새로운 방식으로 기독교 신앙을 개념화하고자 노력했다.[38]

## 과정철학의 세계관

캅은 과정신학자다. 그의 사유와 신앙은 과정철학의 세계관에 깊게 의존되어 있다고 해도 틀린 말은 아니다. 비록 미국 감리교 신앙의 전통에서 자랐지만 캅의 신앙과 사상은 화이트헤드의 세계관에 의해서 직조되었다고 보인다. 말하자면 캅은 과정철학을 기본 구조로 받아들이고 평생을 신학하고 신앙하는 신학자라는 것이다. 그렇다면 과정철학은 뭔가. 과정철학의 세계관은 우리의 사유와 다른가. 간단히 말해, 과정철학은 우주의 실재를 과정으로 이해하는 세계관이다. 현실적으로 존재한다는 것은 모두가 과정이다. 과정이 갖는 두 가지 의미는 다음과 같다. 하나는 과정이 변화를 전제로 한다는 것이다. 현실적으로 존재하는 모든 사물은 변한다. 변하지 않는 것은 존재하지 않는다. 우리가 마주하는 계절에서 조차도 변한다. 인간의 몸도 세월에 따라 변한다. 우리의 사유나 생각도 변한다. 어린 아이의 생각이 장성하면서 다르게 변한다. 따라서 변하지 않는 것이 있다면, 변하려고 하는 것 밖에 없다. 과정의 다른 의미는 모든 것이 생성된다는 것이다. 생성이란 '만들어짐' 혹은 '되어짐'이라는 뜻이다. 과정이란 불변이나 절대에 대한 반대개념으로 사용된다.

역사적으로 과정 사상은 전통적 형이상학을 거부한다. 전통적 형이상학은 "절대주의 형이상학"으로 이해되었는데, 플라톤주의와 아리스토텔레스주의에 근거되어 있으며, 나중에 스토아주의와 신플라톤주의에 의해서 받아들여진 서구철학이다. 부연 설명하자면, 전통 형이상학은 존재, 실체 그리고 필연을 실재의 일차적인 개념들로 포함시키는 형이상학이다. 그런데 과정철학은 이러한 개념들을 이차적이고 추상적인 것으로 본다. 대신에 과정철학은 우주를 구성하는 요소들을 창조적 생성, 사건, 상대성, 그리고 가능성과 같은 개념들로 보고 그러한 개념들이 일차적이고 구체적인 것으로 이해한다.39) 따라서 희랍철학 이후에 나타난 서구 철학적 전통에 의해서 인식된 "실체"나 "존재"의 개념은 화이트헤드나 하츠혼에 의해 부정되었다. 그들은 변화의 유일한 질량(stuff)이 궁극적으로 과정 그 자체이며, 그것의 주된 단위는 영속적인 실체가 아니라 하나의 사건이라는 것이다. 이러한 사건들은 단순히 사건들과는 구분이 되는 양자들, 전쟁들, 폭풍들, 그리고 졸업들과 같은 실제적 사건들이며, 이러한 경계들은 독단적으로 외부로부터 강요되어지는 것이다. 이러한 현실적인 사건들은 '경험의 사례들'(occasions of experience) 혹은 '현실적 사례들'(actual occasions)이라고 부른다.40) 일상적으로 우리가 전자들, 세포들, 혹은 인간들과 같은 개체들이라고 부르는 것들은 실제로 경험의 사례들의 "일련의 질서화된 사회들"이다. 실재가 경험의 순간적인 사건들로 구성되어 있기 때문에, 과정 개념은 "사물의 본질"보다 선행한다는 것이다. 사례들은 시간의 최소의 단위로서 지속적이다. 시간성이 사례에서 사례로 변화되는 전이(transition)와 합생(concrescence)의 과정이지만, 그 같은 사례들은 그들 속에 포함되어 있다. 이것은 하나의 정적인 단위가 아니라 역동적 생성의 과정이다. 다시 말해, 그것은 발생하고 생성하며, 완전에 도달하고 그리고 소멸하는 과정을 경험한다. 이처럼, 실재가 경험의 순간적인 사례들로 구성되어 있으므로 과정 사상은 서구 철학과 전통을 지배해온 실체론적 존재개념을 받아들일 수 없었다. 이는 전통적으로 철학자들과 신학자들에 의해 이해되었던 실체(substance)의 개념은 존재의 변하지 않는 동질성이었기 때문이다. 과정 형이상학에서 그 같은 동질성은 존재하지 않는다. 생성이 존재 혹은 실체보다 더욱 근본적인 이유 때문에, 실재는 동질적 세계가 아닌 다원주의적 세계임을 명시한다.

영향을 주지도 받지도 않는 그 같은 실체 개념에 대한 부정에서 과정철학의 두 가지 독특한 특징들을 전개한다. 하나는 모든 실재의 관계성이다. 다른 하나는 모든 실재의 창조성이다. 개별적 사례들은 비관계적 현실적 존재들이 아니라 이전의 경험들과 본질적으로 관계를 맺으면서 순간적 경험(a momentary experience)이 된다. 이 순간적 경험은 독립적이지 않고 상호 의존적이다. 현재의 사례는 이전의 사례들을 느낀다. 이 느낌 혹은 감응의 방식을 화이트헤드는 파지(prehension)라고 부르는데, 즉 '부여잡다'(把持)의 의미를 가지고 있다. 이 파지의 원리에 따라 우주를 구성하는 궁극적인 요소인 '현실적 존재들'(actual entities)을 서로 부여잡고 파악한다. 이런 면에서 모든 현실적 존재들은 서로 의존하며 관계를 맺는다. 전문적으로 표현하자면, 과거의 현실적 존재들은 현재의 현실적 사례의 작용인(efficient causation)이라고 말할 수 있다. 캅이 지적하고 있듯이, 현실적 존재들을 이해함에 있어서 인과성의 모나드(monads)의 모델을 거절하는데, 이는 모나드들이 창이 없으며(windowless), 서로 독립된 실체들을 나타내고 있기 때문이다.

과정 형이상학에 의하면, 과거 사례들은 현재 사례의 본질 속으로 "성육신"한다.41) 과거는 현재에 의해 객관화된다. 경험의 현재 사례는 과거 사례를 파지 할 때에, 과거 사례는 더 이상 주관적으로 경험되지 않고, 그것의 현실성이 하나의 객관으로서의 현재다. 하지만 문제는 현재 사례에 대한 과거 사례의 공헌이 결정적이지 않다는데 있다. 이는 경험의 각 순간적 사례가 부분적으로 자기-창조적이며 자기-원인적이기 때문이다. 우리는 단순히 이렇게 말할 수 있다. 과거는 현재에 경계선을 설정하지만 그렇다고 해서 과거가 현재를 결정하거나 조건을 짓는다고 말하지 못한다. 각 개별적 사물은 자기 창조를 지향하고 있으면서 동시에 현실화되지 않은 미래를 위한 자기 창조로 받아들인다. 즉 과거는 미래에 영향을 미치는 방식으로 현재에 영향을 미친다. 화이트헤드가 적절하게 기술하고 있듯이, 각 개체는 내연적으로는 결정되어 있지만, 외연적으로는 자유하며 결정되어 있지 않다.42) 따라서 창조성은 과거의 사례들에 의해서 조건 지워져 있으면서 동시에 미래에 열려있다.43)

## 인간실존이 신학을 구성한다

존 B. 캅의 신학은 "기독교 자연신학"으로 이해된다. 삶은 신학을 구성한다. '무로부터의 창조' 개념을 반대하는 캅은 이전의 조건이 현재를 만들어가는 사유적 방식을 주장한다. 따라서 모든 사물은 어떤 혼돈으로부터 창조되었다. 여기에서 혼돈이란 아무것도 없는 상태라기보다는 무엇인가 혼란스러움의 상태를 말한다. 캅은 이렇게 표현한다. "절대적 혼돈의 상태란, 아무렇게나 제멋대로 발생하는, 즉 지속하는 개체들 안으로의 질서화됨이 없이 발생하는 매우 낮은 등급의 현실 계기들만이 존재하는 상태일 것이다."44) 이 세계에 존재하는 모든 사물들은 그들의 환경에서 이전의 자료, 조건, 상태들로부터 나타난 결과들이다. 다시 말하자면, 한 사물은 자신의 고유하고도 독립적인 동일성을 유지하지만, 그것은 이미 이전의 다른 사물들의 영향에 의해서 전승된 형태라는 것이다. 모든 사물은 영향을 받으면서 영향을 준다는 과정 신학의 기본생각은 현실적 경험의 구조를 밝히려는 것이 주된 목적이다. 그것이 전자(electrons)나 양성자(protons) 혹은 인간(humankind)이든지 간에 모든 존재는 이미 지나간 경험에 의해서 현재 재구성된다.45)

이런 사유에 따라서 캅은 기독교 신학을 단지 사변적인 양태로 설명하기보다는 주된 경험의 구조에서 해석하고 설명하고자 한다. 기독교 신학은 "기독교 존재"라는 경험의 구조를 갖는다. 기독교 존재는 불교의 존재나 호머의 존재 혹은 예언자적 존재와는 다른 존재다. 그런데 기독교 존재는 독립적으로 존재한 경험의 총체적인 양태를 말하지 않는다. 그것은 이미 예언자적 존재에 의존되어 있고, 따라서 영향을 받은 존재다. 우리는 복음서의 기록에서 예수 그리스도의 행적을 통해서 그가 이미 예언자적 전통이나 유대교 전통과 의존된 존재임을 알 수 있다. 비록 기독교 존재가 이미 예수 그리스도와 그의 공동체가 부활을 경험함으로써 이전의 유대교 존재와 구별되고, 그리고 기독교적 자기 이해에서 중요한 역할을 보여주는 것은 사실이지만, 유대교의 예언자적 존재 내에서 기독교 존재 양태가 형성되었다.46)

이처럼 과정신학은 인간실존의 경험을 재구성한다는 점에서 이미 신학의 보편성을 주장한다. 하지만 과거의 경험이 현재에 재구성됨으로써 과정신학은 개별성을 갖는다. 이런 차원에서 과정신학은 다른 신학과 다른 개별적 신학의 관점을 버리지 않고, 현대신학의 한 흐름으로 이해된다. 무엇보다도 과정신학은 과거의 경험을 크게 두 가지로 이해한다. 하나는 역사다. 과거의 경험은 역사다. 구체적으로 과정신학이 과거의 경험을 고려하는 역사는 "주관적인 실존의 양식들의 역사"를 말한다.[47] 다른 하나는 사건의 변화다. 사건들의 진행과정은 계속적이다. 끊임없는 변화는 자연스러운 것이다. 하나의 신학은 동시대와 그 이전의 시대에 의해서 계승되어 새로운 변화를 추구한다. 다시 말해, 변화는 다른 변화들이 발생할 수 있는 상황을 창조해 낸다.[48] 그런 점에서 과정신학은 해체주의 신학이 추구하는 기존의 방식을 완전히 버리거나 이탈하는 행위를 선택하기보다는 기존의 신학들을 동시대의 신학으로 변화시키기 위해서 그것들을 재구성한다. 이런 점에서 과정신학은 인간의 실존을 고려하여 창조적 변형을 추구하는 재구성주의 신학이다.

과정 철학적 관점에서 말하자면, 매순간마다 인간주체는 무수한 부조화의 요소들을 지닌 현실세계가 주어진다. 이 요소들의 대부분은 단 하나의 경험 속에 결합될 수 있는 방법은 없다. 새로운 종합을 성취하는 가장 쉬운 방법은 그 같은 부조화의 요소를 모두 다 차단하는 일이다. 만일 그렇게 된다면, 그 결과는 강렬함 혹은 힘이 결여된 사소한 조화가 된다. 화이트헤드가 표현한대로, 이것은 일종의 무감각 증세로 나타난다. 하지만 과정신학은 이것을 반대한다. 창조적 변화는 성장의 본질이다. 그리고 이 성장의 본질이 삶이다. 삶은 신학을 만든다. 신학은 사변적인 양태다. 하지만 우리의 삶은 일종의 경험으로 구성되고 있기 때문에 이 경험으로부터 새로운 신학을 구성한다. 그러므로 과정신학은 새로움의 도입을 통해 신학의 새로운 요소들의 변화를 요구하고 받아들인다. 그것은 기존의 사유들이나 경험들을 파괴하거나 혹은 억압 없이 그것들의 본성과 의미를 변화시켜 현실로 나타나도록 재구성한다. 이것이 캅이 말하는 "새로움의 원천으로서의 로고스"이며 "화육으로서의 그리스도"와 같다.49) 새로움의 변화는 아무 것도 없는 곳에서 구성되는 것이 아니라 이미 존재하는 곳에서 새로움을 만들어 내고 그것이 창조적 변혁을 가져다주는 것이다. 이런 이유에서 과정신학은 재구성주의 신학의 한 유형이라고 평가해도 무방하다고 보인다.

## 그리스도 중심의 과정 기독론

존 B. 캅은 종교다원주의의 논의에서 타종교와의 대화

를 강조한다. 그런데 그것의 방식은 전통적인 방식과 다르다. 전통적으로 다원주의의 논의는 "신중심주의"에서 출발한다. 이는 모든 종교가 저마다 자신들의 그리스도를 주장하고, 그것들의 진리에 근거하여 대화에 임한다면 실패할 것이 분명하다고 믿기 때문이다. 따라서 신중심주의의 다원주의는 이러한 문제들을 극복하게 하고, 우리의 신앙을 초월하고 있는 신실재는 그것을 통합하게 한다는 것이다. 하지만 캅은 이 방식을 거부한다. 가장 근본적인 이유는 각 종교의 중심적인 교리를 배제하고는 피상적인 논의밖에 되지 않기 때문이다. 이런 이유에서 캅은 "그리스도 중심적 접근"을 하나의 방법론으로 제시한다. 그에 의하면, "그리스도 중심적 다원주의" 방식은 각 종교적 전통들의 독특한 차이에 대한 근원적 인식으로부터 종교 간의 대화의 길을 모색한다. 그러면서도, 캅은 각 종교의 전통들의 차이를 규명하는 작업보다는 오히려 그 차이를 강조하는 작업이 선행되어야 한다고 주장한다. 이것은 각 종교의 독특성을 제외한 종교 간의 대화는 하나의 환상에 불과하든지 아니면 변증론적 열정에 빠질 우려가 있다는 점을 암시한다.

오늘날 그리스도를 이해함에 있어서 캅은 기독교 신앙을 모호하게 위협하는 현대의 두 가지 주된 도전들을 인식한다. 첫 번째 도전은 현대의 경험의 세속적 의식이다.

전형적으로, 그리스도는 기독교 공동체 속에서만 의미가 있다. 바르트, 불트만, 라인홀드 니버 그리고 고가르텐과 같은 많은 20세기의 신학자들이 독창적으로 이러한 위협들을 표현해 왔다. 하지만 포스트모더니티는 더 이상 우리들만의 그리스도가 아니라 그들의 그리스도로 이해 가능하다는 것이다. 두 번째 도전은 기독교 신학에 의해서 적절히 덜 반응되었던 것이라고 믿고 있는 다원주의 속에 있는 그리스도의 개념이다. 전통적으로 기독교인들이 타종교들 혹은 다른 전통들에 대해 더 이상 관심을 가질 수 없으며, 단순한 오류로서 인식하는 것을 과정 사상은 "인류를 위한 다른 위대한 길들"이라고 말한다.50) 특히 캅은 신앙을 절대화하는 위험성을 경고한다. 신앙은 "신이 존재하고 그리고 행하는 것에 대한 적절하고 주된 응답"이다. 그는 신앙이 이성의 상황 속에서 인식되지만, 순수 객관적 이성은 존재하지 않는다고 보았다. 이는 모든 신앙이 대부분 "보편적 선반성적 경험의 특징들에 대한 선택적 해명"51)이기 때문이다. 이런 점에서, 기독교 신앙이든지 타종교적 전통 속에 있는 신앙이든지 어떤 신앙이든지 신앙을 절대화하거나 성스럽게 만들어서도 안 된다고 보았다. 그렇지 않으면, 신앙은 이성에 숨겨진 것이 된다.52) 다원주의의 수용이 신앙과 이성을 적절한 관계에서 이해되어진 결과라고 볼 때, 실제로 우리는 이성을 무시할 수 없으며, 그렇다고 신앙도 무시할 수 없는 상황이 된다.

다원주의의 이 같은 도전에 반응하는 하나의 방식은 그리스도와 붓다가 단순히 동일한 실재를 위한 두 개의 이름들이라고 주장하는 승인되지 않은 상대주의에서 찾는다. 상대주의는 분명히 한 면에서만 진리이다. 우리의 모든 신념들이 우리 자신의 문화들과 전통들에 의해 조건 지워져 있다. 하지만, 캅은 모든 신념들이 균등하게 참은 아니라고 본다. 마치 불교인들에게 불교인들이 붓다가 최고로 중요하다고 인정되듯이, 기독교인들에게 있어서는 그리스도가 최고로 중요하다고 설득되어져야 한다. 그런데, 캅이 적절히 주장하듯이, 다원주의적 상대주의의 위험은 '배타적 관용'인 것처럼 보인다. 다시 말해, 각 종교적 전통들은 그들에 대한 개방이 없이도 다른 전통들에 대해 관용을 보일 수 있다. 캅은 기독교인들이 그 같은 배타주의를 수용해서는 안 된다고 보았는데, 이는 그리스도의 원리가 엄밀하게 개방적이고, 포괄적이며, 또한 보편적이기 때문이라는 것이다. 따라서 우리는 한편에서는 다원주의를 수용해야 할 필요성과 다른 한편에서는 인정받지 못한 상대주의의 위험성간의 어떤 긴장이 존재하고 있음을 인식할 수 있다. 캅은 그 문제가 모더니즘의 환원주의의 인식론적 전제 속에 놓여 있다고 믿는다. 환원주의자는 모든 현상을 동일한 근본적인 원리들로 설명하려고 시도한다. 환원주의자의 원리들은 상대주의에 후퇴함이 없이 다원주의를 받아들일 수 없는 문제를 야기하는 것처럼 보인다. 이런 이유에서 캅은 다른 전통들을 반대하지 않고서도 전통적 기독교의 신앙들과 교리들을 긍정하는 "포스트모던적" 해결을 제시한다.53) 그러므로 그는 포스트모더니티의 현상은 자신의 목소리와 동일성을 결코 희생시키지 않으면서 자신의 독특한 존재양태를 드러낼 수 있다는 것이다.

## 신앙은 대화의 실천이다

과정 사상은 종교 간의 만남과 개인이나 집단의 만남에 개방적이다. 만남은 대화를 전제로 한다. 기독교 신앙에서 가장 기본적이고도 중요한 도구인 대화는 진리로 이르는 길이며, 어느 누구도 이 대화의 문을 통하지 않으면 진리에 도달하지 못한다. 따라서 존 B. 캅은 대화를 하나의 진리의 양태로 간주한다. 무엇보다도 대화는 타인을 위해 가장 필수적인 요소이면서 하나의 조건이다. 여기서 우리는 대화의 실천을 캅이 다원주의적 의미들을 특징적으로 열거하는 것으로 이해해 볼 수 있다. 대화는 진리의 절대성보다는 경험의 다양한 존재구조를 이해한다. 캅에 의하면, 후기계몽주의 시대이후에 헤겔, 슐라이어마허와 트뢸취에 의해 기독교의 특이성과 궁극성을 내세우려는 노력이 일어났고, 동시에 타종교에 대한 역사적이고 문화적 맥락에서 연구가 시작되면서 기독교의 절대성의 개념이 희석되기 시작했지만, 칼 바르트에 의해 다시 기독교의 절대성이 회복되면서 서구 기독교 전통을 지배하는 계시의 문제가 가장 강력한 영향력을 행사했다고 지적한다.54) 이처럼, 바르트의 영향에 의해 신학과 종교가 구별되기 시작하면서, 종교가 하나의 "인간 현상"(human phenomenon)으로 이해된 반면에, 신학은 하나님이 예수 그리스도 안에서 행하신 것을 증언하는 학문으로 이해되었다.55) 종교란 신앙의 한 표현이 아니라 불신앙이라고 정죄하고, 기독교 신앙이야말로 세상과 종교로부터 우리를 구원하는 유일하고 참된 길임을 재차 확인한다. 바르트의 영향력은 기독교가 다른 종교들보다 월등하거나 우수하다는 어떤 절대성을 주장하는 계기가 되면서 대화는 신앙의 실천에서 사라졌다. 말하자면, 대화란 자기 신앙의 공동체 안에서만 가능한 것으로 이해되어졌다. 그렇지만, 현대의 세속성은 이러한 기독교의 절대성을 붕괴시키면서 기독교의 신앙 방식에 의문을 제기하게 되었다. 따라서 캅은 기독교의 절대성이 우수하다는 것을 주장하기 위해서는 무엇보다도 상대적인 가치를 먼저 생각해야 한다고 주장한다. 기독교의 근본적인 오류는 우리들과 다른 타자나 이웃들을 이해하고자 하는 어떠한 노력이나 시도를 무시한다는데 있다. 어떤 하나의 특정한 신앙이 다른 신앙들보다 절대적이거나 우월하다는 주장은 더 이상 의미가 없어졌다. 각 존재들은 저마다 독특한 양태나 구조를 가지고 있으며, 서로의 차이성에 의해 특징지어진다.[56]

대화는 상대방을 강압적으로 설득하거나 포기시키려는 목적이 아니다. 상대방의 전통들을 이해하고 또한 그것을 넘어서 그들로부터 배우는 데 일차적인 목적이 있다. 캅은 이것을 "유월절의 방식"(pass over)이라고 부른다. 유월절의 방식은 "다른 문화, 다른 삶의 방식, 다른 종교에로 넘어 들어가는 방식"이며, 즉 "자신의 문화, 삶의 방식 및 종교에 대한 새로운 통찰을 갖고 돌아오는 회향(回向)의 과정"[57]이다. 만일 우리가 신앙 전통과 대화를 시도하고자 한다면, 우선 우리는 그들의 관점과 방식 그리고 문화가 그릇되었다는 생각을 버리지 않으면 안 된다. 이 유월절의 방식은 전적으로 자기이해(self-understanding)에 있다. 즉 다른 신앙 전통을 배우고 받아들이는 방식은 자기 신앙을 이해하는 길이다. 자기 종교 전통의 문제들을 해결하고 극복하기 위해서는 나와 다른 문화와 전통들의 독특한 면들, 즉 그들이 성취한 이해와 통찰 그리고 독특한 신앙의 경험들을 들어야 한다. 이러한 것들을 들음으로써, 각 종교 전통은 자기 종교 속에 없는 불충분한 요소들을 인식하게 되며, 발견하지 못한 통찰적 요소들을 배우게 된다는 사실이다. 그래서 우리는 그들의 전통으로부터 무엇인가를 배우려는 목적을 가지지 않으면 안 된다. 배우기 위해서, 캅이 제안하기를, 서로의 차이를 인정하는 일이 선행되어야 한다. 대화를 위해 갖추어야 할 조건은 서로의 차이에 대한 인식으로부터 출발해야 한다. 서로 다른 종교 전통들의 차이를 인정할 때만이 우리의 전통을 보다 풍부하게 할 수 있다.

타인의 차이성을 인정하면서 신앙은 대화를 목적으로 하는 그 목적 자체도 넘어설 수 있다는 것이 캅의 생각이다. 캅은 이것을 신앙의 창조적 변혁(creative transformation)이라고 한다. 과정 사상은 삶에 필연적인 변화의 개념을 적용하기 때문에, 신앙이 변하지 않는다는 것은 상상하지 못한다. 모든 것이 변한다. 이러한 변화는 자신의 정체성이 상실되는 변화가 아니라 오히려 자신의 정체성의 질적 향상에 영향을 미친다. 서로의 풍부한 전통은 변화되고 변혁됨으로써 서로 성장하고 각자의 전통이 더 풍성해 진다. "대화 속에서 우리는 우리들 자신의 문을 여는 데서 오는 상처를 감수할 각오가 되어 있고, 동시에 변화된 대화에서부터 떠나올 때에 참된 대화에 임할 수 있게 된다"58)고 캅은 지적한다. 타인과의 대화는 각 존재와 그 존재들의 신앙들이 시험받고, 정화되고, 수정되는 결과를 예견할 수 있다. 이것이 참된 타인과의 대화이다. 우리가 만일 심각하게 대화의 상대자들에 의해 자극 받고, 도전 받으며, 그리고 시험받음이 없이는 아무 것도 대화로부터 생겨날 수가 없는 것이다. 그러므로 과정 사상적 입장에서 신앙은 상대방을 설득작전으로 나오는 방식이 진정한 대화에 장애가 된다는 사실을 캅은 지적한다.

# 나가는 말

해체주의 신학과 재구성주의 신학은 포스트모더니즘의 신학의 양태로 이해되었다. 해체주의 신학은 자크 데리다와 토마스 알타이저의 사유에 의존하여 글쓰기와 문화를 강조했고, 반면에 재구성주의 신학은 알프레드 N. 화이트헤드와 찰스 하츠혼의 과정 형이상학에 의존하여 다원주의와 삶의 경험적 측면을 더 강조했다.59) 우리가 보았듯이, 방식과 표현에서 해체주의 신학과 재구성주의 신학은 극명하게 달랐다. 하지만 그들은 우리 시대의 문화에 민감했고, 또 시대에 안주하지 않으면서 시대의 미래에 신학적인 물음으로 답하고자 했다. 시대의 문화가 신학을 만들어내는지 아니면 이 둘의 신학들이 시대의 문화를 만들어내는지는 이해할 수 없는 노릇이었음에도, 분명한 것은 시대의 문화와 시대의 신학이 분리될 수 없을 만큼 서로 의존적이라는 것이다. 따라서 해체주의 신학과 재구성주의 신학에서는 어떤 모양이든지 간에 새로운 언어로 시대의 세속적 문화와 소통하고자 노력한 점에서 높이 평가되었다.

또한 그들은 시대의 문화와 의사소통을 하기 위해 전통적인 신학의 내면적 비판과 성찰적 고백은 삶에 신학의 의미를 부여하고자 했다. 해체주의 신학은 서구 로고스 중심주의 신학의 최종적인 목표가 진리를 탐구해야 한다는 주장에 정면으로 맞서 비판했다. 합리적인 질서에서 이탈의 피할 수 없는 불가항력의 개념은 서구 신학적이고도 철학적인 연결체계의 중심에 놓여 있는 진리의 보편적 개념에 의문을 타당하게 제기했다. 진리 개념의 중심이 현상의 실재나 본질을 구성하는 변하지 않으면서도 지속적인 로고스가 존재하는 외형의 놀이를 넘어, 뒤에, 아래, 혹은 안에서 확고한 믿음으로 간주되었기 때문이다. 이런 이유에서 해체주의 신학은 진리를 추구하려는 서구적 지적 탐구를 헛된 노력으로 판단했다. 그 결과 해체주의 신학은 나타난 세계를 피하기 위해 경험의 표면 아래에 숨어 있는 로고스를 찾으려는 일련의 노력은 헛된 시도라고 사람들에게 외쳤다. 말하자면, 해체주의 신학은 진리에 대한 탐구는 단지 시간을 달아나게 하고 영원성을 파악하고자 하는 쓸모없는 노력 그 자체이기에 더 이상 우리의 삶을 소진하지 말자는 것이다. 그래서 남는 건 무엇인가. 그것은 우리가 이제껏 믿어왔던 진리를 부정하는 일이 더 많은 자유를 제공하기 때문에 우리는 합리적으로 이해되었던 로고스의 진리를 해체하자고 제안하고 신학을 성스러운 곳에서 세속적 삶의 영역으로 끌어내어 문화의 세속에 말을 건네는 풍경으로 드러났다고 보인다.

해체주의 신학과 마찬가지로 재구성주의 신학도 서구 신학과 철학의 진리에 대해 비판적인 성찰을 통해 모더니즘의 사유양태에 의문을 제기했다. 재구성주의 신학은 모더니즘의 양태, 특히 기계론적 세계관에 지속적으로 시비를 걸었다. 따라서 재구성주의 신학은 모더니즘의 사고 양태를 포기하고 세계의 역동적 실재를 받아들이도록 강력히 요구했다. 세계는 하나의 죽은 사물이 아니라 살아 있고, 자기 원인이나 자기 결정을 통하여 스스로 표현하고 완성하려고 투쟁하는 하나의 역동적인 과정이었다. 모든 사물에서 영향을 주고 영향을 받는 상호 의존적 세계로서 생성의 경험 구조가 더 선호되었다. 즉 이 세계는 단일적인 세계가 아니라 다원적 세계이기 때문에 세계의 본질적이고 획일적인 사유를 버리고 다양한 사물의 경험들을 향해 개방할 것을 촉구했다. 그것이 자기를 이해하는 방식이자 타자를 이해하는 방식이다. 이렇게 함으로써 재구성주의 신학은 삶의 세속적 분야에 대해 말할 수 있다고 확신했던 것이다.

이 장을 마무리 하면서 우리는 여전히 한 가지 문제에 고민을 떨쳐버리지 못한다. 우리의 고민은 이것이다. 포스트모던 신학을 선호하지 않는 기독교 신앙과 교회는 이 두 신학들을 매우 나쁜 신학이나 자유주의 신학, 혹은 급진주의 신학의 양태로 매도한다는 것이다. 그리고 만일 우리가 이러한 신학들을 언급한다면, 우리들까지도 가차 없이 나쁜 사람이나 자유주의 사람으로 매도되지 않을까 하는 염려다.[60] 하지만 한 가지 사실은 간단하고도 명료한 것 같다. 그것은 하나님을 이야기하려면, 먼저 인간의 창조적 행위와 자유를 더 말해야 한다는 것이다. 그들이 염려한 것은 시대의 세속적 문화로 기독교 신앙이 소멸될 것을 염려한 것이 아니라 기독교 신앙이 시대의 세속적 문화로부터 유리되는 것의 염려였다. 현실의 삶과 의사소통을 포기하는 기독교 신앙은 아무리 오래된 전통을 지녔다고 해도, 신앙의 효능이 없다면, 그것은 시대와의 결별이다. 그런 점에서 해체주의 신학과 재구성주의 신학은 기독교 신앙의 문화적 영역을 위해 신학적 담론으로 세상 속으로 뛰어 들어간 매우 도전적이고도 용감한 신학들이 아니었을까 싶다.

# 10 생태신학과 성공신학의 논쟁

"죄란 우리가 하나님과 다른 사람들과의 관계 밖에서 살 수 있다고 상상함으로써 하나님을 드러내기를 거부하는 행위다."
— 샐리 맥페이그

"자존감은 세상의 악과 장애들을 극복하는 창의적이고도 도전적인 힘이다."
— 로버트 H. 슐러

# 제 10 장
# 생태신학과 성공신학의 논쟁

2006년 『불편한 진실』(The Inconvenient Truth)이라는 책이 번역 출간되었다. 온난화의 문제를 다루고 있는 이 책은 미국 부통령을 지낸 앨 고어가 저자다. 미국 대선의 패배 후에 환경운동가로 변신한 고어는 이 책으로 인해 노벨평화상을 수상하기도 했고, 아마존닷컴, 뉴욕타임즈, 워싱턴포스트 베스트셀러 1위에 올랐으며, 영화로도 제작되어 '선댄스' 영화제에서 격찬을 받기도 했다. 그의 생각은 갑작스럽게 나온 돌출적인 것이 아니라 그의 오래된 사고의 결과였다. 하버드대학교를 졸업한 후에 내쉬빌 밴더빌트대학의 로스쿨에 다니면서 복수전공으로 신학을 공부했다. 신학을 공부하는 과정에서 생태신학에 대한 공부를 통해서 온난화의 중요성을 알게 되었다. 고어에 의하면, 지난 65만년 동안 이산화탄소 증가와 섭씨온도가 지구의 온도를 높여왔고,

결과적으로 지구 온난화가 지구와 인류를 어떻게 위기로 몰아가고 있는지를 지적하여 준다. 이를테면, 킬리만자로의 눈은 거의 녹아버렸고, 히말라야 산맥의 빙하는 지금도 끊임없이 녹아내리고 있으며, 2005년 미국 뉴올리언스를 쑥대밭으로 만든 '카트리나' 같은 초대형 허리케인과 같은 재난들이 증가하고 있다. 말하자면, 지구 온난화가 북극의 온도를 빠르게 상승하게 하고, 그 결과 세계의 수면을 상승시키면서 지구의 면적을 좁게 만드는 원인이 된다는 것이다. 사정이 이러다보니, 20년 내에 플로리다, 상하이, 뉴욕 등이 물에 잠기게 되고, 극단적인 이상 기후, 홍수, 가뭄, 전염병이 찾아오게 된다. 하지만 사람들은 이러한 사실들을 받아들이려 하지 않는데, 고어는 다소 불편하더라도 사람들 각자가 이 사실을 받아들이고 환경보호를 위해 실천하는 것이 필요하다고 역설한다. "아마 기후 위기에 대한 진실은 불편한 진실이라 그럴 것 같다. 우리 생활방식을 바꿔야 하니까 불편한 진실이다."[1)]

이처럼 생태계의 문제는 이제 매우 민감한 문제이고, 교회의 메시지는 생태환경의 문제에 관심을 보여야 할 정도가 되었다. 하지만 이 같은 불편한 진실은 여전히 편안한 진실이라는 장애물과 대면하고 있다. 지구의 환경이나 생태계의 보존에 대한 관심은 개발과 성공을 지향하는 삶에 의해 좌절되곤 한다. 이러한 현실 앞에 우리의 신학은 색다른 시각을 허용하는 문제와 그것을 무시하는 문제로 엇갈린 풍경을 연출하고 있는 듯하다. 주로 생태계를 신학의 주요 화두로 삼는 신학과 아직은 교회의 성장에 중심을 두는 신학이 사건을 서로 다른 방향으로 응시하는 것 같다. 교회성장운동과 매가처치운동과 같은 교회의 성공모델은 21세기의 교회들에게 여전히 매력적인 목회방식으로 인기가 꽤나 높다. 비록 교회의 성공모델이 성도의 기대와 필요에 맞는 것인지에 대한 감정적인 반응을 불러일으키고 있더라도, 대형교회를 선호하는 목회자들은 그것이 하나님의 지상적 사명과 선교로 받아들이고 있는 듯하다. 이런 이유에서 교회를 위한 신학이 성공신학의 이름으로 교회의 목회자들의 가슴을 설레게 하고 있는 것은 명백하다. 전도와 선교를 포함하여 교회성장학은 오늘 우리 시대에 인기를 누리는 주제로 인식될 정도다. 이런 정황에서, 교회 성장에 가치를 두는 목회자들은 세계를 위협하는 생태계의 문제에 교회의 헌신과 책임을 느끼지 않는 것 같다. 리버티대학 종교학 과장인 엘머 타운즈(Elmer Towns)가 적절히 지적하듯이, "교회성장학 연구 방법과 원리는 신학의 부록편이 아니라 신학의 심장이어야 한다."[2] 이처럼 교회를 위한 성장은 이론적인 체계를 갖추면서 교회의 성공을 지향하는 중요한 신학으로 이해되고 있다. 따라서 우리는 전 세계의 생태계에 대한 관심과는 달리, 매가처지를 지향하는 목회자들의 열정에서 성공 신학을 자극하고 있으며, 나아가 매가처지를 성취하는 것이 곧 하나님의 뜻으로 받아들이고 있는 상황이다. 시대의 징후를 강독하는 태도는 너무 다르고도 엇갈렸다. 한쪽에서는 지구의 보존을 위해 생태계에 대한 관심이 교회로부터 시작되어야 한다고 주장하고, 다른 한편에서는 교회의 성장과 관련해서 각종 프로그램을 성서에 기초하여 교회가 하나님의 뜻에 따라 책임을 지고 나서야 한다고 주장한다. 비록 선택적이긴 하지만, 셀리 맥페이그의 생태신학과 로버트 슐러의 성공신학을 살펴보고자 한다.

## 생태신학

기후변화는 기독교 신학의 방향을 바꾸었다. 현실적 생태환경은 지구의 위기를 끊임없이 경고하고 있기 때문에, 신학의 내용 자체를 직조하게 한다. 특히 온난화 현상으로 고통을 받고 있는 현세계는 우리들의 애정 어린 관심을 요구하고 있다는 사실을 알리고 있다. 셀리 맥페이그는 "이 세계는 우리가 하나님의 몸으로서 만나는 장소"이기 때문이다.[3] 따라서 기독교 신학은 생태계에 대한 관심으로 전환되어야 하고, 하나님의 몸으로서의 세계와 우주에 대한 경외심으로 신성하게 돌보고 보존하여야할 책임을 안고 있다. 이런 중대하고도 심각한 현실에도 불구하고, 우리의 소비문화는 여전히 이 세계와 우주를 하나님의 몸으로 이해하기보다는 개인의 영적인 관심과 소비욕심에만 관심을 가짐으로써 생태계를 위협하고 있다. 그러한 행위를 죄라고 규정하는 맥페이그의 질타는 오늘의 신학적 화두에 시의적절한 메시지를 제공하고 있다고 보인다. 이는 죄가 "다른 몸들과의 생존의 기본 필연성을 공유하기를 거절하는 행위"이기 때문이다.[4] 이런 점에서 세계와 우주에 대한 인간의 지배에 반대하는 맥페이그의 생태신학에 대한 논의는 가까운 미래를 위한 요청이라고 해도 틀린 말은 아닐지 모른다.

## 생명을 사랑한 여성신학자, 셀리 맥페이그

셀리 맥페이그(Sallie McFague, 1934~ )는 밴더빌터대학교 신학부의 조직신학 교수로서 30년 동안 기독교 신학과 여성신학을 가르쳤다. 미국사회가 여성에 대한 차별적 태도를 보였던 시대에 살았던 맥페이그는 다른 여성신학자들과는 달리 호전적인 이미지가 아니라 부드러운 여성적인 이미지를 가지고 있다. 하지만 그녀의 신학은 교회와 세상을 향해 말하고자 하는 메시지를 명확하게 표현한다. 평생을 대학교라는 울타리에서 삶을 보낸 맥페이그는 인생에서 그녀의 생각과 행동을 변화시키고 경험한 이야기를 우리에게 들려준다. 그녀가 17세 무렵이었는데, 수업을 마치고 집으로 돌아가는 길이었다. 그녀는 이런 생각을 했다. "언젠가는 내가 여기에 없을 것이다." 이 생각은 자신이 머지않아 이 세상에서 더 이상 존재하지 않을 것이라는 것을 강하게 느꼈다고 한다. 크리스마스가 돌아와도 그녀 자신은 그 날을 축하하는 자리에 없을 것이며, 그보다 더 충격적인 것은 그녀의 생일날이 되어도 자신이 그 자리에 없을 것이라는 것이다. 그것은 죽음에 대한 경험이나 죽음에 대한 막연한 두려움 혹은 공포라기보다는 단지 '비존재'의 경험이었다. 그래서 그녀는 자신이 지금 살아있다는 것이 일종의 경이감이고, 그것이 하나님의 은총으로 받아들일 수 있었다는 것을 느끼게 되었다. 그런데 그녀의 '비존재'에 대한 경험이 만물을 충만한 가운데 생동하는 하나님에 대한 찬양으로 변화되었다는 것이 그녀가 삶에서 처음으로 경험한 신앙사건이었다.[5)]

맥페이그는 어린 시절을 대부분 보스턴에서 보냈다. 그리고 자연스럽게 그녀는 보스턴에서 전통적인 미국 성공회의 일원으로 신앙생활을 하면서 성장기를 보냈다. 그런데 십대 사춘기 시절에 영향을 준 성공회 교회는 그녀에게 그다지 신앙적인 의미를 제공해 주지 않았다. 교회에서 보여준 하나님의 모습은 기껏해야 위대한 도덕가, 적절한 외양과 행동의 옹호자에 불과했다.

그녀는 삶의 두 번째 경험을 들려준다. 그 일은 대학에서 일어났다. 맥페이그는 대학 시절에 칼 바르트의 『로마서 주석』을 읽었다고 한다. 바르트로부터 그녀가 배운 것은 하나님의 초월성이란 개념이었는데, 그 말이 그녀에게 불현듯 일어나고, 형언할 수 없는 그 말의 의미가 그녀를 사로잡았다. 그녀에게 하나님의 초월성은 삶의 새로운 출발점이자 의미로 이해되기 시작했다. 맥페이그는 이렇게 고백한다. "하나님이란 단어의 의미가 어렴풋하게 인식되면서 붙박이처럼 틀에 박히고 안이하며 부족적인 개념의 의미가 사라지고 신성의 경이로운 현존이 마치 시원하고도 상쾌한 산들바람처럼 나를 스치고 지나갔다."[6] 대학에서 영문학을 전공한 맥페이그는 미국 동부에 있는 예일대학교 신학대학원에서 신학을 공부하기 위해 진학했다. 예일대학교에서 그녀는 신학이란 내용의 문제라기보다는 언어 문제라는 점을 느끼게 되었고, 그래서 부단히 신에 대한 화두로 글을 쓰고 가르쳤다. 그녀의 박사학위논문은 "문학과 기독교적 삶"이었다. 그녀의 지도교수는 조직신학 교수였던 리처드 니버였다. 박사과정에서부터 교수가 되기까지 그녀는 줄곧 신은 인간의 언어에 속박되지 않는다고 믿었다. 이러한 생각은 그녀의 『비유로 말하기: 은유와 신학에 대한 연구』와 『메타신학: 종교언어에서 본 하나님의 모델』에 잘 나타나 있다.

맥페이그의 신학적 여정은 급진적인 변화를 경험한다. 그것은 밴더빌트대학교의 신학부에서 조직신학을 강의하면서 그녀의 사고를 새로운 관점으로 전환시켰던 한 권의 책이었다. 그 해가 1980년이었고, 하버드대학교 신학부의 고든 카우프만(Gordon Kaufman)의 『핵시대의 신학』이었다. 우리의 행성이 직면한 핵의 위기와 생태학적 위기상황 아래서 신학이 더 이상 이전과 같은 방식으로 지속될 수 없다고 주장한 카우프만의 신학적 사유는 그녀로 하여금 하나님, 그리스도, 인간과 같은 신학의 중심적 주제들을 현실의 위기적이고 새로운 상황에 비추어 해체하고 재구성하도록 독려했다. 이런 정황에서 맥페이그는 지구의 생태학적 정황을 신학의 해석적 구조 틀로 삼는 결정적인 전환을 가져왔다. 말하자면, 인간 중심적인 관점이 아니라 우주적인 관점에서 기독교 신학을 바라보는 눈이 뜨이게 되었다는 것이다. 한국 독자들에게도 잘 알려진 그녀는 현재 밴쿠버에 살면서 밴쿠버 신학대학원에서 생태신학을 강의하고, 그와 관련된 주제로 글을 쓰고 있다. 무엇보다도 그녀는 이 우주의 생명의 신비로움과 풍성함을 사랑하는 신학자로 기억되길 바라고 있다.

## 유기적 모델로서의 신학 방법

맥페이그는 신학을 "우리가 어떻게 지구에서 더 잘 살 수 있는가에 대해 숙고함으로써 하나님께 영광을 돌리는 것"이라고 정의한다.[7] 여기에서 하나님의 영광을 돌리는 행위는 우리의 뜻을 하나님의 뜻에 일치시켜서 하나님이 세운 질서 안에서 살아가도록 돕는 것을 뜻한다. 말하자면, 신학의 목적은 자신의 상황에서 지구와 그 안의 모든 피조물들의 안녕과 공동선을 도모하고 유지하는데 도움을 주어야 한다는 것이다. 만일 신학이 신적 피조물을 위하여 존재하지 않는다면, 그것은 사변적인 사유의 한 방식에 머물 것이다. 따라서 신학이 지구의 생태계를 위해 봉사할 의무를 갖는다고 말하는 것은 어쩌면 당연하고도 자연스럽다. 이런 신학의 목적에 따라 맥페이그는 다음과 같이 단언한다. "하나님의 영광은 모든 피조물이 충만하게 생동하는 것이며, 따라서 우리는 세계와 세계 안에 있는 모든 것을 사랑함으로써 하나님께 영광을 돌리기 위해 산다."[8]

이처럼 우리는 세계와 세계 안에 있는 모든 피조물을 사랑하도록 부름을 받았고, 그것을 위해 존재한다는 사명을 일깨운다. 그녀의 지적이 없어도 지금 지구는 온난화의 영향으로 생태계의 파괴와 위기를 경험하고 있다. 지구의 보호에 대한 이야기는 어제오늘의 이야기가 아니다. 지구는 피곤하다. 지구는 인간개발과 소비문화 그리고 무수히 많은 산업의 경쟁에서 지칠 대로 지쳐있다. 지구는 쉼이 필요하다. 하나님의 고유한 명령인 안식이 어쩌면 절실히 요청되고 있는지 모른다. 이런 시대적 요청에서 셀리 맥페이그는 『하나님의 모델』(Models of God)을 마무리하면서 "세계는 우리가 하나님을 만나는 장소이고, 하나님의 몸으로서의 세계는 놀라운 경외심을 불러일으키는 신성하고도 신비로운 곳이다"라고 기술하고 있다.9) 지구란 하나님의 몸, 즉 신성한 장소이자 공간이다. 따라서 우리는 하나님의 신성한 장소를 보호할 책무를 가지고 있는데, 그것이 청지기의 사명이자 책무가 아닌가.

이런 맥락에서 생태신학의 신학적 방법은 하나님의 몸으로서의 세계와 우주모델을 제시한다. 첫째, 생태신학은 이 세계를 하나님의 몸으로 이해한다. 하나님의 몸은 우리가 돌보고 사랑하여야 하는 곳이다. 맥페이그에 의하면, 몸이란 "생태신학을 위한 가능한 한 대안으로 제시하는 모델이다."10) 몸의 모델은 모든 유기적 형식의 생명체를 다 포괄할 수 있다. 따라서 하나님의 몸은 세계 안에서의 신적 현존을 상징한다. 이런 점에서 우리는 창조, 죄, 악, 그리스도, 신의 초월성과 내재성, 인간 경험, 자연적 세계, 종말론, 교회 등과 같은 기독교 전통의 교리들을 몸의 기능으로 이해한다. 모든 피조물들이 하나님과 연결되지 않음이 없다. 피조물의 기쁨, 즐거움, 고통, 죽음조차도 하나님과 유기적으로 관계하며 연결되어 있다. 우리가 하나님을 사랑한다면, 이 세계를 사랑하여야 한다. 이 세계에 대한 관심은 하나님의 몸과 같이 사랑하는 행위다. 만일 그 반대의 행위를 행한다면, 우리는 하나님께 죄를 범하게 될 것이다. 그녀에 의하면, 죄란 "우주의 다른 몸이나 기관과의 생존의 기본 필연을 공유하는 것을 거절하는 행위다."11) 전통적으로 죄는 '과녁이 빗나가다'라는 용어의 유래에 근거하여 하나님과의 단절이나 소외 등으로 이해되었다. 하지만 이런 전통적인 의미는 인간의 내면적 상태를 기술할 뿐, 우주의 환경문제에 관심을 등한시하는 개념이다. 따라서 생태신학은 죄를 우주의 다른 기관들과 함께 생존의 방식으로 서로 공유하기를 거절할 때 오는 문제다. 이런 점에서 전통적인 의미와는 차이를 보이는 생태신학의 접근 방식이 교회 내의 성례전이나 예배 의식적 행위에 관심을 보이기보다는 교회 밖의 다른 환경과 기관들에 동일하게 관심을 갖는다.12) 맥페이그는 다음과 같이 적절히 말한다.

> 죄란 삶을 자아 중심에 두는 것, 자아를 스스로, 그 자체로 확립하려고 애쓰는 것이다. 죄란 거짓된

삶을 사는 것이다. 그것은 하나님의 질서와 반대로 사는 것이다. 하나님의 질서는 자기 자신에게 집중하는 자아가 중심 밖으로 밀려나고, 하나님에게 뿌리를 두고 이웃에 관심을 갖는 자아(신성화)가 다시 중심이 되는 질서다.13)

그러므로 신학의 목적은 우리가 어떻게 지구 혹은 세계에서 더 잘 살 수 있는가에 대한 신학적 반성을 통해서 하나님께 영광을 돌리는 것이다.

둘째, 생태신학은 유기체의 모델에 근거한다. 유기적 모델은 두 가지 인식적 모델을 거부하는데, 하나는 인간중심주의의 모델이고, 다른 하나는 기계론적 모델이다. 기계론적 모델은 과학의 발전과 혁명에 의한 독립적이고도 분리된 모델이다. 그리고 인간중심주의 모델은 우주의 중심은 자연이나 환경이 아니라 인간에게 초점을 맞추고 있다. 인간이 세계를 정복하고 지배하는 유형의 모델이다. 이런 모델들이 갖는 위험성은 생태계를 파괴함으로써 인간을 위협한다는데 있다. 그런데 실제로 세계관이란 우리가 어렸을 때 이미 배운 것이고, 비록 우리가 자각하지 못할지라도 이미 그것이 지적구조로서 우리의 사고에 영향을 미치고 있다.14) 그래서 우리는 세계관에 대해 의문을 제기하지 않는 어떤 문화에 대한 가정(假定)

을 받아들인다. 말하자면 세계관은 사물이 존재하는 방식과 같다. 우리가 기계론적 세계관이나 인간 중심주의 모델을 선택할 수 있다. 그러한 선택이 삶의 가치를 결정한다고 볼 때, 세계에 대한 관점은 매우 중요해 보인다. 맥페이그가 지적하듯이, "세계관은 가치를 내포하고 있으며 타인과 자연에 대한 우리의 행동에 깊은 영향을 미친다."15) 이런 근본적인 이유에서 맥페이그는 유기체의 세계관을 오늘 우리가 당면한 지구 온난화의 문제와 생태계의 문제에 가장 적합한 대안으로 받아들인다.

그러면 구체적으로 유기적 몸으로서의 세계는 어떠한 형태를 말하는가. 맥페이그는 우리가 살고 있는 이 우주는 모든 것이 서로 관계되어 있고, 상호의존적인 관계라는 것이다. 우주에 대한 근거는 주로 세 가지를 연상할 수 있는데, 하나는 우주의 사물이 독립적이라는 개념이 있고, 다른 하나는 완전히 의존적이라는 개념이 있다. 하지만 생태신학의 유기적 접근은 상호 의존적이라는 개념으로서 완전히 독립적이라는 개념도 부정하고, 그렇다고 완전히 의존한다는 개념도 부정한다. 그래서 세 번째 연상으로서 모든 사물은 독립적이지만, 서로 의존적인 관계를 우리가 받아들여야 한다는 것이다. 이는 가장 최상의 접근이 상호 의존적일 때에 우주가 보다 밝고 긍정적인 미래를 향해 움직일 수 있다고 보기 때문이다.16) 맥페이그가 말하듯이, "우리는 세계를 우리의 삶을 향상시키기 위해 조작할 수 있는 기계로 그리기보다는 하나의 공동체로 살아가는 수많은 다양한 지체들로 이루어진 고도로 복잡한 몸으로 보아야 한다."[17] 유기체는 세계를 몸으로 이해한다. 세계는 기계가 아니라 몸이다. 몸은 의식을 가지고 있다. 그리고 몸을 이루고 있는 다른 지체들에 의존할 뿐만 아니라 그들을 번성시키는 방법을 배우고 그 일에 헌신하는 책임을 지고 있다. 맥페이그가 추구하는 신학은 "세상을 위한 신학"이다. 세상을 위한 신학은 개인의 의미 있는 영적 삶을 찾기 위해 내적 경험에 반대한다. 우리의 신학은 너의 혹은 나의 개인적인 문제들을 위한 신학이어서는 안 된다. 진정 우리가 필요로 하는 신학은 '하나님과 내가 중심'이 되는 신학이 아니라 '하나님과 세상'이 중심이 되는 신학이다. 그러므로 하나님 중심적이면서 우주 중심적인 신학은 유기체 모델에서 적절히 이해되는 신학이라고 맥페이그는 설명한다.

## 신앙은 화육되어야 한다

전통적으로 기독교 교리는 예수 그리스도의 성육신의 교리를 가장 중요한 것으로 여긴다. 성육신은 하나님이 스스로 자신을 비워 종의 형체를 가져 이 땅에 친히 오셨다는 교리다. 이것의 중심적인 내용은 하늘에서 지상으로 내려온 화육적, 즉 변화의 의미를 말하고 있다. 맥페이그가 표현하듯이, "화육주의(incarnationalism)란 초월성이 근본적 내재성으로 되어 진다는 의미다."[18] 화육주의는 두 가지 중요한 의미를 제시하는데, 하나는 물질과 에너지로 구성되어 있는 이 지구가 매우 중요하다는 것이고, 다른 하나는 하나님이 이러한 지구를 사랑하신다는 것이다. 무엇을 말하는가. 그것은 이 지구가 하나님의 창조물이기 때문에 우리가 이 지구를 돌보아야 할 책임을 가지고 있다는 것이다. 우리가 사는 이 세계는 두 영역, 즉 초월적인 영역과 내재적인 영역이 아니다. 이 세계는 하나의 영역이자 한 세계다. 두 영역으로 구분되지 않는 세계다. 그래서 맥페이그는 이렇게 말한다. "하나님의 몸으로서의 세계는 한 세계, 한 실재만이 존재한다는 것과 이 세계, 이 실재가 신적이라는 것을 제시한다."[19]

이 같은 근거에서 여성신학자로서 샐리 맥페이그는 위기에 처한 지구를 위해 신학과 경제학을 재고하여야 한다고 요청하고 있다. 우리는 세계와 그 속에 있는 모든 것을 사랑함으로써 하나님께 영광을 돌려야 한다. 기독교적 방식은 불가피하게 하나님과 같이 되는 신성화로서의 구원을 이해하도록 인도한다. 하나님의 형상으로 창조되어진 우리는 하나님이 세상을 사랑하는 것처럼 그 실재 속으로 성장하여야 한다. 이 같은 주의 사항 아래에서 죄는 이기주의적 삶을 사는 것을 의미한다. 기독교 제자의 도는 모든 것을 인간적으로 다른 사람들을 돕고 또 지구를 번성하게 하도록 하는 것을 포함하고 있다. 이것은 마치 사랑의 징표가 쉽거나 유행하는 것이 아닌 것과 같다. 라틴 아메리카의 해방 신학자 구스타보 구티에레즈의 말로 표현하자면, '누군가가 자기 자신의 배에 관심이 있을 때, 그것은 물리주의이다. 하지만 누군가가 다른 사람의 배에 대해 관심을 갖는다면, 그것은 영성이다.' 경제적 세계관이나 환경 파멸로 이끄는 집단적 모델을 지배하고 그리고 가진 자와 못가진 자 간의 간격을 넓히는 자리에서 맥페이그는 공동체나 유기적 모델을 강력한 하나의 대안으로 설정한다. 이 모델은 모든 사람의 건강과 복지를 위한 하나의 상황을 제공하기 때문이다. 그녀에 따르면, 우리는 우주의 관리자로서 세 가지 규칙들을 신뢰하여야 하는데, (1) 서로 공유하여야 한다는 것, (2) 환경을 청결하게 한다는 것 그리고 (3) 미래 세대를 위해 훌륭하게 지구를 수선해야 한다는 것이다. 이것이 예수가 포괄성과 평등성과 함께 세계의 다른 존재를 증명하는 것과 같다.

간단히 요약하자면, 생태계란 "살아 있는 공동체에 관한 연구다."[20] 그렇다면, 생태적 경제학은 그 공동체가 무한히 살아서 숨을 쉴 수 있도록 희소자원을 분배하는 일과 관련을 갖는다. 신고전 경제학은 공동체의 복지나 건강을 위하기보다는 개인의 욕구나 욕망을 채우는 일에 초점을 맞추고 있다. 비록 그것이 자본주의의 가장 중요한 형태이긴 하지만, 그것으로 전체 공동체와 시스템을 건강하게 하기는 어렵다. 그래서 생태적 경제학은 전체 공동체와 시스템을 위해 필요하다. 전체 시스템이 건강할 때 모든 지체들은 혜택을 누린다. 혜택을 누리는 방식은 부를 축척하는 '교환가치'에 두지 않고, 좋은 삶과 행복한 삶을 나누는 이른바 '사용가치'에 둔다. 이런 점에서 생태적 경제학은 "공동체를 위한 경제학"이라고 부른다.[21]

이처럼 신성화에 대한 그녀의 강조 외에도, 맥페이그는 검약, 단순, 타인에 대한 개방, 그리고 공감을 강조하는 삶에 대한 반문화적 접근을 시도한다. 비록 오늘날 우리가 이 같은 반문화적인 삶의 방식을 싫어한다고 해도, 지구의 안녕과 좋은 삶을 위해서 그것은 불가피한 선택이다. 맥페이그의 주장은 매우 간명하다. "기독교 교회들은 '희생적 형식의 삶'(cruciform living), 즉 적당함의 철학, 에너지 사용의 제한 그리고 다른 사람들을 위한 희생을 포함하는 풍성한 삶의 대안적 개념과 같은 책무를 가지고 있다."[22] 지금 이 순간에도 그리스도를 믿는 사람들은 지구와 인류를 위해 정의를 실행하여야 하는 아주 독특하고도 유용한 기회를 가지고 있다. 우리는 그러한 기회를 선택하여야 한다.

행동을 위해 초대에 응하는 신앙

신앙은 실천이다. 우리가 얼마나 많은 교리를 알고 있는가 하는 것이 신앙의 성숙을 가늠하지 않는다. 신앙의 성숙의 척도는 아는 만큼 실천에 옮길 때에 이해된다. 포스트모던 시대의 신앙은 이전의 신앙 실천과는 다른 삶의 방식을 요구하고 있다. 우리가 해야 할 신앙의 실천은 우주적인 실천이어야 한다. 우리가 살고 있는 우주를 보존하기 위해서 우리는 주변의 생태계에 관심을 가져야 한다. 교회는 이 사실에 발 벗고 나서야 한다. 만일 그렇지 않다면, 하나님이 우리에게 맡겨주신 청지기의 사명을 감당할 수 없을 것이다. 우리의 맡은 바 사명은 생태환경을 보전하는 일이다. 우리 시대만을 위한 것이 아니라 후손을 위해 아름다운 모습을 간직한 채로 이 우주를 건네주는 일이다. 하지만 오늘날 교회의 태만은 이러한 일에 눈을 돌리지 않는다.

우리가 알듯이, 전통적으로 교회들이 생태적 환경에 관심을 갖지 못하고 있는 것이 사실이다. 매가처치를 제외하고 대부분의 교회들은 미자립형태의 교회들이라고 볼 때, 교회들의 관심은 성장과 성공을 지향한다. 그들 교회의 주된 관심은 영혼구령, 선교, 교회성장이었다. 피곤에 지친 우주에 대한 관심에 시선을 응시할 겨를이 없다. 따라서 그들의 목회방향은 지극히 교회의 양적팽창과 같은 성장주의에 초점을 맞추고 있다. 어쩌면 당연한 상황인지 모른다. 그러다보니, 하나님의 창조세계에 대한 반성적 성찰은 목회의 주된 방향으로 설정되지 못했을 것이다. 이것이 맥페이그의 현대교회에 대한 진단이다.[23] 맥페이그는 최근 『신학을 위한 새로운 기후』(A New Climate for Theology)에서 교회가 지상으로 내려와야 한다고 주장하는 점에서 교회의 실천적 행위와 책무가 무엇인가를 인식하라고 독려한다. 특히 맥페이그는 교회가 행동으로 옮겨야 하는 세 가지 측면을 강조하는데, 그것들은 다음과 같다.

첫째, 교회는 생태적이어야 한다. 피에르 샤르댕의 표현을 빌려 맥페이그는 이렇게 표현한다. "예수는 세상이 사랑을 받는 것처럼 사랑을 받아야한다."[24] 교회의 보편성은 전체성을 의미한다. 전체성이란 말 그대로 부분적인 강조라기보다는 전체적인 것을 강조하는 것이다. 맥페이그는 그녀의 『풍성한 생명』에서 북미 그리스도인들의 삶의 방식에 대해 매우 비판적으로 이야기하면서 그들 그리스도인들을 위한 선언을 제안한다. 북미 그리스도인들은 전통적인 신앙의 테두리에서 헤어나지 못하고 있다는 것이 그녀의 생각이다. 세계적으로 거대한 경제 권력의 위치에 있고 그리고 소비주의 주요 수출업자인 미국의 부에 젖어있는 북미 그리스도인들은 가난한 사람들과 자연을 억압하는 수많은 방식들에 대해서 완전히 무관심하다. 점점 벌어지는 빈부격차뿐만 아니라 파괴되어가는 자연은 북미 그리스도인들을 만족을 모르는 소비주의에서 해방시키고, 그 결과 보다 나은 또 더욱 건강한 삶을 위하여 자연 세계를 포함해 다른 이웃들을 해방시키는데 기여하는 생태적인 삶의 방식이 필요하다. 상대적으로 부유한 북미 그리스도인들이 만드는 신학은 현세나 내세에서의 개인의 구원이 아니라 그것의 충분함 혹은 만족함의 사유를 받아들여 그리스도의 십자가의 길, 섬김의 길이 다른 사람들을 살리기 위한 희생을 의미한다는 것에 초점을 맞추어야하고, 교회는 마땅히 그러한 방식으로 움직여져야 한다는 것이다. 여성, 유색인종, 가난한 사람, 장애인 등과 같은 여러 그룹의 억눌린 사람들은 교회의 주변에 있으면서도 교회의 환영을 받지 못하고 있는 현실의 상황을 맥페이그는 통탄하고 있다.[25] 따라서 맥페이그는 그리스도인들을 위한 생태계적인 삶의 방식을 따르겠다는 약속이 있어야 한다고 보았다.

둘째, 교회는 공적인 목소리를 가져야 한다. 맥페이그

는 "종교의 사유화는 공적인 욕심의 승리"라고 비판한다.26) 종교는 결코 사유화될 수 없다고 말하고, 이것은 하나님의 나라를 위해 모든 이들을 위한 재산이라는 것이다. 우리가 읽고 있는 성서는 가난과 돈과 같은 경제에 관한 문제에 자유롭지 않았음을 보여준다. 성서는 인간이 살아가는 삶의 수단에 관심이 있다는 것을 암시한다. 결국 우리는 성서라는 모델을 통해서 우리의 교회가 가야할 방향을 발견할 수밖에 없다. 그러면 왜 성서는 이러한 문제에 관심을 보이는가. 이유는 매우 간단하고도 명료하다. 이는 사회의 공적인 문제를 말하기 때문이다. 실제로 경제적인 문제는 개인적인 문제나 신앙적인 문제라기보다는 인류전체의 행복과 관련된 중대한 문제다. 하나님이 인간에게 관심을 갖는 것은 인간의 영혼과 영적인 문제만이 아니라 모든 피조물들의 행복에 대한 관심이다. 이런 면에서 교회는 세상의 공적인 문제에 초점을 맞추어야 하고, 그 초점된 방향에서 교회는 그러한 목소리를 내어야 한다. 그런데 우리가 기억할 일은 이것이다. 이 문제에 관한 교회의 선포는 선택조항이 아니라 필수조항이라는 것이다. 그 이유는 "경제가 단순히 돈에 관한 것만이 아니라, 누가 살고 누가 죽는지, 누가 품위 있게 살고 누가 그렇지 못한 것인지에 관한 것이기 때문이다."27)

셋째, 맥페이그는 "생태적 경제학 모델"을 제시한다.

생태적 경제학 모델은 신고전주의 경제학의 경쟁적 모델이다. 신고전주의 모델은 전통적으로 인간이 기본적으로 이기적인 개인들로서 자기 이익을 목적으로 행동하여 결국 체제 속의 모두를 위한 이익을 창출한다는 사고다. 이것은 개인주의적인 경제적 이득의 원칙이 가장 강조되고 있다. 이 모델은 분명히 개인의 성공을 덕목으로 부추긴다. 우리 시대의 사회는 경쟁사회이고, 그 가운데서 살아남기 위해서 승자의 원칙에 따라서 평가되고 전개되어야 한다는 것이다. 따라서 신고전주의 경제학은 결핍이 존재하는 어느 곳에는 반드시 존재하는 것이기 때문에 우정이나 사랑과 같은 것들은 경제학의 대상에서 제외시켰다. 더욱이 맥페이그는 이 신고전 경제학의 모델이 소비사회를 부추긴다고 보았다. 그런데 문제는 이 소비사회가 인간에게 행복하고도 선한 삶을 가져다주지 않는다는 데 있다. 또한 이 소비사회를 부추기는 신고전 경제학은 지구의 행성을 위해 선한 삶을 유도하지 않는다는데 있다.[28]

이런 비판에서 맥페이그는 생태적 경제학 모델을 가장 적합한 모델로 제안한다. 생태적 경제학 모델은 상호 관계적 개념을 기본으로 하여 상호 의존적 피조물들이 서로 생존하고 번창하기 위해 서로를 필요로 한다는 사고에 기인한다. 비록 인간이 매우 연약한 존재로서 한 순간이라도 공기가 없이는 살 수 없고, 물이 없이는 며칠간을 견디기 어렵게 하며, 녹색식물이 없이는 몇 주간밖에 견디지 못하게 한다. 그리고 한 개인은 다른 피조물이 없이는 살 수 없는 존재다. 모든 피조물들은 상호 의존적이고 서로를 필요로 하는 존재들이다. 이것은 한 개인이 혼자서는 살 수 없다는 것을 뜻한다. 삶을 공유하고 섬기는 것은 결국 기독교 복음의 핵심이고, 이것이 하나님으로부터의 초대다. 우리는 그것이 예배 중에 행해지는 성만찬의 의식에서 그 의미를 찾는다.[29] 성만찬의 상징적 의미는 서로에 대한 관심이고, 한 지체로서 한 형제요 한 자매로서 한 공동체를 위해 존재한다는 하나의 소중한 의식이다.[30] 그러므로 생태신학은 우리 자신과 동료 피조물과 우리의 지구에 무엇이 선하고 행복한 것인지를 심각하게 고민하도록 고무하는 신학이 아닌가 싶다.

## 성공신학

최근에 교회성장은 우리 시대의 한 트렌드다. 교인들의 수가 감소하고, 교회의 성장이 정체되어가면서 목회자들의 고민이 늘었다. 그들은 리더십의 부재, 설교의 방식과 스타일, 교회의 새로운 프로그램 도입 등으로 정체되는 교회성장의 한계와 장벽을 극복하려고 노력한다. 사정이 그러다보니, 목회자들은 기존의 목회방식을 과감히 버려야 한다고 주장하고, 사업경영이나 자본주의 방식들을 목회에 새로운 변화를 위해 적용하여야 한다고 목소리를 높인다. 그래서 교회 성장학, 배가운동, 매가처치, 효과적인 전도전략 등과 같은 책들이 목회자들 사이에 인기를 구가한다. 하지만 이 같은 목회의 트렌드에 대한 반응은 다양하다. 그 가운데는 언제나 그렇듯이 지지자가 있는 반면에 반대자도 있다. 이 문제에 관해 찬반의 상황임에도 불구하고, 교회가 지향하는 방식은 물질주의적이며 삶의 성취나 달성에 대한 목표 지향적 방향으로 초점이 맞추어져 있는 듯하다. 이른바 '성공신학'(theology of success)이 아마도 최근의 트렌드에 가장 적합한 방식을 제공하는 단적인 예다.[31] 그래서 여기서는 선택적으로 로버트 H. 슐러의 교회를 성공신학의 한 사례로 이야기하고자 한다.

우리 시대는 '성공'이라는 어휘가 낯설지 않다. 이 성공운동은 목회자들의 강단을 통해서 신학에 영향을 끼치는 방식으로 전해지고 있다. 목회자들은 사변적이고도 이론적인 연구보다는 대중들을 위한 목회적 전략으로서 신학을 연구하는 방향으로 가고 있다. 한마디로 성공신학은 사람들의 필요를 충족시키는 것인데, 그러다보니 신학이 대체로 인간중심적인 성향을 선호하는 듯하다. 성공신학은 정의되기가 매우 어렵지만, 크게 두 가지 측면에서 고려된다. 하나는 "자존감의 신학"(theology of self-esteem)이고, 다른 하나는 "번영의 신학"(theology of prosperity)이다.32) 성공신학의 내면에 자리 잡고 있는 것은 축복이다. 하나님으로부터의 축복은 신의 소중한 선물이자 은총이다. 누구나 복을 받고 싶어 한다. 복은 만복의 근원이신 하나님으로부터 오며, 그분을 의존함으로서 우리의 삶에 주어지는 특권이다. 이것이 성공신학이 지향하는 내용이다.

## 매가처지를 희망한 설교자, 로버트 슐러

로버트 H. 슐러(Robert H. Schuller)는 화란 개혁파 교회에 속한 경건한 화란의 이민 후손이다. 그는 알톤 아이오와 주에서 몇 마일 떨어진 조그마한 마을에서 태어났다. 어려서부터 부모를 따라 화란 개혁파 교회에 다니면서 칼빈주의적 설교에 영향을 받고 성장했던 슐러는 그 마을에서 고등학교를 마치고, 미시간 주 홀랜드에 있는 호프대학에 입학하여 졸업 했다. 그의 아버지는 로버트 슐러가 태어나기 전에 목사가 될 아들을 달라고 하나님께 기도했다고 한다. 이런 배경에서 다섯 살 무렵에 슐러는 하나님께 서원되었다. 목회자가 되겠다는 마음을 가지고 있었던 슐러는 미시간에 위치한 웨스턴 신학교에 입학을 하여 신학공부를 본격적으로 시작한다. 개혁주의계통인

웨스턴 신학교를 졸업하자마자 그는 미국 개혁교회의 목사로 안수를 받았다. 졸업 후 그의 삶은 매우 극변하게 변하는 삶을 경험한다. 그는 캘리포니아 가든 그로브로 옮기기 전에 리버데일, 일리노이에 있는 아이반호 개혁교회(Ivanhoe Reformed Church)에서 목회를 시작하였다. 아이반호 개혁교회를 담임할 때 그는 처음으로 기도를 통해서 응답하시는 하나님의 임재를 느꼈다고 한다. 그는 이렇게 고백했다. "하나님, 내게 기회를 주셔서 아래로부터 하나의 교회를 세우게 하옵소서. 다른 사람들의 직업을 탐하지 않게 하셔서 내가 내 자신을 위해서 위대한 직업을 만들고 그리고 그 직업을 통해서 아직 태동되지 않은 시대들을 축복하는 놀라운 어떤 것을 얻는 기회를 간청합니다."[33]

1955년 500달러에 빌린 오렌지 드라이버 극장에서 가든 그로브 커뮤니티 교회(Garden Grove Community Church)를 시작하였다. 오렌지 밭이 가득한 캘리포니아 오렌지카운티 지역으로 가서 교회를 세우라는 하나님의 말씀에 순종한 슐러는 당시의 상황을 이렇게 증언하고 있다. "때는 1955년 1월, 나는 허허벌판에서 교회를 시작하라는 소명을 받아들였다. 성도는 단 둘, 나와 아내뿐이었다. 새 교회의 은행구좌에는 단 돈 500달러뿐이었다. 하지만 내게는 무엇보다도 헌신할 마음이 있었다. 온 세상에 영향을 미치는 교회를 일구어내기 위해 내 삶을 불태우겠다는 열정! 결과는 대성공이었다."34) 교회가 시작한 후에 그는 오렌지 드라이버 극장에서 약 4마일 정도 떨어진 곳에 위치한 땅을 구입하였는데, 약 2에이커에 해당하는 그 곳에서 300좌석의 예배당을 건축하였다. 매주일 슐러는 아침 9시 30분에 예배를 인도한 후에 제2부 예배를 인도하기 위해 그곳까지 운전해 갔다. 이처럼 목회에 대한 그의 열정과 영혼에 대한 관심은 어느 누구와도 견줄 수 없었다.

1950년 로버트 슐러는 오르간 연주자였던 아벨라 데 한(Arvella De Haan)과 결혼을 했고, 슬하에 아들 하나와 딸 일곱을 두었다. 로버트 슐러는 40년이 넘도록 "권능의 시간"(Hour of Power)을 통해서 미국 전역으로 예배실황을 중계하고 있다. 2006년 1월 22일에 로버트 슐러의 뒤를 이어 그의 아들 로버트 A. 슐러가 수정교회(Crystal Cathedral Church)에 담임목사로 부임하였지만, 이른바 "공유된 비전의 부족"을 이유로, 그리고 그의 아버지인 로버트 H. 슐러의 권유로 2008년 10월 25일에 담임목사직을 사임했다.

양쪽에서 교인들의 숫자가 증가하면서 슐러는 디즈니랜드에서 약 2마일 정도 떨어진 곳에 위치한 가든 그로브(Garden Grove)에 있는 10에이커를 매입할 정도로 재정적으로 충분하였다. 그의 비전은 두 교회를 한 교회로 합치는 것이었다. 이 같은 비전을 생각하는 중에, 그는 하나는 걸어 들어가는 교회(walk-in church)와 다른 하나는 '운전하여 들어가는 교회(drive-in church)라는 아이디어를 얻게 되었다. 1958년 9월 10일 루이스 가에 있는 새로운 교회를 위해 터전이 마련되었는데, 새로운 교회는 국제적으로 명성이 있는 건축가 리처드 뉴트라(Richard Neutra)에 의해서 설계되었다. 이 교회는 3백만 달러의 비용으로 1961년에 완공되었다. 첫 입당예배는 1961년 11월 5일에 새로운 건물에서 거행되었다.

노만 빈센트 피일의 영향을 받았던 슐러는 기독교 신앙에서 그가 두 가지 측면을 강조하여야 한다고 믿었다. 하나는 죄에 대해 사람들을 정죄하거나 책망하는 것을 고의적으로 피해야 한다는 생각이었고, 다른 하나는 하나님을 통하여 위대한 일을 성취하도록 기독교인들과 비기독교인들을 격려하고 고무시켜야 한다는 생각이었다. 이것이 긍정적인 사고의 신학을 만들었던 중심적인 동기였다.

최근에는 교회가 점차로 숫자가 감소하는 현상을 보이고 있으며, 게다가 가족 간의 격렬한 불화로 인해 아들 로버트 A. 슐러 목사는 교회를 떠나게 되었다. 2009년 6월 11일 슐러는 수정교회를 그의 딸인 쉴라 슐러 콜먼(Sheila Schuller Coleman)에게 모든 리더십을 넘긴다고 공식적으로 발표하였다. 2009년 58세인 콜먼은 수정교회에 가정 사역 담당 수석이면서 슐러의 장녀이기도 하다. 쉴라 콜먼은 그녀의 오빠가 갑작스럽게 교회를 사임함으로써 새로운 상속의 후임자로 선택되었다. 그녀는 담임목사로서가 아니라 수석행정목사로서 교회를 관장하고 있다. 그녀의 꿈은 세계에서 가장 큰 매가처지들 중의 한 교회를 회복하여 아버지의 전통을 복원하는 일이다. 이제는 더 이상 수정교회가 슈퍼스타와 같은 아버지 로버트 H. 슐러를 기대할 수 없는 형국이 된 것처럼 보인다.

성공신학의 방법론

성공신학의 방법론은 자존감의 신학이다. 자존감의 신학은 북미 "팝" 신학으로서 1960년대 후반 캘리포니아 쇼비지니스의 환경 속에서 텔레비전 방송 미디어를 통하여 복음(televangelism)을 널리 전파하려는 동기에서 태동되었다. 본질적으로 후기 개혁주의 기독교에 의해 강조된 인간에 대한 새로운 반응이었다. 데이비드 L. 스미스가 밝히고 있듯이, 자존감의 신학은 "개인들의 인격적 가치를 긍정하고, 자기 존중을 키우려는 시도다."[35] 로버트 슐러는 자존감을 "새로운 개혁"으로 정의한다. 특히 그는 『자존: 새로운 개혁』에서 이 사실을 긍정한다. 그에 의하면, "자존이야말로 적극적이고 창조적이며 또한 예방적으로 세상의 악들을 공략할 수 있는 상호 연관된 신학들을 한데 묶는 신학의 다리 역할을 할 수 있는 인간적 가치이다."36) 그는 오래도록 신학이 지나치게 신학 그 자체에만 치중한 나머지 삶과 연관된 체계를 적절히 발전시키지 못했고, 따라서 신학은 우리의 삶과 유리되었다고 주장한다. 그러면서 자존이야말로 신학의 가장 근원적인 기초가 될 수 있다고 그는 확신한다. 말하자면, 보다 더 귀한 진리와 고상한 원리들로 인도할 튼튼한 기초를 지닌 조직적 신학으로서의 길을 예시해 주고 있다는 것이다. 그러므로 "자존에의 의지"에서 모든 신학은 출발의 근거가 된다. 자존감의 신학에서 대화의 신학, 복음주의 신학, 사회윤리의 신학, 전도의 신학, 경제신학이 파생된다는 확신은 슐러의 사상을 가장 핵심적이고도 간명하게 보여주는 사상이다.37) 신학의 정의를 조정할 것을 요구하면서 교회가 부정적인 자아영상과 저급한 자존감에 감염되었다고 그는 주장한다.

구체적으로 자존감을 회복하는 신학은 구원의 신학과 분리하지 않는다. 슐러에 의하면, 구원이란 수치로부터 영광에로 인도되는 것으로 정의된다. 구원은 죄로부터 자존으로, 공포로부터 사랑으로, 불신으로부터 믿음으로, 위선으로부터 정직으로의 구원이다. 그의 주장은 확신에 근거한다. "인격의 가치에 대한 호소로부터 출발하는 구원의 신학은 정신적으로나 정서적으로 건전한 인간을 얻을 것입니다. 동시에 인간의 본질적인 죄와 불안을 이용하는 구원의 신학은 신경증적인 그리스도인들을 만들 위험이 있고, 또 실제로도 종종 그런 결과를 빚곤 합니다."[38] 이처럼 슐러는 오늘날의 교회가 마주하는 비극이란 다른 것이 아니다. 그것은 교회의 지체들을 모두가 정서적으로 결핍되어있고 미성숙한 사람들에 의해 통솔되고 있다는 것과 이러한 근본적인 인간의 자존 회복을 강조하지 않는 신학은 힘을 상실한 신학이라는 것이다. 그리고 더욱 큰 문제는 목회적 현실에서 타인을 파괴함으로 자신을 높이려고 하는 일종의 현상으로 나타나기도 하고, 교회 예배에서 편협한 권위주의를 내세우기도 하며, 교회 내부의 불화와 유혹의 씨를 뿌림으로서 문제의 온상으로 나타나는데 있다. 그런데 자존감의 신학은 이러한 방식을 버림으로써 진정한 신학적 차이를 만들어내고 그 결과를 체험할 수 있다고 확신한다.[39]

성공신학의 방법은 명료하다. 그것은 자신에 대한 확신을 하나님의 부르심이자 뜻으로 이해하는 것이다. 성공하라는 부르심은 하나님의 명령이다. 그런데 이 성공하라는 말은 결실이나 과실을 맺으라는 명령과도 같다. 성공하고 결실을 맺으라는 말은 위험하고 과감한 결단을 내리는 것을 전제로 하기 때문이다. 강한 자존을 배경으로 적극적인 사고를 행하는 그리스도인들은 희생함이 없는 성공이 불가능하다는 것을 알고 있다. 그들은 더 많은 과실을 맺기 위해 자기의 불필요한 가지를 칠 준비를 하여야 한다. 이 성공을 위해 제거해야할 요소들은 다름 아닌 열등감, 좌절감, 불안감, 죄의식, 원한, 공포심과 같은 것들이다.40) 그런 점에서 그리스도인이 된다는 것은 곧 건강한 자존심을 갖는 일이고, 자기를 사랑하는 자유를 누릴 때에 가능하다는 것이다. 이는 우리가 구원을 받는 것은 죄를 의식했기 때문이 아니라 그리스도를 통한 하나님의 사랑에 매혹되었기 때문이다. 그리스도의 복음은 수치로부터 영광으로, 의심과 자책으로부터 자신감과 자기 긍지에로의 구원에 대한 선포다. 크리스털로 지은 수정 교회는, 그에 의하면, 자존감에 대한 신학 산물의 상징으로서 우리에게 이렇게 가르친다. "나의 존재가 나를 결정한다." 그것이 자존감의 결정적인 테제다.

## 미래를 내던지지 마라

미래는 무한한 가능성이다. 우리는 현재를 살며 미래를 기대한다. 성공신학은 미래에 자신의 꿈을 실현하도록 가르친다. 슐러의 생각은 감리교 목사인 노만 빈센트 피일(Norman Vincent Peale)의 사역을 통해서 영향을 받았다. 1898년 오하이오에서 태어난 피일은 1922년에 감리교 목회자가 되었는데, 뉴욕시에 있는 개혁교회에서 약 10년 동안 목회를 했다. 그는 심리학과 종교를 종합하는 선구자로서 "종교-심리 치료"의 방식을 그의 목회에 적용하면서 그의 대중들의 심적인 필요에 도움을 주었다. 그의 근본적인 확신은 기도, 신앙 그리고 사랑의 요소들이 사역에 치유의 기능을 가지고 있다는 것이었다. 널리 알려진 그의 유명한 책, 『긍정적인 사고의 힘』(The Power of Positive Thinking)은 정신 속에 존재하는 기본적인 요소가 힘이라면, 상담학에서의 기본적인 요소는 어떤 것을 실현하고자 하는 갈망이나 욕구라는 것이다. 그는 그 욕구와 갈망의 성취에 대한 견해에 긍정적인 사고의 철학을 덧붙였다. 이것이 기존 교회의 사역과는 다른 형태의 사역을 특징짓는 결과로 나타났다. 기존 교회는 전통적인 예배의 형식에서 탈피하지 못하고, 찬양, 설교, 기도의 순서였고, 성도들의 개별적인 욕구와 희망 그리고 갈망에 대해 무지하고, 그리고 세상에서 받은 상처에 대한 관심에서는 아주 동떨어진 형태를 가지고 있었다. 이러한 필요에 따라서 피일은 개인들에게 놓인 삶의 목표를 성취하고 그것을 얻기 위해서 내면의 역할과 기능을 최대한 활용하는 개념들을 제시했다. 그의 기본적인 개념 중 하나는 "당신이 할 수 있다고 생각한다면, 당신은 할 수 있다"(You can do if you think you can do)는 것이다. 이러한 사고는 슐러의 생각에 지대한 영향을 미쳤음에 틀림이 없었고, 캘리포니아에서 시작한 사역에서 이러한 요소를 두드러지게 강조되기 시작했다.

긍정적 사고는 힘의 원천이다. 긍정적 사고는 적극적인 사고로서 자신의 내밀로부터 밀어내는 어떤 자신감이다. 이러한 사고는 핑계와 방해로 미래의 역동적 삶으로 인도하는 게으름에 대항하는 행위이고, 미래의 문을 열 수 있다는 믿음이자 신념이다. 적극적인 사고는 기대하고 바라는 목표에 도달하기 위해 가능한 방법들을 생각하는데 있어서 하나님께서 주실 상상력을 최대한으로 이용하는 것을 말한다. 인간으로 사는 동안 우리는 부단히 자신의 꿈을 실현할 수 있는 자신의 정신과 영혼을 통해 자신의 삶과 인생의 목표를 달성할 수 있다. 그것은 이상한 일도 불가능한 일도 아니다. 그것은 일종의 믿음이자 확신이다. 그런데 이 긍정의 힘은 인생을 변화시키려는 것이다. 자신감을 얻기 위해 하나님께서 우리에게 베풀어주신 상상력을 이용하라고 말한다. 말하자면 당신이 남보다 못나고, 부적당하고, 평범하다고 상상한다면, 당신은 그런 유의 인간이 되고 말 것이지만, 자신을 남보다 단수가 높고 성공적이고도 앞선 사람이라고 상상한다면 그것은 실제로 남보다 앞서게 되는 능력을 발휘할 수 있다는 것이다. 로버트 슐러는 그의 『긍정의 삶』에서 이렇게 표현한다. "나는 아무것도 시도해보지 않은 채 성공하기보다는 차라리 무엇인가 위대한 일을 시도하다가 실패하겠다."41)

위대한 일을 성취하기 위해 개개인은 삶의 목표를 정하여야 한다. 긍정적 사고를 믿는 사람들은 개인의 업적을 이룩하기 위해서는 목표를 설정하여야 한다고 믿는다. 거의 예외 없이 이 같은 목표들은 처음에는 실현될 수 없는 것처럼 보이지만 나중에는 본인이 설정한 목표에 도달한다는 것을 배우게 되고, 따라서 우리의 인생에서 불가능이란 없다는 것을 믿게 된다. 간단히 말하자면, 긍정적 사고의 중요성은 자존감의 신학을 '자기애'(self-love)로 받아들이는 신앙이다. 자기애란 사람의 내면에 숨겨진 가능성을 창조할 수 있는 자기를 사랑하는 마음이다. 그래서 슐러는 이렇게 조언한다. "산이 나의 앞을 가로막고 있을 때에도 나는 포기하지 않으리. 내가 산을 기어오르거나 지나갈 터널을 찾을 때까지 싸움을 계속하리라. 그렇지 않으면 그냥 머물러 하나님의 도움으로 산을 금광으로 바꾸어 보리라."42) 이처럼 신앙은 우리가 할 수 있다고 믿는다면 할 수 있다는 강한 자신감을 드러내게 하는 것이다. 우리의 인생에서 패배란 말은 자신감의 상실에서 나온다. 사람이 패배란 말을 하게 되면, 실제로 우리 자신이 패배를 자인하는 꼴이 된다. 우리의 사고는 언제나 행동에 지대한 영향을 주고 있기 때문이다. 자기를 사랑하는 것, 즉 자애는 성공의 역동적인 힘이다. 만일 우리가 죄인이라고 말한다면, 우리는 악마와 같은 죄를 지을 것이다. 하지만 우리가 구원받고 새로운 사람이 되었다면, 우리는 긍정적인 사람으로 변화될 것이다. 이것이 우리가 추구하는 신앙이어야 한다.

그대여 성공하라

성공신학은 교회성장과 연관되어 있다. 교회성장은 교회의 메시지에 의해서 원천적 힘을 제공받는다. 그래서 개교회들은 그가 말했듯이 자존감 회복을 중요한 방법으로 받아들여야 성장한다는 것이다. 자존감이 단순히 형성되거나 만들어지는 것이 아니라 교회의 신앙생활을 통해서 얻어지는 결과이기 때문이다. 그리고 이러한 자존감 회복은 교회의 성장과도 밀접한 관계가 있다. 개인의 행복과 윤택이 사라진 개인은 교회의 성장에 걸림돌로 작용한다. 모든 것이 그렇지는 않지만, 대개는 개인의 불행은 신앙생활을 방해하는 요인이기도 하다. 그런 점에서 성장신학은 모든 사람을 가치가 있을 뿐만 아니라 소중하다는 점을 가르친다. 어떤 점에서 성공신학은 교회

성장에서 일종의 낙관론적 견해를 가지고 있는 듯하다. 슐러가 적절히 표현하듯이, "인간의 가장 깊은 욕구는 자존이다."[43] 교회는 교회의 구성원들에게 인격적 존엄과 자존감을 부여하고 그들 스스로 삶에 가치와 존경이 있다는 것을 느끼게 해 주어야 한다. 만일 그들에게 인격적 가치와 존엄 그리고 자존감을 느끼게 하지 못한다면, 교회는 더 이상 성장을 기대하기가 어렵다. 슐러는 다음과 같이 말한다.

> 교회는 성령으로 감동된 크리스천들의 합동그룹입니다. 그들을 통해 그리스도께서 생각하실 수 있고, 그들의 마음을 통해 그리스도께서는 사랑하실 수 있고, 그들의 손을 통해 도우실 수가 있습니다. … 이러한 점에서 교회는 지역 사회에 속해 있는 상처받은 사람들을 돕는 그리스도의 살아 있는 몸입니다. 그리고 돌보고 나누어 주는 그리스도의 몸의 일부가 되는 것보다 더 놀라운 것은 아무것도 없습니다.[44]

이처럼 교회성장은 번영을 위한 성장이다. 번영이란 교회의 번창이고 부흥이다. 교회의 성장은 교회에서 주된 모토로 삼고 그것을 추진할 때에 가능하다. 그런데 이 교회성장주의는 시대의 문화와 맞물려 있다. 교회는 지금의 시장경제의 원리와 상업화의 원리에 영향을 받으면서 교회의 세속화를 더욱 부추기고 있는 실정이다. 이러한 현상에서 교회는 이른바 업적주의에 의해 물든다. 교회는 세상의 한 영혼을 사랑하는 것보다는 한 사람을 더 얻기 위해서 혈안이 되어 있다. 하나님의 축복은 교인들의 수와 연관되어있고, 그러다보니 교회의 성장주의가 곧 하나님의 축복이라는 등식으로 성립하게 된다. 이러한 현상에 매가처지의 역할이 큰 작용을 하고 있는 것이 현실이다. 교회 성장주의는 자연성장을 보다 강조하고 있는데, 자연성장은 언제나 성장의 한계를 가지고 있다. 한 인간은 생물학적인 관점에서 자라고 성장하지만, 시간이 경과함에 따라서 퇴행적이 된다. 어쩔 수 없는 생물적 법칙의 한계이다. 우리는 교회의 성장에 부정적인 측면을 강조하기보다는 언제나 긍정적인 측면을 노출함으로써 사람들에게 교회의 성장주의와 업적주의로 물들게 하지 않아야 한다.[45]

하지만 슐러의 성공신학은 단지 교회의 성장에 초점을 맞추고 있지 않다. 교회의 성장은 수의 배가에 일차적인 목적을 갖고 있지 않고, 상처받은 사람들을 발견하여 그들을 치유하는 일에 일차적인 목적을 가지고 있다. 이것이 슐러의 사역에서 적중했다. 교회의 성장은 바로 여기에 있다. 이 목적을 달성하기 위해 목회자는 긍정적이고 필요를 충족시키는 설교를 준비하는 것이다. 전파되어진 설교들은 심리적으로, 정신적으로, 높이 고양시키는 것들이어야 한다. 성도들의 자아의 가치와 자부심 그리고 자긍심을 높이는 설교는 교회성장에서 매우 중요한 요소이다. 슐러는 다음과 같이 표현한다. "우리가 전하는 긍정적인 메시지는 치유되고, 자유롭게 되고, 성장하도록 하는 사랑의 분위기를 자아냅니다. 그리고 하나님께 헌신하며, 다른 사람들과의 관계를 맺게 하는 사랑의 분위기를 자아냅니다."46) 이러한 이유에서 교회성장 신학은 논쟁적인 강단을 피한다. 항시 그렇듯이, 논쟁은 교회의 교인들의 감소를 부추긴다. 교회 내에서 신학적, 정치적, 사회적, 성서적 문제들을 다루는 일은 때로는 적절한 시기가 있지만, 교회의 강단은 어떤 특별한 시기를 제외하고는 그러한 문제로 시간을 허비해서는 안 된다. 그들의 관심은 논쟁이 아니라 메시지에 있다. 그러므로 목회자는 그들이 원치 않는 설교를 통해서 논쟁을 부추겨서는 안 된다.

성공신학은 목회자가 어떤 프로그램을 운영하는가에 의해서 결정되는 것이 아니라 상한 갈대와 꺼져가는 심지처럼 세상에서 버림받고 자기의 가치를 의식하지 못한 채로 매일매일 살아가는 영혼들을 일깨우는 일이 선행되어야 한다. 그것이 성공이다. 성공이란 돈을 많이 버는 것이 아니다. 성공이란 누구보다 더 높은 자리를 차지하고 권력을 가졌는가에 따라 결정짓지 않는다. 그리고 무엇보다도 성공은 대형교회를 위한 야망의 수단이 아니다. 성공이란, 슐러가 적절히 적고 있듯이, "하나님께서 그의 형상대로 지음을 받은 자녀로서 우리의 정서적인 생득권을 목적하신 바의 거룩한 위엄을 향한 인간적인 갈망인 자존을 찾는 일이다."[47]

## 나가는 말

맥페이그의 생태신학은 푸르고 상쾌함이 묻어난다. 지구를 사랑하는 마음에서 시작한 꾸밈없는 생태신학은 우리에게 무언가 생명우선의 사유와 삶의 방식을 지향하도록 만든다. 우리의 지구가 앓고 있는 병고에 대한 예리한 경고와 그 치유의 길은 깊은 성찰의 차원을 넘어 실제적이다. 따라서 상대적으로 단순하고도 간단한 의미로 우리의 삶에 적용할 수 있도록 한 생태신학은 자족적 공간에서만 응얼거리는 신학 교리를 넘어 세상과 소통하고자 했다. 그럼에도 불구하고, 생태신학은 다분히 북미 중산층 그리스도인을 위한 선언에 초점이 맞춰졌다. 맥페이그는 이른바 '생태적 종교개혁'을 부르짖는다. 그리고 그러한 시기가 왔다고 확신한다. 생태신학은 개인주의적 시장 모델이 지구를 황폐하고 사람들을 가난하게 만든다고 보았다. 생태신학이 부르짖는 것은 가난한 자들이 단순히 생존할 수 있도록 부자가 좀 더 단순히 살도록 가르치는 나눔의 삶이다. 우리는 물질적 재화가 아니라 사람들을 진정으로 행복하게 만들어주는 풍요롭고 행복한 삶의 모델을 필요로 한다. 그러기 위해서 생태신학은 북미인들이 누리고 있는 편리한 삶에 상당한 제약을 가하는 중대한 변화를 요청한다. 희생하고 십자가의 삶의 모습으로 세상을 사랑하도록 부르는 생태신학은 참으로 아름답다. 제3세계의 가난한 사람들을 위해 중요하고도 선언적 책무의 요구임에도 불구하고 그러한 삶을 어떻게 희생하고 나눔의 방식을 실천하는지에 관한 신학적 성찰은 여전히 미자립의 상황과 물질적 빈곤으로 힘들어 하는 교회들과 사람들에게 얼마나 절실한지를 일깨우기에는 아직은 갈 길이 멀다는 것은 부인하기 어렵다. 이는 가난으로 고통을 두려워하는 거리와 노동의 사람들의 심리는 지구의 생태적 환경을 실천하여야 한다고 인식하기에는 여전히 먼 남의 나라 일로 보이기 때문이다.

성공신학도 생태신학과 마찬가지로 푸르고 상쾌함이 묻어난다. 인간의 보편적인 희망을 알리고 싶어 하는 성공신학은 개인의 자존감과 위엄의 가치를 회복하는 어휘로 가득하다. 하지만 그 방식은 완전히 다르다. 생태신학이 '생태적 종교개혁'이라고 한다면, 성공신학은 '복음의 혁명'이다. 성공신학은 목회방식의 전략을 제공하는 신학이다. 엄밀히 말해, 성공신학은 우리가 생각하는 신학의 범주에 속하는지 의문을 제기한다. 성공신학은 성도들의 죄를 들추어내지 않으며, 교리적이라기보다는 사람들을 얻기 위해 자존감을 세우는 일을 새로운 개혁으로 삼는다. 그리고 성장신학이 갖는 어감과는 달리 성장제일주의를 반대한다. 하지만 교회의 성장은 필요하다고 역설한다. 우리 시대는 사물을 판단하는 태도에서 항상 꾸짖고 책망하는 방식이다. 당신이 잘못했다는 거다. 어떻게 당신이 그렇게 하느냐는 등의 말로 상대를 나무란다. 그렇게 하는 것이 하나님의 말씀이고, 그것이 옳다고 믿기 때문이다. 그런데 성공신학은 전통적인 비난과 책망 그리고 무능력에 대한 질책의 언어로 전달하지 않는다. 자기 사랑의 비결, 한계를 뛰어넘는 가능성의 신념, 삶의 행복을 추구하는 의미, 새로운 마음의 개혁 등의 언어로 긍정적인 힘의 신앙을 부추긴다. 그것이 성공이다. 성공이란 교회의 크기가 아니다. 교회의 크기란 그것에 의해 얻어지는 부산물이다. 따라서 성공신학은 삶의 행복을 발견하고 자신의 자존감과 자긍심을 찾는 방식을 예수 그리스도의 복음을 통하여 알려주려는 것이다.

결론적으로, 생태신학과 성공신학에 대한 풍경은 하나님의 사랑에 근거되어 있다. 하지만 그들이 사랑한 하나님의 이해는 확연히 엇갈렸다. 생태신학은 하나님의 사랑을 이 세상의 생태적 환경으로 이해했다. 반면에 성공신학은 하나님의 사랑을 이 세상의 복음적 전도로 이해했다. 그들은 명백히 하나님을 사랑하고 그 사랑에 근거하여 세상을 이해하려고 했다. 우리가 짐작하건데, 그 사랑에 대한 목표가 달랐기 때문에 사랑의 실천 또한 다를 수밖에 없었다. 생태신학에서 교회는 이 세상을 하나님의 몸으로 이해하고 돌보고 보살피는 것을 최우선 과제로 여겨야 한다고 말한다. 하지만 성공신학에서 교회는 이 세상에서 방황하고 헤매는 잃어버린 영혼을 주님 앞으로 인도하고 주님이 세운 교회를 그들에 의해 세우는 일이 최우선 과제로 여겨야 한다고 말한다. 하나님에 대한 그들의 사랑을 실천하는 방식은 엇갈림 그 자체다. 하지만 그 엇갈림은 추해보이지 않는다. 도리어 아름답다. 혹자는 성공신학을 옹호하는 당신의 의도를 모르겠다고 비난할지 모르겠다. 최근에 교회의 크기에 대해 문제를 삼는 냉철한 지식인들은 매가처치를 지향하고, 교회성장과 같은 프로그램을 통해서 배가운동을 주된 목표로 삼는 교회들을 비판한다. 그들의 비판은 정당하다. 그러나 모든 것이 다 옳다고 할 수 있을까. 사람들은 성공신학에 대한 시선을 올곧게 보지 않는 것은 분명하다. 그런데 우리가 눈여겨 보아야 할 부분은 성공신학이 지향하는 목회 형태가 믿는 사람들에게 있지 않다는데 있다. 말하자면, 성공신학은 불신자, 즉 예수 그리스도를 구주로 알지 못하는 사람들을 대상으로 하고 있다는 것이다. 오늘날 교인들의 수평이동으로 매가처치가 되는 한국의 대형교회들과는 달리, 슐러의 목회는 그 방법과 방향에서 불신자를 그리스도 앞으로 인도하려는데 있다. 게다가 우리가 알듯이, 많은 이들이 미국의 대각성운동을 매우 건전한 것으로 이해하고 그것을 매우 중요하게 여기고 목회의 방향으로 설정하는 사람들이 있다. 그것이 성공신학의 의미를 비난하여 좌절시킬 수는 없어 보인다. 만일 우리가 밝은 눈이 있는 사람이라면, 대각성운동의 대다수의 사람들이 명목상으로나마 그리스도인들이었다는 점을 알 수 있다. 그런데 그들의 일차적인 목표는 영적으로 냉담하고 무관심을 배격하는 내적인 영적 체험이었다. 내적인 회심이나 감정을 강조하는 것은 당시에 불가피한 일이었다. 따라서 그들은 불신자를 그리스도 앞으로 인도하는 일에는 그다지 관심을 보이지 않았다. 그들은 영적인 체험에만 관심이 있었다. 하지만 성공신학은 불신자를 그리스도 앞으로 인도하는 것을 교회의 사명으로 인식했다. 이런 이유에서 성공신학은 단지 성공을 위한 신학이라기보다는 복음의 혁명을 위한 우리 시대에 불가피하게 선택된 신학이 아니었을까.

# 11 정치신학과 문화신학의 논쟁

"고난을 받아들여라. 그러면 자유로울 것이다."
— 디트리히 본회퍼

"자유를 선택하기 전까지는 누구든지 자유롭지 못하다."
— 하비 콕스

# 제11장
# 정치신학과 문화신학의 논쟁

**학문의** 상아탑을 유지하는 신학은 현실적 문제를 유리시킨다. 현실의 추세에 발맞추는 신학은 재빨리 변하는 현실에 매몰되어 유행신학으로 변질되기 때문에 신학은 전통을 복원한다. 하지만 1960년대는 "신학역사에서 격동하는 급변의 시대였다."[1] 이러한 시대적 변화는 현대 사회와 세상이 방향을 상실하고 있는 시대의 징조들에 대한 신학적 작업이나 방향에 전통적 방식으로의 복원이 아니라 새로운 방식을 개방하는 풍경을 엿보게 된다. 말하자면, 신학이 학문적 테두리에서 전통의 신학적 방식을 허물면서 현실적이고도 세속적인 사회 속으로 내려와야만 했다. 우리가 알듯이, 시대의 징조들은 신학적 사유에 커다란 영향을 미친다.

특히 20세기 초 독일은 나치정권으로 인해 교회와 국가 간의 분열과 갈등이 고조되고 있었다. 독일의 나치체제는 노골적으로 교회에게 나치적 신앙을 강요하여 "국가가 없는 교회는 존재하지 않는다"고 말함으로써 교회는 국가의 통제아래에 두려고 하는 움직임이 있었다. 이와는 반대로 종교적 탄압을 경험하지 못한 자유로운 미국 사회는 다른 나라들이 알 수 없는 새로운 시대적 징조를 경험하게 되었다. 세속적 문화의 지배적 영향은 교회로 하여금 전통의 방식을 흔들어 놓았다. 디트리히 본회퍼라는 신학자에 의해서 일어난 정치적 운동과 하비 콕스라는 신학자에 의해 일어난 문화 혁명 운동에 의해서 기존의 신학은 신학적 사유의 깊이를 더해 주었다. 한편에서는 독일의 나치체제라는 특수한 상황에서 일어나는 기독교 신앙이 정치라는 새로운 슬로건의 형식으로 교회 내에 침투하게 되어 그리스도의 모본을 따르는 제자도를 회복하려는 움직임으로 나타나고 있었고, 다른 한편에서는 미국이라는 토양에서 형성된 기독교 신앙이 문화라는 새로운 시대의 아이콘으로 세속과 교회를 혼용하려는 신학적 움직임이 나타나고 있었다. 이 움직임이 제각기 정치신학과 문화신학이라는 거대한 양대 산맥으로 형성하게 되었다. 따라서 우리는 이 장에서 기존체제에 대한 신학자들의 저항은 디트리히 본회퍼라는 신학자의 사상을 통해서 정치신학이 갖는 시대적 의미와 하비 콕스라는 신학자의 사상을 통해서 문화신학이 갖는 세속적 의미를 살펴보려고 한다.

## 정치신학

20세기의 어떤 신학자도 디트리히 본회퍼(Dietrich Bonhoeffer, 1906~1945)만큼 두드러지게 나치정권이나 체제에 저항한 사람은 없었을 것이다. 사회의 암울한 현실에서 항상 용기는 한 사람의 영향으로 시작된다. 그가 히틀러에 저항한 이유는 국가를 위기에서 살리려는 민족적 결단에서가 아니라 그리스도의 제자로서 그분의 모본, 즉 십자가의 희생으로 신앙을 보호하려는 결단에서 근거를 삼는다. 그리스도에 대한 신앙은 결코 국가나 외부의 압력에 의해서 변질되지 않는다. 그것의 목표는 국가가 아니라 그리스도다. 그리스도는 우리의 신앙의 중심이자 최종적 판단을 위한 근거다. 어느 누구도 그리스도 위에 군림하지 못한다. 그리스도는 우리의 주님이시자 심판자다. 이것이 본회퍼가 히틀러와 그의 체제에 저항했던 가장 근본적인 이유다.

### 그리스도의 행동을 본받은 신학자, 디트리히 본회퍼

본회퍼는 1906년 2월 4일 독일 브레슬라우에서 팔 남매 가운데 여섯 번째로 태어났다. 본회퍼의 가족은 그가 어렸을 때에 베를린으로 이사를 했다.2) 아버지 칼 본회퍼는 베를린대학에서 정신의학과 신경학을 가르치는 교수였다. 디트리히 본회퍼가 김나지움 8학년 때에 이미 히브리어를 선택과목으로 정하면서 목사가 되기로 결심을 굳혔다. 그의 아버지는 반대하지 않았지만, 어머니는 그가 목사가 되는 일을 반대하였다. 9학년 때 본회퍼는 당시에 신학적 논쟁의 저술들이었던 슐라이어마허의 『종교론』과 에두아르트 마이어의 『기독교의 기원과 발단』을 독파했다. 하지만 이 신학적 저서들은 그에게 그다지 크나큰 감동을 주진 못했던 것 같다. 1923년 본회퍼는 신학을 공부하기 위해 튀빙겐대학에 입학하지만, 그곳에서 학업을 지속하지 못하고 두 학기를 마쳤다. 튀빙겐대학에서는 아무런 선입견이 없이 철학을 공부했는데, 특히 인식론의 문제를 다룬 철학자 칼 그로스에서 칸트의 『순수이성비판』을 배웠다. 튀빙겐대학의 신학자였던 칼 하임은 장차 비판적으로 맞서 싸워야 할 교의학자로 여겼다. 튀빙겐대학에서 한 학기가 마치고 본회퍼는 열여덟 번째 생일선물로 부모님으로부터 로마 여행을 제의받았다. 그에게 로마는 김나지움에서 배운 라틴어의 도시 일 뿐 아니라 그의 증조부 칼 폰 하제의 도시이기도 했다. 그는 자신의 일기장에 이 여행에서 교회의 보편성을 인식하는 계기가 되었다고 술회했다. 1924년에 6월 본회퍼는 베를린으로 돌아왔고, 고향과 같은 베를린대학에 입학했다. 베를린대학은 신학적으로 진보적인 학풍으로 정평이 나 있었다. 1924년에서 1925년으로 이어지는 겨울에 그는 자신의 신학적 삶을 결정지을 신학자 칼 바르트의 발견과 만남이었다. 그와의 만남은 신학의 방황에 종지부를 찍게 되었다. 말하자면, 그는 교회 안에서 증언하는 계시에 대한 확실성을 인식하게 되었다. 그의 나이 21살 때 본회퍼는 1927년 "성도의 교제"라는 제목으로 박사학위를 받았다. 모든 학위 과정을 마친 그는 바르트의 영향으로 대학의 교수직보다는 교회의 강단에 매력을 느끼게 되었는데, 그것이 스페인의 거대한 항구도시이자 상업도시로 유명한 바르셀로나 교구의 목사 실습생이 되게 했다. 하지만 본회퍼는 1929년 봄에 "현대철학과 신학 속에 제기되는 인간에 대한 물음"이라는 제목으로 베를린대학교 신학부의 조교수로 임명되었다. 그러다가 1930년 미국 유니온 신학교에서 1년간 장학금을 받고 연구과정으로 연구를 하면서 당시 유니온 신학교의 라인홀드 니버와 친분을 갖게 되었다. 그가 난생처음 미국의 에큐메니컬 운동과 신학보다는 윤리에 관심을 가지게 되었다. 그는 유니온 신학생들이 루터의 『노예 의지론』 가운데 죄와 용서에 관한 글귀를 인용하면 공개적으로 비웃는 것에 상당히 충격을 받았다. 뉴욕 유니온 시절은 그로

하여금 자유롭게 연구하고 자유롭게 저술하고 자유롭게 관찰하게 했고, 무엇보다도 정치적인 참여의 의미를 배울 수 있었던 계기가 되었다.

독일로 돌아온 본회퍼는 1931년 25세의 나이에 대학의 시간강사가 되었지만, 1936년 나치 문교부장관에 의해 강사직을 박탈당하고 말았다. 이후 본회퍼는 목사로서 설교하며 성경을 가르치는 일로 분주한 삶을 보내게 되었다. 그의 삶에 대한 윤곽이 서서히 드러나고 있었다고 보인다. 본회퍼는 이 시기에, 그의 친구이면서 신학자인 에버하르트 베트게(Eberhard Bethge)가 말하듯이, "신학적으로 산상수훈을 연구하기 시작했고, 윤리적으로는 평화주의를 성찰했으며, 개인적으로는 엄격한 '경건 실천'에 힘썼다."3) 그의 신학적 사유는 교회 안에서 그리스도를 섬기는 것이었다. 1936년 한 친구에게 보내는 편지에서 그는 이렇게 썼다. "아무리 갈 길이 멀어도 예수 그리스도를 섬기는 사람의 삶은 교회에 속해 있어야 한다네." 예수를 본받는 것은 교회의 본질이자 신앙의 본질이다. 그를 본받는 것이야말로 우리가 이룰 수 있는 최고의 성취였다. 교회에 대한 평가는 다른 어떤 기준을 제시하는 것이 아니라 그리스도를 본받는 것이냐 아니냐에 따라야 한다는 것이다. 이리하여 그는 교회 투쟁에 돌입하는 결정적인 계기가 되었다. 히틀러의 집권은 본회퍼로 하여금 투쟁으로 내 몰았다. 목회자의 주된 책무는 하나님의 말씀을 선포하는 것이다.

무엇이 기독교적 삶인가. 이 물음은 히틀러의 독재적 상황에서 추상적으로 대답할 수없는 물음이다. 누구나 구체적으로 대답하고 그 같은 독재에 항거하는 일에 동참하는 행위가 기독교적이었을 것이다. 말하자면 그리스도를 본받는 것은 그의 계명을 지키는 것이다. 의를 위해 핍박을 받는 것이다. 가난한 사람을 긍휼이 여기는 행동이다. 신앙이 행동으로 이동하는 것이 그리스도를 본받는 것이며 기독교적이었다. 이런 점에서 신학은 시대의 문제에 민감하고 그것이 하나의 사유로 발전하는 것이라고 보인다. 1939년 3월 히틀러가 뵈멘과 매렌으로 진입하는 사이에 본회퍼는 영국에 망명하고 쌍둥이 여동생의 집을 방문했다. 그곳에서 라인홀드 니버와 폴 레만의 주선으로 미국에서 휴가를 보내게 되었다. 1939년 6월2일 본회퍼는 무거운 마음으로 독일을 떠났다. 뉴욕에 체류하는 동안 그는 라인홀드 니버에게 보내는 편지를 썼다.

> 미국으로 건너온 것은 나의 실수였습니다. 나는 우리 민족사의 힘든 시기를 독일에 있는 그리스도인들과 함께 겪지 않으면 안 됩니다. 내가 이 시대의 시련을 나의 민족과 함께 하지 않는다면, 나는 전후

> 독일에서 기독교적 삶을 복구하는 일에 참여할 권리를 얻지 못할 것입니다. 지금 독일에 있는 그리스도인들은 독일의 패전에 동의하여 기독교 문명을 더 향유할 것인지, 아니면 전쟁에 동의하여 우리의 문명을 파괴할 것인지를 결정해야 하는 섬뜩한 양자택일의 기로에 서 있습니다. 나는 어느 쪽을 택해야 할지를 잘 알고 있습니다.4)

이리하여 그는 고국 독일로 다시 돌아가기로 결심하고 친구 폴 레만의 만류에도 불구하고 배를 타고 고국 독일로 향했다.

독일로 돌아온 본회퍼는 전쟁의 사태가 격화됨에 따라 그의 생각이 더욱 단호해지기 시작했다. 그래서 본회퍼는 "사람들이 운집해 있는 거리에서 미친놈들이 운전하는 자동차의 희생물이 된 사람들을 볼보는 것만이 나의 임무가 아니라 아예 이 자동차의 운행을 정지시키는 것이 나의 임무다"라고 히틀러에 대한 그의 태도를 명확히 했다. 1941년 5월에 그는 스위스와 스웨덴을 방문했다. 표면상으로는 교회와 관련된 일이었지만, 실제로는 반나치 레지스탕스 운동이었다. 1943년 4월 5일 그는 백림 자택에서 비밀경찰에 의하여 체포되었고 즉시 베를린의 테겔(Tegel) 형무소에 수감되어 약 18개월 동안 구류를 당했다. 이 감옥에서 쓴 서신들과 그것들이 편집되어 "옥중서

신"으로 출간되었다. 1944년 7월 히틀러 암살 사건이 실패로 끝나고 그 해 9월 레지스탕스에 참가한 자들에 대한 단서가 탄로 나자 본회퍼는 그 해 10월 베를린의 비밀경찰 형무소로 이송되어졌고, 그 다음해인 1945년 2월에 다시 부켄발트의 강제 수용소로 옮겨졌다. 그 날 밤 본회퍼는 히틀러의 암살 사건에 가담한 사람들과 함께 사형선고를 받았고, 1945년 4월 9일 새벽녘에 교수대의 이슬로 사라졌다. 안타깝게도 그의 나이 39세, 미군이 그 도시로 진격하기 바로 3일 전이었다.

## 하나님은 삶의 한복판에서 만난다

"기독교란 도대체 우리들에게 있어서 무엇인가?" 본회퍼는 내면성과 양심의 시대라고 하는 종교의 시대가 사라졌다고 믿었다. 그는 현시대를 "무종교의 시대"로 진단한다.[5] 그가 이렇게 말하는 이유는 비정상적인 상황에서 말하는 것이 아니다. "나는 한계에 처해서가 아니라 중심에 있어서, 약함에 있어서가 아니라 힘에 있어서, 따라서 죽음과 죄책에 처해 있어서가 아니라 인간의 삶과 선함에서 하나님을 말하고 싶다."[6] 이것은 하나님을 피안에 존재하는 분이 아니라 삶의 한복판에서 활동하시는 분이시다. 오래도록 초월적 존재로 인식된 하나님은 감옥에서의 사색을 통해서 내면적이고 이 지상으로 내려오셨다. 이 지상에 내려오신 하나님만이 인간을 진정으로 도우실 수 있다. 하나님은 우리와 함께 하신다.

본회퍼는 1944년 6월 8일 바게트에게 보내는 편지에서 이 사실의 중요성을 언급하고 있다. 우리는 성인이 된 세계를 향해서 이 세계는 하나님이라는 후견인이 없으면 살 수 없다는 것을 증명하려고 한다고 비판한다. 비록 이 세상의 모든 문제를 포기한다고 해도 죽음이나 죄 의식과 같은 궁극적 문제는 여전히 남아 있으며, 거기에서 우리는 하나님만이 해답을 줄 수 있다고 말한다. 따라서 우리는 하나님과 교회와 목사가 필요하다고 여기는 듯하다. 이것은 우리가 어떤 의미로 보자면 인간의 이러한 궁극적인 문제에 의해서 살고 있다. 그런데 어느 순간에 그러한 문제가 사라진다면, 우리는 하나님을 요청하지 않을지 모른다. 그래서 어떤 곤궁에 처했을 경우에 그 곤궁에서 구할 수 있는 것은 결국 나 밖에 없다는 것을 깨닫게 될 것이다.[7] 본회퍼가 염려한 것은 이것이다. 하나님은 성인이 된 세계, 즉 우리들의 인식과 삶의 영역에서 밀려났으며, 칸트 이후 피안의 세계에 단순히 머물고 있는 존재로 있다는 것이다.[8] 그의 하나님 사유는 크게 두 가지로 설명된다.

첫째, 하나님은 "기계 장치의 신"(deus ex machina) 즉 요청하는 신이 아니다. 그분은 우리가 필요할 때면 언제나 무대 뒤에서 나타나 우리의 필요를 채워주는 그런 분이 아니다. 본회퍼는 다음과 같이 말한다.

> 종교적인 인간은 인간의 인식이 막다른 골목에 부딪칠 때이든가, 인간의 모든 능력이 쓸데없게 될 때 하나님에 대해서 말한다…. 그러한 신은 본래 언제나 기계 장치의 신이며, 그것을 종교적인 인간들이 해결할 수 없는 문제의 피상적인 해결을 위해서든가, 그렇지 않으면 인간이 실패에 부딪쳤을 때의 힘으로서 불러낸다.9)

그렇다면 하나님은 우리에게 필요하지 않는 분인가. 본회퍼가 의도한 것은 우리가 어떤 한계선상에서 마주하는 하나님이 아니라 우리의 삶의 중심에서 마주하는 하나님이어야 한다는 것이다. 이 부분은 흔히 곡해와 오해의 대상이 되기도 하는데, 하나님은 세속에서 만나야 한다는 것 때문에 본회퍼가 세속신학을 옹호했다고 주장한다. 하지만 그가 말하는 것은 이것이다. 우리의 삶의 한복판이라고 하는 것은 우리가 스스로 행동하고 결정하고 하나님의 나라를 건설하려는 우리의 노력을 강조하는 의미이다. 왜냐하면 우리는 값싼 은혜로 구원받은 것이 아니라 "값비싼 은혜" 즉 희생이라는 대가가 지불되었기 때문이다. 이것이 본회퍼가 말하고자 한 의도였던 것으로 보인다. 오해하지 않길 바란다. 우리는 하나님을 필요로 한다. 하지만 하나님은 우리의 삶에서 행동하고 결정할 때 함께 하시는 능력의 주님이시다. 그는 분명히 아래의 글에서 그 사실을 이야기하고 있다.

> 그렇기 때문에 내가 뜻하고 있는 것은 무언가 가장 깊은 곳에 있는 내밀한 장소에 있어서 하나님과 암거래를 하는 것이 아니라 세계와 인간의 성숙을 단순히 인정하는 것이요, 인간을 그의 세속성으로 인해서 '욕설을 퍼붓는' 것이 아니라 그의 가장 강한 장소에 있어서 하나님과 대면하는 일이요, 냄새나는 한계를 모두 포기하고 정신 치료법이나 실존 철학 속에서 하나님의 개척자를 보지 않는 일이다.[10]

둘째, 하나님은 우리에게 성실하게 삶과 대면하도록 요청하신다. 하나님으로 인해 우리가 삶을 성실하게 살아가는 것이 아니라 하나님의 명령으로 인해 우리가 성실하게 살아야 한다. 하나님은 우리가 이것을 인식하도록 바라신다. 이는 우리가 성숙된 그리스도인이 될 것을 원하기 때문이다. 그래서 본회퍼는 이렇게 말한다. "하나님은 우리들이 하나님이 없이 생활을 처리할 수 있는 사람들로서 살지 않으면 안 된다는 것을 우리에게 알려준다."[11] 우리는 이제 더 이상 "요청하는 신"(deus ex machina)이 없이 우리들을 이 세계 속에서 살아가도록 하는 하나님을 믿어야 한다. 본회퍼의 가장 널리 알려진 문장을 언급하자면, "하나님은 이 세상에서부터 십자가로 추방한다. 하나님은 이 세계에 있어서는 무력하고 약하다. 그리고 하나님은 바로 이렇게 함으로써만 우리들과 함께 있고 우리를 도와주신다. 그리스도가 그의 전능에 의해서가 아니라, 그의 약하심과 고난에 의해서 우리를 도와주신다."[12]

이처럼 본회퍼는 종교성의 의미가 신앙의 역동성을 대신하지 못한다고 믿는다. 우리가 곤궁에 빠져서 하나님의 능력에 호소하는 행위는 성숙된 신앙이 아니다. 하나님이 우리에게 바라는 신앙은 고난의 길에 동참하는 신앙이다. 하나님은 인간에게 진정으로 무력하고 고난을 가르치시는 분이시다. 고난을 당하는 하나님만이 우리를 도우실 수 있다는 본회퍼의 생각은 삶의 한복판에서 우리 스스로 행동하고 결정하는 성숙된 그리스도인이 되길 바라는 의미이다. 이런 이유에서 그것은 세속적 의미에서의 신학적 사유라기보다는 주님의 고난에 동참하도록 고무한다는 역동적 신앙의 하나님을 믿어야 한다는 것이다.[13] 그리스도는 우리에게 있어서 하나의 인간 유형이 아니라 인간을 만드시는 분이시다. 종교적 행위가 인간을 만드는 것이 아니다. 이 세상에서 하나님의 고난에 동참하는 것이 그리스도인을 만든다. 하나님이 우리를 부르는 것은 종교적 행위로 부르는 것이 아니다. 종교적 행위는 신앙이 아니다. 그러한 것은 빈껍데기에 불과하다. 하나님이 우리를 부르는 것은 삶으로의 부름이다. 우리는 삶에 뛰어들어야 한다. 그러므로 하나님에 대한 "신앙은 무언가 전체적인 것이요 삶의 실천이다."[14]

## 신앙은 행동과 분리되지 않는다

자신의 철학을 전개하기 위해 본회퍼는 당시의 유행하고 지배적인 두 유형의 철학적 해결책을 배격한다. 한편에서는 "행위의 강조"이고, 다른 한편에서는 "존재의 강조"이다. 행위의 강조는 초월적인 측면을 드러내고, 존재의 강조는 존재론적 측면을 드러낸다. 그런데 현대 신학이 고민하는 문제는 계시가 행동에 비추어서 해석되거나 아니면 존재에 비추어서 해석되는 것이었다. 이것은 칸트와 관념론에 영향을 받은 것인데, 본회퍼는 "행위로서의 신념과 존재로서의 계시의 상호관계성"을 구분하려고 시도한다.[15]

그러다 보니깐 우리의 신앙에서 하나님의 고귀한 은혜를 매우 값싼 것으로 생각하는 경향이 있어 왔다. 교회의 원수는 사탄이 아니라 은혜를 값없게 하는 사람들이다.

어쩌면 웅장한 교회당, 바로크적 음악과 같은 성가대의 찬양, 현란한 수사학을 동원한 강단의 설교와 같은 오늘날의 교회의 외형적 모습에서 하나님의 귀중한 은혜, 값비싼 은혜를 허물고 있는지 모른다. 그러한 모습에서 우리는 은혜를 마치 "싸구려로 팔아 버리는 상품"으로 전락시켰다.[16] 『나를 따르라』에서 본회퍼는 '값싼 은혜'(cheap grace)와 '값비싼 은혜'(costly grace)를 날카롭게 구분한다. 이 두 유형의 은혜는 동시대의 신앙에 대한 사람들의 태도에 대한 비판이다. 값싼 은혜는 신념이나 교리를 믿기만 하면 사람들을 쉽게 구원받게 하지만, 그 속에 감추어진 그리스도의 희생과 대가를 인식하지 못하는 형식적인 그리스도인의 신앙 형태를 뜻한다. 그래서 본회퍼는 다소 격앙된 어조로 이렇게 말한다. "값싼 은혜는 회개를 요구하지 않고 용서를 설교하는 것이며, 교회의 훈련이 없이 침례를 베푸는 행위이며, 신앙고백이 없이 성만찬을 행하고, 은밀한 통회함이 없음에도 불구하고 죄가 용서되었다고 선포하는 것이다."[17] 따라서 이 값싼 은혜는 그야말로 순종을 요구하지 않는 은혜이고 십자가 없는 은혜다. 반면에 값비싼 은혜는 "귀중한 은혜"로서 구원을 위해 대가가 지불된 은혜다. 이것은 하나님께서 독생자 예수 그리스도에게 요구한 제물로 된 은혜를 말한다. 마치 이것은 "밭에 숨겨진 보물과 같다." 그래서 본회퍼는 다음과 같이 표현한다. "이 보물을 사려는 사람은 집에 돌아가 가진 전 재산을 기쁨으로 팔아 대가로 지불한다. 장사꾼이 전 재산을 내어줄 수 있는 귀한 진주, 이것이 귀한 은혜이다. 인간의 비위를 거스르거나 놀라게 하는 그리스도의 지배권이 귀한 은혜요, 그물을 버리고 즉석에서 따라간 예수 그리스도의 부름이 그것이다."[18]

그런데 아이러니하게도 값비싼 은혜는 우리에게 제자로서의 삶, 즉 순종을 요구하는 신앙이다. "은혜는 따라오라는 부름이기 때문에 값이 비싸고, 예수 그리스도를 따라오라는 것 때문에 은혜이다."[19] "믿는 사람은 순종한다." 그리고 "순종하는 사람은 믿는다." 이것이 행위에서 분리할 수 없는 본회퍼의 신앙이해다. 그러면 무엇에 대한 순종인가. 주님을 따라가는 순종인가. 그것은 단순히 그를 따른다는 것은 그의 모본에 우리 자신이 헌신한다는 의미가 암시되어 있다. 말하자면, 주님을 따른다는 것은 제자의 도를 실천하는 행동과 동일한 어휘다. 아무리 아름다운 찬양과 설교를 한다고 해도 그리스도를 따라 순종하지 않는다면, 우리는 요란하게 울리는 꽹과리와 같은 신앙에 불과하다. 참된 신앙은 빈껍데기와 같은 관습적이고 의식적인 신앙이 아니며, 또한 그것은 교리, 원칙, 조직으로서의 은혜로 사는 것을 말하지도 않는다. 이러한 은혜는 천박하고 값싸다. 우리는 "은혜에 의하여

순종을 면제받는 것이 아니라, 올바른 순종이 은혜에서 비로소 시작되는 것"을 깨달아야 한다.[20]

본회퍼가 자신의 전 생애를 통해서 우리에게 알리고자 한 것은 제자의 도가 성경구절을 암송하고, 아침마다 말씀의 묵상의 시간을 갖는 것에 있지 않고, 제자가 걸어가야 할 십자가의 길, 고난의 길이다. 제자로서 주님을 따르는 길은 쉽지 않다. 그래서 그러한 고난의 길이 역설적으로 은혜의 길이다. 산상수훈의 가르침에서 본회퍼는 제자의 도를 "이 세상의 직접성과 근본적인 결별"을 불가피하게 만든다.[21] 그리스도를 따른다는 것이 얼마나 어려운지 본회퍼는 그의 『옥중서신』에서 다음과 같이 쓰고 있다.

> 양심이 있는 자는 결단을 요구하는 위기적 상황의 압도적인 힘에서부터 자기를 지키려고 고독한 싸움을 싸운다. 그러나 그는 자기 자신의 양심 외에는 결코 조언을 받지 못하고 지지도 받지 못하고 선택하지 않으면 안 되는 그 싸움이 엄청나게 커서 갈기갈기 찢어져 버리고 만다. 그에게 접근해 오는 악의 점잖고 매혹적인 무수한 변장이 그의 양심을 불안하게 하고 불확실하게 만들기 때문에 그는 선한 양심 대신에 변명하는 양심을 가지는 것으로 결국 만족하게 되고, 그리고 결국에 가서는 절망을 벗어나기 위해서 스스로 자기의 양심을 기만하게 되는 것이다.[22]

이처럼 본회퍼는 주님의 뜻에 순종하는 일에 늘 "가책하는 양심"과 "기만하는 양심" 사이에서 끊임없이 번민하고 번뇌하는 모습을 그리고 있다. 그러나 그는 자기 자신의 책임에 의한 행위는 악과 정면으로 대결하고 자신의 번민과 번뇌의 갈등을 극복할 수 있다고 믿는다. 그러므로 우리의 신앙은 그리스도의 제자의 도를 실천하고 행함으로 확증되고 보장받는다는 확고한 믿음이어야 한다.

## 교회는 이웃의 고통에 동참하기 위해 존재한다

"종교 상실시대에 우리는 어떻게 그리스도를 만날 수 있을까?" 이것은 본회퍼가 하나님의 종으로서 세상에 대해 고민한 문제다. 종교 상실의 시대에 그리스도를 만나는 방식이 신앙과 삶을 규정한다. 우리가 무신론의 한가운데서 단순히 불가지론자로 살 수 있든지, 아니면 그리스도에 대한 존경심을 가지고 살 수 있다. 로마서 5장 18절과 19절에 언급된 것처럼, "그런즉 한 범죄로 많은 사람이 정죄에 이른 것 같이 의의 한 행동으로 말미암아 많은 사람이 의롭다 하심을 받아 생명에 이르렀느니라. 한 사람의 순종치 아니함으로 많은 사람이 죄인된 것 같이 한 사람의 순종하심으로 많은 사람이 의인이 되리라." 본회퍼는 그리스도를 따른다는 의미가 의로운 한 행동으로 많은 사람을 살리는 길임을 가르친다. 누군들 편안하고 안락한 삶을 원하지 않을까. 누군들 낭만적 분위기에 기대어 미래를 꿈꾸며 부푼 희망으로 삶을 설계하고 싶지 않을까. 하지만 교회의 자리에 나치주의가 들어온다면, 그리스도에 대한 우리의 신앙은 그 같은 이념을 용납할 수 있을까. 교회는 그리스도의 제자로서의 책무에 순종함으로 세상 속에 존재한다. 다시 말하자면, 교회는 죽음을 향해 십자가를 지는 행위에서 존재 이유를 노출시킨다. 만일 그렇다면, 그리스도의 제자는 교회의 공동체를 방해하는 어떠한 불의도 용납해서는 안 된다. 따라서 그리스도의 제자는 자기 합리화와 자기 정당화를 과감하게 절단하고 단절하는 용기를 가져야 한다.

  오늘날 우리의 교회는 대체로 타인의 고통에 대해 무감각하다. 본회퍼의 메시지는 너무나 간명하다. 그리스도를 따른다는 의미는 타인의 고통에 동참하는 행위다. 이는 그리스도가 이미 우리에게 본을 보이셨다. 그는 모든 인간의 고난을 자신의 고난으로 몸소 체험하셨다. 여기서 본회퍼는 그리스도가 자유로울 수 있었던 것은 그가 바로 고난을 받아들였기 때문이라고 말한다. "그리스도는 고난을 받아들이고 자유로우셨다."[23] 이 얼마나 역설적인가. 고난을 받아들이는 것이 자유롭다니. 고난을 받아들이지 않는 것은 그만큼 괴롭고 힘들고 억울하기 때문이다. 따라서 고난의 길을 숙명적으로 받아들이는 행위는 우리로 자유롭게 한다. 비록 세계의 고난에 동참하도록 부름을 받은 것은 아니라고 할지라도, 교회는 "그리스도의 마음의 풍성함에 동참하여야 하며 불안에서부터가 아니라 자유함을 주고 죄를 사하여 주시는 그리스도의 사랑에서부터 모든 수고하는 자에게 넘쳐흐르는 참된 동정에 있어서 그리스도의 마음의 풍성하심에 동참함을 선포하여야 한다."24)

이런 면에서 교회는 타인을 위해 존재하며, 고난을 당하는 형제들을 위해서 존재한다. 비록 그 의미가 매우 포괄적인 의미로 사용한다고 해도, 타인의 필요는 획일적이지 않고 다양하다. 하지만 교회는 비굴할 정도로 깊은 정신적 외상을 걱정하는 것 같다. 자기 비대증에 걸려 스스로 헤어 나오지 못하고 있는 현실에서 본회퍼는 교회를 향하여 행동을 요청하고 있는 것이다. 그가 옥중에서 쓴 자신의 서신에서 이렇게 표현하고 있다.

> 교회는 인간의 사회생활의 세속적 과제를 지배하면서가 아니라, 도와주고 봉사함으로 관여하지 않으면 안 된다. 교회는 모든 직업인들에게 그리스도와 함께 사는 생활이 무엇이며, '타인을 위해 존재한다는 것'이 무엇을 의미하는지를 말하지 않으면 안 된다. 특히 우리들의 교회는 오만의 죄, 권력 숭배의

죄, 시기와 환상주의의 죄에 대해서 그것을 모든 악의 근원으로 보고 저항하지 않으면 안 된다. 교회는 절제, 순수, 신뢰, 성실, 견인, 인내, 훈련, 겸허, 온화, 검소에 대해서 말하지 않으면 안될 것이다…. 교회는 말의 개념에 의해서가 아니라 '모범'에 의해서 무게와 힘을 얻는다.[25]

특히 교회의 존재이유에서 본회퍼는 두 가지 면을 강조한다. 하나는 교회를 국가의 중심에다 놓는다. 다른 하나는 교회를 국가의 경계에다 놓는다. 본회퍼는 『중심이신 그리스도』에서 이 사실을 명확하게 한다. 교회는 모든 인간 질서를 뚫고 나아가는 십자가를 선포하는 국가의 경계다. 교회가 율법의 완성과 마찬가지로 교회는 국가 질서의 완성이다. 교회가 십자가를 알고 그것을 선포할 때, 국가는 그것에 따라서 행동해야 한다. 만일 국가가 교회의 경계라면, 교회는 국가를 위해 존재한다. 하지만 교회는 국가를 위해 존재하지 않으며, 국가는 교회를 위해 존재하여야 한다. 이런 점에서 본회퍼는 "교회는 하나님의 역사에의 진입과 역사를 통한 그의 죽음에 의해서 국가의 질서는 결국 파괴되고 해체되어졌지만 결국에는 긍정되고 완성되어졌다는 것을 선포한다"고 적고 있다.[26] 동시에 교회는 국가의 중심으로 이해되어야 한다. 국가는 교회가 국가의 중심임을 인정하지 않겠지만, 국가는 이 중심으로부터 살며 그것 없이는 아무런 가치가 없다. 교회가 국가의 중심이라는 것은 교회가 역사의 중심임을 전제로 한다. 교회는 국가에 의해서 만들어지고 있는 역사의 중심이다.27) 이런 이유에서 본회퍼는 히틀러의 집권에서 보여준 교회의 국가체제 속에 종속하는 것에 저항할 수밖에 없었다. 본회퍼가 갓 26세 되었을 무렵, 교회를 위한 투쟁을 생각하고 교회 투쟁 속으로 신학을 끌어들이게 된다. 1933년 3월에 히틀러의 첫 번째 법률이 통과되었는데, 이 법령은 "국민과 국가를 보호하기 위한 대통령령"이었다. 에버하르트 베트게에 따르면, "아리안 조항"이라고 하는 이 법령은 교회를 탄압하고 강제수용소 설치를 가능하게 했으며 모든 자유를 박탈했다.28) 이로 인해 교회 안에 있는 나치당원들, 즉 "독일 그리스도인들"은 아리안의 조항을 받아들이고 히틀러를 지지하기로 서약함으로써 나치의 세력에 의해 형성된 국가는 교회를 통제하게 되었다. 하지만 이 법령에 관해 본회퍼의 태도는 단호했다. 교회는 국가에 책임을 물어야 한다. 국가의 행위에 대한 정당성은 그리스도의 몸인 교회에 있다. 교회는 국가를 위해 존재하지 않는다. 오히려 국가가 교회를 위해 존재한다. 국가의 행위에 대한 적법성은 교회에 의해서 판단되어야 한다. 교회는 국가의 행위에 대한 견제이자 비판이다. 왜냐하면 교회는 국가의 중심이기 때문이다. 그리므로 교회는 그리스도의 몸으로서 국가의 억압에 저항하고 세계의 고난에 동참하여야 한다.

## 문화신학

하버드대학의 하비 콕스(Harvey Gallagher Cox, Jr, 1925~ )는 평생 세속의 의미와 세속이 갖는 신학에 대한 의미와 씨름하고 고심한다. 그가 신학에 공헌한 것은 교회의 중심적 삶을 세상의 중심적 삶으로 이동하는 기독교 신앙에 관한 것이다. 그에게 세속화 과정은 필연적이다. 우리가 빈번히 곡해하듯이, 세속화 과정이 기독교 영성을 파괴한다는 것이다. 하지만 콕스는 이것이 기독교를 진지하게 생각하지 않은데서 오는 곡해라고 말한다. 세상에서의 삶은 기독교 영성에 새로운 의미를 가져다준다는 것이다. 세상은 하나님으로부터 부여받은 고유한 선물이다. 우리는 이 세상을 관리하는 청지기로서 관심을 가져야 한다. 이 세상은 어느 특정한 사람에게 맡겨진 것이 아니라 우리에게 맡겨진 것이기 때문에 우리는 이 세상에 대한 돌봄을 게을리 하지 않아야 한다. 그러기 때문에 우리는 창조주 하나님에 의해 세상에 대한 책임을 다하도록 부름을 받은 청지기이다.

전통적으로 세상과 벗이 되는 것, 세상을 사랑하는 것, 세상의 욕심과 같은 것은 그리스도의 영성에서 배제된다. 우리는 세상과 벗되거나 세상을 사랑하거나 세상의 것들을 향해 욕심을 가져서는 안 되는 것이었다. 이는 이 세상이 장차 나타날 하나님의 나라의 것과 다르기 때문이다. 그런데 아이러니하게도 우리는 이 세상에 속하여 있다. 세상을 떠나서는 존재할 수 없는 피조물이다. 하나님은 이 세상을 사랑하셨다. 하나님은 이 세상에 대한 관심을 가지셨고, 아들 독생자를 보내셨으며, 이 세상에 대한 청지기의 순종적 삶을 요구하고 계시다. 어쩌면 전통적인 우리의 이원론적인 사고에서 탈피하여 이 세상은 하나님의 활동을 보여주어야 하는 공간이다. 이 세상의 공간을 하비 콕스는 문화라고 표현한다. 문화는 이 세상의 것이다. 간단히 말하자면, 이 세상은 문화에 의해서 전달된다. 복음은 이 세상의 문화라는 외투를 입고 전수된다. 그러므로 우리는 이 세상과 분리할 수 없음으로 문화를 보존하여야 한다.[29]

## 문화와 신학을 매개하는 신학자, 하비 콕스

하비 콕스는 1929년 5월 19일 멜번 펜실베이니아(Malvern Pennsylvania)에서 태어났다. 미국의 탁월한 신학자들 중 한 사람으로 평가를 받고 있는 그는 하버드대학교 신학부의 홀리스 석좌교수로 섬기고 있다. 콕스의 연구는 주로 해방신학을 포함하여 세계 기독교의 신학적 발전과 전개에 초점을 두고 있으면서도 문화라는 광의적인 담론에 신학을 연계하여 기독교가 가야할 방향들을 제시하고 있다.

콕스는 펜실베이니아대학에 입학하여 1951년에 학사학위를 받았다. 학부 졸업 때에 그는 사학과의 최우수학생으로 뽑히는 명예를 입기도 했다. 이어 그는 예일대학교의 신학대학원에 입학하여 1955년에 목회학 석사를 받았고, 그리고 하버드대학교에 입학하여 1963년 하버드로부터 종교철학과 역사를 전공하여 철학박사학위를 받았다. 콕스는 1957년 아메리칸 침례교목사(American Baptist Minister)로 안수를 받았고, 1958년에서 1964년까지 매사추세츠에 있는 앤도버 뉴턴 신학교(Andover Newton Theological Seminary)에서 조교수로 강의를 시작했다. 그는 1965년부터 하버드대학교 신학부에서 신학을 가르치기 시작하고, 4년 뒤 1969년부터 하버드대학교 신학부의 전임교수를 거쳐 2009년 9월 은퇴하기까지 44년 동안 가르쳤다. 그가 관심을 가지고 강조하는 신학은 세속과 도시에 대한 기독교 신학과 영성이었다. 콕스로 하여금 신학계의 스타로 만들었던 1965년 출간된 그의 『세속도시』는 신학분야에서 가장 탁월한 신학자로 명망을 얻게 했다. 아마도 이 책은 백만 권 이상이 팔렸다고 한다. 한 평생 콕스는 교회란 하나의 제도라기보다는 오히려 신앙과 행동의 사람들이라는 테제를 가지고 그의 신학을 발전시켰다. 그는 "하나님은 생명의 종교적 영역에서도 현존하는 것과 마찬가지로 세속에서도 현존한다"고 논증해 왔다. 세속의 영역이란 문화의 영역이자 공간으로서 우리가 입고 먹고 행하는 모든 삶의 영역을 의미한다. 이런 면에서 콕스는 신앙 공동체인 교회를 보호하려는 생각을 버리고 교회는 변하는 세상에서 새로운 방식으로 신앙을 찾고 그들과 접목시키면서 살아가고 존재하는 것이라고 단언한다.[30]

어린 시절 콕스는 조부모의 손에 이끌려 마을에 있는 조그마한 침례교회에 다녔다. 콕스는 마을 교회가 지루했지만, 신앙과 체험을 엮어주는 어떤 힘이 있었다고 회고한다. 열세 살 되던 해, 콕스는 다른 여느 친구들처럼 침례교인이 되리라고 결정했다. 침례를 받기 위해 신앙에 관한 두 가지 질문, 즉 하나님의 사랑과 그리스도의 은총을 체험했는지를 침례위원회에 소속된 한 사람이 그에게 물었고, 콕스는 그 물음에 그들을 만족시켰다. 그로부터 몇 주 후 맑고 청명한 부활절 아침, 콕스는 강단 옆에 위치해 있는 침례탕에서 침례를 받음으로써 뱁티스트가 되었고 자부심을 갖게 되었다. 대학시절과 대학원 시절에도 콕스는 기독교 신앙을 결코 포기한 적이 없었다고 한다. 그리고 단 한 번도 기독교 신앙을 세뇌당하거나 강요받지 않았다고 술회한다. 그의 삶에서 항상 하나님의 교리나 가치구조의 의미보다는 기쁨과 두려움, 경외감, 신비감 그리고 행복과 같은 정서적인 생각들이 신앙의 근거를 이루고 있었다.[31] 소년 시절 콕스는 열네 번째 생일 때에 부모님으로부터 중고 소프라노 색소폰을 선물로 받았다. 그로부터 그는 음악 생활에 대한 새로운 관심이 고조되었고, 학교행사나 마을 축제가 있을 때면 언제나 시가행진에 참여하기도 하고, 학교 대항의 풋볼경기나 독립기념일 때 연주하는 것을 즐겨했다. 색소폰에 대한 매력이 생기면서 알토 색소폰을 새로 하나 구입하여 정열적인 재즈음악에 심취하기도 했다. 당시 교회의 분위기는 재즈와 같은 음악을 교회 내에서 연주하는 것을 허락하지 않았고, 오로지 피아노와 오르간만을 사용하도록 허락되었다. 하지만 콕스는 색소폰으로 찬양을 하고 싶어서 담임목사에게 특별 찬양을 하겠다고 정식으로 요청을 했지만 정중하게 거절당했다. 이는 교회는 세속적이지 않고 거룩한 장소이기 때문이었다. 그에 눈에 비친 교회는 세속적 문화와는 서로 만날 수 없는 대립적 관계라는 것을 알게 되었다. 이런 교회의 분위기에도 불구하고 콕스는 그의 『영성, 음악, 여성: 21세기 종교와 성령운동』에서 성령운동과 음악은 불가분의 관계라고 말한다. 세속적 음악은 교회의 부흥에 크나큰 공헌을 하였을 뿐만 아니라 영성 운동에도 크게 영향을 미쳤다고 술회한다. 말하자면, 대부분의 성령운동을 강조하는 교회는 불고, 치고, 뜯고, 켜는 어떤 종류의 악기로 하나님을 찬양할 수 있는 음악의 도구로 기꺼이 환영한다는 사실을 적고 있다. 이처럼 그에게 신학은 문화적 양태와 분리할 수 없었던 것처럼 보인다.32)

콕스는 2009년 9월 80세의 나이로 하버드대학교에서 은퇴하였다. 은퇴와 함께 그는 『신앙의 미래』(The Future of Faith)를 출간하였는데, 이 책에서는 기독교 2000년 역사에서 세상에 대한 기독교의 세 가지 중요한 경향들을 특징적으로 열거하고 있다. 그는 기독교 초기의 300년은 "신앙의 시대"(the Age of Faith)라고 말하는데, 이는 단순히 예수의 가르침을 그의 제자들이 포용하는 시대였기 때문이다. 이후 교회 지도자들이 점차적으로 교리와 정통을 규정하고 통제하면서 받아들일 수 있는 한계들을 정함으로써 300년 이후 시대는 "신념의 시대"(the Age of Belief)가 되었다. 그러나 현재를 기점으로 50년 동안은 "성령의 시대"(the Age of the Spirit)가 되었다고 콕스는 주장한다. 성령의 시대에서는 대부분의 사람들이 교리들이나 신념들에 대한 것에 그다지 관심을 기울이지 않는다. 오히려 그들은 문화와 사회에 대한 관심을 가지면서 "영성"(spirituality)의 영역이나 문화에 몰입하고 있다는 것이다.33)

## 하나님은 세속 가치를 경멸하는 자를 경멸하신다

콕스는 신학을 하나님에 관한 연구라는 정의에 동의하는 듯하다. 하지만 그 하나님이란 말이 갖는 의미는 그에게 매우 포괄적인 의미로 사용되고 있다. 전통적으로 사용된 하나님은 매우 협소하고도 좁은 의미로만 사용되었을 뿐만 아니라 교회 안에서의 역할과 기능에 국한하여 사용되었기 때문에 콕스는 그러한 하나님보다는 보다 넓은 문화적 상황에서 활동하는 세속적 의미로 사용한다. 그가 말하듯이, 신학은 "사회-문화적 환경 가운데 뿌리박고 있는 인간의 능동적 활동이다."34) 그는 하나님이란 낱말이 두 가지 측면에서 고려되었다는 것을 지적한다. 하나는 종교적 술어로서 이해되어졌고, 다른 하나는 형이상학적 실재로서 이해되어졌다. 비판적 견지에서 콕스는 종교적 술어와 형이상학적 실재로서의 하나님이 초자연적인 영역에 머무는 위험성에 빠질 수 있다고 염려한다. 다시 말하자면, 하나님의 개념이 문화적 부산물의 영역으로 후퇴하지 않을까 하는 것이다.35)

하나님이란 말은 정치적인 문제와 연관되어 있다. 신

학이 역사적이어야 한다는 전통적 하나님 이해는 사회의 변화라는 범주 안에서 신학의 문제를 취급하지 않았다. 왜냐하면 과거의 문제들을 취급하는 것은 역사의 문제이기 때문이다. 하지만 오늘날 신학은 "사회적 변화"를 연구하도록 요청한다. 여기에서 우리는 정치적이라는 말이 다소 본래의 의미를 협소하게 만든다고 생각할 수 있다. 하지만 정치적이란 말은 우리들 시대에 매우 넓은 의미로 읽혀진다. 콕스에 따르면, 정치란 "인간의 갈등과 사회적 변천 속에서 생기는 것이다."36) 이런 의미에서 하나님은 정치적인 의미로 이해되어야 한다. 그는 이렇게 말한다. "만일 신학이 엄연히 존재하고 현 사회에 어떤 의미를 부여한다면, 그것은 형이상학적 세계관에 집착하거나 신화적 형태 속에 침륜되어서는 안 될 것이다. 신학은 오히려 도시 세속인의 살아있는 백과사전으로 믿고 나가지 않으면 안 된다."37)

오늘의 신학은 이전 시대의 해답을 가지고 현재의 딜레마에 대해 대답한다. 현재의 신학적 노력이 실패하는 근본적인 이유는 문제에 대해 너무 지나칠 정도로 철저하기 때문이 아니라 그것에 대해 만족할 정도로 철저하지 못했기 때문이다. 지난날의 형이상학을 가지고 해석을 하고 대답을 얻으려다 보니, 신학이 다분히 밋밋한 형이상학적인 논제로 흘러갔다고 보인다. 이것을 대처할 대안은 신학의 형태를 정치적인 형태로 변형하는 일이다. 정치신학자인 폴 레만이 말하는 것처럼, 정치란 "포리스"에 관한 학문이다. 즉 인간을 위한 이익뿐 아니라 전 세계 도시 국가를 위하여 이익을 추구하는데 사용된 일종의 능동적 행위가 정치이다. 그러므로 자연히 정치는 어느 특정한 사람을 위한 이익보다는 더 고차원적인 것이라고 보인다. 레만에 따르면, 하나님이 이 세계에서 하는 일은 정치이며 인간의 생명을 창조하고 보존하는 일을 의미한다.[38] 다시 말해, 오늘의 신학은 정치가로서의 하나님이 피조물들과 함께 행동하고 일하고 있다는 것을 교회로 하여금 발견할 수 있게 하는 이른바 행동 속에서 반성되어야 한다. 따라서 세속 사회시대에서 정치는 신학의 언어에 의해서 형이상학을 대체하는 것이어야 한다.

하나님의 세속적 의미는 우리가 유대인의 테두리에서 떠날 때 또 우리의 관습에서 벗어나서 인간 상호간의 관심과 책임 속으로 인간의 책임을 회복시켜 주는 하나님의 정치적 활동에 참여하는 그 때에만 나타나는 것이다. 우리가 인간을 하나님의 동반자로 인식하고 인간 역사에서 주어진 의미와 질서를 유지하기 위한 책임을 담당한 자로서 인간을 이해할 때 우리는 세속적 형식에 의해 하나님에 대하여 이야기하고 있는 것이다.[39] 하나님이란 말은 신성하고 거룩한 단어일 수 없다. 모든 언어가 역사적이기 때문에 하나님이란 단어도 그 의미에 있어서 새롭게 발생하고 사멸한다. 추측컨대 하나님은 영어나 현존하는 다른 모든 언어들이 없어져 버리는 시대에도 살아남는다. 왜냐하면 하나님이라는 말은 시대의 변화에 따라 다르게 나타나기 때문이다. 우리가 세속 사회에서 할 일은 하나님의 이름을 짓는 일이다. 하나님은 자신을 "스스로 있는 자"(I am whom I am)로 표현된다. 이것은 하나님에 대한 묘사가 형이상학적인 묘사 그 속에 포함되어 있다는 것을 말하지 않고 인간의 다양한 사건들에 의해서 대답될 수 있다는 것을 말한다. 콕스는 『세속도시』에서 다음과 같이 결론을 내린다.

> 기독교국의 시대로부터 도시 세속사회의 새로운 시대에로의 전향은 우리를 적지 않게 동요시킬 것이다. 낡은 명칭에 완고하게 집착하는 것보다는 혹은 어떤 새로운 것들을 종합하려는 것보다는 우리는 단순히 모세와 같이 포로들을 해방시키는 일에 착수하여야 하고, 우리는 앞으로 있을 사건들에 의하여 새로운 이름이 신으로부터 부여될 것이라는 신념을 가져야 한다.[40]

하비 콕스는 하나님을 미래에서 인간에게 오시는 존재

로 이해한다. 이 하나님은 낡은 것을 변혁하는 새로운 현실성의 모습으로 우리에게 다가오신다. 새로운 현실성으로서 나타나는 하나님의 활동은 미래에 맞추어가야 하는 혁명가와 같다. 이 세상은 하나님이 관심하시는 유일한 대상이다. 세계가 없는 하나님은 무의미하다. 이 세계를 통해서 그의 현존을 드러내시는 하나님은 세상을 절실히 필요로 하신다. "태초에 하나님이 천지를 창조하시니라"(창 1:1). 좀 더 부연하자면, 우리의 신학은 여기서 출발점을 삼아야 한다. 세계는 신학의 텍스트다. 우리의 사고는 하나님이 이 세계에서 우리가 존재하고 행동하도록 부르시고 있다는 것을 인식하게 한다. 신약성경에서도 코스모스라는 말을 많이 사용하고 있는데, 그것은 이 세계에 관한 것이다. 물론 부정적인 면이 있긴 하지만, 세상은 하나님의 사랑의 대상이므로 세상을 부정하지 말고 긍정하여야 한다. "하나님이 세상을 이처럼 사랑하사 독생자를 주셨느니라"(요 3:16). 우리는 기억한다. 시편 기자는 "땅과 거기 충만한 것과 세계와 그 중에 거하는 자가 다 여호와의 것이로다"(시 24:1).

이런 맥락에서 하비 콕스는 성서에 근거하여 이 세상을 세 가지 측면에서 설명한다. 첫째, 이 세계는 하나님에 의해 창조되고 유지되고 심판된다. 세계는 하나님의 창조다. 하나님에게 속한 것이 세계다. 이 말은 스스로 만든 인간이란 존재하지 않으며, 세상과 분리된 하나님은 우리의 상상에서 배제된다. 둘째, 이 세계는 하나님의 사랑과 관심의 대상이다. 하나님은 교회를 사랑하신 것이 아니라 이 세상을 사랑하셨다. 콕스가 말하듯이, "하나님은 교회와 화해하신 것이 아니라 이 세계와 화해하신 것이다."[41] 따라서 이 세계는 하나님의 사랑과 관심의 대상이다. 말하자면, 하나님은 인간이 이 세계를 다스리고 책임 있게 돌보기를 원하시며, 세계가 여기 있다는 놀라운 사실을 축하하고 그것을 인하여 하나님에게 감사하며 기쁜 마음으로 세계에 참여할 것을 원하신다. 즉 이 세상은 하나님의 현존을 드러내는 장이다. 세상은 무언가. 세상이 바로 문화다. 셋째, 이 세계가 하나님의 해방과 혁명적 행동의 영역이다.[42] 한번은 콕스 자신이 이런 농담으로 말했다고 한다. 우리가 알듯이, 타임지에는 종교 섹션이 있다. 만일 하나님이 실제로 타임지를 다 읽으신다면, 그 부분은 그가 마지막에 읽으실 것이다. 왜냐하면 하나님은 종교보다도 이 세계에 더 많은 관심을 가지고 계시기 때문이다.[43]

## 신앙은 인간의 나약성과 절망에 호소하지 않는다

하비 콕스는 죄에 대한 경향이 교만으로 이해되었지

만, 사실은 나태에 있다고 지적한다. 나태란 명백히 불쾌한 단어다. 이 말은 나뭇가지에 할 일이 없어 매달려 있기를 좋아하는 매력 없는 동물에 붙여진 이름이었다. 그런데 라틴어에서 말하는 나태는 '아케디아'(acedia)에서 유래했는데, 이 말은 "돌보지 않다"는 말이다. 나태는 자기 자신의 삶을 돌보지 않으며, 자신의 인격을 돌보지 않는다는 것이다. 초대교회는 교만, 탐욕, 색정, 분노, 폭식, 질투 그리고 나태를 큰 죄라고 규정했다. 나태는 그래서 일곱 가지 큰 죄 중의 하나다.

콕스는 『뱀이 하는 대로 내버려두지 말라』에서 인간이 행한 최초의 범죄는 하나님과 같이 되려고 하는 교만이 아니라 오히려 나태라고 주장한다. 아담이 범한 죄는 나태다. 하와는 아담과 함께 모든 피조물에 대한 지배의 약속을 나누고 싶어 한다. 그녀의 원래적인 범죄는 금단의 열매를 먹은 그것이 아니었다. 그녀가 그 열매에 다가서기 전에 그녀는 이미 뱀이라는 동물에게 굴복하여 자신에게 무엇을 행하도록 말하게 하여 자신의 특권과 책임을 포기한 데 있다. 이리하여 회의, 불안한 망설임, 의존 등이 그토록 오랫동안 우리를 현혹하고 죄와 교만을 혼동하게 했던 숙명적인 망설임을 실제적으로 이끌어 왔다는 것이다. 아담과 하와는 성서에서 말하는 모든 보통 인간의 전형이다. 콕스는 나태를 죄의 가장 근원적인 것으로 간주한다. 나태란 "자기 자신의 존재를 원하지도 않고, 자기가 근본적으로 또는 진정으로 무엇이 될 것인가를 바라지도 않는 것"이라고 콕스는 정의한다.44) 하나의 인간이 된다는 것은 인격적, 사회적 또는 문화적인 주도권과 혁신을 포함한다. 콕스는 이렇게 말한다. "이것은 단순히 남들이 나에게 지워주는 것을 맹목적으로 받아들이는 따위의 틀에 박힌 유형이라기보다는 내가 어떤 존재가 되겠다는 것을 결단하는 무서운 의무를 수락하는 것을 의미한다."45) 인간이 된다는 것은 동료 인간 하와를 사랑하고 돌보며 그녀와 더불어 이 세상을 지배하고 하나님이 자유의 인간 세상에 자리를 마련해 주신 피조물들을 명명하고 돌보는 것이다. 이 특권을 포기하는 것은 아케디아(acedia)의 죄를 범하는 것이며 나태 속으로 떨어지는 행위다.

돌보지 않는 것은 무관심이다. 이 무관심이 뱀으로 하여금 자기들에게 무엇을 하도록 말하게 한 것을 의미한다. 콕스는 이것을 권리의 포기라고 말한다. 죄란 자신의 권리를 포기하는 행위다. 남들이 나를 명령하는 행위는 죄다. 누구도 자기의 삶을 명령할 수 없다. 만일 우리가 우리의 특권을 다른 사람에게 양도할 때, 그는 인간이기를 포기하는 행위다. 신앙은 그것이 사회이건 개인이건 간에 무관심에 대해 저항하여야 한다. 무관심이란 원래 정치적인 죄다. 이것은 특수성, 지식의 결여, 휩쓸림에의 불안 등을 배후에 숨겨두는 형식을 취하고 있지만, 이 세계에서 권력의 책임을 행사하는 일에 참여하고 있다고 생각하지 않음으로써 합리화시킨다. 인간의 실존은 그 자체의 본질상 동료 인간과 함께 사는 삶이요 그들을 위한 삶이다. 이것이 정치적이다. 정치적 삶을 포기하는 것은 아케디아란 죽을죄에 떨어지는 것이며, 거기서 모든 종류의 작은 죄들이 싹트고 자라는 것이다. "복음은 성숙한 청지기에로의 소명이며, 독창성과 창의성 그리고 이 세계의 지배에 대한 소명인 것이다." 어떤 뱀에게도 우리에게 무엇을 하라는 말을 하지 못하도록 해야 한다.

콕스는 최근 그의 저서 『예수 하버드대에 오다』에서 예수를 새로운 모습으로 묘사했다.46) 그는 예수가 살았던 갈릴리 나사렛과 하버드대학교가 위치한 매사추세츠 캠브리지와는 무슨 관계가 있는가를 심각하게 묻는다. 하버드대학교와 같은 곳에서 고등교육을 받은 사람들이 그렇게도 많은데도 불구하고, 왜 그들은 그렇게 엄청난 나쁜 일들을 저지르고 있는가 하는 의문을 제기한다. 하버드의 공동체가 세상의 일에 대해서는 전문가이고 전문가가 되어가지만, 가치관과 자기를 성찰하는 일에서는 초보생으로 남아 있다는 메시지를 콕스는 던진다. 원래 이 책이 기획된 것은 하버드대학의 교수회에서 학생들에게 졸업필수 요건으로 "윤리적 사유"(moral reasoning), 도덕적 사유라는 제목을 이수해야만 졸업할 수 있다고 결의하고, 그래서 그는 교양과목으로 "예수와 윤리적인 삶"이라는 과목을 매우 다양한 배경을 가진 학생들에게 가르쳤고, 그것이 책으로 묶어져 출간되었다. 콕스는 이 책에서 시종일관 예수를 랍비전통에서 성장한 사람이었다고 항변하고 있다. 쉽게 말해, 예수님은 랍비, 즉 선생이자 교수라는 것이다. 그런데 랍비로서 예수님은 사람들에게 자신이 알고 있는 내용을 설파하는 것이 주된 목적이 아니었고, 성찰하는 인간을 요구하고 그것을 실천에 옮기는 선생이었다는 것이 콕스의 생각이다. 사실, 요한복음 7장 51절에서 우리의 율법도 먼저 듣고, 그가 무엇을 행했는지 알고 판단하는 법이지 않느냐고 말하는데, 무엇을 행하는 것이 매우 중요하다는 것이다. 그가 어떤 사람인가. 그가 얼마를 가졌는가. 그가 갈릴리 사람인가. 예루살렘에서 온 사람인가. 하버드를 나왔는가. 그렇지 않은가. 그러한 외적인 것들이 중요한 것이 아니다. 신앙이란 그가 무엇을 행했는가 하는 것이 더 중요하다. 무엇을 행한다는 것은 책임적인 것을 의미한다. 기독교는 종종 자기 책임적인 것에서 회피해 왔다. 요약하면, 콕스가 말하고자 한 메시지는 갈릴리 출신의 예수는 오늘 이 시대를 위해 가장 필요한 윤리적 스승으로 자리매김하고 있다는 것이다.

## 교회는 문화를 지배하는 공동체다

하비 콕스는 기존교회와 전통교회에 대해 비판적이다. 교회는 전례 없는 큰 변화를 경험하고 있다. 그것은 문화에 의해서의 변화다. "기독교인으로서 현장에서 살아가는 것을 배워야 한다."47) "현장에서 살아간다"는 말은 이 시대에 대해 민감해야 한다는 것을 의미한다. 콕스는 성서의 하나님이 사회적 변화라는 여러 가지 사건들을 통하여 사람들을 부르시고, 교회는 하나님의 혁명적인 역사에 동참함으로써 교회가 된다고 주장한다.48)

콕스는 『세속도시』에서 세속사회의 특징과 이미지를 말하고 있다. 세속 사회의 특징은 "사회의 존재방법"이다. 무명성과 이동성을 든다. 무명성은 이름이 사라지고 부호나 기호가 그 자리를 대신하고 있다. 무명성이 세속 사회의 특징이 된 근본적인 원인은 인간의 자유 때문이다. 사람에게 부여되는 자유가 많으면 많을수록 사람은 이름을 드러내지 않는다. 마치 이것은 사람이 자신의 이름이 알려지면 질수록 그에게는 자유가 박탈당한다고 느끼는 것과 같다. 그래서 콕스가 적고 있듯이, "무명성은 수많은 사람들에게 율법과 관례의 멍에와는 반대되는 자유의 가능성으로서 봉사하고 있다."49) 무명성은 "타율적인 힘"으로부터의 도피다. 문화적 기대와 관습에 순종하도록 무명성은 오늘날 우리들을 내몰고 있다. 성서의 율법은 그런 점에서 우리의 선택과 자유를 방해한다. 율법은 우리를 대신해서 모든 것을 결정한다. 하지만 무명성은 이러한 것에 저항함으로써 새로운 자유의 가능성을 열어놓고 있다. 콕스는 교회가 율법보다는 복음을 더 강조하여야 하는 이유를 설명한다. 우리의 책임성을 강조하는 것은 복음이다. 복음은 넓은 의미에서 "선택과 책임성의 권유이다."[50] 복음은 교회의 구술적인 메시지만을 규정하는 것이 아니며, 그렇다고 누구든지 문화적 배경이나 사회적 규례에 의하여서도 아니다. 복음은 자유로이 그리고 책임 있는 결정을 해야 하는 특권이나 필요에 직면케 하는 초청인 것이다. 세속도시의 무명성은 인간을 율법으로부터 해방시키고 자유롭게 한다. 많은 사람에게 있어서 무명성은 영광스러운 해방, 말하자면 부담을 느끼는 전통과 도시생활의 짐이 되는 기대로부터의 출구라고 보인다.

세속도시의 두 번째 특징은 이동성이다. 이동성은 산업화 사회에서 경험되는 필연적인 현상이다. 농촌을 떠나 도시로 이주하도록 사람들을 유혹한다. 그래서 콕스는 현대도시를 "하나의 대중운동"으로 본다. 이 이동성은 사회변화와 밀접한 관계가 있다. 이동성을 헤치는 일은 전체 사회를 파멸로 이끈다. 콕스는 야웨와 바알을 예로 든다. 이동성은 전통적 종교를 때려 부순다. 그리고 사람들에게 성스러운 땅으로부터 분리시키도록 요구한다. 다른 이름의 신을 가지고 다른 방법으로 예배하는 이웃과 더불어 뒤섞어 놓는다. 성서적인 관점에서 이동성은 긍정적인 측면을 가지고 있다. 하나님에 대한 히브리적 견해는 본질적으로 고향이 없는 유목민의 사회생활과 관련되어 있기 때문에 애굽으로부터의 탈출, 광야에서의 유랑, 가나안에서의 싸움 등은 성서의 야웨가 이동성을 고무하는 분으로 묘사될 수 있다. 역사와 시간의 주인이신 하나님은 어떤 위치나 공간에 머물지 않으시고, 항상 움직이고 이동하는 존재자로 묘사된다. 하지만 바알은 가나안의 공인된 신이기 때문에 한 마을과 장소의 소유자다. 바알은 원래 "소유자 또는 주민"이라는 뜻이기 때문이다. 바알의 신은 사람들이 그의 지배 지역에 있는 한 사람들의 숭배를 받을 수 있다. 그래서 바알은 어떠한 종류의 변화이든 간에 싫어하는 정착민들의 신이었다. 반면에 야웨는 어떤 위치를 점하고 있는 신이 아니다. 야웨가 시내산이나 불타는 가시덤불 같은 특별한 장소에 나타났지만, 장소에 제한되지 않는다. 하나님은 항상 그의 백성들과 이동을 했으며, 때로는 그들보다 앞서 가기도 했다. 이런 점에서 교회는 자연히 나그네와 순례자적 목적을 강조하여야 한다. 그러므로 교회는 현대 도시의 가속도적인 이동성을 개탄하거나 저항하지 않아야 한다. 오히려 하나님의 부름에 따라서 그가 요청한 곳으로 향해 전진하여야 한다. 이동성은 구원의 보증이 아니지만, 그렇다고 신앙의 장애물도 아니다.[51]

콕스는 세속도시의 특징과 더불어 세속도시의 이미지가 무엇인가를 설명한다. 세속도시의 모습은 두 가지 형태를 갖는다. 하나는 실용성이고, 다른 하나는 불경성이다. 실용성과 불경성은 세속인을 위한 복음의 비종교적인 의미를 찾을 수 있기 때문에 그것들은 복음의 장애물이 아니라 복음의 수단이자 통로다. 기술도시의 모습이기도 한 실용성은 실체론적 사고방식을 배격한다. 세속화된 세상에서는 고도의 추상적인 존재에 대한 사고가 이미 존재하지 않는다고 콕스는 단언한다. 다시 말하면, 존재사물에 대한 이해가 이전의 실제적인 의미나 질적인 요소를 발견하려는 것에서부터 기능적인 요소로 대체되었다는 것이다. 예를 들어 우리가 도시에서 낯선 사람에 대해 빈번히 묻는 물음은 '그가 누구냐'가 아니라 '그는 무엇을 하는 사람이냐'이다. 보다 정확히 말하면, 그의 존재본질에 대한 관심보다는 그가 행하는 것이 무엇인가에 더 관심을 갖는다. 흔히 이러한 것이 유용성과 더불어 세속도시의 모습을 그려낸다.

그리고 세속도시의 또 다른 특징인 불경성은 '불경하

다'는 말에서 유래되었다. 불경이란 말은 'profane'인데, 문자 그대로 "성전 밖"(out of the temple)이라는 뜻이다. 긍정적으로 표현하자면, 이 말에 담긴 의미는 "세상과 상관하기다."[52] 세상과 관여하는 일은 복음의 전파를 위해 필요하다. 복음은 그 발전 과정에서 이전 시대나 단계로 복원하도록 부르지 않는다. 복음은 인간의 한 종속물로, 두려움으로, 그리고 종교적인 데로 돌아가도록 부르는 것이 아니라 오히려 풍부한 도시 생활과 성숙한 세속성의 부름에 응답하도록 초대한다. 복음이란 우리에게 이 세상 문제 속에서 아무런 흥미도 느끼지 않고, 모든 세상적인 것을 포기하도록 요구하지 않는다. 따라서 콕스가 주장하듯이, 우리가 이 세상 온갖 문제를 창조자의 선물로 수락하고 수용한다면, 세계의 기쁜 소식으로서의 복음은 사회를 변혁시킬 수 있을 것이다.[53]

이런 맥락에서 콕스는 교회가 가야할 방향을 제시한다. 교회는 사회변혁에 관심을 가져야 한다고 말한다. 교회는 "응답하는 공동체이며 세계에서 하나님의 활동을 분별하여 그 일에 동참하는 것을 책임으로 여기며 사는 백성이다."[54] 그러기 위해서 콕스는 사람들의 마음에 지배하고 있는 세 가지 생각들을 거부하여야 한다고 주장한다. 첫째, 하나님의 나라는 하나님만이 하시는 일이고, 세속도시는 인간이 하는 일이라는 생각을 버려야 한다.

둘째, 하나님의 나라는 자기 부정과 회개를 요구하는 데 비해 세속주의는 기능과 지식만을 필요로 한다는 생각을 버려야 한다. 셋째, 하나님의 나라는 역사를 초월하여 존재하는데 반해서 세속도시는 전적으로 이 세계 안에 존재한다는 생각을 버려야 한다.55) 이 세 가지 생각들은 그릇된 관념들이다. 따라서 교회는 이러한 생각들을 포기하고, 하나님의 나라와 사회변혁은 속아 낼 수 있을 만큼 서로 혼합되어 있다는 것을 인식하고, 현실에 성실하게 응답하는 방식으로 전환되어야 한다는 것이다.

그릇된 관념을 저항하면서 교회는 세 가지 기능을 이 세계에 드러내어야 한다. 교회의 오래된 세 가지 기능은 케리그마, 디아코니아 그리고 코이노니아이다. 케리그마는 교회의 선포적인 기능이다. 이 기능은 권력 쟁취를 알리는 일이다. 교회는 하나님이 인간의 자유를 왜곡하고 부패하게 하는 문화의 모든 형태의 권력을 이기셨다는 것을 선포하여야 한다. 말하자면, "하나님이 역사 안에서 무엇을 하고 계신가를 보여주는 것"은 교회의 사명이다.56) 이 선포 다음에 교회는 봉사적 기능을 감당하여야 한다. 교회의 봉사적 기능은 도시의 상처를 치유하는 일이다. 원래 디아코니아라는 말은 병을 고치거나 화해하는 일, 상처를 꿰매고 갈라진 것에 다리를 놓고 유기체의 건강을 회복하는 의미로 사용되었다. 오늘날 여전히 이 말은 유효하다. 도시는 통전적으로 기능을 하지 못하고 산산 조각으로 모든 것이 떨어져 나간 것을 다시 연관을 맺고 그러한 상처들을 치유하기만을 기다리고 있다. 하비 콕스에 따르면, 도시는 "중심도시 대 교외," "가진 자와 못가진 자," "민족과 인종의 긴장 관계" 그리고 "각 정당간의 경쟁" 등으로 균열되어 있다. 교회는 도시의 문제를 회피하지 말아야 하고, 그것에 전적으로 동참하여야 한다. 콕스가 말하듯이, 교회는 "인간이 체념과 패배 대신에 자유와 책임을 느끼게 하는 존엄성과 과감한 자율적인 책무를 가지는데서 비롯된다."[57] 그리고 마지막으로 콕스는 교회의 코이노니아적인 기능을 강조한다. 교회의 코이노니아 기능이란 인간 도시를 보이게 하는 것이다. "코이노니아"란 희랍어 "친교" 혹은 "교제"란 말이다. 여기서 콕스가 강조하려는 것은 교회의 책임으로서의 친교를 이해하려는 것이다. 말하자면 교회는 보이는 소망이기 때문에 참된 인간 도시의 성격과 구성 요소를 생생하게 그려야 하고, 도시가 가야할 방향을 제시해 주어야 한다. 우리가 알듯이, 교회는 하나님의 전위대. 정치적이고 문화적인 절차와 결합된 교회는 언제나 다음 단계를 위해 도약할 태세를 갖추어야 한다. 하나님의 백성들이 장막에서 살지 결코 성전에서 살지 않았던 것처럼, 교회는 하나님이 새로운 통치에 착수하여 새로운 통치의 결실을 허락하고 믿는 기대에서 살도록 사람들을 도와주어야 한다.

## 나가는 말

우리는 정치신학과 문화신학의 엇갈린 풍경을 관찰했다. 본회퍼의 신학은 고난과 희생을 상징하는 십자가의 신학을 가장 이상적인 제자의 모본으로 설정하고 전개했다. 누구든지 그리스도를 따르기 원한다면, 그의 십자가를 지고, 우리의 신앙을 굳게 지키고, 우리의 이웃의 고난에 동참하여야 한다. 그것이 그리스도인의 책무이며, 먹구름으로 가려진 것과 같은 암울한 시대의 미래에로 나아가는 길이다. 이처럼 그의 신학은 유희적 놀이와는 거리가 있는 그림을 우리의 뇌에 각인시켰다. 반면에 하비 콕스의 신학은 고난과 희생의 십자가와는 거리가 먼 유희적 놀이를 강조하는 문화의 신학을 전개했다. 그의 신학은 세속과 도시였다. 세속은 놀이가 주된 관심이다. 콕스는 『민중의 종교』에서 "놀이의 신학"을 강조했다. 그가 말하는 놀이의 신학은 "웃음의 의식"(ludic consciousness)을 제공하는 활동이다.[58] 이것은 단지 풍자하는 놀이, 무엇인가를 꾸미는 일, 아무런 생산을 기대하지 않는, 그야말로 "그 자신을 위해서 하는 그 무엇이다."[59] 그래서 콕스는 매우 의미심장한 문장으로 우리에게 말한다. "인간은 다만 세계를 형성하기 위해서가 아니고 그 속에서 즐거이 살아가기 위해서, 또는 단지 하나님을 찬양하기 위해서가 아니고 '신을 영원히 향유하기' 위해서 창조된 것이다."60)

요약하자면, 본회퍼의 신학은 정치신학이다. 그것도 억압적이고 전제적인 체제에 기독교 신앙을 위협하는 모든 요소에 과감하게 저항하는 정치신학이다. 흔히 본회퍼의 신학을 세속주의 신학으로 이야기하곤 한다. 그것이 정설이라도 된 것처럼 들린다. 하지만 본회퍼의 신학은 세속주의 신학에 저항한다. 본회퍼의 신학은 정치에 관한 신학이다. 그가 말하는 정치란 인간의 삶과 분리할 수 없는 불가결한 요소이고 지극히 평범한 의미의 정치다. 한 인간이 사회에서 행한다는 것은 정치적 결단이고 정치적인 행위이기 때문이다. 이와는 달리 콕스의 신학은 세속을 밑바탕에 깔고 있는 문화에 관한 신학이다. 세상은 그의 신학의 주제어다. 신학은 문화를 창조하고 보존하고 그것의 전달을 통해서 복음의 의미를 추구한다. 그렇지만, 이 문화신학은 방종을 불러일으키는 신학을 유도하지 않는다. 그가 말하는 문화신학은 인간의 책임을 강조한다. 신학은 문화적으로 인간의 책임을 요구하기 때문이다. 그의 신학적 논리는 피안의 세계에 사람들을 몰아넣는 것이 죄라고 가르친다. 그것도 엄청난 죄라는 것이다. 우리는 세상에서 도피해서는 안 된다. 세상은 우리가 만나야 하는 신앙의 장이다. 이 세상에서 도피하는 모든 형태는 그의 신학에서 보면 불신앙이다. 이 두 신학의 풍경은 엇갈린다. 하지만 그들이 추구하는 신학의 의미는 우리에게 깊은 감동과 공감을 재생시킨다. 하나는 자기희생을 통해서 의로운 사회를 변혁시키고, 다른 하나는 문화를 복음의 수단으로 하여 그리스도를 새로운 모습으로 전달한다. 그러므로 정치신학의 본회퍼와 문화신학의 콕스는 경직화되고 규범화된 신학의 풍경을 바꾸는 시대의 예언자들이었음에 틀림없다.

ID# 12 페미니즘 신학과
페미니즘 영성신학의 논쟁

"해방의 주제는 고통, 근심, 죽음, 죄악, 불안, 추격, 감금으로부터 구원받는 것이다."  – 레티 M. 레셀

"영성이란 모든 창조와의 통전적 관계다."  – 앤 E. 카

# 제 12 장
# 페미니즘 신학과 페미니즘 영성신학의 논쟁

**여성에** 관한 논의는 어제오늘의 이야기는 아니다. 그것은 매우 오래된 역사를 가지고 있다. 이른바 페미니즘이라고 알려진 이 여성에 관한 논의는 주로 여성억압의 원인과 상태를 기술하고 여성해방을 궁극적 목표로 하는 운동이나 이론으로 알려졌다. 역사적으로 페미니즘은 19세기 중반에 시작되었던 여성 참정권 운동에서 비롯되어 그것을 설명하는 이론까지 포괄하고 있는 개념이다. 그렇게 본다면, 페미니즘의 시초는 자유주의 사회에 근원을 두고 있으며, 여성의 사회진출과 성공을 가로막는 관습적, 법적 제한이 남성에 종속된 여성의 문제에 대한 원인의 사회적 투쟁으로 사용되고 있는 개념이다. 따라서 사회주의 철학자 엥겔스가 언급했듯이, 여성억압이 생산수단의 사적 소유로부터 시작되었으며 자본주의가 바로 여성억압의 근원이었다는 문제에서 얻어졌다고 보인다.

다양한 페미니즘의 형태가 있지만, 편의상 분류하면, 급진적 페미니즘의 형태가 두드러지게 논의되었는데, 이 형태는 가부장제에 기초한 법적·정치적 구조와 사회·문화적 제도가 여성억압을 가능하게 하는 것 외에 생물학적인 성(性)이 여성의 정체감과 억압의 주된 원인이라고 주장하기 때문이다. 이러한 노력은 여성해방의 관점에서 세계를 어느 정도 이해하는데 도움을 주고 있다. 그로 인해 일종의 여성해방은 출산·양육 등의 여성 역할의 근본적인 변혁을 요구하고 있다.

어림잡아 1900년대 후반에 여성해방의 운동은 기독교 공동체를 중심으로 새로운 신학의 관점을 설정하면서 페미니즘 신학이 형성되었다. 사람들은 페미니즘 신학이라는 그 말에 별로 저항하지 않았던 것처럼 보인다. 일부 남성중심의 근본적 형태가 가족중심의 제도를 파괴할 수 있다는 것을 제외하고는 페미니즘 신학은 다른 신학들과 함께 새로운 신학운동으로 편승되었다. 페미니즘 신학의 이야기는 해방신학의 한 흐름으로서 여성의 경험을 보다 강조하는 해방적 관점을 강조하고 있다. 무엇보다도 여성해방의 이야기는 여성억압에 대한 성서의 이야기였기에 다른 노동자들의 억압과 마찬가지로 중요하며, 따라서 페미니즘 신학이 자본주의와 가부장제의 사회적이고도 언어적 분석을 통해서 성서의 이야기를 재구성하게 되었다. 여기에서 우리가 관찰하는 페미니즘의 관점에서 본 신학들은 크게 두 유형으로 양분된 것처럼 보인다. 하나는 단순히 페미니즘 신학이고, 다른 하나는 페미니즘 영성신학이다.[1] 페미니즘 신학은 여성을 위한 신학에 강조를 둔 것이고, 페미니즘 영성신학은 여성적인 관점에서 영성을 강조하는 신학이다. 이런 분류에서 우리는 예일대학교 신학부 교수였던 레티 M. 러셀의 신학과 페미니즘 영성신학에서는 시카고대학교 신학부 교수였던 앤 E. 카의 신학을 선별하여 다루고자 한다.[2] 그러므로 우리는 러셀의 신학을 페미니즘 신학에서 논의하고, 카의 신학을 페미니즘 영성신학에서 논의하고자 한다.

## 페미니즘 신학

나와 같은 연령의 사람들은 평소에 여성을 생각하면 '현모양처'의 이미지를 연상한다. 이는 오래도록 문화적 관습과 학습에서 머릿속에 깊숙이 박혀 있는 이미지이기 때문이다. 그런데 이 '현모양처'의 이미지는 어떤 걸까. 아마도 남편과 부모에 순종하고 자식 뒷바라지를 위해 자신의 모든 것을 내던지는 한국 어머니의 모습이 아닐까. 국민여가수 이미자가 마치 애끓는 마음으로 어머니와 같은 여성을 노래한 모습에서 찾을 수 있지 않을까.

> 참을 수가 없도록 이 가슴이 아파도
> 여자이기 때문에 말 한마디 못하고
> 헤아릴 수 없는 설움 혼자 지닌 채
> 고달픈 인생길을 허덕이면서
> 아~참아야 한다기에
> 눈물로 보냅니다. 여자의 일생

이 노래의 가사가 너무도 구슬프고 애틋하다. 여성에 대한 우리의 정서가 어떠했는지를 단편적으로 보여주고 있다. 여자의 삶은 여자로 태어난 것을 죄로 여겼을 정도로 연민적이고도 자기 비하적 태도를 보인다. 이는 여자와 죄는 동일한 개념이었고, 따라서 여성은 참을 수 없을 만큼 가슴이 아파도 참아야 하고, 견딜 수가 없도록 외롭고 슬퍼도 참아야 하는 기구한 인생이다. 그래서 여자는 평생 눈물로 세월을 보내는 것이 타고난 운명이었다. 이것은 사회적 구조에서 억압의 한 형태이고, 범죄와 같은 것이라고 어느 누구도 말하지 않았다. 이제 우리는 오랜 세월 동안 여성에 대한 우리 사회의 억압을 당연시한 것에 대한 문제를 제기하고 있는 시대가 되었다. 예일대학교의 레티 E. 러셀(Betty E. Russell)이 지적하듯이, "여성들의 압제는 교회와 사회 속에서 나타나는 다른 형태의 착취를 지지하고 영존시키는 보편적인 착취 형태다."[3]

이 표현에서 보듯이 여성에 대한 우리의 정서는 사회에서 억압받는 경험과 대비된다. 여성은 항상 참아야 하며, 사회적 약자이기 때문에 저항하거나 싸운다는 것은 엄두를 낼 수 없다. 여성들이 자유를 추구한다고 하는 것은 어쩌면 언감생심(焉敢生心)이다. 시대의 문화는 여성의 보편적인 착취를 합리적으로 의결하고 결정한다. 그러면 우리의 신앙과 신학은 어떤가. 우리 신앙과 신학도 우리 사회와 유사하게 여성에 대한 압제적 체제를 묵인하는 정서가 아니었을까. 아마도 여성에 대한 그릇된 이해에서 비롯된 신학의 왜곡과 편견은 페미니즘 관점에서 여성의 억압적 체제를 폭로하는 문제에 급진적이라고 책망한다. 하지만 페미니즘 신학은 결론적으로 말하자면 여성의 현실을 적나라하게 보여주는 것이지 신학의 급진적인 접근과는 아무런 관련이 없다. 여성은 자신이 자유로워지기 전에는 아무도 자유롭지 않다.

우리 시대의 페미니즘 신학은 하버드대학의 엘리자베스 S. 피오렌자(Elizabeth S. Fiorenza, 1938~ ), 예일대학의 레티 M. 러셀(Letty M. Russell, 1929~2007), 개럿-복음주의 신학교의 로즈메리 류터(Rosemary Reuther, 1936~ ) 그리고 웨이크 포레스트대학의 필리스 트리블(Phyllis Trible)과 같은 다양하고도 새로운 형태의 신학 장르와 방식을 소개하는 여성 신학자들에 의해 상당히 빠른 속도로 발전되었다. 그들의 공로는 매우 크다. 여기에서 그들의 사상을 일일이 열거하는 것이 필요하지만, 이 장에서는 레티 M. 러셀의 신학을 선별하여 소개함으로써 페미니즘 신학을 살펴보고자 한다.

여성해방을 선교로 이해한 신학자, 레티 M. 러셀

여성 신학자들 가운데 레티 M. 러셀(Letty Mandeville Russell, 1929~2007)은 가장 전통적이며 온건파로 알려진 여성 신학자다. 신학과 삶을 연계하려는 노력으로 매우 활동적인 영역을 구축했던 러셀은 1929년에 미국의 기독교 가정에서 태어났다. 어린 시절 러셀은 매우 활동적인 아이였고, 이른바 말괄량이(Tom Boy) 소녀였다. 그녀는 초등학교 4학년이 될 때까지 글을 읽을 줄 몰랐기 때문에 학교 공부를 등한시 했으며, 7학년 때에는 유독 학급의 아이들보다 키가 더 커서 남의 시선에서 자유로울 수가 없었다.

러셀은 매사추세츠의 웨레스리대학(Wellesley College)에 입학하면서 기독학생운동에 적극적으로 참여했다. 매우 낙천적이고 활동적인 성격을 가진 러셀은 대학교 시절에 하나님의 부르심에 응답하면서 신학교에 입학하기로 결심했다. 대학을 졸업한 후에 러셀은 하버드대학교 신학부에 입학했는데, 하버드대학교의 신학부에 입학한 최초의 여성이었다. 그녀는 하버드대학교로부터 신학사를 받았고, 뉴욕에 있는 유니온 신학교에서 신학석사와 신학박사를 받았다. 그의 경력은 다른 여성신학자들과는 달리 학문적 영역에서만 활동하지 않고 다양한 영역에서 매우 적극적으로 활동했다. 1951년에서 1952년까지 러셀은 고등학교 교사로서 일했다. 그 이후 그녀는 뉴욕에 있는 흑인들 중심지인 이스트 할렘교회에서 기독교 교육담당자로 일했으며, 1958년에 미국 연합장로교회에서 여성으로서 목사안수를 받았다. 안수를 받은 후에 러셀은 뉴욕의 흑인들과 라틴 아메리카계 히스페닉들이 밀집해 있던 할렘에 있는 교회목사로 1958에서 1968년까지 약 10년간 섬겼다. 그 후 뉴욕에 있는 맨해튼대학에서 기독교 교육과 조교수(1969~1974)로 있다가 1974년 예일대학교 신학부의 교수로 자리를 옮겨 2001년 은퇴할 때까지 가르쳤다. 러셀은 뉴욕 신학교, 프린스턴 신학교, 태평양 신학교, 안도버의 보스턴대학교, 뉴턴 신학교 등과 같은 다양한 신학교에서 초빙교수로서 연구하고 가르쳤다.[4]

러셀의 사역 영역은 한마디로 애큐메니칼적이며 세계적이다. 미국 연합장로교회의 목사인 레티 M. 러셀은 남부 뉴잉글랜드 노회의 회원으로서 1972년에서 1975년 사이에 장로교회 총회의 "교회교인"이란 특별부서의 위원으로 섬겼고, 1975년에서 1977년 사이에는 역시 총회의 "해방신학" 위원으로 활동하기도 했다. 1975년에는 세계교회협의회에서 미국연합장로교회의 총대표로 아프리카 케냐, 나이로비에 참석하여 선교적 의미를 부여하기도 했다. 1974년에서 1977년 사이에 미국 교회협의회의 "성서와 성차별주의"의 위원과 1977년에서 1983년 사이에는 세계교회 협의회의 "신앙과 명령"의 회원으로 활약했다. 그 외에도 러셀은 뉴욕 YMCA 고문으로 봉사했다. 게다가 세계의 여성문제에는 누구보다 먼저 그녀가 달려가서 여성입장을 대변하고 의식을 변혁하고자 노력했다.

러셀이 여성신학에 관심을 갖게 된 것은 그녀의 이러한 할렘지역에서 시작한 목회의 경험과 1960년대 이후에 적극적으로 가담한 민권운동으로부터 얻은 개인적인 경험이 컸다. 이스트 할렘(East Harlem)은 인간을 위한 투쟁의 기간이었고, 그곳에서 빈곤, 인종차별, 여성차별, 방치된 도시생활로 야기된 비인간화에 대한 투쟁에 전력했다. 평생에 그녀가 싸운 것은 비인간화의 조건을 형성하는 상황이었다. 그리스도인으로서 그리고 신학자로서 러셀은 하나님이 의도하는 인간 실존으로 사는 방법을 배우면서 평생을 보냈다. 그녀가 고백하듯이, 페미니즘 신학은 모든 형태의 비인간화로부터 해방되기를 추구하며 모든 사람이 완전한 인간다움을 회복하는 신학이다. 비인간화의 모든 억압적 체제와 상황에 반대해 왔던 레티 M. 러셀은 2007년 7월 12일 코네티컷 주에 있는 길포드(Guilford)에서 77세의 일기로 하나님의 부르심을 받고 영원한 안식에 들어갔다.5)

페미니즘 신학의 방법론

페미니즘 신학은 흔히 여성들을 위한 신학으로 생각한다. 하지만 러셀은 페미니즘 신학이란 하나님에 관한 학문으로 돌아와야 한다고 믿는다. 이는 신학의 출발이 하나님에서 시작해야 하기 때문이다. 엄밀히 말하자면, 페미니즘 신학은 여성들에 관한 이야기가 아니라 하나님에 관한 이야기다. 하나님이 인간을 사랑한 이야기다. 그런데 우리는 이 남자와 여자를 포함한 피조물들을 사랑한 하나님의 이야기를 등한시하기 때문에 문제가 일어나는 것이다. 이런 면에서 러셀은 여성들이 그들 자신에 관하여 생각하는 이기적인 형태의 신학을 천명하지 말 것을 강조한다. 그녀에 의하면, 여성들이 하나님에 관한 이야기로 이해할 때에 그들은 그들 자신의 경험을 통해서 말하고 그리고 그들 자신의 세계를 통해서 하나님이 하신 말씀과 행동을 이해하게 되고, 그러한 행동은 인류 평등

을 추구하고 여성들의 행동과 일치한다는 사실을 표현하기 위해 페미니즘 신학이 존재하는 것이다.[6]

이런 점에서 러셀은 페미니즘 신학을 우리 세계의 다른 공동체나 신학들과 동일한 것으로 보아야 한다고 주장한다. 페미니즘 신학이 다른 신학과 차이를 드러내긴 하지만, 다른 신학들은 페미니즘 신학보다 열등하다는 생각을 배제한다. 신학의 형태가 특수한 장소와 시간에서 살고 있는 여성의 생태라는 표현이지 다른 신학들의 우위에 놓으려는 시도가 아니다. 따라서 러셀은 이렇게 표현한다. "여성의 행동신학의 중요성은 세계 주변의 다른 무리의 신학의 중요성과 동일한 것이다."[7] 그렇지만 이 말이 갖는 역설적인 면은 어느 신학이든 완성된 신학이 아니라는 것을 전제로 한다. 즉 다른 신학과 마찬가지로 페미니즘 신학도 여전히 "미완성의 차원에서 공헌"하고 있다는 뜻이다.[8] 이처럼 러셀은 다른 신학들이 기독교 신앙에 공헌하듯이 페미니즘 신학이 기독교 신앙과 과거를 변혁시키는 것이 아니라 새로운 시각과 도움을 제공하여야 한다는 것이다. 어쩌면 러셀의 페미니즘 신학은 아주 온건해 보인다.

러셀은 페미니즘 신학을 위해 두 가지 방법론을 제시하고 있다. 하나는 경험적인 방식이고, 다른 하나는 실천적인 방식이다. 첫째, 경험적인 방식은 귀납적인 방식으로서 복음의 내용과 관련된 여성들의 삶의 경험에서 얻어지고 반영되는 요인들을 추론하고 끌어내는 방식이다. 이 경험의 방식에 근거하여 신학은 실천하고 행한다. 이것이 복음에 대한 "가변성의 상황"이라고 러셀이 부르는 이유다.[9] 가변성의 상황이란 불변하고 획일적인 규범은 없다는 의미다. 페미니즘 신학은 개인과 사회가 서로 다른 여러 압제적 정황으로부터 여성 자신들을 발견하고 비판하도록 고무하는 상황적 신학이다. 여성차별, 인종차별, 사회적 억압, 경제적 억압 혹은 제도적 압제와 같은 현실적 상황은 복음을 반성하고 비판한다. 이 경험이 페미니즘 신학의 방법을 정당화한다. 게다가 이 방식을 통해서 페미니즘 신학은 구체적이고도 전통적인 의미의 복음을 재구성한다. 특히 페미니즘 신학은 기독교 전통 속에 깊숙이 자리 잡고 있는 기독교 교리들인 성서, 교회, 전통, 창조, 속죄, 죄, 구원 혹은 성육신과 같은 교리들을 비판적으로 검토한다. 그러한 교리들이 상당한 문제들을 일으키고 있기 때문에 이 귀납적이고도 경험적인 신학 방식은 끊임없는 수정의 물음들을 통해서 변화를 시도하고 새로운 시각을 요청하고 있다고 보인다.[10]

둘째, 실천적 방식으로서의 페미니즘 신학은 해방을 위한 도구로 사용하는 사회적 방법론이다. 대체로 페미니즘 신학은 이 실천의 방식을 주요한 도구로 활용함으로서 "신학의 목적이 실천, 즉 고찰과 분석을 동시에 하는 행동이며 새로운 문제와 새로운 행동과 새로운 반성을 하게 하는 행동으로 나타난다."[11] 한 인간의 행동은 사고의 결과다. 반성적 사고가 페미니즘 신학에서 요청하는 수단이기 때문에 러셀은 사고와 행동을 이항대립으로 분리하려 하지 않는다. 사회와 교회 안에서 여성들에게 불리하고 불합리한 압제적 상황이 일어나고 발생하는 한에서 페미니즘 신학은 어떤 변화를 가져오기 위해 새로운 행동의 방법을 발견하려는 방법론적 시도는 지극히 자연스럽다. 예컨대 성서에서 하나님에 관해 말할 때, 여성들은 끊임없는 영속적 억압의 상황에 대항하는 실천을 발견하고 하나님 안에 있는 그들의 신앙과 확신을 나타내려고 노력하는 사람들이어야 한다는 것이다. 이는 실천을 통해서 진리가 확증되기 때문이다.[12]

경험적인 방법과 실천적인 방법에서 러셀은 성서적 약속을 덧붙인다. 페미니즘 신학은 성서에 근거하여 선포되어야 한다. 러셀에 따르면, 여성해방을 위한 신학적 고찰은 성서적 약속에 의해서 보증된다. 여성을 포함한 모든 인간들을 해방시키는 자, 곧 해방자로서의 하나님을 기술하고 있는 성서의 하나님은 어떤 작은 국가나 작은 집단의 해방자가 아니라 모든 인류를 위한 해방자다. 말하자면, 페미니즘 신학의 주제는 해방자로서의 하나님에 관한 이야기이다. 구속의 역사를 통해서 해방자로서의 하나님은 세계를 통치하는 행위와 방식에 관해 성서적인 이해를 돕는데 중요한 부분을 차지하고 있다. 이 하나님이 모든 인류의 희망이자 근거다. 하나님의 약속은 희망적이고 모든 인류를 위한 약속이다. 약속은 지배자나 억압자에 의해 파괴될 수 없다. 그것은 지켜져야 한다. 그것을 실현하고 실천하고자 노력하는 것이 페미니즘 신학이다. 그러므로 러셀의 주장은 단호하다. "이 [해방의] 희망은 연약하고 잘못된 인간의 행동이나 계략으로부터 생긴 것이 아니고 모든 인류를 위한 하나님의 약속에서 생긴 것이다."13) 이 하나님의 약속이 페미니즘 신학의 기초다. 신실한 하나님의 약속은 인류가 희망하고 기대하는 근거다. 하나님의 약속은 인간에 의해 소멸될 수 없는 약속이기 때문에 우리는 하나님을 신뢰하고 믿어야 한다.

인간으로서의 여성

우리 사회는 여성을 한 인격으로 대우하는가. 여성은 여성이기에 차별을 경험한다. 그러한 차별은 하나님의 의도가 아니기에 저항해야 한다. 우리 사회와 문화는 여성을 비인간화의 영역에서 취급해 왔다. 여성의 이야기에서 하버드대학의 엘리자베스 피오렌자가 강조하듯이,

최초의 기독교 전통은 여성과 남성의 평등적 관계에서 이루어졌다고 지적한다. 그런데 남성과 여성의 관계가 지배와 종속의 가부장적 제도로 변질된 것은 1세기 말에 로마문화의 영향 때문이었다. 우리가 알듯이, 초기 기독교 전승에서 예수의 행적 속에는 여성의 평등적 의미가 기술되어 있다. 이를테면, 예수는 자신과 여성이 동종임을 인정한 남성이었기 때문에 남녀평등의 제자의 도를 가르쳤다는 데서 알 수 있다. 만일 이것이 사실이라면, 우리는 현대의 여성들과 남성들이 발견하고 실현해야 할 필요가 있다고 강변한다. 하지만 이러한 구조가 오늘에 이르기까지 지속되어 오고 있고, 기독교 전통은 여성의 신학적 의미를 상실한 채로 전승되었다.[14)]

피오렌자와 같이 러셀도 남성 중심의 세계에 매우 저항적이다. 우리 세계는 이미 남성 중심의 세계다. 여성은 남성과 불평등한 관계와 종속적인 관계에서 인간으로서 정당하게 대접을 받지 못한다. 인간으로서의 여성임에도 불구하고, 여성은 비인간화로 고통을 당한다. 러셀은 여성을 비인간화하는 제도가 가부장제로 이해한다. 다시 말해, 가부장적 제도는 여성을 비인간화로 영속화하는 남성의 세계다. 가부장제란 뭔가. 그것은 간단히 말하자면 "아버지의 지배"다. 이 아버지의 지배는 "남성 수장이 가정 내 의존한 사람들을 지배하는 것을 합법화하고 강화하는 법적, 사회적, 경제적, 정치적 관계의 제도를 말한다."15) 즉 가부장제로 인해 여성은 남성의 지배에 종속된다는 것이다. 따라서 러셀은 "남성들에 의한 여성 지배는 성차별 문제로 인하여 한 인간존재를 영구히 열등한 위치에 종속시키는 원시적인 끈질긴 형태"라고 논증한다.16) 어쩌면 여성은 남성의 노예 이전에 이미 존재한 노예와 다를 바 없었다. 이 여성의 압제는 남자와 여자가 하나님의 형상으로 지음을 받았다고 가르치고 선포하는 교회 안에서도 여전히 착취의 형태를 지지하고 영속화하는 보편적인 개념이었다. 따라서 교회 안에서 여성은 세상에 어떠한 목소리를 낼 수 없었고 종속적인 관계에서만 이해되었다.

앞서 언급했듯이, 페미니즘 신학의 당위성은 여성의 착취적 형식에 저항하기 위해서 만들어진 신학적 탐구다. 예일대학교의 러셀은 오래된 그녀의 이스트 할렘의 경험에서 페미니즘 신학의 필요성을 어느 누구보다도 더 절실히 느꼈을 것이다. 러셀이 기술하듯이, "여성신학은 여성임을 주장하기 위해서 투쟁하는 것이 아니라 인간이 되기 위해 투쟁한다."17) 사회와 교회에서 억압받고 소외의 경험을 한 피지배자들인 여성들은 어떠한 착취의 형태로부터 자유를 획득해야 할 필요성을 느끼고 있었다. 그들이 추구하는 자유는 자신의 의지대로 결정하는 자유의 철학적 의미라기보다는 해방을 향한 투쟁의 자유다. 러셀의 말은 단호하다. "자유가 무엇을 의미하는가를 경험함으로써 우리는 해방을 향한 투쟁이 개개인의 서로를 변화시키고 모든 인간 사회를 변화시킨다는 사실을 발견하게 된다."[18]

자유는 철학적이고 사변적인 추상의 개념이 아니라 매우 구체적인 개념이다. 그것은 해방을 의미한다. 단지 남성으로부터의 해방이 아니라 다양한 착취의 형태로부터의 해방이다. 비인간화하는 모든 형태로부터 해방을 추구하는 자유는 하나님의 고유한 선물이고 약속이다. 어느 누구도 앗아갈 수 없는 신성한 것이다. 이 자유는 남성과 마찬가지로 여성에게도 주어지는 해방의 특권이다. 따라서 선험적이고 본구적이라고 이 여성을 위한 해방의 자유는 어느 누구도 침범할 수 없고 앗아갈 수 없으며, 역사에서 여성의 권리를 넘어 인간의 권리를 확증하는 약속과 같다.

이러한 맥락에서 러셀은 이 해방의 자유를 복음으로 이해한다. 왜냐하면 "복음이 예수 그리스도 안에서의 해방의 메시지"이기 때문이다.[19] 해방의 메시지는 모든 억압적인 상황에 처해 있는 사람들을 위한 기쁜 소식이다. 이 같은 해방의 메시지에도 불구하고, 러셀은 페미니즘 신학이 여성들에 관한 것으로 한정하는 위험성을 지적한다. 그녀의 지적은 옳다. 왜냐하면 페미니즘 신학은 앞서 언급했듯이 궁극적으로 하나님에 관한 신학이기 때문이다. 따라서 여성 자신들만을 생각하는 신학은 이기적이고도 자기중심적인 신학에서 벗어나야 한다는 것이다. 만일 그렇지 않다면, 페미니즘 신학은 일종의 지엽적인 신학의 문제인 분파적인 위험에 노출될 것이기 때문이다.[20] 비록 여성 신학자들의 공통된 목소리가 남성에 의한, 남성을 위한, 그리고 남성의 신학에 비판적이라고 해도, 페미니즘 신학은 여성들을 위한 관점에만 한정해서는 안 된다. 하지만 여성적 관점을 초월하려는 러셀의 이러한 주장에도 불구하고, 여성들을 위한 신학으로 한정될 위험은 여전히 도사리고 있다. 이것이 페미니즘 신학이 어떤 방식으로 전통적인 신학들과 논의하고 대화할 문제인지 모른다. 이런 측면에서 페미니즘 신학은 더 많이 고민하고 대화를 위한 대안을 제시해야 하지 않을까 싶다. 그런데 많은 문제점들 중 한 가지만은 사실인 듯 보인다. 이제까지 모든 신학적 작업이나 역사에서 여성을 제외시켰고, 그로 인해 여성 자신이 기독교 전통에서 자신의 목소리와 색깔을 나타낼 수 없었던 풍경이지만, 페미니즘 신학은 여성으로 하여금 사회와 교회에 당당한 모습으로 비쳐질 수 있도록 고무한다는 것이다.

## 여성의 주체화로서의 의식화

러셀은 사회와 교회에 당당한 모습으로 대면하기 위해서 여성을 위한 의식화의 필요성을 이야기한다. 일반적으로 페미니즘 신학은 사물을 있는 그대로 받아들이기를 거부한다. 그것은 사물이 남성이나 다른 집단의 관점에서 해석되었기 때문이다. 여성들은 그들의 경험에서 세계를 해석하고 변혁하는 교육이 필요하다. 따라서 사회적이고 경제적인 억압을 인식하고 그것을 극복하고 없애기 위한 행동을 시작하는 학습의 과정인 의식화는 페미니즘 신학에서 매우 중요한 도구로 활용된다.[21] 러셀이 평생을 통해서 추구한 페미니즘 신학은 크게 두 가지로 요약될 수 있다. 하나는 사회와 교회 안에 사용되는 언어의 문제와 전통의 문제를 바꾸려고 여성들의 의식화 교육을 강조해 왔다.

첫 번째 의식화 학습은 언어에 대한 비판이다. 언어는 우리의 행동과 사고를 결정하는 중요한 도구로 작용되었다. 이 언어에 대한 비판이 없이는 여성을 위한 신학은 쓸모없는 것이 될지 모른다. 러셀은 그녀의 『해방의 말씀』에서 해방의 실천으로 페미니즘 신학이 언어를 비판하고 분석하는 일이라고 밝히고 있다. 언어와 사회구조가 상호 의존적이고 밀접한 관련을 가지고 있기 때문이다. 우리가 이해하듯이, 언어란 현실의 주어진 개념들과 행동 방식들을 형성한다. 그리고 언어 속에 감추어진 개념들과 사회 행동에서 여성들을 억압하고 모든 희망을 앗아가는 체제로 끌어간다. 일반적으로 어느 일정한 사회의 지배적인 집단이 언어의 함축된 의미들을 통하여 자체의 가치체제를 그 사회 전체에 부과하는 경향을 부인하기 어렵다. 다시 말해, 권력이 없는 집단들은 표준적인 언어의 형성에 거의 가담하거나 동참하지 못하기 때문에 그 언어에 반영된 사회구조들을 변화시키지 못하고 그 언어가 여성의 내면화에 학습되어 영속적인 진리로 고착되어지고, 사회에 통용되는 여성에 관한 개념들이 당연시 된다는 것이다. 이 같은 이유에서 여성들과 같은 무력한 피지배 집단은 중심적이고 지배적인 집단에 대한 자체의 종속적인 관계를 의식하게 되고, 자기 해방의 과정 중에서 새로운 창조된 관계들을 위해 새로운 언어로 표현할 방법을 찾아서 여성 자신을 위한 의식화의 학습과정이 필연적이다.[22]

이 의식화의 학습과정은 우리가 상상하는 것보다 더 심각하다는 것이 러셀의 평가다. 그래서 러셀은 여성을 위한 의식화 학습과정을 통해서 교회의 예배의식들과 교육기관들 그리고 출판물들 가운데서 사용된 신학적이고도 성서적인 언어의 유형이 무엇인지 분석하고 인지하여야 한다고 주장한다. 특히 러셀이 염두에 둔 것은 언어의 의식화 학습이 "한 집단은 열등하고, 다른 집단은 우월하다는 감정"을 유발하지 못하게 방지하는 것이다.[23] 그러기 위해서 우리는 성서 해석과 번역에서 가장 두드러지고 현실적인 문제에 비판적으로 탐구하고 분석하여야 하는 것이다. 교회 내에서의 전통적인 학습은 어떠했는가. 그것은 예배와 신앙에서 인격적으로 하나님과 관계를 맺게 하기 위해 여성들이 그들의 문화적인 은유들과 남성들의 문화적인 은유들을 아무런 비판이나 여과 없이 수용하지 않았는가. 여성 자신을 주체적이고 능동적인 존재로 의식하는 일에 방해하는 언어는 여성을 실제로 억압한다. 그러한 언어들 중 으뜸가는 개념이 우리가 무의식적으로 사용하는 하나님이라는 말이다. 하나님은 남성 중심인 지배 언어였다. 따라서 러셀은 하나님에 관해 남성 지배적인 어휘를 피하고 바꾸어야 한다고 말한다. "하나님에 대한 명칭들은 남성의 이미지와 대명사들이고, '아버지,' '왕,' '주'와 같이 족장 시대의 문화에서 나타난 사회적인 관계들을 본 딴 표현들을 과도하게 사용하지 않아야 한다."[24] 이처럼 하나님을 남성으로 묘사하는 거의 유일한 어휘는 모든 우상과 헛된 이미지를 파괴하도록 부름을 받은 기독교 신앙의 핵심적 가치이며, 그 같은 신앙 위에서 우리는 교회 내에서 잔재해 있는 우상숭배를 우리가 끊임없이 비

판하고 하나님에 관한 언어와 그 상징들을 늘 초월하고 힘쓰도록 초대를 받고 있는 것이다.25)

두 번째 의식화 학습은 전통에 대한 비판이다. 비록 매우 광범위한 개념인 이 전통은 항상 여성을 억압하는 상황을 영속화하는 도구로 활용되었다. 이 영속화된 상황에서 해방하는 것이 전통에 대한 비판 교육이다. 전통을 비판한다는 것은 자의식을 포함하는 의식화 교육을 말한다. 이 의식화 교육은 억압받고 있는 피지배자에게 자연스러운 정신적 활동인데, 여성을 위한 의식화는 여성들이 자신들이 받고 있는 억압이 구조적일 뿐만 아니라 성 역할에 기반을 두었다는 사실을 분석하고 인식하도록 돕는다. 말하자면, 여성들은 스스로 남성들이 그들 이익을 위해 통제하는 제도 안에 있는 존재라는 사실을 인식하는 것이다. 그런 다음에 그들은 자신들이 고립된 희생자가 아니라 억압받는 집단으로서 억압 안에서의 연대를 통해 해방의 과정으로 발전하도록 도와주는 것이다. 따라서 의식화는 개인적인 문제로 배우는 학습의 과정을 넘어서 사회적 구조나 제도에 의해서 발생되어지는 문제이기 때문에 여성들의 문제는 개인적인 삶을 수정한다고 해서 문제가 해결되는 것이 아니라 사회정치적 제도를 개선하고 변혁하여야만 가능한 것이다. 이런 점에서 러셀이 여성 해방은 전 세계의 해방운동과 밀접한 관련을

맺고 있고, 가부장제의 중심으로 전수되었던 이 전통에서 해방시키는 일이라고 단언했다.26)

그런데 러셀은 여성을 위한 이 의식화의 궁극적인 목표는 하나님의 사랑에 근거되어야 한다고 논증한다. 우리 모두가 받아들이고 실천하여야 할 당위성으로서 하나님의 사랑은 해방을 위한 선물이다. 개인의 구원이나 사회의 구원에만 국한되는 선물이 아니라 그것은 다양한 상황과 시간 그리고 여러 가지 방법으로 나타나는 기쁜 소식이다. 이 기쁜 소식이 '평화'(shalom)다. 평화는 기존 체제를 묵인하는 것이 아니다. 평화는 '해방'과 '축복'을 목표로 하는 개념이다. 구체적으로 말하자면, 해방은 여성의 고통, 근심, 죽음, 죄악, 불안, 추격, 감금으로부터 구원을 말한다. 이 구원의 해방을 배제하는 일은 진정한 평화가 아니다. 그리고 축복은 평화의 또 다른 요소다. 축복은 "인간과 모든 피조물에 완전함과 선함을 창조하는 생명의 힘이다."27) 여성의 미래와 희망을 억압하는 일은 평화가 아니다. 평화란 여성 자신의 세계를 구현하고 실현하기 위해 희망하고 미래를 생각하도록 돕는 것이다. 러셀은 이 희망과 미래를 단절하는 것이 죄라고 규정한다. 죄란 단순히 과녁이 빗나가는 전통적인 의미에서가 아니라 인간의 축복을 막는 모든 행위가 죄다.28) 그런 점에서 죄란 사회적이고도 역사적인 실재다. 그 죄는 인간의 축복을 빼앗는 행위다. 즉 사람과 사람 사이의 어떠한 관계를 단절시키고 사랑의 결핍으로 인해 하나님과 화목을 깨뜨리며 동료 인간인 여성의 인격성을 파괴하는 것이 죄다. 그런데 이 죄는 우리 사회와 교회에서 개인적인 차원을 넘어서 집단적인 차원까지 되었다. 러셀이 적절히 지적하듯이, "죄는 해방의 반대 입장이나 혹은 다른 사람을 압제하는 것뿐만 아니라, 다른 사람을 비인간화시키거나 인간화의 반대 입장을 취하는 것으로서 인간 실재의 의미와 완전함을 배제하는 것을 의미한다."[29] 따라서 러셀의 페미니즘 신학은 단지 여성 해방의 영역을 넘어서 비인간화하는 어떠한 영속적 압제에서 해방과 축복의 평화를 실천하고, 나아가 여성과 더불어 상호 협력하고 협조하는 인격적이고 사회적인 하나님의 선물로 이해하는 것이다.

## 페미니즘 영성신학

이 페미니즘 영성신학은 교의 신학적 영성신학에서 출발하지 않고 여성의 경험에서 출발하는 신학 담론이다. 흔히 우리는 다음과 같은 물음을 던진다. 여성의 영성이라고 하면, 남성의 영성을 따로 구분해야 하는가. 만일 두 유형의 영성이 존재한다면, 남성의 영성과 여성의 영성은 본질적으로 서로 다른가. 본질적인 의미로서 남성과 여성의 영성이 별반 다르지 않을지 모른다고 추론해 보지만, 현실적인 의미에서 남성과 여성의 영성들이 매우 상이한 의미를 지니고 있다. 이 같은 차이성에 따라서 우리는 페미니즘 영성신학을 정의함으로써 논의를 시작해야 할 것 같다. 페미니즘의 영성신학이란 저마다 다르게 규정하지만 다음과 같은 의미를 함의하고 있는 것처럼 보인다.

페미니즘은 지금까지 남성들에 의해 지배되어왔던 수많은 영역들에서 느끼는 현실을 주장해왔다. 페미니즘이 인종주의, 특히 가부장의 부족주의와 같은 어떠한 형태를 초월하고자 하는 한에서 그것은 영성의 훈련을 깊이 이해하게 한다. 하지만 만일 페미니즘이 남자에 대한 것이 아니라 여성의 진행적인 자기 자신을 참조하는 방식으로 여성에 대한 관심이 중심이 된 새로운 부족주의(trialism)를 세운다면, 그것은 모두 포괄적이고도 보편적인 가능성들에서 해방하는 영성의 약속이나 희망을 저버리는 결과를 가져다줄지 모른다. 다르게 표현하자면, 우리를 초대하고 있는 생기 넘치는 영성이란 앤 E. 카가 적절히 지적하듯이, "여성들의 개인적인 자기-뒤틀림(curvature)을 극복하는 것이 아니라 그룹 혹은 공동체의 뒤틀림(curvature)을 극복하는 초월성이다."[30] 이것은 여성들 자신들의 내면에 젖어든 자기 비애나 한스러운 연민으로부터 벗어나야 하고, 동시에 여성들의 공동체나 모임에서 늘 이야기하는 적대적 이야기로 자위하는 형태의 이미지로부터 초월되어야 한다는 의미다. 어쩌면 카가 시도하려는 것처럼, 여성의 영성을 남성의 영성과 날카롭게 설정하고 대조하려는 영성은 진정한 영성이 아닌지 모른다.

## 은총의 변혁을 추구한 신학자, 앤 E. 카

앤 E. 카(Anne Elizabeth Carr, 1934~2008)는 주도적인 페미니스트 신학자다. 하지만 그녀의 방식은 전통적인 페미니즘 신학과 급진적 페미니즘 신학과는 차이를 둔다. 이는 앤 E. 카의 페미니즘 방식이 자매됨(sisterhood)의 의미를 추구하기 때문이다. 그리고 카는 페미니즘의 신학에서 페미니즘의 해방적이고 비판적인 방식 위에서 영성신학을 보다 강조하는 방식으로 작업함으로써 조금은 색다른 측면을 제시한다. 앤 E. 카는 시카고대학의 교수로 임용된 최초의 여성이며 신학자다. 그녀의 신앙 전통의 배경도 우리의 주목을 끈다. 카의 종교는 로마 가톨릭이며 동시에 가톨릭 수녀이기도 했다. 거의 30년 이상 현대신학의 거장으로서 가톨릭사상과 페미니스트 신학을 종합하고자 노력했던 여성신학자로서 카는 신학적 관심이 매우 다양하고 폭넓은 영역을 넘나들었다. 특히 카의 신학적 스펙트럼은 칼 라너(Karl Rahner)의 신학에서부터 토마스 머튼(Thomas Merton)의 신비영성에 이르기까지 다양한 주제를 아우른다. 하지만 아마도 그녀는 1988년에 출간한 『변혁하는 은총: 기독교 전통과 여성의 경험』에서 가톨릭 페미니즘 영성 신학자로 알려지게 되었다. 이 책에서 그녀는 현대 기독교 페미니즘의 포괄적인 조사를 통해서 신학자들 가운데 명성을 얻게 되었다. 그녀는 이렇게 적고 있다. "기독교와 페미니즘은 성실하게 그리고 확고하게 기독교 이상의 진리와 연결되어 있다."[31]

그녀는 1934년 11월 11일에 시카고에서 태어났다. 그녀는 시카고 남쪽 외곽에서 주로 성장했는데, 1956년에 시카고 로욜라대학과 합병한 먼델레인대학(Mundelein College)에서 학사 학위를 받았다. 그녀는 시카고 로욜라대학에서 영문학으로 석사과정을 하면서 2년 동안 시카고 공립학교에서 가르쳤다. 1958년 그녀는 블레스드 버진 메어리(Blessed Virgin Mary)라는 가톨릭 자선 단체에 적극 동참하면서 구체적인 현실참여와 사회적 이슈에 관심을 가지게 되었다. 이 기간에 교회 내 여성의 권리에 관한 문제에 관심을 가지게 되었다.

카는 2003년에 시카고대학교에서 은퇴했을 때, 시카고대학교 신학부 동료 교수인 데이비드 트레이시는 기독교 여성주의 신학자로서 그녀의 업적을 찬양했다. 『변혁하는 은총』에 대해서 트레이시는 다음과 같이 표현했다. "이 놀라운 작품에서 그녀는 결코 기독교 전통의 여성주의를 폭로하는데 주저하지 않았다. 간과되기 쉬운 여성의 신학과 경험의 자원을 되찾는데 있어서 머뭇거리지 않았다."[32] 1962년에 카는 맥쿼리대학에서 신학으로 석사학위(M. A)를 취득했고, 먼델레인대학에서 가르치기 시작했다. 그녀는 1964년에서 1966년까지 그 대학의 신학부에서 학장으로서 섬겼다. 1969년에 다시 맥쿼리대학에 입학하여 두 번째 석사학위를 마치고 1971년에 박사학위를 받았다. 1975년에 먼델레인대학과 인디애나대학에서 가르친 후에 그녀는 신학과 부교수와 신학과 부학장으로 맥쿼리대학으로 돌아와서 가르쳤다. 게다가 그녀는 또한 교회 내의 여성의 권리를 위해 헌신한 개척자로서 알려졌다. 1975년에 그녀는 가톨릭 여성 안수 모임(The Catholic Women's Ordination Conference)에서 로마 가톨릭 교회의 여성사제의 안수문제의 윤리적이고도 역사적인 사례를 발표했다. 가톨릭은 개신교보다 여성에 대한 차별적 억압을 보여준 사례로도 유명한데, 그녀가 여성 사제의 안수의 필요성을 발표한 것은 아마도 가톨릭 역사에서 매우 이례적인 것으로 기억되고 있다. 이 같은 카의 주장에 근거하여 사람들은 카의 신학을 매우 급진적이라고 평가한다. 그리고 1984년 카는 로마 가톨릭이 "낙태에 관하여 의견들의 다양성"에 관한 요구에 서명한 24명의 수녀들 중의 한 사람이었다. 이 내용은 1984년 대통령 캠페인 동안에 논쟁이 되었던 매우 민감한 사안이기도 했다.

시카고대학에서 그녀는 주로 기독교 사상의 역사, 현대 철학적 신학, 종교 철학 그리고 로마 가톨릭 연구를 중심으로 가르쳤다. 그녀가 출간한 책들은 『칼 라너의 신학적 방법: 지혜와 영』, 『토마스 머튼의 자아 신학』 그리고 『변혁하는 은총: 기독교 전통과 여성의 경험』 등이다. 1997년 카는 미국 가톨릭 신학 협회로부터 신학 분야에서 수여하는 존 코드니 머레이 상을 수상했다. "그녀는 그녀의 페미니스트 신학으로 알려졌다. 하지만 역사 신학자로서 그녀는 페미니즘을 초월했다." 그녀의 기독교 영성에 관한 관심은 신학이 최고조에 이르렀을 때에 나타났다. 앤 E. 카는 2008년 2월 11일 시카고 자택에서 하나님의 부름을 받았다.

## 페미니스트 영성신학의 방법론

여성의 영성은 무엇인가. 여성의 영성은 남성의 영성과 어떻게 다른가. 페미니스트 영성이란 어떤 방식인가.

카는 여성과 남성의 날카로운 이분법적 관계를 거부한다. 전통적으로 페미니즘은 남성의 가부장적인 것에 반대하고, 여성의 것을 강조함으로써 붙여진 이름이다. 그런데 그러한 페미니즘에 대한 이해는 통전적이지 않고, 오히려 부분적이고 지엽적이다. 이러한 사실에서 카는 영성의 이항 대립적 관계를 거부한다. 영성은 온전한 통전의 관계에서만 이해되는 개념이기 때문이다. 따라서 "페미니스트 이론은 모든 텍스트들이 남성 중심적인 가부장적 문화와 역사의 산물이다"라고 주장하는 엘리자베스 쉬슬러 피오랜자와 같은 페미니즘의 주장에 반대하는 애니 E. 카는 이처럼 여성의 영성과 페미니즘의 영성을 날카롭게 구분한다.[33]

우선 카는 페미니즘 영성을 여성의 영성과 구분한다. 그녀에 따르면, 여성의 영성은 남성과 대비되는 의미이지만, 남성의 경험과 여성의 경험은 일반적으로 다르기 때문에 여성의 경험에서 나오는 영성의 차이성이 있다. 그래서 이 여성의 영성은 독특한 역사적 기간을 걸쳐서 혹은 독특한 종교 안에서 아니면 인종적이거나 문화적 집단 안에서 연구되어졌을지 모른다. 여기에서 문화적 집단이란 청교도, 무슬림, 흑인이나 백인 중산층, 혹은 서구의 문화적 집단이고, 따라서 이 다양한 집단에서 여성의 영성이 연구되어졌을 뿐만 아니라 확실히 여성적 특징들이 묘사되기도 했다.34) 구체적으로 표현하자면, 남성의 영성이 문화적인 관계라고 한다면, 여성의 영성은 자연과 자연의 과정과 관계되어 있다. 남성의 영성이 객관적이고 구조적인 것이라면, 여성의 영성은 개별적이고 관계적이다. 남성의 영성이 보편적이고 추상적인 것이라면, 여성의 영성은 현실적이고 구체적이다. 그리고 남성의 영성이 지성적인 요소라고 한다면, 여성의 영성은 정서적이다.35) 이러한 구분은 남성과 여성의 연구 결과에 기인한다. 따라서 카는 페미니즘 영성신학의 방법론을 전개하기 위해서 전통적으로 남성의 영성을 고려하지 않고, 여성의 영성만을 가치로 여겼던 방식을 거부하는 것이다. 특히 전통적인 페미니즘 신학의 방법론에서 앤 E. 카는 여성의 경험을 해석학적 원리로 사용하는 것에서 두 가지 두드러진 문제점을 제기한다. 하나는 무엇이 정확히 여성의 경험인가의 문제이고, 다른 하나는 여성의 경험이 무엇이든지 간에, 그것이 해석을 위한 규범으로 기여할 수 있는가의 문제다. 이 두 가지 문제점에서 카가 말하듯이, 만일 여성의 경험이 해석적 규범으로 사용된다면, 오직 똑같은 결과만을 낳을 뿐이며, 따라서 여성의 자아비판을 제공하는데 실패할지 모른다는 것이다.36)

이 같은 비판에서 카는 페미니즘 영성신학을 전개하기 위해서 신학적 방법을 역사적으로 고찰한다. 역사적인 방식은 과거를 이해하고 미래의 방향을 예시하는 것인데, 카는 크게 세 가지 것을 중요하게 여긴 듯하다. 첫째, 페미니즘 영성신학의 방법은 "과거의 비판"에서 출발한다. 여성을 소외시킨 기독교 전통에 대한 비판은 페미니즘 영성신학의 출발점이다. 터툴리안, 알렉산드리아의 클레멘트, 어거스틴, 토마스 아퀴나스와 같은 기독교 전통 신학자들의 작품에서 여성 비하적 표현들은 여성을 "굴종의 상태에 가두었던 전통을 반영한다."37) 과거란 뭔가. 그것은 경험이다. 살아온 여성들의 경험은 카가 말하듯이, "여성의 역사적인 압제에 대한 위험한 기억들"이다.38) 따라서 이 여성의 과거 경험이 신학적 방식에 중요한 의미를 제공하는 열쇠가 된다.39) 둘째, 페미니즘 영성신학의 방법론은 잃어버린 여성의 역사를 찾는 것이 주된 목적이다. 여성은 역사에서 잃어버린 어휘다. 어느 누구도 여성의 중요성을 강조하지 않았다. 여성은 언제나 마녀와 같이 나쁘고 부정적인 의미로 즐겨 인용되고 사용된 말이었다.40) 셋째, 페미니즘 영성신학의 방법론은 전통적 기독교 교리들에 대한 비판적 탐구여야 한다. 전통적으로 하나님, 그리스도, 교회 그리고 죄와 같은 기독교 교리들은 "여성의 질과 경험을 신중하게 취급하지 않았다."41) 이러한 교리 가운데 기독교 범주의 가장 주된 교리는 하나님에 관한 교리다. 남성 중심의 하나님 교리는 페미니즘 영성신학에서 더 이상 효력을 발휘할 수 없기 때문에 하나님에 관한 교리는 상징적이고 메타포적 의미로 전환되어야 한다고 말한다. 따라서 카는 하나님을 "우리의 유한한 인간 실존과 지식의 미세하고 작은 섬 주변에 둘러싸인 무한한 바다와 같다"고 주장한다.42)

이런 근거에서 카는 페미니즘 영성을 하나님과의 관계에서 나타나는 양태로 그리고 하나님과의 관계에서 모든 사람과 모든 사물의 양태로 이해한다. 그 같은 인식은 여성들이 문화적이고 종교적인 이데올로기들에 대한 자기 의식적인 비판자라는 것을 의미한다. 우리 사회의 문화적이고 종교적인 이데올로기들은 여성들로 하여금 자기 현실화와 자기 초월성을 위한 온전한 기회들을 부정하게 한다.43) 이 비판적 예는 부정적이면서도 동시에 긍정적이다. 부정적으로 그것은 당연히 문화적이고 종교적인 견해들을 향한 건강한 의문과 경계를 갖는다는 것인데, 다양한 방식에서 수동적, 종속적, 부차적인 역할과 보상에 여성들의 기대들을 지속적으로 제한하는 것으로 나타난다. 반면에 긍정적으로 이 비판적 예는 진정한 상호성과 동등성 혹은 평등성이 널리 알려질 수 있는 세계의 비전을 포함시킨다는 것이다. 완전히 발전된 페미니즘의 영성은 보다 넓은 종교적 구조 안에서 통합된 페미니즘 의식의 중심적인 요소들에 대한 흔적들을 가지기 위해서 이 같은 방법론을 필요로 한다고 보인다.

## 통전적 영성을 향하여

카는 "영성을 궁극적 존재이신 하나님과의 관계에서 우리의 가장 깊숙한 종교적 신념들, 확신, 사유의 패턴, 정서 그리고 행동에 대한 전체성"으로 정의한다.[44] 영성은 창조의 모든 것과의 관계 속에 있는 타인, 사회 그리고 자연에 통전적이면서 초월적이다. 근본적으로 영성은 종교적이고 신앙적인 방향으로 설정되어 있다. 영성은 정확히 가치체제나 신학체제보다 훨씬 더 넓다. 왜냐하면 영성이란 포용적이면서도 침투적이기 때문이다. 지성적이고 사변적인 신학과는 달리 영성은 우리의 무의식적이거나 반의식적 깊이 속으로 침투하는 경향이 있다. 또한 그것이 행동과 태도를 형성하는 반면에 영성은 의식적 도덕 코드 그 이상이다. 하나님과의 관계에서 영성은 우리가 어디에 있는지, 가장 깊은 자아가 누구인지를 발견하려는 것이다. 기독교적 상황에서 하나님의 사랑은 우리가 결코 완전히 이름을 부를 수 없는 방식으로 우리 앞에 대면하고 있다. 따라서 현대인의 정신적인 위기와 영적인 고갈을 극복하기 위한 인간의 내면적 자기 대면과 명상을 영성의 중요한 가치로 받아들이도록 앤 E. 카는 요청한다. 카는 하나님의 사랑을 영성의 중요한 요소라고 말한다. 이 하나님의 사랑은 우리의 내면으로 향하는 힘이기 때문이다. 흔히 페미니즘 영성을 타인으로부터 받은 억압적 상황에 대처하고 저항하는 것으로 이해한다. 하지만 카의 페미니즘 영성은 우리의 영혼 심저에서 만나는 하나님의 사랑을 체험하는 행위로 이해된다. 그래서 이 페미니즘 영성은 여성으로 한정하는 영성을 강하게 거부한다. 여성으로 한정하는 영성은, 카가 말하듯이, 일종의 "부족주의"(tribalism)로 전락할 위험이 따른다. 따라서 남성과 여성을 초월하고 능가하는 것이 진정한 영성이라고 볼 수 있다.45)

그렇지만 카는 영성이 내면적 명상이나 기도에만 한정하는 일은 위험하다고 지적한다. 영성이 의식적 패턴의 과정을 거치지 않는다면, 여성이 추구하는 영성은 일방적이고 왜곡될 수 있다. 다시 말해, 카는 영성을 자기-검열의 의식적 차원으로 이해해야 한다는 것이다. 그런 의미에서 영성은 상당히 종교적일 뿐만 아니라 사회적이고 반성적 차원을 요구한다고 보인다.46) 따라서 카는 개인주의적 영성과 사회적 영성을 동시에 포용한다. 비록 영성이 개인적이긴 해도, 그것은 필연적으로 개인주의적 영성에만 머물지 않는다. 왜냐하면 개인적인 영성은 모든 것에 영향을 미치는 사회적인 것이기 때문이다. 말하자면 몸과 정신을 가지고 있는 자아와의 관계, 타인, 공동체, 자연, 정치, 사회, 공적 세계와의 관계에 미친다. 영성은 모든 인격들과 모든 그룹들이 살아가고 있는 수많은 내적 그리고 외적 세계들을 통합하면서 이 포괄적 사회 정황을 향해 의식적으로 지향될 수 있다.47) 카가 밝히고 있듯이, 페미니즘 영성은 강한 "동시대의 사회를 위해 강한 인간적인 요소들과 집단적인 요소들"을 가지고 있다. 19세기 개신교의 페미니스트들을 제외하고, 페미니스트 영성은 과거와 현재에 남성의 영성으로부터 차이가 나는 것뿐 아니라 동시에 여성영성의 가치로부터 차이를 드러낸다. 이것은 명백하게 "양성의 영성"(androgynous spirituality)이어야 함을 보여준다. 이 용어가 온전한 인간의 가능성들을 통합함으로써 인격에 초점을 맞추고 있다는 의미라면, 그것은 "인종, 계급 그리고 성의 상투적인 형식보다는 재능들과 매력에 의존된 선택들로 형성되는 양성적 영성이 되어야 할 것이다."48) 제한된 지평들은 일방적인 영성만을 추구하고 요구하는 법이다. 그것이 오히려 남성이 여성을 억압하듯 동일하게 여성이 여성을 억압하는 방식으로 작용할지 모른다. 남성과 여성은 서로 다른 관점을 가지고 있으며, 동시에 그들이 추구하는 영성 또 다른 방식으로 의존적임을 알아야 한다. 엄밀하게 "자매임"(sisterhood)을 여성의 자기 초월성과 자기 현실화의 확정 그리고 성, 인종, 계급 간의 상호관계성과 결합하는 여성에 독특한 강조를 두고 있는 여성영성은 보다 광의적인 인간 영성에 대한 방식으로 시간적 무대 위에서 희망을 갖게 하는 것이다.[49]

영성에 대한 구체적인 분석에서 카는 페미니즘 영성을 크게 세 가지 개념으로 설명한다. 그것들은 자율성, 자아실현성, 자기 초월성이다. 카가 밝히듯이, 페미니즘 영성은 "개인이나 집단의 진정한 자유를 의식적으로 옹호하기 위해 이데올로기들로부터 스스로 자유하려는 투쟁이다."[50] 하나님은 우리를 억압자나 종으로 부르지 않고 친구로 부르고 있다. 그러한 하나님 앞에 기독교 영성은 자유자를 위해 투쟁하는 것뿐만 아니라 인간으로서 자기 초월성을 위해 투쟁하여야 한다. 모든 인간은 자유자다. 종으로 부름을 받은 것이 아니라 자유자로 부름을 받은 여성들은 자기 초월적 삶을 비판적으로 검토하고 반성하여야 한다. 자율성은 우리 사회에 만연해 있는 인간의 억압, 특히 인종차별주의, 계급주의, 성차별주의, 엘리트주의의 보다 넓은 차원들을 이해하고, 모든 억압적인 집단들의 해방을 확증하여야 한다. 페미니즘 영성은 자기 비판적이어야 한다. 자기 비판적이란 자율적 인간으로서 기본 조건이다. 그리고 종교적으로 표현하자면, 기독교 영성은 우주적 관심에 눈을 돌려야 한다. 우주의 관심에 대한 기도와 행동으로서의 실천을 동시에 요구하는 것이 페미니즘의 영성이다. 이 우주는 하나님의 세계다. 카가 표현하듯이, 이 우주는 "하나님의 포괄적인 정신"(the inclusive mind of God)이다.[51] 여성의 문제는 우주적 문제다. 여성에 대한 관심은 보편적이고 우주적이기에 우리의 영성이 이러한 관심에서 배제된다면, 그것은 영성이 아니다. 여성에 대해 군림하려는 남성들은 우주를 파괴하는 행위를 범하고 있다. 남성들로부터의 폭력, 착취, 지배는 어제오늘의 이야기가 아니지만, 그것은 우주적 문제다. 우리가 싸워야 할 투쟁은 엘리트주의가 아니라 포괄주의가 되도록 싸워야 한다. 페미니즘 영성은 대화하기 위해 남성들을 초대한다. 남성들이 여성의 상황을 단지 알아줄 때까지 기다리는 것이 아니라 보다 적극적으로 그들과 대화를 시도하고 그들에게 여성의 이야기를 전하는 것이 필요하다. 능동적인 동참으로서의 페미니즘 영성이 보다 효과적이다.

요약하자면, 페미니즘 영성은 하나님과의 깊고 은밀한 관계를 추구하기 때문에 침묵과 홀로 있음의 시간을 요구한다. 침묵과 고독은 자신이 홀로 오로지 하나님과 함께 있음으로써 얻어지는 깨달음이다. 하나님은 신비다. 하나님은 남성에 의해 주조된 우상의 형상이 아니라 우리의 실존에서 묻는 물음에 반응하는 신비로운 존재다. 그 신비로서의 하나님은 우리가 마치 광야에 버려진 것처럼 느껴지더라도 우리와 함께 하시는 존재가 되신다. 페미니즘 영성은 이웃과 세계로부터의 도피를 위해서가 아니라 하나님과의 독대의 기회를 얻기 위해 필요하다. 이런 점에서 카는 우리의 명상이나 기도는 하나님의 진리 안에서 진정한 자아 발견을 하는 행위이며, 하나님과의 깊은 관계에서 잃어버린 자신을 확증하는 삶으로 변화된다는 것을 가르친다. 그래서 앤 E. 카는 이렇게 말한다. "하나님은 인간의 인격성을 위한 독특한 신비의 마르지 않는 근원이시다."[52] 이것이 여성의 "무화 경험"(experience of nothingness)이다.[53] 불안하고 외롭고 고독한 광야와 같은 여성의 경험은 무화의 경험을 통해서 죽음에 이르는 것이 아니라 참다운 자아를 찾고 하나님 앞에 희망의 존재, 즉 자아 확증의 경험으로 돌아서는 것이다.[54]

## 나가는 말

우리의 현실은 여성에 대한 새로운 시각을 필요로 하고 있고, 교회의 실천적 운동으로 여성주의 신학과 페미니즘의 영성신학이 절박한 상황이라 여겨진다. 가수 심수봉의 노래 가사를 하나 언급하면서 이 장을 마치고자 한다. 심수봉은 '남자의 나라'라는 노래를 불렀다. 이 노래는 우리나라가 남자의 나라라는 것을 폭로한다. 그리고 여자는 남자의 여자로 길들여진 매우 척박한 땅이라는 것이다. '남자의 나라'라는 이 노래는 '남자는 배 여자는 항구'나 '사랑밖엔 난 몰라'와 같은 그녀의 노래와는 달리 따라 부르기가 쉽지는 않다. 그런데 그 노래의 가사가 헐벗은 야산의 나무처럼 남성인 우리를 남루하고 부끄럽게 만드는 노래인 것 같다. 그 가사는 다음과 같다.

> 남자의 여자로 길들여진 척박한 이 땅
> 오늘밤도 마음 몇 번이나 이별의 잔을 든다.
>
> 선녀 왜 떠났는지 나무꾼 아직도 모르나
> 하루가 천년같이 어이~ 어이~ 어이~
>
> 저 선비 왜 공부했나 사투리 나라 패싸움 말고
> 자손들에겐 인색과 분노도 대물림 마오.
>
> 늦은 밤 발자국 소리 맘 졸이는 버릇이
> 처량한 기다림으로 바뀌어
> 달콤히 혀로만 사랑을 변장한 세월은
> 이제 다 거짓말인줄 알아
>
> 허기진 고독만 미끼처럼 칭칭 감아
> 이곳은 여자가 노예처럼 묶여지고

부려지는 남자들의 나라다.

선녀는 떠났다 사슬을 풀고
나무꾼의 나라가 변하기를 지금도 기다린다.

페미니즘 신학과 페미니즘 영성신학은 세 가지 점에서 중요한 의미를 제공한다고 보인다. 첫째, 남성 중심적 지배의 이데올로기 비판에 중요한 의미를 제공한다. 분명히 여성을 지배 체제에 묶어두려는 것은 잘못이고 죄다. 이 두 신학들은 우리에게 의미심장한 교훈을 가르친다. 그것은 심수봉의 가사처럼 "남자의 여자로 길들여지고," "여자가 노예처럼 묶여지고 부려지는 남자들의 나라"에서는 여성을 위한 사회적이고 인격적인 권리가 침범 당한다는 것이다. 따라서 러셀의 신학과 카의 신학은 교회와 사회에서 당연하게 여긴 여성에 대한 권리들을 다시금 생각하게 하는 중요한 신학들이라고 평가된다.

둘째, 러셀의 신학과 카의 신학은 여성과 남성의 구획적이고도 분절적인 영역으로 몰아가지 않도록 경계한다. 그들의 주장은 매우 설득력이 있다. 만일 페미니즘 신학들이 남성과의 다름으로 인해 여성을 일종의 게토와 같은 영역 속으로 몰고 간다면, 여성은 스스로 남성에 대한 혐오감이나 부정적인 미움의 마음이 일어나며, 그리고 여성 공동체에서 논의하는 담론이 대체로 여성에 대해 부정적으로 이야기하는 남성 공동체에 대한 반감으로 스스로 고립되어 여성들이 더 많은 고통 속에 방치될 수 있다. 이런 점에서 극단적 페미니즘의 형태들이 오히려 여성을 여성 해방의 의미보다는 이항대립의 세계로 또 다른 억압을 만들지 모른다. 이런 이유에서 러셀의 페미니즘 신학과 카의 페미니즘 영성신학은 하나님의 형상으로 지음을 받은 남성과 여성을 조화시키려는 양성의 영성적 측면에서 매우 유익한 의미와 가치를 제공하고 있다고 보인다.

셋째, 러셀의 신학과 카의 신학은 교회 안에서의 분리를 주장하지 않고 변혁을 주장했다. 대체로 페미니즘 신학은 전통적인 신학과 거리를 두었다. 개신교 여성목사로서의 러셀과 가톨릭 사목안수를 주장했던 카는 상당히 도전적인 열정으로 교회를 섬겼다. 실제로 그들은 여성의 교회 안의 적극적인 참여로 인해 현재의 제도와 의식에 큰 영향을 미쳤다. 그리고 그들의 노력은 가까운 미래에 여성을 위한 교회적 제도가 보다 체계적이고 광범위한 변혁의 담론을 통하여 새로운 운동으로 변하지 않을까 하는 희망을 엿본다. 어쩌면 카가 말한 대로, 하나님의 은총은 불변하는 것이 아니라 변하는 은총인지 모른다. 하나님의 은총은 남성들만을 위한 은총이 아니라 여성들을 위한 은총이기 때문이다.

    그럼에도 불구하고, 페미니즘 신학과 페미니즘 영성신학은 지나치게 가부장적 제도와 여성의 압제와 억압을 동일시하려는 경향을 보인다. 남성 중심의 제도가 갖는 불합리와 모순이 분명 존재하고 있지만, 그렇다고 이 가부장적 제도가 마치 악의 근원인 것처럼 비쳐지는 것은 그다지 달갑지는 않다. 시대의 변천에서 가족의 생계를 책임지고 보호하려는 아버지-남성은 지배체제의 계급적 의식이라기보다는 가족 구성원의 버팀목과 같은 책임자로서의 역할을 간과하고 있다는 남성들의 본능적인 염려에 대한 종식은 어쩌면 페미니즘 신학의 고민이 아닐까 싶다.

# ▌나가면서 ▌

『엇갈린 신학들의 풍경』은 이항 대립적 구도로 도식화하여 신학의 패러다임을 다소 단순화시켰다는 비판이 제기될 수 있지만, 이항 대립적 구도는 선명성을 극대화하는 장점을 가진다. 시대의 신학자들은 전혀 망설임이나 주저함이 없이 그들의 신학적 방법, 접근, 목표, 의도 그리고 주장을 선명하게 묘사했다. 그 같은 선명성이 어쩌면 신학의 차이성과 다양성을 가능하게 만들었는지 모른다. 그리고 풍화의 시간 속에서 새롭고도 다채로운 색을 뿜어내었던 신학들의 풍경을 조명할 수 있다는 것은 격렬한 부조화를 드러내기도 했지만 매우 흥미로운 경험이었다. 때로는 그것이 우울하고도 어두운 색으로 하나님과 세상을 화해하려는 모습으로, 때로는 밝고 화사한 희망의 색으로 죽어가는 세상에 하나님의 사랑을 전하는 모습으로 뿜어내고, 혹은 때로는 그것이 붉은색과 같은 혁명의 색으로 세계의 변혁자나 개혁자의 모습으로 뿜어내기도 했다. 그 하나님의 모습이 어떠하든 간에 신학들은 제각기 자신들의 색상으로 세상을 하나님과 소통하게 하고 이어주려고 했다. 그렇지만 유감스럽게도 그들이 선택한 신학의 색상이 시대의 색깔논쟁으로 이어졌다는 것은 애석했다. 부정하기 어려운 이러한 신학들의 논쟁은 사람들을 연속적인 분열과 격변의 벼랑으로 내몰았기 때문이다. 이런 점에서 신학들의 풍경은 한마디로 논쟁의 역사였다. 시대의 신학자들은 하나님의 진리를 호언하고 장담하며 다른 신학들을 불신했다. 신학적 차이의 의미를 수용하기를 거북스러워하거나 거절함으로써 그들은 스스로 기나긴 논쟁의 역사를 야기하고 말았다. 말하자면 그들은 저마다의 논리를 양보하는 자의 너그러움이 없었고, 미리 설정된 신학의 사유 틀 안에서 세상을 강제로 편입시키려 했다. 따라서 엇갈린 신학의 논쟁은 마치 기나긴 여름의 모내기를 마치고 추수를 기다리는 농부처럼 지루하고도 힘겨웠다.

우리가 신학들의 풍경을 관조(觀照)하면서 깊이 느낀 점들이 있다. 무엇보다도 신학들의 향연에서 보여준 논쟁이 비생산적이었다는 것이다. 우리가 관망했듯이, 어거스틴과 펠라기우스의 신학에서 원죄, 자유의지 그리고 하나님의 주권과 같은 논쟁들은 서방교회로 하여금 1백년이 넘도록 모든 힘과 에너지를 소진하게 만들었다. 비록 그들의 시대에는 매우 중요한 교리 논쟁으로 여겼는지는 몰라도, 그건 매우 비생산적이었다. 이후 수세기동안 그 같은 논쟁들이 지속적으로 되풀이 되곤 했다. 그것만 이었는가. 종교개혁이라는 시대적 명령 앞에서도 여러 신학자들은 성만찬을 놓고 벌어진 또 다른 소소한 논쟁들도 있었다. 그 논쟁으로 기독교 신앙의 본질이 훼손되었던 것을 우리는 기억한다. 그 같은 성만찬의 문제는 그 시대에만 끝난 것이 아니라 조나단 에드워즈의 청교도적 신앙에 전수되어 또 다른 논쟁의 불씨를 지폈다. 이처럼 신학의 논쟁들은 한마디로 생산성을 희생하는 비생산적 교리논쟁으로 비쳐졌다고 말할 수 있다. 그러면 지금 상황은 어떨까. 달라졌을까. 아마도 그다지 달라진 것 같진 않다. 여전히 우리는 많은 교리적 논쟁으로 우리의 신앙을 보존하고 타협하지 않으려는 마음에서 신앙의 가장 중요한 하나님의 놀라운 은총을 선포하고 예수 그리스도의 삶을 모방하고 따르려는 신앙의 실천에 방해를 받고 있는 듯하다. 그 결과, 그 같은 신학 논쟁으로 그리스도 안의 한 형제들에 대해 서로 적대적일 뿐만 아니라 진리의 이름으로 비난을 일삼고 있다. 그래서 신학은 경쟁적 신학을 죽임으로써 정통성의 작동을 확인한다. 문제는 그러한 논쟁이 동시대에 끝이 나지 않는다는 것이다. 그러한 일을 확인하는 방식은 항상 영웅을 추대하거나 추종한 신학자들의 몫으로 넘겨진다. 말하자면 추종자들은 항상 스승에 대한 존경에서 출발하여 그들의 스승과 생각을 달리하면 가차 없이 이단으로 정죄하고 사람을 헤침으로 권력의 기능을 재확인하는 방식을 선택하기 때문이다.

이런 맥락에서 우리는 신학들의 논쟁에서 뭔가 결핍되어 있다는 느낌을 지울 수 없을 것 같다. 그것은 비평의 가능성을 믿는 비평이다. 진리란 언제나 교정과 검토의 가능성 아래에서 작용한다. 시각과 관점의 차이성과 다양성은 열려져야 하고 더 나아가야 하며, 그래서 신학은 부단히 자기 수정의 가능성을 향해 창조적으로 변혁되어야 한다. 이런 이유에서 좋은 신학은 언제나 다른 비평의 가능성을 믿는 비평이어야 한다. 자기한계를 긍정하지 않는 신학은 좋은 신학이 아니라, 일종의 나쁜 신학이다. 그러므로 좋은 신학은 우리의 한정된 시대에서 하나님에 대한 탐구를 전혀 다른 시각과 관점으로 응시할 수 있다는 가능성을 믿어야 한다. 그것이 신학에 대한 믿음이다. 다시 말해, 그 믿음은 우리가 신학의 근본적인 물음으로 돌아가야 한다는 것을 의미한다. 신학은 뭔가. 신학은 무엇을 연구하는가. 신학의 목적은 '하나님에 관한 연구다.' 하나님을 이해하고 배우며 또 그분을 표현하려는 것이 신학의 본분이자 궁극적인 목적이다.

그럼에도 불구하고, 우리가 헤집어 본 신학들은 다양한 스펙트럼에서 극단적인 편가름으로 진행되어왔다는 것이다. 신학은 한마디로 편가름이다. 한정된 신학의 '이즘니스' (ismness)는 편당적 분리를 위한 제도적 장치에 불과했다. '하나님을 사랑하고 네 이웃을 네 몸과 같이 사랑하라'는 구호와 절규의 보편성은 개인적인 이웃에만 관계될 뿐이지 공적인 이웃, 곧 다른 신학의 '이즘니스'에게는 아무런 연관이 없었다. 독일의 유물론 철학자 루트비히 포이어바흐(Ludwig Feuerbach)는 이렇게 말한다. "믿음은 사람 사이의 자연스러운 유대를 붕괴한다."[1] 이처럼 우리와 다른 이웃은 사랑의 마음에 자리 잡을 수 없었다. 오로지 신학자들의 신학담론을 읽고 쓰고 사유함으로 누구의 편에 설 것인가를 강요받는다. 이러한 강요의 중압감은 견디기 힘들다. 신학의 '이즘니스'에 소속되지 못하면, 그가 따르는 신학은 이미 죽은 신학이며 악한 신학으로 규정된다. 하나님에 대한 탐구로서의 신학은 무엇을 염두에 둔걸까. 그것은 아마도 하나님의 사랑의 표현이 아닐까 싶다. 하나님이 세상을 사랑하신다는 그 하나님의 속성을 이해하고 표현하는 것이 신학의 담론이었을 것이다. 여성생태신학자인 샐리 맥페이그(Sallie McFague)가 적절히 지적했듯이, 신학이란 "하나님의 변화시키는 사랑의 사건이다."[2] 하나님에 대한 사랑은 매우 깊고도 넓다. 헤아릴 수 없는 그의 사랑은 신학적 언어를 넘어선다. 그런데 우리가 사용하는 한계의 언어는 하나님의 사랑을 제한시킨다. 사실 신학자들이 주고받는 대화들은 너무 서늘하다. 신학의 지평 너머로 사라진 하나님의 체취가 그립다. 언어에 갇힌 신학은 사람들을 억압한다. 언어에 갇힌 신학은 진리를 억압한다. 언어에 갇힌 신학은 우리의 신앙을 강제한다. 사정이 그러다보니, 신학들의 진리는 너무 멀고도 아득하다. 그러므로 우리는 특정 신학을 향한 과도한 찬사를 보내서도 안 되며, 그렇다고 신학이 하찮거나 무가치하다고 단언해서도 안 된다. 왜냐하면 우리가 행하는 신학은 무시하거나 낡아 헤어진 과거의 집적물이 아니기 때문이다. 과거의 신학은 오늘 우리가 연구하는 하나님의 탐구로서의 신학적 사유를 통해서 새로운 의미망을 구축해내는 작업의 근거로 이해되어야 한다. 그러므로 시대의 신학들이 그려놓은 풍경의 하나님은 저마다의 독특하고도 독자적인 형태로 더 자유롭고 풍성해지기를 바라는 희망에서 보듬어주고 초월할 수 있는 이른바 '포월(抱越)의 언어'로 묘사되어야 하지 않을까 싶다.

## 제1장  정치신학과 문화신학의 논쟁

1) 어거스틴의 『은총론』, 74에서 재인용.
2) 펠라기우스의 생애는 주로 B. R. Rees, Pelagius: Life and Letters (Rochester, NY: The Boydell Press, 1988)를 참고로 하여 도움을 받았다.
3) Ibid., xi.
4) Ibid., xv. "네스토리우스파"(Nestorians)는 콘스탄티노플의 총대주교 네스토리우스의 주장을 신봉하는 가톨릭의 일파를 말한다. 예수 그리스도는 하나님의 피를 나눈 아들이지만, 하나님의 말, 즉 로고스(logos)는 아니며 따라서 마리아는 하나님의 생모가 아니라고 믿었다. 하지만 그리스도에 관해서는 2개의 본질적으로 다른 위격(位格; persona), 즉 하나님과 인간이 밀접하게 결합하고 있다고 믿었다. 이런 교리로 인해서 펠라기우스가 정죄되었던 같은 해 431년 에베소 공의회에서 네스토리우스파는 이단으로 배척되었다.
5) Phillip Schaff, 『니케아 시대와 이후 기독교』, 이길상 옮김 (서울: 크리스찬 다이제스트, 2004), 677.
6) Rees, Pelagius: Life and Letters, xiii.
7) R. F. Evans, Pelagius: Inquiries and Reappraisals (London: 1968)를 참조하라.
8) Rees, Pelagius: Life and Letters, xiv-xv.
9) Robin R. Collingwood, "Britain in the Fifth Century," The Oxford History of England, ed., G. N. Clark (Oxford: Clarendon Press, 1937), 308.
10) Theodore De Bruyn, "Introduction," Pelagius's Commentary on St. Paul's Epistle to the Romans, translated with Introduction and Notes, Theodore De Bruyn (Oxford: Oxford University Press, 2002), 10.
11) B. R. Rees, The Letters of Pelagius and his Followers, vol 2 (Rochester: Boydell Press, 1991), 2.
12) Ibid.
13) Pelagius: Life and Letters, xi에서 재인용.
14) Rees. Pelagius: Life and Letters, 84; Bruyn, Pelagius's Commentary

on St. Paul's Epistle to the Romans, 92-4를 보라.
15) Schaff, 『니케아 시대와 이후의 기독교』, 678.
16) Ibid., 677.
17) Ibid., 679.
18) 필자는 세례란 말을 침례로 고치지 않았다. 읽는 사람들에게 당시의 상황에 대한 문제를 어느 정도 공명되었기 때문이다. 그래서 세례란 말을 그대로 사용했음을 밝힌다.
19) Rruyn, Pelagius's Commentary on St. Paul's Epistle to the Romans, 24-5.
20) Rees, Pelagius: Life and Letters, 10-2.
21) Ibid., 19, 60.
22) Ibid., 32-4.
23) Ibid., 32.
24) Robert A. Peterson and Michael D. Williams, Why I am not an Arminian (Downers Grove, Illinois: IVP Books, 2004), 21.
25) 어거스틴의 전기에 관해서는 대체로 Peter Brown, St. Augustine: A Biography (California: University of California Press, 2000)를 참조하였다.
26) St. Augustine, 『고백론』, 김희보, 강경애 옮김 (서울: 동서출판사, 2008), 7권을 보라. 7권은 그의 31세 때의 일을 상세히 기록해 놓고 있고, 플라톤주의에 대한 매력을 느끼면서 인식의 지평이 넓어졌고, 그로 인해 교만함이 늘어났다고 고백하고 있다.
27) Ibid., 10권, 3장, 248.
28) Ibid., 1권 7장, 58.
29) Ibid., 10권, 5장, 251.
30) Laigi Gioia, The Theological Epistemology of Augustine's De Trinitate (Oxford: Oxford University Press, 2008), 232.
31) Marcus J. Borg, The Heart of Christianity: How We Can Be Passionate Believers Today (San Francisco: Harper Collis Publihsers, 2004), 166-7. 라인홀드 니버는 어거스틴의 영성 전통에서 죄를 '교만'(pride), 즉 '휘브리스'(hubris)로 해석한다. 하나님을 멀리 떠나 자기중심적이고 이기적인 삶의 추구하는 방식은 인간의 유한성과 불가항력의 본성이었다.

32) 하나님의 형상은 정신적인 요소와 물질적인 요소를 동시에 포함한다. 몸과 정신은 하나님을 닮으려는 것의 보증이다. 기오이아에 따르면, 어거스틴은 물질주의적 영성과 신비주의적 영성의 극단적인 형태를 지향하고, 영성이란 이 두 요소를 동시에 포함하는 것이라고 생각했다. Laigi Gioia, The Theological Epistemology of Augustine's De Trinitate (Oxford: Oxford University Press, 2008), 232-4를 보라.
33) Augustine, 『고백론』, 64-5.
34) Ibid., 215-6.
35) Ibid., 247.
36) Ibid.

## 제 2 장  칼빈주의 신학과 알미니우스 신학의 논쟁

1) James I. Packer, "Arminianius" Through Christ's World A Festschrift for P. E. Hughes, ed. W. Robert Godfrey and Jesse L. Boyd III (Publishing, New Jersey: P & R, 1985), 121.
2) Robert A. Peterson and Michael D. Williams, Why I am not an Arminian (Downers, Grove, Illinois: IVP Books, 2004.
3) John Calvin, 『기독교 강요』 상, 김종흡, 신복윤, 이종성, 한철하 공역 (서울: 생명의 말씀사, 1997), 1.2.2.
4) T. H. L. Parker, John Calvin (Philadelphia: Westminster Press, 1975), 53.
5) Herman J. Selderhuis, John Calvin: A Pilgrim's Life, trans. Albert Gootjes (Downers Grove, Illinois: IVP Press, 2009), 11.
6) Willem Spijker, 『칼빈의 생애와 신학』, 박태현 옮김 (서울: 부흥과 개혁사, 2009), 2장을 보라.
7) William C. Placher, The Domestication of Transcendence: How Modern Thinking about God Went Wrong (Louisville: Westminster John Knox Press, 1996), 52-3을 보라.
8) Calvin, 『기독교 강요』, 1.1.3.
9) Selderhuis, John Calvin: A Pilgrim's Life, 7.

10) Calvin, 『기독교 강요』, 2.2.1.
11) Ibid., 2.1.9.
12) Ibid., 1.4.2.
13) Placher, The Domestication of Transcendence, 52.
14) Calvin, 『기독교 강요』, 1.5,7.
15) Phillip Schaff, 『스위스 종교개혁』, 박경수 옮김 (고양: 크리스챤 다이제스트2004), 253.
16) H. Orton Wiley, Christian Theology, vol. 2 (Kansas City, Mo.: Beaconhill, 2008), 339.
17) Robert A. Peterson and Michael D. Williams, Why I am not an Arminian (Downers Grove, Illinois: IVP Books, 2004), 48. 이 책은 칼빈주의 입장에서 알미니우스주의의 입장을 비판하고, 칼빈주의를 변증하는 책이다.
18) Ibid., 65-6.
19) Calvin, 『기독교 강요』, 3.21.1.
20) Ibid.,3.21.5.
21) Ibid., 3.21.2.
22) 교회를 강조한 칼빈의 생각은 그가 스트라스부르그에 머물고 있었을 때 정리가 된 것처럼 보인다. 이 시기는 1538년 8월에서 1541년 9월이었다. 칼빈은 그의 『기독교 강요』 제4권에서 구체적으로 언급했다. 교회에 관한 그의 주장은 그 양에 있어서 엄청나다. 이것은 아마도 부패한 당시의 로마교회를 염두에 둔 것이었기에 그리스도의 몸으로서의 참된 교회는 진리의 토대라는 의미를 알리려는 의도에서 쓰였다. 신복윤, 『칼빈의 하나님 중심의 신학』 (서울: 합동신학대학원출판부, 2005), 233-60; 그리고 이근삼, 『칼빈과 칼빈주의』 (서울: 생명의 양식, 2007), 262-277을 참조하라.
23) Ibid., 4권, 1장, 50. 칼빈은 교회의 머리에 교황이 앉은 것에 대해 그리고 가톨릭교회를 통해서 교황 제도법을 부정한다. 따라서 그에 의하면, 가톨릭의 교회법은 무의미하고 무익하다고 단언하기에 이른다.
24) Ibid., 4.6.9.
25) Ibid., 4.1.1.

26) '아버지'를 하나님으로 묘사한 것은 15세기의 어휘다. 오늘날 하나님을 아버지로 묘사하는 것을 불편해 하는 신학자들이 많다. 특히 페미니즘 신학은 하나님을 독단적이고 지배적인 아버지로 부르지 않기 때문이다. 하지만 이 말은 당시의 신학적 풍경을 묘사하고자 사용한 어휘를 그대로 사용했음을 밝힌다.
27) Ibid., 4.6.9.
28) Ibid., 4.2.6.
29) Ibid., 4.6.12.
30) Ibid., 4.14.1; 4.14.2를 참조하라.
31) 알미니우스의 생애에 관해서는 다음과 같은 저서들을 근거하였음을 밝힌다. Carl Bangs, Arminius: A Study in the Dutch Reformation (Grand Rapids: Francis Asbury Press, 1985), 25-36; 이성주, 『알미니우스의 신학』(서울: 성지원, 1998), 11-25; Tony Lane, 『복음주의 입장에서 본 기독교 사상사』, 김응국 옮김 (서울: 나침반사, 1992), 296-301; 그리고 J. L. Neve & O. W. Heik, 『기독교 신학사』, 서남동 옮김 (서울: 대한기독교서회, 1995), 41-84
32) 알미니우스에 대한 평가는 Richard A. Muller, God, Creation and Providence in the Thought of Jacob Arminius: Sources and Directions of Scholastic Protestantism in the Era of Early Orthodoxy (Grand Rapids: Baker Book House, 1991), 3-6을 보라.
33) Alan P. F. Sell, 『칼빈주의와 알미니안주의와 구원』, 김경진 옮김 (서울: 생명의 말씀사, 1996), 19-20.
34) Muller, God, Creation and Providence, 19. 40-1.
35) Arminius, Works, vol. 3, trnas. James Nichols and William Nichols (Grand Rapids: Baker Books, 1999), 386.
36) William Gene Witt, "Creation, Redemption, and Grace in the Theology of Jacob Arminius," vol. 1., Ph. D. dissertation (Indiana: Notre Dame University, 1993), 215-16.
37) 아리스토텔레스의 견해를 도입한 알미니우스의 신적 지식에 관해서, 정승태, "하나님의 주권과 인간의 자유: 알미니우스적 견해," 『하나님의 주권과 인간의 자유』, 침례교신학연구소 편

(대전: 침례신학대학교출판부, 2003), 222-5를 참조하라.
38) Arminius, Works, vol. 3, 231.
39) 정승태,『합리적 신앙을 위한 종교철학담론』(대전: 침례신학대학교출판부, 2005), 506. 알미니우스의 논문은 이 책의 부록에 수록되어 있다.
40) Arminius, Works, vol. 2, 49-50.
41) Ibid., 400.
42) 이 구절은 Phillip Shaff,『스위스 종교개혁』, 박경수 옮김 (서울: 크리스챤 다이제스트, 2004), 676에서 인용했음을 밝힌다.
43) Placher, The Domestication of Transcendence, 554-5.
44) Peterson and Williams, Why I am not an Arminian, 11.

## 제3장  청교도 신학과 초월주의 신학의 논쟁

1) George Marsden『조나단 에드워즈와 그의 시대』, 정상윤 옮김 (서울: 복 있는 사람, 2009), 223.
2) F. B. Bexter. Biographical Sketches of the Graduates of Yale College (1888), 347.
3) Iain H. Murray,『조나단 에드워즈: 삶과 신앙』(서울: 이레서원, 2005), 63에서 인용.
4) George M. Marsden, Jonathan Edwards: A Life (New Haven: Yale University Press, 2004), 11-3.
5) Ibid., 182.
6) 양낙홍의『조나단 에드워즈: 생애와 사상』, 581-2를 보라.
7) Ibid., 582.
8) 조나단 에드워즈의 생애에 관해서는 George M. Marsden, Jonathan Edwards: A Life (New Haven: Yale University Press, 2004)과 Iain H. Murray의『조나단 에드워즈: 삶과 신앙』그리고 양낙홍의『조나단 에드워즈: 생애와 사상』을 기초로 하고 기타의 자료들을 참조했다.
9) 양낙홍,『조나단 에드워즈: 생애와 사상』(서울: 부흥과 개혁사, 2003), 12.

10) Ibid., 95.
11) Ibid., 446.
12) John Smith, eds., 『신앙 감정론』, 조나단 에드워즈 전집, 제1권, 정성욱 옮김 (서울: 부흥과 개혁사, 2005), 151.
13) Ibid., 148-9.
14) Ibid., 191-282를 참조하라.
15) Ibid., 285-638에서 간략히 요약했음.
16) Ibid., 177에서 재인용.
17) Jonathan Edwards, The Religious Affections, Select of J. E. Banner of Truth(1961), 113-4.
18) 뉴잉글랜드의 성직자들은 대각성운동을 지지하는 '새빛파'(New Light)와 그것을 반대하는 '옛빛파'(Old Light)로 양분되었는데, 촌시와 쿠퍼는 예빛파의 성직자들이었다. 특히 찰스 촌시는 보스턴의 제일교회에서 부목사로 일을 하면서 예빛파의 대변자로 명성을 얻었다. 후에 촌시는 칼빈주의를 비판하면서 자유주의자란 별명을 얻었다.
19) Gary Dorrien, The Making of American Liberal Theology: Crisis, Irony, and Postmodernity (Louisville: Westminster John Knox Press, 2006), 455-459를 참조하라.
20) Sydney E. Ahlstrom, ed., Theology in America: Protestant Voices from Puritanism to Neo-Orthodoxy (Indianapolis: Bobbs-Merrill, 2003), 47.
21) Garry Dorrien, The Making of American Liberal Theology: Imagining Progressive Religion, 1805-1900, (Louisville: Westminster John Knox Press, 2001), 59.
22) Ted Honderich, ed., The Oxford Companion to Philosophy, 2rd edition (Oxford: Oxford University Press, 2005), 240.
23) Paul, F. Boller, Jr., 『미국초월주의의 이해』, 정태진 역 (서울: 한신문화사, 1995), 35.
24) Ibid.
25) Dorrien, The Making of American Liberal Theology: Imagining Progressive Religion, 1805-1900, 61.
26) Ralph Waldo Emerson, 『자신감』, 이창기 옮김 (서울: 하늘아래,

2006), 52.
27) Ibid., 53.
28) Ibid., 47.
29) Ibid., 49.
30) Ibid.
31) Emerson, 『자기 신뢰』, 150.
32) Ibid., 176.
33) Emerson, 『자신감』, 64.
34) Emerson, 『자기 신뢰』, 177.
35) Ibid., 186.
36) Ralph Waldo Emerson, 『자연론』, 21.
37) Ibid., 18-9.
38) Ibid., 21.
39) Ibid., 45.
40) Ibid.
41) Ibid., 46.
42) Ibid., 46.
43) Bruce Kublick, 『미국철학사, 1720~2000』 (서울: 서광사, 2004), 143-4.
44) Charles Taylor, A Secular Age (Cambridge, Massachusetts: The Belknap Press of Harvard University Press, 2007), 351.
45) Ralph Waldo Emerson, 『자기 신뢰』, 17.
46) Ibid.
47) Ibid.,
48) Ibid., 186.
49) Marsden, 『조나단 에드워즈와 그의 시대』, 33.

## 제4장 자유주의 신학과 신정통주의 신학의 논쟁

1) Richard Niebuhr, Christ and Culture (Harper & Row, Publishers, 1951), 83-5. 번역판, 『그리스도와 문화』, 김재준 옮김 (서울: 대한기독교서회, 1986), 89-91를 참조하라.
2) Ibid., 83. 니버는 "문화 개신교"의 운동을 리츨과 관련하여 설

명하고 있다. 그에 의하면, 리츨은 이성의 한계 안에서 종교가 인간성의 종교로 전향됨에 따라 문화의 그리스도가 가장 활발하게 이해되고 설명되었다는 것이다. Ibid., 91-101를 보라.
3) Alister McGrath, 『기독교, 그 위험한 사상의 역사』, 박규태 옮김 (서울: 국제제자훈련원, 2009), 506-8.
4) 아프리오리(a priori)는 선험적이라는 의미로서 경험과 구별하려는 개념으로 사용된다. 경험이란 아포스테리오리(a posteriori)를 의미한다. 아프리오리는 이성을 강조하는 합리주의 전통을 말하고, 아포스테리오리는 경험주의 전통을 말한다.
5) Martin Redeker, 『슐라이에르마허: 생애와 사상』, 주재용 옮김 (서울: 대한기독교출판사, 1985), 15.
6) Ibid., 82-6을 보라.
7) Ibid., 83.
8) Ibid., 84.
9) Ibid., 234-7.
10) 견신례(Sacrament of Confirmation)는 견신성사 혹은 견진성사라고 부르기도 하는데, 가톨릭교회의 7성사(聖事) 중 세례성사 다음에 받는 의식을 말한다. 이 의식은 성령의 거듭남과 죄의 용서함에 대해 하나님께 감사를 드리는 의식이다. 대부분 가톨릭교회, 성공회, 정교회에서 이 의식이 행해지고 있지만, 개신교회에서도 이 의식을 행하는 교회들도 있다.
11) Arthur O. Lovejoy, 『존재의 대연쇄』, 차하순 옮김 (서울: 탐구당, 1984), 424.
12) 자연종교에 대한 비판은 철학자 임마누엘 칸트에 의해서 가능했다. 칸트는 합리적인 종교체제를 합리적인 방식으로 비판했는데, 그의 비판은 아프리오리 논증의 형식으로 직관이라는 방식이었다. 이 직관의 방식이 아마도 슐라이어마허에게 영향을 준 것처럼 보인다. 슐라이어마허와 임마누엘 칸트의 시대적 연관성에 관해서는 박봉랑, 『신학의 해방』 (서울: 대한기독교출판사, 1991), 385-8을 보라.
13) Friedrich D. E. Schleiermacher, 『종교론: 종교를 멸시하는 교양인을 위한 강연』, 최신한 옮김 (서울: 한들출판사, 1997), 60. 슐라이어마허는 이 직관이 종교의 가장 보편적인 형식이면서도

최상의 형식이라고 단언한다. 즉 이 형식으로부터 종교의 본질과 그 경계가 명확하게 규정된다는 것이다.

14) Stanley J. Grenz and Roger E. Olson,『20세기의 신학: 하나님의 내재성과 초월성을 중심으로 한 현대 신학의 비평』, 신재구 옮김 (서울: 한국기독학생회, 1998), 63.
15) Friedrich D. E. Schleiermacher,『종교론: 종교를 멸시하는 교양인을 위한 강연』, 최신한 옮김 (서울: 한들출판사, 1997), 200.
16) Ibid., 235-53을 보라.
17) Friedrich D. E. Schleiermacher,『기독교 신앙』, 최신한 옮김 (서울: 한길사, 2006), 60-2.
18) Ibid., 119.
19) Ibid.
20) Ibid., 59.
21) Friedrich D. E. Schleiermacher,『종교론: 종교를 멸시하는 교양인을 위한 강연』, 최신한 옮김 (서울: 한들출판사, 1997), 45.
22) Ibid., 40.
23) Ibid., 71.
24) Ibid., 78
25) Schleiermacher,『기독교 신앙』, 71-2.
26) Arthur O. Lovejoy,『존재의 대연계』, 398.
27) Schleiermacher,『독백론』, 30-1.
28) Friedrich D. E. Schleiermacher,『성탄 축제』, 최신한 옮김 (서울: 문학사상사, 2001). 이 책은 플라톤의 대화적 형식으로 구성된 책이다. 성탄 축제는 크리스마스 이브의 의미와 그리스도 탄생에 관한 성서의 설명에 관하여 친구들과 나눈 대화다. 이 대화에 참석한 사람들은 남녀 주인, 그리고 약혼한 한 쌍, 아그네스, 젊은 카롤리네, 사춘기이지만 조금 조숙한 소피에, 레오나드 그리고 마지막으로 끝날 때에 도착한 헤른후터 요세프이다. 그들이 등장하여 성탄의 경험을 공유하는 대화들로 구성되어 있다.
29) Ibid., 54.
30) Ibid., 141.
31) Ibid., 143.

32) Ibid., 156-8. 이 책은 4장으로 구성되어 있는데, 1장은 성탄 전야, 2장은 성탄의 화제, 3장은 성탄 이야기, 그리고 4장은 성탄의 의미다. 원래 이 책은 슐라이어마허가 사랑했던 그루노우로부터 청혼을 거절당하고 낙심과 좌절의 상황에서 나온 작품이다. 이 책을 친구들에게 크리스마스 선물로 줄 계획으로 서둘렀다. 하지만 1805년 12월 24일에 이 책이 인쇄소에 넘겨졌지만, 실제로는 며칠 뒤인 1806년 1월에 출판되었다.
33) 김명용, 『칼 바르트의 신학』 (서울: 도서출판 이레서원, 2007), 42.
34) 박봉랑, 『신학의 해방』, 189에서 재인용.
35) Friedrich D. E. Schleiermacher, 『성탄 축제』, 최신한 옮김 (서울: 문학사상사, 2001)을 보라.
36) Karl Barth, 『칼 바르트가 쓴 모짜르트 이야기』, 문성모 옮김 (서울: 한들출판사, 1995), 91.
37) Tony Lane, 『기독교 인물 사상 사전』, 박도웅, 양정호 옮김 (서울: 홍성사, 2008), 361에 재인용.
38) Karl Barth, 『로마서 강해』, 조남홍 역 (서울: 한들, 2004), 86.
39) 김영용, 『칼 바르트의 신학』, 178.
40) Emil Brunner, Man in Revolt (Philadelphia: The Westminster Press, 1939), 71.
41) Karl Barth, 『교의학』, 1/1, 박순경 옮김 (서울: 한들출판사, 2003), 162.
42) Ibid., 154-165를 보라. 하나님의 말씀의 삼중적인 양태의 순서는 하나님의 선포된 말씀, 하나님의 기록된 말씀 그리고 하나님의 계시된 말씀의 순서이다. 하지만 이 순서를 하나님의 계시된 말씀, 하나님의 기록된 말씀 그리고 하나님의 선포된 말씀의 역순으로 구성했음을 밝힌다.
43) Ibid., 140-1.
44) Ibid., 132.
45) Ibid., 185.
46) Ibid., 183-9를 참조하라.
47) David L. Muller, 『칼 바르트의 신학사상』, 이형기 옮김 (서울: 양서각, 1986), 35.
48) Ibid., 64에서 인용.

49) Karl Barth, 『로마서 강해』, 조남홍 역 (서울: 한들출판사, 1997), 201.
50) Ibid., 204.
51) Ibid., 202.
52) Barth, 『교의학』, II/2, 339.
53) Brunner, Man in the Revolt, 33.
54) Ibid., 42.
55) David Muller, Karl Barth (Texas, Waco: Word Books, Publisher: 1972), 109.
56) Barth, 『교의학』, II/2. 447.
57) Ibid., 448.
58) Tony Lane, 『기독교 인물 사상 사전』, 박도웅, 양정호 옮김 (서울: 홍성사, 2007), 331.

## 제5장  해방신학과 신복음주의 신학의 논쟁

1) 신정통주의자 칼 바르트는 '평신도'라는 개념을 좋아하지 않았고, 그리스인의 이야기에서 거부되어야 하는 용어로 보았다. 그는 이렇게 말한다. "신학은 신학자들의 사적 보유물이 아니다. 그것은 교수들에게 한정된 사적인 문제도 아니다…. 또한 목사들에게만 해당되는 사적인 사안도 아니다…. 신학은 교회의 문제다. 교회는 교수와 목사가 없이는 제대로 굴러가지 않는다. 하지만 신학의 문제, 교회의 섬김의 순수성의 문제는 전 교회 앞에 놓인 것이다. '평신도'라는 용어는 종교적인 어휘에서 최악의 용어 중 하나이므로 그리스도인의 대화에서 사라져야 마땅하다." R. J. Erley and R. Marquard, eds, A Karl Barth Reader, trans. G. G. Bromiley (Grand Rapids: Eerdmans, 1986), 8-9에서 인용.
2) 필자는 해방의 신학과 해방신학을 구분한다. 사회의 약자를 위한 신학으로 해방의 신학이라고 부르고, 라틴 아메리카의 신학을 해방신학이라고 부른다. 이것을 구분한 것은 사회의 약자를 위한 신학들이 해방이라는 주제로 접근하기 때문이다.

3) Gustavo Gutierres, A Theology of Liberation, trans. Sister Caridad Inda and John Ealeson (New York: Orbis Books, 1973), 18. 번역본 『해방신학』, 성염 옮김 (서울: 분도출판사, 1977). 여기에 언급된 페이지는 영어판을 참고로 했음을 밝혀둔다. 오래 전에 쓴 글을 재구성했기에 한국어판을 다시 찾아 대조하는 일을 피했다.
4) Ibid., 18-21을 보라.
5) Ibid., 27.
6) Ibid., 58-59.
7) Ibid., 59.
8) Ibid.
9) Ibid., 83.
10) Ibid., 112-4.
11) Ibid., 56.
12) Ibid., 135-173을 보라.
13) Ibid., 178.
14) Ibid., 184.
15) Ibid.
16) Julio Lois, 『해방신학의 구조와 논리』, 김수복 옮김 (서울: 한국신학연구소, 1988), 263에서 인용.
17) Gustavo Gutierres, 『우리의 우물에서 생수를 마시련다』, 김문호 옮김 (서울: 한국신학연구소, 1986), 22.
18) Gutierres, A Theology of Liberation, 22-4를 보라.
19) Cone, 『눌린 자의 하느님』, 140.
20) Gutierres, A Theology of Liberation, 116-20.
21) Gutierrez, 『우리의 우물에서 생수를 마시련다』, 34-7를 보라.
22) Gutierres, A Theology of Liberation, 116.
23) Ibid., 117.
24) Ibid., 24.
25) Ibid., 263.
26) Alister McGrath, 『복음주의와 기독교적 지성』, 김선일 옮김 (서울: 한국기독교학생회출판부, 2001), 132.
27) Standley J. Granz, 『조직신학: 하나님의 공동체를 위한 신학』, 신옥수 옮김 (서울: 크리스챤 다이제스트, 2008), 32.
28) Stanley J. Grenz & John R. Franke, Beyond Foundationalism: Shaping

Theology in a Postmodern Context (Louisville: John Knox Press, 2001), 17.
29) Ibid.
30) Ibid., 24-7를 참조하라.
31) Stanley J. Grenz, 『조직신학: 하나님의 공동체를 위한 신학』, 34.
32) Stanley J. Grenz & Roger Olson, 『신학으로의 초대』, 이영훈 옮김 (서울: 한국기독교학생회, 1999), 25-39를 보라.
33) Ibid., 35.
34) Ibid., 36-7.
35) Ibid., 40-1.
36) Ibid., 45.
37) Ibid., 46-7을 보라.
38) Granz, 『조직신학: 하나님의 공동체를 위한 신학』, 624.
39) Ibid., 633.
40) Ibid.
41) Ibid., 653.
42) Ibid., 662.
43) Stanley Grenz, Who Needs Theology, 2장을 참조하라.
44) Granz, 『조직신학: 하나님의 공동체를 위한 신학』, 688.
45) Stanley J. Grenz, Prayer: The Cry for the Kingdom (Grand Rapids: Wm. B. Eerdmans Publishing Co., 2005), 168.
46) Ibid., 168-9.
47) Granz, 『조직신학: 하나님의 공동체를 위한 신학』, 690.
48) Ibid., 719.
49) Ibid., 724.
50) Ibid., 725.
51) Stanley J. Grenz, 『기도: 하나님 나를 위한 부르짖음』, 마영례 옮김 (서울: SFC출판부, 2005), 166.

## 제6장  신-죽음의 신학과 희망의 신학 논쟁

1) Thomas J. J. Altizer, Living The Death of God: A Theological Memoir (Albany: State University of New York Press, 2006). 그의 삶에 대

한 부분은 1장, "소명"이란 부분에서 참고했음을 밝혀둔다. 자신에 관한 이야기는 이 책보다 더 잘 설명한 곳이 없다. 특히 위의 책 1-13을 보라.
2) Ibid., 11.
3) Time (April 8, 1966). 타임지는 알타이저를 죽어가는 하나님을 수술한 의사로 묘사했다. 이것 또한 상징적인 의미를 부여한 것으로 보인다.
4) Emory University Student Newspaper, Motive (February, 1996)에서 인용.
5) Thomas J. J. Altizer, The Gospel of Christian Atheism (Philadelphia: The Westminster Press, 1966), 9-13. 서문에서 알타이저는 그가 이 책을 쓰게 된 근본적인 이유와 동기를 분명히 밝히고 있다. 60년대 기독교는 외적인 공격과 외적인 공격을 동시에 받고 있었는데, 외적인 공격은 세상으로부터 기독교의 무능에 대한 공격이고, 내적인 공격은 교회 내의 변화의 조짐에 의한 공격이었다. 그리고 Thmas J. J. Altizer, The New Gospel of Christian Atheism (Aurora: The Davies Group, Publishers, 2002), vii-xi를 참고하라.
6) Altizer, Gospel of Christian Atheism, 16-7.
7) Ibid., 10.
8) Ibid.
9) Ibid., 158.
10) Thomas J. J. Altizer, The Self-Embodiment of God (New York: Harper & Row, 1977), 28. 특히 이 책에서 그가 관심을 갖는 것은 "어떻게 우리가 하나님에 대하여 여전히 말할 수 있는가"의 문제였다. 그는 잃어버린 언어, 즉 하나님의 언어를 찾고 의미 있게 말하고자 했다.
11) Altizer, The Gospel of Christian Athism, 16.
12) Ibid., 17.
13) Ibid., 18.
14) Ibid., 21
15) Thomas J. J. Altizer and William Hamilton, Radical Theology and the Death of God (New York: Bobbs-Merrill Company, 1966), 11.

16) Ibid.
17) Ibid., 12.
18) William Hamilton, "The Death of God," *Playboy Magazine* (August, 1966). 해밀톤은 1960년대 침례교 계통의 학교인 콜게이트 로체스터대학의 신학부에서 교회사 교수였다. 그는 유니온 신학교의 라인홀드 니버와 폴 틸리히 문하에서 신학 수업을 받은 사람이었지만, 그는 침례교인이었다. 박사학위는 스코틀랜드의 저명한 신학자인 도널드 베일리의 지도하에서 끝냈다. 그의 초기 저작은 "기독교의 새로운 본질"을 1961년에 발행했다. 그의 신학운동이 Playboy magazine에 등장할 정도로 신죽음의 신학 운동의 영향력을 알 수 있었다. 특히 그의 "기독교의 본질"(The Essence of Christianity)이라는 말은 급진주의자들이 늘 밝히려는 의도라는 것을 쉽게 알 수 있다. 즉 포에르바하나 하르낙과 같은 자유주의 신학 전통을 연상하는 책이다. 이 책을 통해서 그는 니체나 카뮈, 본 회퍼, 그리고 폴 틸리히의 사상을 접하면서 그는 신 죽음의 신학을 소개하기 시작했다. "성숙한 시대에 대한 신학적 응답"이라고 그는 말했다. 이 책은 본질적으로 역사를 다스리는 하나님의 섭리라는 개념에 대한 항거에 목적이 있었다. 그는 다음과 같이 말하고 있다.

"참으로 우리는 하나님을 알지 못하며, 그로 말미암아 그를 경배하거나, 소유하거나 신뢰하지 못한다는 것이다. 그렇다고 우리 안에 어떤 능력이 말라서 없어졌다는 것을 의미하지는 않는다. 즉 우리는 이러한 이야기를 하면서 우리의 연약한 성격 탓으로만 돌리지 않으려는 것이다. 다만 우리는 이것을 통하여 이 세계의 본질이 무엇인가에 대하여 말하고자 하며, 또한 다른 사람들에게 이러한 사실을 확신시켜 주려는 이다. 하나님은 죽었다. 우리는 신에 대한 경험의 부재를 말하고 있는 것이 아니라. 하나님이 부재하다는 그 경험에 대하여 말하고 있는 것이다."
19) Altizer, The Gospel of Christian Atheism, 63; 그리고 그의 The New Gospel of Christian Atheism, 58.
20) Altizer, The New Gospel of Christian Atheism, 57.

21) Altizer, The Gospel of Christian Atheism, 64-5.
22) Ibid., 65.
23) Thomas J. J. Altizer, The Genesis of God: A Theological Genealogy (Louisville: Westminster/John Knox Press. 1993), 49-52를 보라.
24) Altizer, The Gospel of Christian Atheism, 110; 그리고 그의 The Gospel of New Christian Atheism, 101.
25) Altizer, The Genesis of God: A Theological Genealogy, 39-42.
26) Altizer, The Gospel of Christian Atheism, 110.
27) Altizer, The New Gospel of Christian Atheism, 29.
28) Altizer, The Gospel of Christian Athism, 160.
29) Altizer, The New Gospel of Christian Atheism, 97.
30) Thomas Altizer, Living the Death of God, 35-40, 179-80을 보라. 사탄이란 그리스도의 행위와 정반대를 의미한다. 우리가 만일 그리스도의 모본을 따른다면, 우리는 그리스도인이지만, 그와 정반대의 길을 따른다면, 우리는 사탄의 행위에 동조하고 있는 것이다.
31) Altizer, The Gospel of Christian Atheism, 138.
32) Altizer, The Genesis of God,
33) Richard Bauckham, The Theology of Moltmann,
34) Donald W, Musser, A New Handbook of Christian Theologians, 304.
35) M. D. Meeks, Origins of the Theology of Hope (Philadelphia: Fortress Press, 1974), 1장을 참조하라. 믹스의 책은 몰트만에게 영향을 준 신학적 요소들을 강조적으로 기술하고 있다.
36) Jurgen Moltmann, ed., 『나는 어떻게 변하였는가』, 이신건 역 (서울: 한들출판사, 1998), 35. 죽음의 신학자 토마스 알타이저도 신학을 모험으로 규정하는데, 매우 유사한 생각을 하고 있는 듯보인다. 그들의 생각에는 신학이 단순히 교회의 전통을 답습하고 그것을 가르치는 일이 아니라 세상 속에 동참하는 적극적이고 능동적인 활동으로 이해한 것처럼 느낀다.
37) Jurgen Moltmann, 『희망의 신학』, 전경련, 박봉랑 옮김 (서울: 대한기독교서회, 1989), 14.
38) Ibid.
39) Jurgen Moltmann, 『창조 안에 계신 하느님』, 김균진 옮김 (서

울: 대한기독교출판사, 1991),166.
40) Ibid.
41) 이 부분에서 몰트만의 미래에 대한 개념이 화이트헤드의 과정철학적 개념과 다르다고 볼 수 있다. 화이트헤드는 미래란 과거와 현재의 연속선에서 이해하고, 미래는 추상적이고 현재로 진입할 수 있지만, 대체로 과거의 경험에 의해서 현재가 형성된다고 주장한다. 화이트헤드와 동일한 의미로, 찰스 하츠혼은 미래의 시간을 두 가지 측면에서 고려하는데, 하나는 보편적 인과성에 의해서 미래를 설명하는 방식이고, 다른 하나는 자유로운 인간의 행위로 미래를 설명하는 방식이다. 과거의 경험에서 형성되는 미래를 보편적 인과성이라고 부르고, 미래에서 현재로 진입하는 것을 자유라고 부른다. 몰트만은 양면을 다 받아들이지 않고, 다만 오는 미래에만 관심을 갖고 형성되는 미래를 거절하고 있는 듯하다.
42) Moltmann, 『창조 안에 계신 하느님』, 167.
43) Ibid., 168.
44) Ibid..
45) Ibid.
46) Ibid., 168-9.
47) Ibid., 169.
48) Moltmann, 『희망의 신학』, 14.
49) Jurgen Moltmann, 『십자가에 달리신 하나님』, 김균진 옮김 (서울: 한국신학연구소출판부, 1989), 25.
50) Moltamann, 『희망의 신학』, 21
51) Moltamann, 『십자가에 달리신 하나님』, 15. 몰트만은 『십자가에 달리신 하나님』, 3장에서 "십자가의 신비"를 언급하면서, "십자가에 달린 그분은 하나님 자신이 세계와 화해하기 위하여 세우신 희생제물이라기보다는 오히려 불의로 인하여 고통당하는 의로운 자의 모범적인 길"이라고 확신하고 있다. 이 십자가의 고난으로 우리는 우리 자신의 고난으로 받아들이는 것이다. 십자가에 달린 그분의 고난에 동참할 때, 우리는 진정으로 십자가의 신앙을 실천할 수 있다고 몰트만은 보았다. Ibid., 53-74를 보라.

52) Moltamann, 『희망의 신학』, 22.
53) Ibid., 41.
54) Jurgen Moltmann, 『세계 속에 있는 하나님: 하나님 나라를 위한 공적인 시학의 정립을 지향하며』, 곽미숙 옮김 (서울: 동연, 2009), 20.
55) Jurgen Moltmann, 『창조 안에 계신 하느님』, 김균진 옮김 (서울: 대한기독교출판사, 1997).
56) Ibid., 35-6.
57) Ibid., 71.
58) Ibid., 324.
59) Ibid., 331.
60) Ibid., 174.
61) Moltmann, 『십자가에 달리신 하나님』, 257.

## 제7장  사회복음주의 신학과 복음주의 신학의 논쟁

1) Donald W. Musser & Joseph L. Price, eds., A New Hand Book of Christian Theology (Nashville: Abingdon Press, 1992), 447.
2) Winthrop S. Hudson, ed., Walter Rauschenbusch (New York: Paulist Press, 1984), 3.
3) Reinhold Niebuhr, An Interpretation of Christian Ethics (New York: 1935), 서문을 보라.
4) Klaus Jurgen Jaehn, Rauschenbusch: The Formative Years (Valley Forge PA.: Judson Press, 1976), 3. 라우셴부시의 전기에 관해서는 대체로 Klaus J. Jaehn과 전기적 성격으로 출간된 Vernon P. Bodein, The Social Gospel of Walter Rauschenbusch and Its Relation to Religious Education (New Haven: Yale University Press, 1944)을 참조하였다.
5) Jaehn, Rauschenbusch: The Formative Years, 13.
6) Robert T. Handy, The Social Gospel in America, 1870-1920 (New York: 1966), 264-67.
7) Jaehn, Rauschenbusch: The Formative Years, 12에서 인용.

8) Ibid., 14.
9) Ibid., 448.
10) Walter Rauschenbusch, Christianity and the Social Crisis, xiii.
11) Rauschenbusch, A Theology for the Social Gospel, 57.
12) Walter Rauschenbusch, A Theology for the Social Gospel (New York: The Macmillan Company, 1917), 4-5.
13) Walter Rauschenbusch, Christianity and the Social Crisis (London: The Macmillan Company, 1907), 49-53.
14) Ibid., 55-7.
15) Ibid., 65.
16) Ibid., 64.
17) Ibid., 65.
18) Ibid., 59.
19) Ibid.
20) Rauschenbusch, A Theology for the Social Gospel, 5-6.
21) Ibid., 5.
22) Ibid., 6.
23) Ibid.
24) Ibid., 31-2.
25) Rauschenbusch, A Theology for the Social Gospel, 41.
26) Ibid., 46-7.
27) Ibid., 47.
28) Rauschenbusch, Christianity and the Social Crisis, 557.
29) Ibid., 54.
30) Ibid., 132-4.
31) Walter Rauschenbusch, Christianity and the Social Crisis (New York: Macmillan Co., 1907), 542.
32) Walter Rauschenbusch, Christianizing the Social Order (New York: The Macmillan Company, 1921), 1-6을 보라.
33) Ibid., 5.
34) Ibid., 7.
35) Reinhold Niebuhr, Moral Man and Immoral Society (Charles Scribner's Sons, 1932), xi.
36) 복음주의 신학이란 표현은 매우 광의적으로 사용된다. 하지만

여기서는 칼 헨리의 복음주의를 가리키고 있음을 밝힌다. 헨리의 복음주의는 사회개혁운동을 포함하는 복음주의 기독교다. 전통적으로 기독교가 세상이 처한 심각한 현실문제를 해결하는데 실패한 것으로 진단하는 헨리는 하나님 나라에 대한 바른 이해를 통해 미국사회의 개혁을 제시한다. 그가 말하는 하나님의 나라는 지금-여기의 하나님 나라와 종말에 이루어질 하나님 나라를 동시에 전해야 한다는 것이다. 이 문제에 관해서는, Carl F. H. Henry, The Uneasy Conscience of Modern Fundamentalism (Grand Rapids: Wm. B. Eerdmans Publishing Co., 1947)을 보라.
37) George M. Marsden, 『근본주의와 미국문화』, 박용규 옮김 (서울: 생명의 말씀사, 1997), 21.
38) 근본주의자들은 미국의 영적 가치와 문화의 위기감을 느꼈다. 그리고 그들은 반기독교적 문화로 만든 근본적인 것이 성서적 기초를 무시한 결과라고 진단했다. 이것이 근본주의자들이 세상에 대한 그릇되고 잘못된 파국으로 막는 방식을 성경의 기초에 다시 두어야 한다는 확신으로 돌아선 계기였다. 성경은 세상을 구원할 가장 중요한 무기였다. 성경의 진리를 확신하지 못하고 반대하는 모든 것은 적그리스도요 세상과 짝하는 사람들이라고 단언하기에 이르렀다. 그래서 그들은 세상과의 싸움을 선포하고 무장하였다. 그레샴 메이첸의 유명한 이야기는 지금도 생생하다. 세상과의 싸움은 "승리 없는 화는 없으며, 반드시 우리가 이기든지 아니면 세상이 이기든지 하여야 한다." 이 전투적이고 호전적인 태도는 근본주의를 특징 짓는 결정적이게 했다. 근본주의자라 하면, 싸움을 하는 사람으로 통한다. 그들은 세상과 타협하지 않는 사람들이다. 세상과 타협하지 않는다는 것은 세상의 문화와 결별하는 것을 말한다. 근본주의자들이란 19세기 미국 부흥 운동이 설정한 전통에 가까운, 20세기에 현대주의 신학과 현대주의가 옹호했던 문화적 변화 모두를 전투적으로 반대했던 복음주의 기독교인들을 말한다.
39) Carl F. H. Henry, 『신, 계시, 권위』, 1권, 맹용길 옮김 (서울: 대

한기독교출판사, 1978), 5.
40) Millard J. Erickson, "Carl F. H. Henry," A New Hand-Book of Christian Theologians, eds. Donald W. Musser & Joseph L. Price (Nashville: Abingdon Press, 1996): 214-5.
41) Henry, The Uneasy Conscience of Modern Fundamentalism. 45.
42) Henry, 『신, 계시, 권위』, 219.
43) Erickson, "Carl F. H. Henry," 215.
44) George M. Marsden, 『미국의 근본주의와 복음주의 이해』, 홍치모 옮김 (서울: 성광문화사, 1992), 13.
45) Ibid.. 13. 이 책의 각주 1을 보라.
46) The Fundamentals: A Testimony to the Truth (Chicago: Testimony Publishing Company, 1910-15)을 참조하라.
47) Henry, The Uneasy Conscience of Modern Fundamentalism, 28.
48) Henry, Uneasy Consciousness of Modern Fundamentalism, 34.
49) Carl F. H. Henry, Toward a Recovery of Christian Belief (Wheaton: Crossway Books1990), 39.
50) Ibid., 59.
51) Henry, The Uneasy Conscience of Modern Fundamentalism, 42.
52) James Barr, 『근본주의 신학』, 장일선 옮김 (서울: 대한긱독교서회, 1984), 7-8.
53) Henry, Uneasy Consciousness of Modern Fundamentalism, 73.
54) Ibid., 77.
55) Ibid., 78.
56) Ibid., 60. 위의 두 표현은 그다지 좋은 비유라고 보기가 어렵지만, 근본주의자들에 대한 태도가 그만큼 열정이 상실한 채로 이기적이고 개인주의적인 구원에만 관심을 가지고 있는지에 대한 메타포적인 표현이었다고 보인다.
57) Carl F. H. Henry, 『신·계시·권위』, 맹용길 옮김 (서울: 대한기독교서회, 1978), 209.
58) 박찬호, 『칼 헨리』 (서울: 살림출판사, 2006), 124.
59) Carl F. H. Henry, 『신, 계시, 권위』, 1권, 맹용길 옮김 (서울: 대한기독교서회, 1978), 75.
60) Millard J. Erickson, "Carl F. H. Henry," 215-6.

61) Carl F. H. Henry, Remaking the Modern Mind (Grand Rapids: Wm. B. Eerdmans Publishing Co., 1948), 219.
62) Ibid., 224.
63) Carl F. H. Henry, 『신, 계시, 권위』, IV권, 맹용길 옮김 (서울: 대한기독교서회, 1978), 5-128을 참조하라.
64) Ibid., 6.
65) Ibid., 121.
66) Ibid., 8.
67) Ibid., 131.
68) Ibid., 16.
69) Carl F. H. Henry, Gods of This Age or God of The Ages? (Nashville: Broadman & Holman Publishers, 1994), 29-43.
70) Henry, 『신, 계시, 권위』, IV권, 55.
71) The Gospel in America: Themes in the Story of America's Evangelicals (Grand Rapids: Zondervan Publishing House, 1979), 353-5를 보라.

## 제8장　수정주의 신학과 후기자유주의 신학의 논쟁

1) Gary Comstock은 그의 "이야기 신학의 두 유형"에서 시카고학파와 예일학파를 구분했다. 그에 의하면, 시카고학파는 보다 넓은 철학적이고도 문학적인 배경으로 기독교의 정체성을 찾고자 노력하고, 반면에 예일학파는 성경에 초점을 맞추어서 기독교 정체성을 찾으려고 시도한다. Gary Comstock, "Two Types of Narrative Theology," Journal of the American Academy of Religion, 55 (Winter, 1986): 687-717과 Dan R. Stiver, 『종교언어 철학: 기호, 상징 그리고 이야기』, 정승태 옮김 (대전: 침례신학대학교출판부, 2001), 231-252를 보라.
2) David Tracy, The Analogical Imagination: Christian Theology and the Culture of Pluralism (New York: Crossroad, 2000), 28-31을 보라. Tracy는 사회와 아카데미는 책임 있는 신학자를 위해 단지 외적인 관계나 공적인 관계라고 말하기는 어렵다. 하지만 이 둘은 사회화 과정이 강단에 영향을 미친다. 이유는 간단하다.

교회는 사회의 실재로 이해되기에 신학은 항상 공적인 것에 관심을 가져야 한다는 것이다.
3) Ibid., 31.
4) John P. McCarthy, "David Tracy," A New Handbook of Christian Theologians, eds. Donald W. Musser & Josiph L. Price (Nashville: Abingdon Press, 1996), 468-9.
5) David Tracy, Blessed Rage for Order: The New Pluralism in Theology (San Francisco: Harper & Row, Publishers, 1988), 9.
6) Ibid., 14.
7) Ibid., 93-4.
8) Ibid., 103.
9) Ibid., 3.
10) Kevin J. Vanhoozer, First Theology: God, Scripture & Hermeneutics (Illinois: InterVarstity Press, 2002), 214.
11) Daivid Tracy, "새로운 모형에 관한 해석학적 성찰,"『현대신학은 어디로 가고 있는가』, 한스 큉·데이비드 트레이시 편 (서울: 한국신학연구소, 1989), 89.
12) 이 방식을 위해 트레이시는 한스-게오르그 가다머의 해석학에 크게 의존하고 있는 것처럼 보인다. 그가 가다머의 철학적 해석에 관심을 갖는 근본적인 이유는 신학이 진리가 아니라 일종의 방법이라는 것에 천착하기 위함이다. 특히 가다머의 존재론적 해석학은 인간의 본성에 의한 독자의 이해에 보다 의미를 부여하기 때문에 인간본성의 경험을 연구하는 신학자로서의 트레이시는 당연히 그의 해석적 방법이 매력적일 수밖에 없었던 것처럼 보인다. Han-Georg Gadamer, Truth and Method (New York: Continuum, 1994)를 보라.
13) David Tracy, Plurality and Ambiguity, 41.
14) Ibid., 84-5.
15) Ibid., 59.
16) Ibid., 61-2.
17) Tracy, The Analogical Imagination, 101.
18) Tracy, Plurality and Ambiguity, 63.
19) Ibid., 84.

20) Tracy, Blessed Rage for Order, 10-2.
21) Ibid., 4-9; 그리고 Tracy, The Analogical Imagination, 349-52를 보라.
22) 후기자유주의 신학자들은 한스 W. 프라이(Hans W. Frei), 조지 린드벡(George Lindbeck), 스텐리 하우어워즈(Stanely Hauerwas), 로널드 씨이먼(Ronald Thiemann) 그리고 윌리엄 플레이커(William Placher) 등이다.
23) Hans W. Frei, 『성경의 서사성 상실』, 이종록 옮김 (서울: 한국장로교출판사, 1996), 14-20을 참조하라. 한스 프라이는 침례교 목사이면서도 예일대학교 신학부의 교수로서 재직했다.
24) Bruce D. Marshall, "George Lindbeck," A New Handbook of Christian Theologians, eds. Donald W. Musser & Joseph L. Price (Nashville: Abingdon Press, 1996), 271-2.
25) Stiver, 『종교언어철학』, 245.
26) 케임브리지대학의 비트겐슈타인의 철학은 전기언어철학과 후기언어철학으로 구분된다. 전기는 대체로 논리실증주의적 분석철학을 말하고, 후기는 일상 언어적 관점에서 언어놀이에 관심하는 철학이다. 언어가 일차적이라는 의미가 후기언어철학을 규정한다.
27) 정초주의와 반정초주의의 논쟁은 인식론의 두 유형으로 객관주의와 상대주의의 논쟁의 근원적 범주를 모델로 삼는 방식이다. 정초란 말은 기초나 토대라는 말로 사용되기도 한다. 정초(定礎)는 마치 주춧돌과 같은 의미를 제공하기에 더욱 굳건하고 단단한 토대를 의미한다는 뜻에서 토대주의나 기초주의보다 정초주의로 사용하는 것이 어감적으로 맞는 것처럼 느낀다.
28) 정승태, 『그까이꺼 해석학! 폼나게 풀어보자!』(대전: 침례신학대학교출판부, 2009), 397-402를 보라.,
29) George A. Lindbeck, The Nature of Doctrine: Religion and Theology in a Postliberal Age (Philadelphia: Westminster Press, 1984), 33-5.
30) 정초주의 인식론은 계몽주의 철학에 의존된 인식론으로서 실재에 대응하는 진리탐구에 관심을 갖는다.
31) Lindbeck, The Nature of Doctrine, 33.
32) Bruce D. Marshall, "George Lindbeck," A New Handbook of Christian Theologians, eds. Donald W. Musser & Joseph L. Price (Nashville:

Abingdon Press, 1996), 272-4를 보라. 이 신학적 임무에 대해서 Lindbeck, The Nature of Doctrine, 113-125를 보라.
33) Ibid., 118.
34) Ibid., 48.
35) Ibid., 63-4.
36) Wittgenstein, Geertz를 보라.

## 제 9 장  해체주의 신학과 재구성주의 신학의 논쟁

1) Mark C. Taylor, Deconstructing Theology (New York: The Crossroad Publishing Company, 1982)와 Erring: A Postmodern A/theology (Chicago: University of Chicago Press,1984). 그의 중심 개념인 "Erring"을 "틀린," "정도에서 벗어난," "과오를 범한" 등의 의미를 가지고 있지만, 논자는 그것을 이탈로 일관적으로 사용했음을 밝힌다.
2) Carl Raschke, "Mark C. Talyor," A New Handbook of Christian Theoloigian, eds. Donald W. Musser & Joseph L. Price (Nashville: Abingdon Press, 1996), 434.
3) Mark C. Taylor, "The End(s) of Theology," Introduction to Christian Theology: Contemporary North American Perspective, ed. Roger A. Badham (Louisville: Westminster/John Knox Press, 1998), 258-9를 보라.
4) Mark C. Taylor, Erring: A Postmodern A/theology (Chicago: University of Chicago Press,1984).
5) Taylor, Erring: A Postmodern A/theology, 7; 토마스 알타이저는 테일러가 최초로 해체주의 신학을 주장한 사람으로 평가한다. 그의 Deconstructing Theology의 "서문," xii을 보라. 테일러는 책을 "Book"으로 표기하는데 이것은 성경, 작품, 글 등을 의미한다.
6) Joseph Prabhu, "Blessing the Bathwater," in "On Deconstructing Theology: A Symposium on Erring: A Postmodern A/theology," Journal of the American Academy of Religion, 54 (1986), 535.
7) Carl Raschke, Review of Erring: A Postmodern A/theology, Journal

of the American Academy of Religion (1986), 156.
8) Scott Cowdell, "Radical Theology, Postmodernity and Christian Life in the Void," The Heythrop Journal, 32 (April 1991), 65.
9) Taylor, Erring: A Postmodern A/theology, 6. 이후로 이 책을 Erring 으로 표기할 것이다.
10) 테일러는 토마스 알타이저의 신학적 성찰과 사유로부터 크나큰 지적인 빚을 졌다고 말한다.
11) Thomas J. J. Altizer, The Gospel of Christian Atheism (Philadelphia: The Westminster Press, 1966), 15.
12) Ibid. 원래 알타이저의 신 죽음의 개념은 니체의 사유로부터 빌려온 것이었다. 잘 알려진 『게이 과학』(Gay Science)의 비유에서 니체는 한 도시의 시장 통에 뛰쳐나가 소리를 외친 정신 나간 사람을 기술한다. "어느 하나님인가. 그가 소리쳤다. 내가 말해 주마, 우리는 그를 죽였다. 당신과 내가. 우리 모두가 살인자들이야. … 하나님은 죽었다. 하나님은 죽은 채로 있었다구. 그리고 우리는 그를 죽였다." "하나님이 죽었다"는 외침은 니체의 alter 자아/예언자 차라투스트라의 입에서 나온 말이다.
13) Taylor, Erring, 20.
14) Taylor, Deconstructing Theology, 89-90.
15) Taylor, Erring, 23.
16) Ibid., 13. 정초주의라는 용어는 객관적이고 절대적인 진리가 필연적으로 존재하고 있고, 존재하여야만 한다는 입장이다. 대체로 객관주의적 성향의 신학은 정초주의, 즉 권위에 의존하는 규범의 절대성이 있어야 한다는 것이다.
17) Scott Cowdell, "Radical Theology, Postmodernity and Christian Life in the Void," 62.
18) Taylor, Erring, 8-9. 이러한 논의의 구체적인 내용을 보려면, 정승태, 『그까이꺼 해석학 폼나게 풀어보자』(대전: 침례신학대학교출판부, 2005), 9장을 참조하라.
19) Taylor, Erring, 23-25.
20) Ibid., 105.
21) Ibid., 106.

22) Ibid, 103.
23) Ibid., 104.
24) Eric Holzqarth, "Review of Erring: A Postmodern A/Theology," Religious Studies Review, 12 (1986), 261.
25) Taylor, Erring, 112-113.
26) Ibid., 118. 우리는 테일러의 작품에서 신적 환경의 이러한 개념과 "무"와 "연기"의 불교적 개념들 간의 연관성이 있음을 본다. 이런 점에서 마크 테일러의 신학은 서구의 하나님 개념보다는 동양의 우주론에 근접해 있다. 하지만 불교와 그의 해체신학에 관한 논의는 여기에서 언급하지 않을 것이다.
27) 정승태, 『그까이꺼 해석학 폼나게 풀어보자』, 315.
28) Taylor, Erring, 131. 신적환경이란 말도 우리에게 다소 생경하게 들리는 개념인데, 신적 본질을 인식하는 대신에 신적인 환경만을 안다는 의미에서 사용되었다.
29) Ibid., 36.
30) Ibid., 44-45.
31) Ibid., 135-138.
32) Jacques Derrida, Writing and Difference, trans. A. Bass (Chicago: University of Chicago Press, 1978), 229-231을 보라.
33) Taylor, Erring, 182.
34) Ibid., 176.
35) '재구성주의'란 필자가 사용한 용어이다. 재구성이란 과거의 내용을 다시 종합한다는 의미에서 사용했음을 밝힌다.
36) Frittz Buri, 『현대 미국 신학』, 변선환 옮김 (서울: 전망사, 1988), 150.
37) Ibid.
38) Marjorie Hewitt Suchocki, "John B. Cobb, Jr," A New Hand Book of Christian Theologians. eds. Donald W. Musser & Joseph L. Price (Nashville: Abingdon Press, 1996), 106-17을 참조했다.
39) Nicholas Rescher, Process Metaphysics: An Introduction to Process Philosophy (New York: State University of New York Press, 1996), 154-5.
40) John B. Cobb and David Griffin, Process Theology: an Introductory

Exposition (Philadelphia: The Westminster Press, 1976), 15.
41) Ibid., 22-24.
42) Alfred North Whitehead, Process and Reality: An Essay in Cosmology, corrected ed by David Ray Griffin and Donald W. Sherburne (New York: Free Press, 1978), 27. 영어원문에서는 "The concrescence of each individual actual entity is internally determined and is externally free"라고 표현되어 있다. 이와 유사하게 찰스 하츠혼은 내연적인 관계를 "보편적 인과성"(universal causality)이라고 말하고, 외연적인 관계를 "미결정성"(indetermination)이라고 말한다. 따라서 자유는 미결정성과 보편적 인과성을 동시에 요구한다. 그의 Logic of Perfection (La Salle, IL: Open Court Publishing Co., 1962), 161-190을 참조하라.
43) 정연홍, 『화이트헤드의 과정철학』 (대전: 충남대학교출판부, 2004), 53-56을 참조하라.
44) John B. Cobb and David R. Griffin, 『과정신학』, 류기종 옮김 (서울: 도서출판 열림, 1993). 91-2.
45) Ibid., 92.
46) John B. Cobb, 『존재구조의 비교연구: 과정신학의 기독교 이해』, 김상일 옮김 (서울: 전망사, 1980), 148-152.
47) Cobb and Griffin, 『과정신학』, 120.
48) Ibid.
49) Ibid., 139.
50) John B. Cobb, Christology in a Pluralistic Age (Philadelphia: The Westminster Press, 1975), 18.
51) John B. Cobb and David Griffin, Process Theology, 36.
52) John B. Cobb, Christology in a Pluralistic Age, 91.
53) Ibid., 22-27.
54) John B. Cobb, Transforming Christianity and the World: A Way beyond Absolutism and Relativism, ed., Paul F. Knitter (Maryknoll: Orbis Books, 1999), 21-24.
55) Ibid., 36.
56) Ibid.
57) John S. Dunne, The Way of All the Earth (New York: Macmillan,

1972), ix.
58) Ibid., 59.
59) 과정신학이 포스트모더니즘의 한 양태의 신학이라고 하는 이유는 근대의 분열적이고 이원론적 대립인 경험과 이성 그리고 이론과 실천을 종합했기 때문이다. 이러한 주장에 관해서는 David R. Griffin의 『포스트모던 하나님 포스트모던 기독교』, 강성도 옮김 (서울: 한국기독교연구소, 2002), 31-54를 보라.
60) 대체로 과정신학을 자유주의적 신학 전통을 지속하려는 것으로 이해되는데, 이것은 잘못이다. 225-8을 보라.

## 제10장 생태신학과 성공신학의 논쟁

1) Al Gore, 『불편한 진실』, 김명남 옮김 (서울: 좋은 생각, 2006), 286.
2) 엘머 타운즈, "효과적인 전도 방법론적 관점," 엘머 타운즈 외 4인, 『교회성장 운동 어떻게 볼 것인가』 (서울: 부흥과 개혁사, 2009), 62.
3) Sallie McFague, The Body of God: An Ecological Theology (Minneapolis: Fortress Press, 1993), vii.
4) Ibid., 110.
5) Ellen T. Armour, "Sallie McFague," A New Handbook of Christian Theologians, eds. Donald W. Musser & Joseph L. Price (Nashville: Abingdon Press, 1996), 278-85에서 참조했다.
6) Salle McFague, A New Climate for Theology: God, the World and Global Warming (Minneapolis: Fortress Press, 2008), 43.
7) Ibid., 59.
8) Sallie McFague, 『풍성한 생명: 지구의 위기 앞에 다시 생각하는 신학과 경제』, 장윤재, 장양미 옮김 (서울: 이화여자대학교출판부, 2008), 195. 앞으로 이 책은 『풍성한 생명』으로 표기될 것이다.
9) Sallie McFague, The Models of God: Theology for an Ecological, Nuclear Age (Minneapolis: Fortress Press, 1988), 22.

10) McFague, The Body of God, 17. 하나님의 몸이란 일종의 메타포적 의미로 사용된다. 하나님이 몸이라는 말이 아니라, 하나님의 몸이란 유기적 관계의 세계라는 의미다.
11) Ibid., 112.
12) Ibid., viii-x. 18-9.
13) McFague, 『풍성한 생명』, 54.
14) Ibid., 80.
15) McFague, The Body of God, 30.
16) Ibid., 38-42.
17) Ibid., 45.
18) McFague, A New Climate for Theology, 105.
19) Ibid.
20) McFague, 『풍성한 생명』, 155.
21) Ibid., 156-8을 보라.
22) Ibid., 158.
23) Sallie McFague, A New Climate for Theology, 32.
24) Ibid.
25) McFague, 『풍성한 생명』, 70-1.
26) McFague, A New Climate for Theology, 35.
27) Ibid., 37.
28) 신고전 경제학 이론에 대한 맥페이그의 비판은 그녀의 『풍성한 생명』, 138-63을 보라.
29) Ibid.
30) Ibid., 86-7을 보라.
31) '성공 신학'(Theology of Success)이라는 용어는 프로비던스 신학교(Providence Theological Seminary)의 기독교 신학 교수인 데이비드 L. 스미스의 말을 차용했음을 밝힌다. 이 신학에 관해 David L. Smith, A Handbook of Contemporary Theology: Tracing Trends & Discerning Directions in Today's Theological Landscape (Grand Rapids: Baker Books, 1992), 179-202를 보라.
32) Ibid., 179.
33) Dennis Voskuil, Mountains into Gold Mines: Robert Schuller and the Gospel of Success (Grand Rapids: Wm. B. Eerdmans Publishing Co.,

1983), 11.
34) Robert H. Schuller, 『미래를 여는 힘』, 정성묵 옮김 (서울: 두란노, 2006), 18.
35) Ibid.
36) Robert H. Schuller, 『자존: 새로운 개혁』, 보이스사 편집부 역 (서울: 보이스사, 1983), 242.
37) Ibid., 244-5.
38) Ibid., 246.
39) Ibid., 249-52를 보라.
40) Ibid., 70-6을 보라. 성공을 위해 슐러는 자신을 사랑하라고 가르친다. 그런데 이 자기를 사랑하기 위해서는 열등감, 좌절감, 불안감, 죄의식, 원한, 공포심 등을 극복하여야한다. 이것을 슐러는 "사랑에의 자유"라 부른다. 말하자면 우리의 자존감이 높든지 낮든지 우리의 삶의 모든 분에에 크게 영향을 미치므로 그리스도의 권세로 살아야 한다는 것이다. 우리가 행하는 모든 일은 긍정적이든 부정적이든 자아를 사랑하는 것에서 나온 것이기 때문이다.
41) Robert H. Schuller, 『긍정의 삶』, 김문성 편역 (서울: 브레인, 2006), 123.
42) Robert H. Schuller, 『구름 위에는 언제나 태양이 있다』, 장동민 옮김 (서울: 소망사, 1994), 123.
43) Robert H. Schuller, 『성공적인 교회성장 비결』, 권명달 옮김 (서울: 보이스사, 1988), 125.
44) Ibid., 174.
45) Tome Rainer, Peter Wagner, Elmer Towns, 『교회성장의 장벽을 극복하라』, 오수현 옮김 (서울: 첨탑, 2008)을 참조하라.
46) Schuller, 『성공적인 교회성장 비결』, 232.
47) Schuller, 『자존: 새로운 개혁』, 16.

## 제11장 정치신학과 문화신학의 논쟁

1) Stanley J. Grenz & Roger E. Olson, 『20세기 신학』, 신재구 옮김

(서울: 한국기독학생회출판부, 1998), 230.
2) 베를린으로 이사를 간 시기가 몰트만은 12살이라고 말하고, 본회퍼의 생애에 관한 여러 작품에서는 6살 때라고 말한다.
3) Eberhard Bethge, 『디트리히 본회퍼』, 김순현 옮김 (서울: 복 있는 사람, 2009), 96.
4) Ibid., 157-8에서 인용.
5) Dietrich Bonhoeffer, 『옥중서간』, 166-7.
6) 이 문장은 영어판인 Letters & Papers from Prison (London: SCM Press, Lit, 1971)에서 나는 다시 번역했다. 그리고 번역본은 1944년 4월 22일로 되어 있는데, 영어본은 1944년 4월 30에 쓴 것으로 되어 있다.
7) Dietrich Bonhoeffer, 『옥중서간』, 200-1.
8) Ibid., 212.
9) Ibid., 169.
10) Ibid., 218. 영어본에 비추어서 약간 수정하였음.
11) Ibid., 223.
12) Ibid.
13) Ibid., 226.
14) Ibid., 227.
15) AB, 12.
16) Dietrich Bonhoeffer, 『나를 따르라』, 허역 옮김 (서울: 대한기독교서회, 1992), 24.
17) Ibid., 25. 영어본에서 이 문장을 약간 수정하였음.
18) Ibid., 26.
19) Ibid.
20) Dietrich Bonhoeffer, 『나를 따르라』, 허역 옮김 (서울: 대한기독교서회, 1992), 31.
21) Ibid., 69-71.
22) Dietrich Bonhoeffer, 『옥중서간』, 고범서 옮김 (서울: 대한기독교서회, 1989), 11.
23) Bonhoeffer, 『옥중서간』, 25.
24) Ibid., 25-6.
25) Ibid., 242-3.
26) Dietrich Bonhoeffer, 『중심이신 그리스도』, 조성호 옮김 (서울:

종로서적, 1982), 92.
27) Ibid., 91.
28) Eberhard Bethge, 『디트리히 본회퍼』, 김순현 옮김 (서울: 복있는 사람, 2006), 101-126을 보라.
29) Harvey Cox, 『민중의 종교』, 마경일 옮김 (서울: 전망사, 1980), 287-8.
30) 하비 콕스에 관해서는 하버드대학교의 "Official Page at Harvard Divinity School"(하버드대학교 신학대학원 공식홈페이지)을 참조하였음.
31) Harvey Cox, 『영성, 음악, 여성: 21세기 종교와 성령운동』, 유지황 옮김 (서울: 도서출판 동연, 1996), 37-9.
32) Ibid., 207-31을 보라.
33) Harvey Cox, The Future of Faith (New York: HarperCollins Publishers, 2009)을 참조하라.
34) Harvey Cox, 『세속도시』, 373.
35) Harvey Cox, 『민중의 종교』, 마경일 옮김 (서울: 전망사, 1980), 390-1을 보라.
36) Cox, 『세속도시』, 347.
37) Ibid., 350.
38) Ibid.
39) Ibid., 358.
40) Ibid., 375.
41) Harvey Cox, 『신의 혁명과 인간의 책임』, 마경일 옮김 (서울: 현대사상사, 1981), 27.
42) Ibid., 30.
43) Ibid., 44.
44) Harvey Cox, 『뱀이 하는 대로 내버려 두지 말라: 미래사회와 인간의 책임』, 심일섭 역 (서울: 근역서재, 1979), 17.
45) Ibid., 18.
46) Harvey Cox, 『예수 하버드에 오다』, 오강남 옮김 (서울: 문예출판사, 2004).
47) Cox, 『뱀이 하는 대로 내버려 두지 말라: 미래사회와 인간의 책임』, 183.

48) Harvey Cox, 『신의 혁명과 인간의 책임』, 마경일 옮김 (서울: 현대사상사, 1981), 6.
49) Cox, 『세속도시』, 56.
50) Ibid., 64.
51) Ibid., 74-80.
52) Cox, 『세속도시』, 82.
53) Ibid., 106-13을 보라.
54) Ibid., 139.
55) Ibid., 146.
56) Ibid., 176.
57) Ibid., 192.
58) Cox, 『민중의 종교』, 387-8.
59) Ibid., 400.
60) Ibid.

## 제12장   페미니즘 신학과 페미니즘 영성신학의 논쟁

1) 페미니즘 신학의 내부에서도 다양한 신학적 스펙트럼이 형성된 것은 사실이다. 다소 급진적인 접근 방식을 좋아하는 페미니스트들이 있는가 하면, 보다 온건한 페미니스트들도 있다. 이런 분류에도 나는 페미니즘 신학과 페미니즘 영성신학으로 구분하였음을 밝힌다.
2) 여성신학을 취급하면서 로즈메리 R. 루터(Rosemary Radford Ruether)의 신학이 주는 매력이 큼에도 불구하고, 그의 신학을 배제한 것이 못내 서운하다. 다음 기회가 되면, 가장 널리 읽히고 있는 『여성주의와 하나님 이야기』(Sexism and God-Talk)를 소개할 것이다. 하지만 루터의 신학적 내용은 여성신학과 페미니즘 영성신학을 간간히 언급할 것이다. 로즈메리 R. 루터의 신학을 위해서 Sexism and God-Talk: Toward a Feminist Theology (Boston: Beacon Press, 1993)를 참조하라.
3) Letty M. Russell, 『여성해방의 신학』, 안상임 역 (서울: 대한기독교출판사, 1990), 30.

4) 레티 M. 러셀에 관한 소개는 Letty M. Russell, Becoming Human (Philadelphia: Westminster Press, 1982)과 한국여신학협의회에서 출판한 『교회와 여성신학』(서울: 한국기독교가정생활협회, 1983)을 참조하였다.
5) 러셀의 죽음에 관한 기사는 Yale Divinity School News (New York: 7월 16, 2007)를 참조하였다.
6) Letty M. Russell, 『여성해방의 신학』, 안상임 옮김 (서울: 대한기독교출판사, 1990), 60.
7) Ibid., 61.
8) Ibid.
9) Ibid. 러셀과는 달리 대부분의 페미니즘 신학자들은 그들의 신학적 입장에서 이러한 성차별로 인해 신학의 관점이 왜곡되었을 뿐만 아니라 인간이해의 보다 폭넓고 다양한 문화를 배제하게 된 직접적인 원인이라고 진단한다. 특히 성서 텍스트 연구에 관심을 보이는 필리스 트리블은 그녀의 『하나님과 성의 수사학』(God and the Rhetoric of sexuality)에서 "나는 페미니즘을 여성들에 대한 좁은 초점을 뜻하지 않고, 여성 혐오에 비추어진 문화에 대한 비판을 의미한다(Pyyllis Trible, God and the Rhetoric of Sexuality (Philadelphia: Fortress Press, 12978), 7.)"는 점을 분명히 밝히고 있다. 우리 사회는 여성 혐오에 대한 문화가 지배적이다. 만일 우리가 남성 중심의 문화를 인정한다고 하면, 우리는 위의 여성 신학자들의 작업들을 높이 평가하고, 현대신학의 물꼬를 텄다고 보인다. 여성신학의 풍경은 단아한 분위기가 아닌 저항적이고 도전적인 분위기다. 그도 그럴 것이 여성에 대한 사회의 문화적 억압이 없다고 보기 어렵기 때문이다. 게다가 로즈마리 루터는 『성차별주의와 하나님 이야기』(Sexism and God-Talk)에서 훈련된 신학적 구조로 여성주의에 접근한다. 특히 그녀는 신학적 전통이 가부장적 체계에 의해 오염되었다는 사실을 체계적으로 발전시킨다. 창조교리와 같은 기독교 전통은 남성의 여성 지배가 하나님의 창조질서의 일부이며, 또 신학은 이러한 점을 이용하여 남성과 여성을 이분법적인 서구 사상에 접목하여 영속화하는데 일익을 담당

해 왔다. 그 결과, 여성은 부차적이거나 파생적인 문화인 반면에 남성은 표준적 문화가 되었다는 것이다. 루터에 따르면, 이 성차별은 사회의 문화를 두 가지에서 왜곡시킨다. 첫째, 성차별은 남성을 선으로 여성을 악으로 왜곡한다. 그녀가 기록하듯이, "성차별은 선과 악의 이데올로기의 사회적 근거를 그 바탕으로 하고 있다(Rosemary Radford Ruether, Sexism and God-Talk: Toward a Feminist Theology (Boston: Beacon Press, 1993), 72-4)." 둘째, 성차별은 남성을 우월로 여성을 열등으로 왜곡한다. 남성의 정체성은 표준적 인간성이다. 따라서 사회는 여성을 남성을 위해 봉사하는 역할에 정당성을 부여한다.

10) Ibid., 62-3을 보라.
11) Ibid., 63.
12) Ibid., 64-5.
13) Ibid., 67.
14) Elizabeth S. Fiorenza, In Memory of Her: A Feminist Theological Reconstruction of Christian Origins, 1984), 154.
15) Letty M. Russell & J. Shannon Clarkson, eds.『여성신학사전』, 황애경 옮김 (서울: 이화여자대학교출판부, 2003), 37.
16) Letty M. Russell, 『여성해방의 신학』, 안상임 옮김 (서울: 대한기독교출판사, 1990), 29.
17) Letty M. Russell, Human Liberation in a Feminist Perspective: A Theology, 18.
18) Ibid., 24.
19) Letty M. Russell, Human Liberation in a Feminist Perspective: A Theology, 16.
20) Ibid., 60.
21) 의식화란 말은 1950년대 말에서 1960년대 초에 브라질 교육자 파울로 프레이리(Paulo Freire, 1921~1997)가『페다고지』에서 사용했다. 가난한 농부들에게 글자를 가르치는 프레이리의 혁신적인 접근 방법은 그 농부들이 자신들의 가난한 상황을 체계적으로 해석하여 거기에 무언가 할 수 있도록 고무했다. 프레이리에게 의식화는 세상을 이름짓고 변화시키기 위한 배움을 의미했다. 이것이 페미니즘 신학에서 의식화의 과정이

여성의 페미니스트의 자각이 자라나는 과정과 비교하기 위해 이 개념을 사용했다고 보인다. Paulo Freire, 『페다고지』, 남경태 옮김 (서울: GB 그린비, 2006)을 보라.
22) Letty M. Russell, ed., "서론: 해방의 말씀," 『해방의 말씀』, 김상화 옮김 (서울: 대한기독교출판사, 1983), 18-9를 보라.
23) Ibid., 20.
24) Letty B. Russell, "변화하는 언어와 교회," 『해방의 말씀』, 147-8.
25) Ibid., 148-9.
26) Russell, "서론: 해방의 말씀," 19.
27) Russell, 『여성해방의 신학』, 131.
28) Ibid., 133-5를 보라.
29) Ibid., 137.
30) Anne Carr, "On Feminist Spirituality," Exploring Christian Spirituality: An Ecumenical Reader, ed. Kenneth J. Collins (Grand Rapids: Baker Books, 2000), 379-81.
31) Anne E. Carr, Transforming Grace: Christian Tradition and Women's Experience, new introduction copyright (New York: Continuum, 1996), 1.
32) 이 말은 The University of Chicago Chronicle, vol. 27, No. 12 (2008: March 20)에서 인용했음.
33) Elisabeth Schussler Fiorenza, In Memory of Her: A Feminist Theological Reconstruction of Christian Origins (New York: Crossroad, 1983), xv.
34) Carr, Transforming Grace, 204-6을 보라. 여기서 카는 여성의 영성과 남성의 영성을 잘 분석하고 대조하고 있다.
35) Carr, "On Feminist Spirituality," Exploring Christian Spirituality: An Ecumenical Reader, 379-81을 보라.
36) Ann E. Carr,"The New Vision of Feminist Theology," Freeing Theology: The Essentials of Theology in Feminist Perspective, ed., Catherine Mowry Lacugna (San Francisco: HarperCollins, 1993): 21-25.
37) Carr, Transforming Grace, 7. 앤 E. 카에 따르면, 터툴리안은 여성을 "악마의 통로"와 신적 법률의 "최초의 탈선자"로 불렀고, 알렉산드리아의 클레멘트는 여성을 "자기를 속이고 치장하는 속성"으로 표현했으며, 어거스틴은 여성의 특징을 "혐오스러

움"으로 말했고, 그리고 토마스 아퀴나스는 여성을 "흠이 많고 멸시할만한 특질"의 개념으로 설명했다.
38) Ibid.
39) Ibid., 7-8.
40) Ibid., 205. 카는 남성을 지성, 능력, 용기, 선함, 강함 등으로 이해되었고, 여성을 감정, 약함, 두려움, 악함, 어린아이 같음 등으로 이해되었다고 적고 있다. 따라서 기독교의 전통은 여성에 대한 왜곡된 시선을 늘 가지고 있다고 보인다.
41) Ibid., 8.
42) Ibid., 134.
43) Carr, "On Feminist Spirituality," 383.
44) Anne E. Carr, Transforming Grace: Christian Tradition and Women's Experience (San Francisco: Harper & Row, Publishers, 1988), 201.
45) Ibid., 202.
46) Ibid., 202.
47) Ibid., 202.
48) Carr, "On Feminist Spirituality," 384.
49) Ibid.
50) Ibid., 383.
51) Ibid., 834.
52) Ibid., 146.
53) Ibid., 145.
54) Ibid., 134, 144. 145-6.

## 나가면서

1) Ludwig Feuerbach, 『기독교의 본질』, 강대석 옮김 (서울: 한길사, 2008), 399.
2) Sallie McFague, "An Epilogue: The Christian Paradigm," Introduction to Christian Theology to Its Traditions and Tasks, ed. Peter Hodgson and Robert Kings (Philadelphia: Fortress Press, 1985), 382.